Claudia Liebrand/Ines Steiner (Hrsg.)
Hollywood hybrid
Genre und Gender im zeitgenössischen Mainstream-Film

Diese Publikation ist im Sonderforschungsbereich/Kulturwissenschaftliches Forschungskolleg 427 «Medien und kulturelle Kommunikation», Köln, entstanden und wurde auf seine Veranlassung unter Verwendung der ihm von der Deutschen Forschungsgemeinschaft zur Verfügung gestellten Mittel gedruckt.
Für die Einrichtung des Manuskriptes für den Druck danken wir Jörg Pagga.

Claudia Liebrand/Ines Steiner (Hrsg.)

Hollywood hybrid

Genre und Gender im zeitgenössischen Mainstream-Film

Die Deutsche Bibliothek – CIP-Einheitsaufnahme

Die deutsche Bibliothek verzeichnet diese Publikation in der deutschen Nationalbibliographie; detaillierte bibliographische Daten sind im Internet unter http://dnb.ddb.de abrufbar.

Schüren Verlag GmbH
Universitätsstr. 55 · D-35037 Marburg
www.schueren-verlag.de
© Schüren Verlag 2004
Alle Rechte vorbehalten
Umschlag: Nach dem Kinoplakat
WILLIAM SHAKESPEARE'S ROMEO + JULIET © Fox Home Entertainment
Druck: WB-Druck, Rieden
Gedruckt auf alterungsbeständigem Papier
Printed in Germany
ISBN 3-89472-351-3

Inhalt

Claudia Liebrand/Ines Steiner:
Einleitung 7

1. Genre-Gender-Theorien

Irmela Schneider
Genre, Gender, Medien. Eine historische Skizze und ein
beobachtungstheoretischer Vorschlag 16

Gereon Blaseio
Genre und Gender. Zur Interdependenz zweier Leitkonzepte
der Filmwissenschaft 29

Andrea B. Braidt
Film-Genus. Zu einer theoretischen und methodischen
Konzeption von Gender und Genre im narrativen Film 45

2. Genre-Gender-Lektüren

Christoph Brecht
Teenage Negotiations. Gender als Erzähltechnik in Amy
Heckerlings Teen Movie CLUELESS 67

Elisabeth Bronfen
«You've got a great big dollar sign where most women have a heart».
Refigurationen der Femme fatale im Film Noir
der 80er- und 90er-Jahre 91

Katrin Oltmann
(Genre-)Spaziergänge mit Romeo. Gender und Genre im
Hollywood-Remake (WEST SIDE STORY, WILLIAM SHAKESPEARE'S
ROMEO + JULIET, ROMEO MUST DIE) 136

Claudia Liebrand
Melodrama goes gay. Jonathan Demmes PHILADELPHIA 171

Gereon Blaseio
HEAVEN AND EARTH. Vietnamfilm zwischen Male Melodrama
und Women's Film   192

Ines Steiner
Spectacular! The never-ending story of the epic film. Muskeln und
Sandalen digital in Ridley Scotts GLADIATOR   205

Sandra Rausch
Männer darstellen/herstellen. Gendered Action in James Camerons
TERMINATOR 2   234

Franziska Schößler
Von kommenden Geschlechtern. Gender- und Genre-
Turbulenzen in Science-Fiction-Filmen der 90er-Jahre   264

Marcus Erbe/Andreas Gernemann/Ines Steiner:
Genre-, Gender- und Klangräume in Baz Luhrmanns MOULIN ROUGE!
I. Verfahren der Zitation in MOULIN ROUGE! (I.S.)   285
II. «The hills are alive with the sound of music».
Der Klangraum in MOULIN ROUGE! (M.E./A.G.)   297

Hinweise zu den Autorinnen und Autoren   317

Claudia Liebrand/Ines Steiner

Einleitung

Wenn im klassischen Film Noir – oder im Neo-Noir der 80er- und 90er-Jahre – die schöne, verführerische und geheimnisvolle Heldin auftritt, ist für den männlichen Protagonisten, der meist als «private eye» (nicht selten im Auftrag dieser Schönen) arbeitet, eine Rätselkonfiguration konstelliert, mit deren Lösung er den Film hindurch befasst ist. Die genretypische Schließungsfigur des Film Noir verlangt die Aufdeckung des Geheimnisses der für den detektivischen Helden so faszinierenden wie gefährlichen Femme fatale: Der Protagonist wird zum Ödipus, der das Rätsel der Sphinx löst. Das Genre «Film Noir» rekurriert also auf kulturelle Gender-Narrative und Gender-Inszenierungen – und diese Gender-Narrative, Gender-Inszenierungen figurieren als zentrale Kodes und Konventionen, die die Genre-Verortung als Film Noir erlauben. Was für Film Noir gilt, lässt sich für alle Genres konstatieren: Gender-Konfigurationen werden von Genres modelliert; und Gender-Konfigurationen konstituieren Genres.

Wie eng dieser Wechselbezug von Genre und Gender ist, macht bereits ein Blick auf die Etymologie deutlich. «Genre» und «Gender» leiten sich aus dem lateinischen Begriff «genus» (Gattung, Geschlecht) her. Schon die gemeinsame Wurzel zeigt, dass sich die Konzepte Genre und Gender nicht als jene statischen, unabhängig voneinander bestehenden «Naturformen» begreifen lassen, als welche die Forschung sie bis in die 1990er-Jahre häufig beschrieben hat – gerade auch die Filmforschung. So ergibt sich ein methodisches Desiderat, dem der vorliegende Band verpflichtet ist: Genre- wie Gender-Forschung, die ihren Gegenstand nicht ahistorisch fixieren, sondern dynamisch begreifen, müssen sich theoretisch ergänzen und auf diese Weise voneinander profitieren. Denn Genre und Gender sind Größen, die sich vielfach berühren, einander aber auch durchkreuzen und unterlaufen – und die in ihrer Komplexität zu beschreiben sind. So haben wir es bei Genres eben nicht mit «Urtypen» zu tun, die uns «rein» entgegentreten: Vielmehr ist einerseits die konstitutive Historizität von Genres und andererseits ihre konstitutive Hybridität zu konstatieren. Genres wandeln sich in und mit der Zeit,[1] figurieren

---

1 Dass Genres sich mit und in der Zeit verändern (auch «verschwinden» können), historischen Wandlungsprozessen unterliegen, ist von Vertretern verschiedenster filmwissenschaftlicher Studien immer wieder konstatiert worden. Christian Metz hat bei-

nicht als transhistorische Größen. Insofern lassen sich Aussagen über Genres nicht en général statuieren, in den Blick kommen muss stets der spezifische historische Ort und die spezifische Ausgestaltung eines Genre-Films. Genre-Konventionen sind mithin sehr viel «fluider» als von Kritikern des Genre-Films in der Regel postuliert. Mit Steave Neale lässt sich konstatieren: «[T]he repertoire of generic conventions [...] is always *in* play rather than simply being *re*-played.»[2] Jeder Film bezieht sich auf Genre-Konventionen, schreibt sie aber gleichzeitig um, modifiziert und *konstruiert* sie. Das Genre (von dem wir doch eigentlich annehmen, dass es dem Film vorgängig ist), ist also immer ein *Effekt* jener Filme, in denen es sich ausdrückt/konkretisiert/dokumentiert. Wir haben es also mit der Schwierigkeit zu tun, dass das Genre nicht Film ist, aber uns nur im Film begegnet: Das Genre geht dem Film (logisch) voraus und ist doch (faktisch) sein Effekt.

Anders formuliert: In Filmen konkretisieren sich Genres, *und* die Filme gestalten, modifizieren diese Genres – setzen sie in Szene. Das Verhältnis von Einzelfilm und Genre ist also kompliziert. Kompliziert auch deshalb, weil die Genre-Filme, die Genres in Szene setzen, nie mit den Genre-Konventionen eines einzelnen Genres (des Actionfilms, des Melodramas et cetera) operieren, sondern immer mit einem (kleineren oder größeren) Bündel von Mustern diverser Genres. Nicht das Genre geht also der Genre-Hybridisierung voraus; «vorgängig» ist vielmehr die Genre-Hybride – und die Fixierung einzelner Genres setzt eine simplifizierende Lektüre einer Konstellation voraus, die immer schon die Einzel-

spielsweise ein Schema entwickelt, das von einem ersten, dem «klassische» Sdium ausgeht. Diesem folgt nach Metz ein Stadium der Selbstparodie der «Klassiker», das Spiel mit Genre-Konventionen. Das letzte Stadium sei dann durch die Selbstreflexivität des Genres bestimmt (vgl. Christian Metz: «The Imaginary Signifier», in: *Screen* 16/2 [Sommer 1975], S. 14-76). Metz' Betrachtung kann zwar für den Western Geltung beanspruchen, lässt sich aber nicht umstandslos auf alle Genres übertragen. Hier sei nur ein Beispiel benannt: Gerade die amerikanische Comedy bedient sich bereits beim Medienumbruch vom kurzen zum langen «Stummfilm» vom Cinema of Attractions zur narrativ organisierten Komödie der Genre-Parodie, um das längere Format bedienen zu können, ohne die bewährten Verfahren der Slapstick-Comedy zur Generierung komischer Effekte preisgeben zu müssen (vgl. die Genre-Parodien Buster Keatons). Festzuhalten bleibt, dass die historischen Veränderungsprozesse von Genres nicht in einer Terminologie zu beschreiben sind, die «organologisch» und teleologisch infiziert ist: Fungieren Genres doch nicht als «naturwüchsige» Formen, die gedeihen und vergehen. Zur Kritik der Metz'schen Konzeption vgl. auch Tag Gallagher: «Shoot-Out at the Genre Corral: Problems in the ‹Evolution› of the Western», in: Barry Keith Grant (Hg.): *Film Genre Reader II*, Austin 1995, S. 246-260.

2   Steve Neale: *Genre and Hollywood*, London/New York 2000, S. 219. Die Genre-Theorie kann spätestens seit 1970 in den angloamerikanischen Film Studies als neues «Paradigma» gelten, das die vornehmlich auteur-zentrierte Betrachtungsweise von Filmen ablöste.

genres transgrediert. Dieser Befund hat, das hat Steve Neale überzeugend gezeigt,[3] bereits für das frühe Kino Geltung. Die konstitutive Hybridität von Genres lässt sich also keineswegs nur für das postmodern inspirierte Kino seit den 80er-Jahren konstatieren, das der vorliegende Band fokussiert; gerade aber zeitgenössische Mainstream-Filme, insbesondere die Big-Budget-Produktionen des Hollywoodkinos, erlauben einen präzisen Blick auf Genre-Negotiationen und Genre-Hybridisierungen. Um diese Hybridisierungen beschreiben zu können, wird von Genre-Filmen und Genres die Rede sein: Diese Genres werden aber nicht als den – Genre-Hybridisierung prozessierenden – Filmen *vorgängig* konzeptualisiert.

Behandelt werden Genre-Fragen im Folgenden, wie ausgeführt, in Bezug auf die Kategorie Gender.[4] Die Aufsätze im ersten Teil des Bandes gehen den theoretischen Möglichkeiten und Problemen von Gender-Genre-Interferenzen nach, der zweite Teil präsentiert Filmlektüren, die die Genre-Gender-Relationen am konkreten Material analysieren und die semantischen Effekte, die aus diesen Verwerfungen hervorgehen, aufzeigen: im Melodrama, im Action- und Science-Fiction-Film, im Teen Movie, im Epic-Film, im Vietnamfilm, im Neo-Noir, im Musical et cetera. Ihren Blick richten die Lektüren gleichermaßen auf Blockbuster des Mainstream-Kinos wie auf die so genannten Independent-Filme unabhängiger Produzenten, die nichtsdestotrotz unter den Produktions-, Distributions- und Vermarktungsgesetzen Hollywoods entstehen. Zu den analysierten Filmen zählen unter anderem James Camerons TERMI-

---

3   Ebd., S. 248ff.
4   Zweifellos ließen sich nicht nur die Negotiationen zwischen Genre und Gender in den Blick nehmen: Genres verhandeln viele der Zentralkonzepte, mit denen die Cultural Studies operieren: Age, Class, Race etc. Im vorliegenden Band liegt der Fokus auf Gender (was nicht heißt, dass Gender nicht auch in seinen Interdependenzen zu anderen Kategorien betrachtet wird). Begriffen wird die Kategorie «Gender», die in diesem Band verhandelt wird, nicht biologisch-substanzial, sondern performativ. Gender-Konfigurationen werden mithin als konstitutiv für mediale Performationen bestimmt. Mit dieser Perspektivierung ist auf die Gender-Performance-Theorie von Judith Butler verwiesen, die mit ihrem Buch *Gender Trouble* die seit den 70er-Jahren populäre Unterscheidung zwischen «Sex» und «Gender» auf den Prüfstand stellte. Butler dekonstruiert diese Differenz; sie argumentiert, dass die Kategorie «Gender» intrikaterweise auf das Konzept einer vordiskursiven Natur verweise. «Gender» lasse sich nicht von «Sex» trennen; vielmehr sei beides gleichermaßen als performativ verfasst zu konzeptualisieren (Judith Butler: *Gender Trouble. Feminism and the Subversion of Identity*, New York/London 1990, dt. Titel: *Das Unbehagen der Geschlechter*, Frankfurt am Main 1991). Die Beschäftigung mit der filmischen Repräsentation von Gender ist insofern besonders instruktiv, als der Vorgang der kinematographischen Gender-Konstruktion nicht begriffen wird «als eindeutiges, in sich abgeschlossenes *Produkt* [...], sondern als heterogener, krisenhafter Repräsentations*prozeß*» (Siegfried Kaltenecker: *Spiegelformen. Männlichkeit und Differenz im Kino*, Basel 1996, S. 11).

NATOR 2, Jonathan Demmes PHILADELPHIA, Steven Spielbergs AI, Andrzej Bartkowiaks ROMEO MUST DIE, Amy Heckerlings CLUELESS, Ridley Scotts GLADIATOR, Oliver Stones HEAVEN AND EARTH, Baz Luhrmanns MOULIN ROUGE! und ROMEO + JULIET, Chris Nolans MEMENTO und Joel und Ethan Coens THE MAN WHO WASN'T THERE.

Eröffnet wird der erste, theoretische Überlegungen zu den Genre-Gender-Interferenzen vorlegende Bandteil mit dem Beitrag von Irmela Schneider: «Genre, Gender, Medien. Eine historische Skizze und ein beobachtungstheoretischer Vorschlag», der neben einer historischen Skizze zur Genre-Theorie und -Poetik ein Modell der konstitutiven Nachträglichkeit für Genre- und Gender-Konzeptualisierungen entwickelt. Schneider konstatiert, dass Genres und Genre-Semantiken als Formen der Selbstbeschreibung des Filmsystems aufzufassen sind – mithin der methodischen Aporie nicht entkommen, dass bestimmte Filme als Genre zusammengefasst werden, die doch erst durch die Analyse als einem Genre zugehörig erklärt werden können. Genre-Beschreibungen als Selbstbeschreibungen des Filmsystems (und Gender-Beschreibungen als gesellschaftliche Selbstbeschreibungen) sind mithin durch Rekursion und Retroaktivität gekennzeichnet. Um die Exklusionspraktiken, mit denen Selbstbeschreibungen (von Genres) immer operieren, einer Beobachtung zugänglich zu machen, schlägt Schneider die Koppelung von Genre und Gender vor – als diskursive Strategie, um Genre- und Gender-Fragen zusammenzudenken, ohne Genre zur Normalisierung von Gender und Gender zur Normalisierung von Genre einzusetzen. Gereon Blaseios problemorientierter Forschungsüberblick «Genre und Gender. Zur Interdependenz zweier Leitkonzepte der Filmwissenschaft» fokussiert das historische Zusammenwirken dieser beiden Konzepte in den anglo-amerikanischen Film Studies seit den 70er-Jahren. Eine filmwissenschaftliche Geschichte der Genre-Theorie lässt sich – so Blaseios These – ohne Rückgriff auf die Überlegungen der Gender-Theoretikerinnen und -Theoretiker nicht schreiben (andererseits nehmen Genre-Überlegungen auch für die feministische Filmforschung seit den 70er-Jahren eine zentrale Rolle ein). Blaseio verfolgt die Relationierungen von Gender und Genre bis zu den jüngeren Veröffentlichungen seit den 90er-Jahren (Jeffords, Tasker, Williams) – mit dem Blick auf das innovative Potenzial, das eine Verknüpfung von Gender- und Genre-Analysen für Gender Studies *und* Genre Studies verspricht. Andrea Braidt versteht in ihrem Beitrag «Film-Genus. Zu einer theoretischen und methodischen Konzeption von Gender und Genre im narrativen Film» Genre und Gender als kognitive Wissenscluster, die den Zuschauern und Zuschauerinnen erlauben, zum Beispiel audiovisuelle Details wahrzunehmen und zu verstehen. Film-Genus wird von ihr als «Subjektive Theorie» rekurrierend auf die Heidelberger Strukturlegetechnik (SLT) konzeptualisiert; ihr geht es nicht um die Erhebung repräsentativen Rezeptionsverhaltens, sondern um die Konfrontation von Gender- und Genre-Theorien mit den «Subjektiven Theorien» ausgewählter Rezipienten, Rezipientinnen. Für die empirische Untersuchung operationalisiert werden könnten – so Braidt – Genre und Gender mit der Perspektive auf Momente im Film, die als genre- respektive gendertransgressiv wahrgenommen werden.

Der zweite Teil des Bandes, der Genre-Gender-Verwerfungen in exemplarischen Filmlektüren nachgeht, wird eröffnet von Christoph Brechts Aufsatz «Teenage Negotiations. Gender als Erzähltechnik in Amy Heckerlings Teen Movie CLUELESS». Zur Grundlegung seiner Argumentation erarbeitet der Beitrag zunächst Hauptzüge einer Poetik des von der Kritik gern vernachlässigten Teen Movie, das keineswegs nur als die kommerzielle Spielart des «Jugendfilms» anzusprechen ist, sondern Darstellungsstrategien eigenen Rechts verfolgt: Der Teenager, wie er hier imaginiert und adressiert wird, ist nicht ein «junger Erwachsener»; er ist vielmehr Bewohner einer Heterotopie, in der die Dynamik der Adoleszenz stillgestellt ist und selbstreferenziell umgeleitet wird. CLUELESS folgt der daraus entspringenden Poetik konsequent und unterwirft sich den von ihr verfügten Beschränkungen vollständig, gewinnt aber, wie Brecht zeigt, eben dadurch Spielräume für eine vom Biologismus, ja vom Realitätsprinzip überhaupt emanzipierte Durchführung der Gender-Rolle «teenage girl». Cher Horowitz, der Protagonistin von CLUELESS, wird die Fähigkeit verliehen, sich selbst und anderen ihr Leben so virtuos zu erzählen, dass den im Teen Movie streng zu befolgenden Konventionen gleichsam schwindlig wird und Wirklichkeit statt als fixe symbolische Ordnung als Verhandlungssache erscheint. Elisabeth Bronfen nimmt in ihrem Beitrag «‹You've got a great big dollar sign where most women have a heart›. Refigurationen der Femme fatale im Film Noir der 80er- und 90er-Jahre» das Wiederaufleben des Film Noir im späten 20. Jahrhundert in den Blick. Sie zeigt an einer Fülle von Neo-Noirs – von Lawrence Kasdans BODY HEAT (1981) bis zu Joel und Ethan Coens THE MAN WHO WASN'T THERE (2001) –, wie auf der Grundlage des Noir-Scripts der dem Genre zugrundeliegende «gender trouble» verhandelt wird, wie der Femme fatale jedoch auch mit jeder weiteren Umschrift des Genres Gender-Spielräume erschaffen werden. In der Spannbreite der Film-Noir-Umschriften, die Bronfen nachzeichnet und theoretisch reflektiert, finden sich sowohl Filme, die – wie Adrian Lynes FATAL ATTRACTION (1987) – eine radikale Pathologisierung der Femme fatale vornehmen, als auch Filme, die das subversive Potenzial der Femme fatale lustvoll feiern – etwa John Dahls THE LAST SEDUCTION (1994) und John McNaughtons WILD THINGS (1998). Katrin Oltmanns Studie «(Genre-)Spaziergänge mit Romeo. Gender und Genre im Hollywood-Remake» geht von der These aus, dass Genres «immer schon» Remakes in dem Sinne sind, dass sie komplexe kulturelle Verhandlungs- und Rückkopplungsprozesse mit ihren Vorgängerfilmen eingehen. Der Beitrag verfolgt – bezogen auf WEST SIDE STORY (1961), ROMEO + JULIET (1996) und ROMEO MUST DIE (2000) – die «Genre-Spuren» der Vorgängerfilme, die generischen Rückkopplungs- und Verschaltungsprozesse zwischen Remake(s) und Premake(s), die sowohl die Genre-Zugehörigkeiten der Filme als auch deren Gender-Konfigurationen nachhaltig hybridisieren. Das «Spektakel Männlichkeit» wird, so Oltmann, quer durch die Genres Musical, Western und Actionfilm ausgetragen – und die Inszenierungsformen dieses «Spektakels» sind modelliert durch die Genres, die interagieren. So übernimmt ROMEO MUST DIE die Actionelemente, die ROMEO + JULIET im Anschluss an WEST SIDE STORY bereits forcierter inszenierte, und differenziert sie aus, macht aus dem Action-Film-Musical ROMEO + JULIET einen Musical-Martial-Arts-Film, dessen Kampfchoreographien wie die Production-Numbers eines Musicals in Szene gesetzt sind. Der Remake-Status der filmischen Neuauflagen hat also deutliche Auswirkungen auf die Herstellung (und somit auch auf die Gender-Implikationen) des jeweiligen Genres. Claudia Liebrands «Melodrama goes gay. Jonathan Demmes PHILADELPHIA» fokussiert den ersten Aids-Film des Mainstream-Kinos als «Verschaltung» der Genres Melodrama und Courtroom Drama mit Blick darauf, welche narrativen Effekte die Übernahme und gleichzeitige Umschrift von spezifischen Genre-Traditionen freisetzen, welche Gender- und Genre-Negotiationen den Women's Film, als der das Melodrama häufig konzeptualisiert wird, zum Gays' Film machen. PHILADELPHIA – so Liebrands These – prozessiert das (mit dem Gerichtsdrama hybridisierte) Melodrama als Gegeneinanderführung unterschiedlicher Melodrama-Ausformungen: als Überkreuzung von «melodrama of passion» und «melodrama of action». Oliver Stones einziger bei Publikum und Kritikern erfolglos gebliebener Vietnamfilm steht im Mittelpunkt des Beitrags von Gereon Blaseio, «HEAVEN AND EARTH. Vietnamfilm zwischen Male Melodrama und Women's Film». Blaseio begreift Stones Film als Male Melodrama, zugleich zeigt er, dass und wie das Male Melodrama von einem Women's Film «überblendet» wird. Der daraus resultierende «genre trouble» löst «gender trouble» aus, der wiederum «genre trouble» nach sich zieht. Ines Steiner analysiert in ihrem Beitrag

«Spectacular! The never-ending story of the epic film» Ridley Scotts Historienfilm GLADIATOR auf dem Hintergrund eines Genre-Transfers. Was der historisierende Epic-Film seit jeher für sich beansprucht hatte, das Potenzial zur totalen Illusionierung des Zuschauers, versucht Scotts GLADIATOR wieder von Genres wie Science Fiction und Fantasy zurückzuerobern – den Genres, in die dieses Illusionierungspotenzial seit den 1970er-Jahren «ausgewandert» war. Das angestaubte Image des «Sandalenfilms» wird mit neuester digitaler Technik hinsichtlich der Konstruktion der filmischen Räume und der Special Effects «aufpoliert»; zugleich wird ihm, in enger Anlehnung an Rezepte des Actionkinos, die epische Behäbigkeit ausgetrieben; die überkommene Logik der Bildverschwendung ist ersetzt durch strikte narrative Ökonomie. Der Film konzipiert seinen Protagonisten Maximus vermeintlich kritisch, als Anti-Gladiator, und tritt der heroischen Verklärung des Kriegshandwerks entgegen: Der zynische Charakter der in der Arena zur Schau gestellten Männlichkeitsinszenierungen wird mit Nachdruck betont. Dennoch führt – so Steiners Analyse – die Kritik des Strong-Man-Klischees in der male-melodramatischen Narration einer «Passionsgeschichte» geradewegs zurück zu einer hoch traditionellen Gender-Modellierung: zur madonnenikonographisch überhöhten Verklärung von «Mutter Natur». In ihrem Beitrag «Männer darstellen/herstellen. Gendered Action in James Camerons TERMINATOR 2» untersucht Sandra Rausch die Inszenierung des männlichen Körpers in James Camerons Film – und zwar mit Fokus auf seine Bezüge zu den Gender-Vorgaben des Westernfilms und die filmwissenschaftliche Diskussion um den männlichen Körper im Rahmen des Körperdiskurses seit den 1980er-Jahren. Die Figur des Schwarzenegger'schen Terminators wird als Transvestit im Sinne Judith Butlers verstanden, der Actionfilm TERMINATOR 2 als Umschrift des Western, die die Gender-Vorgaben dieses Genres reinszeniert und parodiert. Argumentiert wird, dass diese Umschrift von genrespezifischen Gender-Vorgaben nachträglich auch das Westerngenre selbst umschreibt. Auch Franziska Schößlers Beitrag «Von kommenden Geschlechtern. Gender- und Genre-Turbulenzen in Science-Fiction-Filmen der 90er-Jahre» behandelt Camerons TERMINATOR 2 – neben THE MATRIX und ARTIFICAL INTELLIGENCE: AI. Schößler thematisiert Gender-Genre-Überlagerungen und -Interferenzen, indem sie den künstlichen Körper – Maschine, Android, Cyborg – und seine Prokreationsphantasmen fokussiert. In TERMINATOR 2, so ihr Befund, stellt der Titelheld seine Männlichkeit als theatralisiertes Spektakel her, qua Mimikry. Die Gender-Mimikry des Titelhelden beschränkt sich aber nicht auf Männlichkeitsmaskerade; gezeigt wird, wie der von Schwarzenegger gegebene Terminator vom Film nicht nur in der Vater-, sondern auch in der *Mutter*rolle positioniert wird. Damit reinszeniert TERMINATOR 2 – so Schößler – den Topos der (mütterlichen) Femme machine, der auch in THE MATRIX wirksam ist, können die Menschen im Film der Wachowski-Brüder doch nur durch eine Geburt, die sie von ihren Anschlüssen löst, dem «Menschenpark» der maschinellen Megamutter entkommen. Und wie THE MATRIX prozessiert auch Spielbergs ARTIFICAL INTELLIGENCE: AI das Phantasma der Mutterschaft. Nach Schößler installiert AI, ein Film der unterschiedlichste Genre-Muster verschaltet, zunächst die Mutter als Herrin über Leben und Tod, um sie am Filmende zum Objekt der Schöpfung ihres Sohnes zu erklären. Die «Genre-, Gender- und Klangräume in Baz Luhrmanns MOULIN ROUGE!» werden in einer Doppelperspektive in den Blick genommen. Ines Steiner gibt einen Einblick in die «Verfahren der Zitation in MOULIN ROUGE!» und beschreibt sie als Gender-Crossing und Culture-Crossing. Das Zitationsverfahren, mit dem MOULIN ROUGE! operiert, verweist auf die unhintergehbare vielfache Vermitteltheit kultureller und medialer Praktiken: So wird das male-melodramatische Narrativ des Rahmens permanent durch selbstreferenzielle Volten des Spektakels konterkariert und ironisierend in Frage gestellt. Die Verfahren der Zitation produzieren ein Culture-Crossing zwischen der populären Tanz- und Musikkultur des Fin de Siècle und der musikalischen und tänzerischen Pop Culture der Gegenwart *und* ein Gender-Crossing zwischen den aus einer (kulturell «männlich» semantisierten) okzidentalen Tradition hervorgehenden narrativen Verfahren des Rahmens und der (kulturell «weiblich» semantisierten) orientalischen (Spektakel-)Kultur. Marcus Erbe und Andreas Gernemann gehen in ihrer Studie «‹The hills are alive with the sound of music›. Der Klangraum in MOULIN ROUGE!» auf die Surroundtongestaltung des Films MOULIN ROUGE! (genauer: dessen Tonabmischung für die DVD) ein. Die tonale Gestaltung von Baz Luhrmanns Film rekurriert auch auf Standards im Surroundtondesign (u.a. Dolby SR, SDDS, DTS im Kino – und ihrer Gegenstücke auf dem «Heimkinomarkt», darunter Dolby Digital 6.1 ES, DTS EX), die insbesondere für die akustische Inszenierung der so genannten BLAMs (Big Loud Action Movies) der 80er- und 90er-Jahre bedeutsam waren. Technikbedingte Genre-Konventionen (hier des Actionfilms) nehmen also auch Einfluss auf die tonale Gestaltung anderer (und mit anderen Gender-Konfigurationen operierender) Genres (in diesem Fall auf das Musical MOULIN ROUGE!).

Die vorliegenden Beiträge thematisieren die Produktion bestimmter Gender-Inszenierungen durch Genres wie auch die (Neu-)Definition von Genres durch konventionalisierte Gender-Performanzen und Gender-Stereotypen. Die Aufsätze verweisen auf einen historischen Prozess: Da sich Genre-Konventionen immer unter konkreten filmhistorischen Bedingungen und in spezifischen kulturell-historischen Kontexten ausbilden, befinden sie sich seit dem frühen Film im permanenten Wandel. Das Gleiche gilt für die sich in Wechselwirkung aus den Genre-Konventionen ergebenden Gender-Konfigurationen: Auch sie befinden sich im Fluss stetiger historischer Modifikation. Werden (wie in den folgenden Beiträgen) Genre-Gender-Interdependenzen verhandelt, ist eine Vorentscheidung der Prädominanz des Kulturellen (Gender) beziehungsweise Medialen (Genre) zu vermeiden. Vielmehr ist es sinnvoll, von einem Wechselspiel von Gender(s) und Genres auszugehen. Semantische Besetzungen von Gender verdanken sich medialen Limitationen, verdanken sich Genre-Vorgaben; die Erarbeitung alternativer Gender-Kodierungen zwingt zu medientechnischen Innovationen, die sich in neuen Filmgenres ausprägen. Gender und Genre sind also Größen, die nicht stillstehen, sondern sich wechselseitig generieren.

Irmela Schneider

Genre, Gender, Medien.
Eine historische Skizze und ein beobachtungstheoretischer Vorschlag

Die folgenden Überlegungen umfassen vier Teile: Nach einigen Hinweisen zur Etymologie von Genre und Gender geht es in einem zweiten Abschnitt um eine historische Skizze zur Genre-Theorie und -Poetik,[1] soweit diese für den Zusammenhang von Genre und Gender von Interesse ist. Der dritte Teil fokussiert Überlegungen zum Zusammenhang von Gender und Genre in den 80er-Jahren, die bis heute für diesen Problemzusammenhang prägend sind. Im vierten Teil wird ein theoretischer Vorschlag für die Konzeptionalisierung des Verhältnisses von Medien, Genre und Gender vorgestellt.

1. Der gemeinsame Wortstamm

Genre und Gender sind vom Wortstamm her durch das lateinische «genus» verbunden, welches das Geschlecht und zwar sowohl von Tieren, von Menschen als auch von Leblosem bezeichnet und dabei selbst grammatikalisch als Neutrum operiert. Diese wortgeschichtliche Gemeinsamkeit koinzidiert mit manchen forschungsgeschichtlichen Parallelführungen zwischen der Genre- und Gender-Forschung und zwar in Bezug auf die diskursive Strategie der Klassifikation. Die These lautet: Es gibt eine Interaktion zwischen den Klassifikationen für Genres und Gender. Genres konstituieren sich immer auch über Gender-Konstruktionen, und dies betrifft so unterschiedliche Genres wie Western und Melodrama, Thriller und Science Fiction. Daraus leitet sich die Frage ab: Führt die in den letzten Jahren immer wieder beobachtete Entgrenzung von Genres auch zu einer Entgrenzung von eingefahrenen Gender-Konzepten?

---

[1] Die angloamerikanische Bezeichnung Genre wird hier auch dann verwendet, wenn im deutschsprachigen Zusammenhang von *Gattung* gesprochen wird.

2. Eine historische Skizze

Es geht hier nicht um einen Abriss der langen Tradition der Genre-Theorie und Genre-Poetik, sondern lediglich um einige Hinweise, die notwendig sind, um die genretheoretischen Reflexionen innerhalb der Medienwissenschaft (in die die mancherorts noch so bezeichnete Film- und Fernsehwissenschaft integriert werden sollte) in ihrem historischen Kontext verständlich zu machen. Der Fokus der historischen Skizze liegt dabei auf solchen Aspekten aus der Theoriegeschichte, die für den Zusammenhang von Genre und Gender von Relevanz sind.

Aristoteles hat in seiner *Poetik* mit seiner genretypologischen Einteilung und Bestimmung von Tragödie, Komödie und Epos eine Orientierung gegeben, die die gesamte Geschichte der europäischen Genre-Theorie geprägt hat. Die aristotelische Tradition schreibt sich auch ein in Genre-Theorien des frühen 19. Jahrhunderts, wenn, vor allem in Deutschland, die drei Genres Epik, Lyrik und Drama als drei Naturformen diskursiviert und mit ganz unterschiedlichen psychologischen und philosophischen Prinzipien untermauert werden. Für den Zusammenhang von Genre- und Gender-Theorie ist dabei von einiger Bedeutung, dass Genres, wenn sie als Naturformen betrachtet werden, ihr Profil auf einem Wege gewinnen, der durch die Bestimmung von Gender vorgezeichnet ist: Wie bei der Frage nach Gender, wenn sie eine Natur des Weiblichen und des Männlichen voraussetzt, so geht es auch bei den Genres oder Gattungen als Naturformen um eine essenzialistisch grundierte Wesensbestimmung des Epischen, Lyrischen und Dramatischen, um ihre Natur. Genres als Naturformen und Gender als eine naturbedingte Größe – das verweist auf die Affinität zwischen Genre und Gender, das verweist auch auf die Möglichkeit, sich wechselseitig zu profilieren, zu stützen, sich wechselseitig vorauszusetzen, sich in Diskursen als ein Begriffspaar zu präsentieren, das sich gegenseitig der jeweiligen Unvermeidbarkeit versichert.

Die Unterscheidung von Genres als Naturformen konnte sich auf das Männliche und Weibliche beziehen, und Gender als eine Naturform fand einen Widerhall in den Genres Lyrik, Drama und Epos. Denn diese drei Genres sind als Naturformen alles andere als geschlechtsneutral; in ihre Bestimmungen schreiben sich Konnotationen des Männlichen wie Weiblichen ein. Nehmen wir als einen Kronzeugen Johann Wolfgang von Goethe, der von «drey ächte[n] Naturformen der Poesie» ausgeht: die «klar erzählende» (Epos), die «enthusiastisch aufgeregte» (Lyrik) und die «persönlich handelnde» (Drama).[2] Damit werden die drei Naturformen, die sich auf unterschiedliche Weise mischen, aber eben auch immer gesondert beobachtet werden, drei verschiedenen menschlichen Tätigkeiten und Befindlichkeiten zugeordnet: der Erzählung, der Erregung und dem Handeln. Losgelöst aus dem spezifischen Goethe'schen Kontext lässt sich für die Frage nach dem Zusammenhang von Genre und Gender daraus eine Zuordnung von Genre und Gender ableiten, für die sich zahlreiche historische Belege anführen ließen. Das Erzählen bildet, wenn wir Hans Blumenbergs Geschichte über die Höhlen und Höhlenausgänge folgen, die Domäne des weiblichen Geschlechts: Nur in der Höhle, nicht auf der Jagd, bleibt Zeit und Muße zu erzählen. Das Handeln findet seinen Ausdruck in der Jagd, charakterisiert damit den männlichen Bereich.[3] Im Unterschied zu Erzählen und Handeln lässt sich diskursgeschichtlich die Erregung weder eindeutig dem Weiblichen noch dem Männlichen zuordnen. Sie bildet einen jener spannenden Zwischenbereiche, die in der Geschichte zu Normalisierungsbemühungen geführt haben, die Strategien auf den Plan gerufen haben, eine solche Irritation in Bahnen zu lenken, die akzeptabel bleiben. Wenn Normalisierung im Sinne von Inklusion nicht gelingt, dann führt dies zur Exklusion, dann wird zum Beispiel der erregte Mann zum effeminierten, verweiblichten Mann. Aus einer anderen Perspektive betrachtet, ergibt sich: Wenn es in den Naturformen der Poesie eine Zwischenform gibt, dann wird umso dringender die eindeutige Dichotomie zwischen dem Weiblichen und dem Männlichen gebraucht. Diese Dichotomie erweist sich in ihrer Stabilität als ruhender Pol in den Turbulenzen von Zwischenformen.

Die diskursive Macht des essenzialistischen Gender-Konzepts zeigt sich also auch in der Genre-Theorie, zumindest bis ins 19. Jahrhundert. Im Laufe des 20. Jahrhunderts verliert die Genre-Theorie als Theorie der Naturformen dann zunehmend an Überzeugungskraft. Generell formuliert: Das Misstrauen gegenüber dem Essenzialismus prägt auch die genretheoretischen Überlegungen des 20. Jahrhunderts. Im Zuge eines solchen Misstrauens wird von Essenzialismus auf Logik umgestellt, und es etabliert sich die Unterscheidung zwischen theoretischen Genres als logischen Deduktionen und historischen Genres.[4] Für die Genre-Studien ergeben sich aus dieser Einteilung zwei unterschiedliche Dimensionen der Betrachtung: Die Untersuchung von historischen Genres führt zu Gen-

---

2   Vgl. Johann Wolfgang von Goethe: «Besserem Verständnis» [1818/19], in: ders.: *West-östlicher Divan. Sämtliche Werke nach Epochen seines Schaffens*, hrsg. v. Karl Richter, Bd. 11.1.2., München 1998, S. 194.
3   Vgl. Hans Blumenberg: *Höhlenausgänge*, Frankfurt am Main 1989.
4   Vgl. Tzvetan Todorov: *Einführung in die fantastische Literatur*, Frankfurt am Main 1992.

re-Geschichten; diese können ihrerseits von drei unterschiedlichen Perspektiven ausgehen: von einem Genre-System, von einzelnen Genres oder aber, drittens, von einzelnen Filmen, die in Relation zu einem oder mehreren Genres gestellt werden. Besonders innerhalb der Filmwissenschaft sind seit den 60er-Jahren eine Reihe von historischen Genre-Untersuchungen entstanden, die vor allem einzelne Genres in den Blick nehmen, bevorzugt den Western und den Gangsterfilm.

Bei Fragen nach theoretischen Genres stehen Überlegungen zur sozialen und kulturellen Funktion von Genres im Mittelpunkt. Nicht nur das Kino und seine Genres werden hier herangezogen, sondern es geht, vor allem seit den 80er-Jahren, auch um Genres des Fernsehens und ihre unterschiedlichen Kommunikationsqualitäten. Für die Frage nach theoretischen Genres ist es interessant zu beobachten, wie Revisionen, Korrekturen und Brüche auf dem Gebiet der Genre-Theorie sich einschreiben in Gender-Theorien et vice versa.

Die Debatten um Genre als theoretisches Konzept enden im 20. Jahrhundert häufig in der grundlegenden Frage, ob das Genre-Konzept überhaupt relevant sei, um das Problem zu lösen, welche soziale und kulturelle Funktion, welche Kommunikationsqualitäten die Medien behaupten.[5] Dieser Grundsatzstreit ist bis heute nicht entschieden. Und dies kann auch nicht verwundern, da dieser Streit ein Kind grundlegender Konflikte ist, die wissenschaftliche Diskurse im 20. Jahrhundert und auch noch am Beginn des 21. Jahrhunderts prägen: der Konflikt zwischen Nominalismus und Realismus etwa oder der zwischen Konstruktionismus und Ontologismus.[6] Hier nur ganz kurz ein Hinweis auf zwei repräsentative Positionen, die solche Kontroversen im Hinblick auf Genre-Fragen spiegeln: Am Anfang des 20. Jahrhunderts vertraten Benedetto Croce und seine Schüler eine strikt nominalistische Position: Genres wären demnach nichts anderes als Sprachfiktionen. Dem setzte um die Mitte des 20. Jahrhunderts Emil Staiger eine fundamentalontologische Position entgegen, nach der Gattungen Wesensformen sind, deren Wesen und Essenz sich bestimmen lasse.[7]

Der Streit zwischen Nominalismus und Realismus, zwischen Konstruktionismus und Ontologismus und vor allem der zwischen Essenzia-

---

5   Zur Kategorie der Kommunikationsqualität vgl. Peter M. Spangenberg: «Das Medium Audiovision», in: Rudolf Maresch/Niels Werber (Hg.): *Kommunikation – Medien – Macht*, Frankfurt am Main 1999, S. 59-82.
6   Vgl. Ian Hacking: *Was heißt «soziale Konstruktion»? Zur Konjunktur einer Kampfvokabel in den Wissenschaften*, Frankfurt am Main 1999 (engl. Orig.: *The Social Construction of What?*, Cambridge 1999).
7   Vgl. zur Einführung und als knappen Überblick: «Art. Gattung», in: *Metzler Lexikon der Literatur- und Kulturtheorie*, hrsg. v. Ansgar Nünning, Stuttgart 1998, S. 172-178.

lismus und Anti-Essenzialismus schreibt sich keineswegs nur in Genre-Theorien des 20. Jahrhunderts ein, sondern ebenso prägnant und nachhaltig in Gender-Theorien. Dabei ergibt sich als Bilanz bis zur zweiten Hälfte des 20. Jahrhunderts: Beide, Genre wie Gender, sind vom «Virus der Essenz» betroffen,[8] und das 20. Jahrhundert versucht auf unterschiedliche Weise, seinen Umgang mit diesem Virus zu finden. Der diskursive Kampf gegen diesen Virus ebenso wie seine diskursive Hartnäckigkeit prägen Genre- wie Gender-Theorien im 20. Jahrhundert.

In der historischen Chronologie steht als nächstes jene Kontroverse auf der Tagesordnung, in der es um die grundlegende Frage geht, ob auf der Basis von Genre-Theorien Problemlösungen gefunden werden können, um wichtige kulturelle wie soziale Fragen zu beantworten. Während im Zuge des Strukturalismus ein typologisierendes, klassifizierendes und Taxonomien bildendes Genre-Konzept entwickelt wurde, stellte der Poststrukturalismus das Genre-Konzept grundlegend in Frage. An die Stelle von statischen Klassifikationen sollten, so die These, Konzepte wie Intertextualität, Intermedialität oder auch Ecriture treten, die beschreibungsadäquater seien. Auch in dieser Kontroverse findet bald die Suche nach einer vermittelnden Position statt. Einen Vorschlag zur Vermittlung präsentiert der Filmtheoretiker und -historiker David Bordwell, wenn er vorschlägt, Genres und Genre-Funktionen als bewegliche Rahmen («fluid-framework») zu begreifen, die unsere Lektüre von Hollywoodfilmen eingrenzen, ihnen eine Orientierung verleihen.[9]

Der Streit um die Brauchbarkeit von Genre-Konzepten, die die Möglichkeit einer Klassifikation voraussetzen, die also von der Prämisse ausgehen, dass sich die Differenz zwischen Genres (wie zum Beispiel zwischen Melodrama und Actionfilm) noch präzise kategorisieren lässt, wird vor allem in den 80er-Jahren ausgetragen, in einer Zeit also, als mediale Entgrenzungs-Prozesse auf unterschiedlichen Gebieten zu beobachten sind. Für die Filmwissenschaft ebenso wie für die Filmkritik wird es immer fragwürdiger, aktuelle Hollywood-Produktionen in einem Genre-System zu verorten, da die Mehrzahl der Filmproduktionen Genre-Mischungen vornimmt. Es entstehen zunehmend Genre-Hybride.

Im Bereich des Fernsehens lassen sich die 80er-Jahre mit dem Ausbau von Kabel- und Satelliten-Programmen im europäischen Bereich als die Zeit einer gigantischen Expansion von Programmen und von Pro-

---

8   Vgl. Roland Barthes: *Mythen des Alltags*, Frankfurt am Main 1970, S. 60.
9   Vgl. Steve Neale: *Genre*, London 1980. Als Überblick vgl. Tom Ryall: «Genre and Hollywood», in: John Hill/Pamela Church Gibson (Hg.): *The Oxford Guide to Film Studies*, Oxford 1998, S. 327-338.

grammstunden beschreiben. Die von Raymond Williams formulierte These, dass sich Fernsehen nicht als ein Ganzes, das sich aus einzelnen Teilen zusammensetzt, betrachten lässt, sondern dass es einen Fluss («flow») bilde,[10] dessen Attraktivität gerade darin besteht, dass er nicht anzuhalten ist, erhält jetzt neue Relevanz.

3. Genre-Theorien und Gender-Konzepte der 80er-Jahre

Für die Einschätzung der Genre-Theorien in der Medienwissenschaft seit den 80er-Jahren des 20. Jahrhunderts ist eine These von Marjorie Garber aufschlussreich. In ihrer materialreichen Studie *Vested Interests* stellt Garber die These auf, dass Gender-Crossing und Cross-Dressing, dass Transvestismus und das Transvestische eine grundlegende Kategorienkrise markieren, die sich dadurch auszeichne, dass die das abendländische Denken und Sprechen strukturierende zweiwertige Logik – etwas ist weiß oder schwarz, männlich oder weiblich, groß oder klein – ihre Selbstverständlichkeit und Plausibilität verloren habe, dass eine solche dichotomisierende Sprache nicht mehr beschreibungsadäquat sei.[11] Kategorien, Klassifikationen erweisen sich als soziale Konstrukte, die – um mit Ian Hacking zu sprechen – vermeidbar sind. Wenn der Essenzialismus die Grundhaltung der Unvermeidbarkeit vertritt, so geht der soziale Konstruktionismus davon aus, dass X vermeidbar ist.[12] Diese unvermeidbare Einsicht in die Vermeidbarkeit kann eine Kategorienkrise produzieren, und diese Krise ist, so Garber, in Bezug auf Gender virulent.

Für genretheoretische Reflexionen seit den 80er-Jahren lässt sich beobachten: Sie wissen um diese Vermeidbarkeit und suchen nach Spuren des Unvermeidbaren. Sie wissen um die Kategorienkrise und suchen einen Ausweg aus der Krise. Genretheoretische Reflexionen der letzten Jahrzehnte lassen sich als Strategien lesen, mit denen versucht wird, die Irritationen, Brüche, Verwerfungen, die für die Moderne generell und – mit Blick auf Medienentwicklungen – für das Genre-Kino und das expandierende Fernseh-

---

10 Vgl. Raymond Williams: *Television. Technology and Cultural Form* [1974], London/New York 1990. Ein Auszug in deutscher Übersetzung liegt vor in: Ralf Adelmann/Jan O. Hesse u.a. (Hg.): *Grundlagentexte zur Fernsehwissenschaft. Theorie – Geschichte – Analyse*, Konstanz 2001, S. 33-43.
11 Vgl. Marjorie Garber: *Verhüllte Interessen. Transvestismus und kulturelle Angst*, Frankfurt am Main 1993 (engl. Orig.: *Vested Interests. Cross-Dresing & Cultural Anxiety*, New York 1992).
12 Vgl. Hacking: Was heißt ‹soziale Konstruktion›?, S. 19ff.

programm kennzeichnend sind, wieder zu normalisieren. Und für die Genre-Theorie, so die These, ist der Rekurs auf Gender-Konzepte ein Weg der Normalisierung, ein Versuch, Unvermeidbares ausfindig zu machen. Der Rekurs auf Gender-Konzepte erlaubt noch einmal diskursiv die Genre-Klassifikation. Und über die Genre-Klassifikation lässt sich auch wieder eine Antwort auf die Frage finden, was denn männlich und weiblich sei. Genre-Theorie bietet auf diese Weise einen Ausweg aus dem rebellischen und revolutionären Raum, in den manche Gender-Theorie – Judith Butler, Monique Wittig, Luce Iragaray – geführt hat.[13]

Diese These soll im Folgenden an einer prominenten, viel diskutierten Position entfaltet werden, die in den 80er-Jahren formuliert worden ist und die, trotz einer Reihe kritischer Einwände, bis heute Diskurse über das Fernsehen prägt.

John Fiske geht in seiner bekannten Studie *Television Culture* von einem «gendered television» aus und teilt Serien in männliche und weibliche Genres ein: Soap Operas betrachtet er als weibliche («feminine narrative»), Actionserien als männliche Erzählformen («masculine narrative»).[14] Er greift damit eine Kopplung auf, die bereits in der Filmtheorie vorgenommen worden ist, als die Melodramen der 40er-Jahre als Weepies oder Women's Film bezeichnet wurden. Eine solche Kopplung von Genre und Gender geht von einer Prämisse aus, die stillschweigend als konsensuell vorausgesetzt wird. Die Prämisse lautet: Weiblichkeit und Männlichkeit können als fixierte und unveränderbare Wesensmerkmale begriffen werden. Was unter Weiblichkeit und Männlichkeit zu verstehen ist, ist selbstevident und muss nicht weiter problematisiert werden. Kommuniziert wird mit einer Beobachterunterscheidung, die zugleich die Sicht auf das, was beobachtet wird, lenkt und strukturiert und auf diesem Wege blinde Flecken produziert. Mit einer solchen Basisunterscheidung für Kommunikation schreibt sich, ohne dass dies eigens thematisiert wird, neuerlich ein essenzialistischer Begriff von Gender in die Diskurse ein. Das Bekenntnis zu einem Anti-Essenzialismus, das Fiske immer ausdrücklich dann äußert, wenn es allein um Gender-Konzepte geht, und der Rückgriff auf die Basisunterscheidung von männlich versus weiblich, wenn er seine Klassifikation von Genres formuliert – diese beiden unterschiedlichen Positionen bleiben (nicht nur) bei Fiske in einem ungelösten Widerspruch. Wenn innerhalb gendertheo-

---

13 Vgl. ebd., S. 23f. Hacking bezeichnet Butlers Position als rebellisch und Wittigs als revolutionär. Rebellisch an Butler ist, dass sie die Frage stellt, wie wir überhaupt zu der Vorstellung eines biologischen Geschlechts gekommen sind. Revolutionär an Wittig ist ihre Positionierung der Lesbierin.
14 Vgl. John Fiske: *Television Culture*, London/New York 1987, S. 179.

retischer Ansätze der «Virus der Essenz» bekämpft wird, so erhält dieser Virus in solchen Genre-Theorien einen neuen Wirt.

Ian Hacking unterscheidet in seiner Studie *The Social Construction of What?* gegenüber sozialen Konstrukten eine historische, ironische, reformistisch-entlarvende, rebellische oder revolutionäre Position.[15] Jede dieser Positionen vermeidet genau das, worauf sich Fiske stützt, wenn er Genre und Gender koppelt: Fiske setzt eine stabile Semantik voraus, während der Konstruktionismus in seinen verschiedenen Spielarten die Dynamik und Prozesshaftigkeit von Semantiken betont, Verfestigungen, Verkrustungen, Naturalisierungen aufbrechen will.

Wenn man Gender als einen diskursiven Prozess begreift und die Einteilung in männlich und weiblich als vermeidbar voraussetzt, dann verbietet sich der Rückgriff auf diese Unterscheidung als Beobachtunskategorie zur Bestimmung von Genre. Eine solche, mit Butler zu sprechen, performative Sicht von Gender würde Fiske für sich selbst auch in Anspruch nehmen. Anders sieht die Argumentation aus, wenn er Genre-Fragen behandelt. Dann koppelt, wie beschrieben, Fiske Genre und Gender und reproduziert auf diese Weise nicht nur die Tatsache, dass die Zuschauerschaft des Fernsehens in den narrativen Formaten als weiblich oder männlich adressiert werden soll, sondern er produziert seinerseits diese Adressierung und schreibt sie fest.

Eine solche Re-Essenzialisierung von Gender-Konzepten ist übrigens kennzeichnend für die meisten empirischen Untersuchungen zur Mediennutzung, wenn die Geschlechtszugehörigkeit abgefragt und aufgrund der Geschlechtszugehörigkeit Rückschlüsse auf vermeintlich männliches oder weibliches Rezeptionsverhalten gezogen werden. Solange diese Unterscheidung zwischen männlich und weiblich als Basisunterscheidung fungiert, um Verhalten zu messen, zu sortieren und auf diese Weise auch zu kontrollieren, bleibt der Virus der Essenz in der Medienforschung erhalten.

Ein weiteres Argument gegen Fiskes Kopplung von Genre und Gender betrifft, wie nach dem bisher Gesagten zu erwarten, den Genre-Begriff: Indem Fiske seine stabilen und eben nicht von einer Krise gezeichneten Kategorien des Weiblichen und Männlichen an den Genre-Begriff bindet, öffnet er bereits im Ansatz die theoretischen Türen für eine Wiedergeburt von Genres als Naturformen.

Ein grundlegender Einwand gegen Fiskes Konzept lässt sich aus medienwissenschaftlicher Perspektive vorbringen: Viel grundlegender als dies bislang hier, aber auch in anderen Zusammenhängen geschehen ist, müsste darüber nachgedacht werden, ob für die Medienkonstellation, wie sie sich

---

15 Vgl. Hacking: Was heißt ‹soziale Konstruktion›?, S. 39.

in der zweiten Hälfte des 20. Jahrhunderts herausgebildet und seit Ende des Jahrhunderts weiter ausdifferenziert hat, tatsächlich der Rekurs auf das Genre-Modell sinnvoll bleibt. Die Zweifel an der Tragfähigkeit eines solchen Rekurses können hier nur angedeutet werden. Sie gewinnen Konturen in folgendem Zitat aus Manuel Castells umfangreichen Studien über die Informationsgesellschaft. Castells beschreibt hier die Differenz von Enzyklopädien und elektronischen Medien:

> Während Enzyklopädien menschliches Wissen nach dem Alphabet geordnet haben, bieten die elektronischen Medien Zugang zu Information, Ausdruck und Wahrnehmung entsprechend den Impulsen der Konsumierenden oder nach den Entscheidungen der Produzierenden. Auf diese Weise verliert die gesamte Ordnung sinnhafter Ereignisse ihren internen chronologischen Rhythmus und wird abhängig vom sozialen Kontext ihrer Nutzung in Zeitsequenzen organisiert. Damit ist dies *zu ein und derselben Zeit eine Kultur des Ewigen und des Ephemeren.* [...] Wir befinden uns nicht in einer Kultur der Zirkelhaftigkeit, sondern in einem Universum undifferenzierter Zeitlichkeit kultureller Ausdrucksformen.[16]

Hier könnte und müsste man wiederum differenzieren, aber eins dürfte deutlich sein: Die Organisation von Wissen und eben auch Genre-Wissen verändert sich durch die differenten Nutzungsformen in einer immer stärker ausdifferenzierten Mediensituation und damit auch im Hinblick auf Kinofilm und Fernsehprogramm.

4. Ein beobachtungstheoretischer Vorschlag

Im Folgenden geht es um einen Vorschlag, wie sich das Verhältnis von Genre und Gender konzipieren lässt. Diese Skizze versteht sich als eine Vorarbeit für die weiter gehende Frage nach der Relationierung von Medien, Genre und Gender.

Eine Vorbemerkung zur Leistung von Genre-Beschreibungen sei zum Verständnis vorangestellt: Vorausgesetzt wird, dass Genre-Beschreibungen eine Form von Selbstbeschreibung des Filmsystems bilden. Selbstbeschreibungen eines Systems stellen einen konstitutiven Faktor dar, um die Einheit und Identität eines Systems zu sichern und zu stabilisieren. Der systemische Status des Filmsystems kann hier nicht genauer

---

16 Manuel Castells: *Das Informationszeitalter*, Bd. I: *Die Netzwerkgesellschaft*, Opladen 2001, S. 518 (kursiv im Orig.).

dargestellt werden; was solche theoriegeleiteten Fragen betrifft, so gibt es in Bezug auf den Film, im Vergleich etwa zu Untersuchungen des Literatursystems, noch immer einen erheblichen Nachholbedarf. Wichtig ist in diesem Zusammenhang die Einsicht, dass Genres und Genre-Semantiken als Formen der Selbstbeschreibung beobachtet werden. Andere Formen von Selbstbeschreibungen des Filmsystems bilden zum Beispiel Star- oder Kinotheorien.

In Debatten über Genre-Fragen spielt die methodische Aporie eine zentrale Rolle, dass eine bestimmte Gruppe von Filmen oder Fernsehformaten als Genre zusammengefasst werden muss, obwohl sie erst nach einer eingehenden Analyse als zusammengehörig, als konstitutiv für ein Genre bestimmt werden kann. Genre-Geschichten versuchen dieses Problem zu unterdrücken, indem sie ihre Typologien und Klassifikationen als logisch nachträglich situieren: Zuerst waren die Filme, dann kamen die Typologien.

Eine Möglichkeit, diesem beobachtungstheoretischen Dilemma zu entgehen, bietet das Modell der konstitutiven Nachträglichkeit. Genres, Genre-Schemata wie Genre-Rahmungen sind nicht in einer temporalen Reihenfolge zu fassen, sondern als jeweils konstitutiv nachträglich. Das Modell der konstitutiven Nachträglichkeit, so die These, bietet eine beobachtungstheoretisch grundierte Perspektive, die Relation zwischen Genre und Gender zu begreifen, ohne in einen problematischen Essenzialismus auszuweichen und in Aporien wechselseitiger Stützung und tautologischer Bestimmungen zu geraten.

Das Konzept der konstitutiven Nachträglichkeit kommentiert Freud folgendermaßen: «Ich arbeite mit der Annahme, daß unser sprachlicher Mechanismus durch Aufeinanderschichtung entstanden ist, indem von Zeit zu Zeit das vorhandene Material von Erinnerungsspuren eine Umordnung nach neuen Beziehungen, eine Umschrift erfährt.»[17] Der in diesem Zusammenhang bekannteste Text Freuds ist die Analyse des Wolfsmanns: Freud zeigt hier, wie eine traumatische Verführung erst Jahre später psychische Auswirkungen zeigt. Die Verführung wird dann nachträglich zur Ursache dieser erst Jahre später eintretenden Wirkung. Im Unterschied zu einer linearen Nachträglichkeit ist in diesem Zusammenhang der konstitutive Faktor der Nachträglichkeit von Bedeutung.[18] Die Beobachtung selbst bildet den konstitutiven Faktor für die beobachtete

---

17 Sigmund Freud, zit. nach J. Laplanche/J.-B. Pontalis: *Das Vokabular der Psychoanalyse*, Bd. 1, Frankfurt am Main ²1975, S. 314.
18 Vgl. Sigmund Freud: «Aus der Geschichte einer infantilen Neurose [‹Der Wolfsmann›]» [1918], in: ders.: *Studienausgabe*, hrsg. v. Alexander Mitscherlich u.a., Bd. VIII: *Zwei Kinderneurosen*, Frankfurt am Main 1969, S. 162-164.

Operation. «Beim Wolfsmann tauchen entsprechende psychische Störungen und Reaktionen durch die nachträgliche Integration der traumatischen Erfahrung in einen neuen symbolischen Horizont auf.» Stäheli findet eine markante Zuspitzung der Freud'schen Temporalität und ihrer Nachträglichkeit in Lacans Tempus des «future antérieures», des «Immer-schon-gewesen-Seins». «Verspätung wird hier konstitutiv und verliert ihren Charakter eines akzidentiellen Zusatzes; vielmehr schreibt sie sich in die Funktionsweise von Sinnerzeugung von vornherein ein.»[19]

Genre-Beschreibungen, verstanden als Selbstbeschreibungen des Filmsystems, entfalten retroaktive Effekte auf die von ihnen beobachteten Gegenstände. Es gibt keine der Selbstbeschreibung vorhergehende Bedeutung, sondern diese konstituiert sich in der Selbstbeschreibung als Genre-Beschreibung. Nicht die zeitliche Linie eines Vorher/Nachher, sondern ein rekursiver Prozess muss angenommen werden.

Dieses Verhältnis lässt sich nachzeichnen in der Art und Weise, wie Kommunikation prozessiert.

> Kommunikation konstituiert sich rückwirkend über ihre Beobachtung als ein Herantragen einer Beobachtungsunterscheidung an eine Operation. Die Operation selbst ist nur «postobservativ» feststellbar; ihr «Geschehen-sein» wird im Nachhinein des Ursprungs erzeugt. Die Nachträglichkeit der Beobachtung, die in die Struktur von Kommunikation eingelassen ist, funktioniert als retroaktive Konstitution des vorausgesetzten Ereignisses.[20]

Kommunikation vollzieht sich und ist in ihrem Vollzug nicht gleichzeitig, sondern nachträglich beobachtbar. Das markiert die Aporie, dass ich nicht etwas und zugleich mich selbst als Beobachter beobachten kann.

Filme und TV-Formate werden gebildet, und sie werden dann nachträglich, und zwar nur nachträglich, postobservativ, nicht nur als Genres beschreibbar, sondern überhaupt erst als Genres konstituiert.

Judith Butler hat diesen Sachverhalt in Bezug auf Gender formuliert: «Diese Produktion des Geschlechts als vordiskursive Gegebenheit muß umgekehrt als Effekt jenes kulturellen Konstruktionsapparates verstanden werden, den der Begriff ‹Geschlechtsidentität› (Gender) bezeich-

---

19 Urs Stäheli: «Die Nachträglichkeit der Semantik. Zum Verhältnis von Sozialstruktur und Semantik», in: *Soziale Systeme. Zeitschrift für soziologische Theorie* 2/4 (1998), S. 315-339, hier S. 330. Stäheli verweist auf Derridas Konzept der Umschrift, das keinen anderswo präsenten Urtext voraussetzt. Es handelt sich um den «Niederschlag eines Sinns, der nie gegenwärtig war, dessen bedeutete Präsenz immer ‹nachträglich›, im Nachhinein und zusätzlich rekonstruiert wird» (vgl. Jacques Derrida: *Die Schrift und die Differenz*, Frankfurt am Main 1972, S. 323). Stäheli bezieht sich auch auf Slavoj Žižek: *For They Do Not Know What They Do*, London 1992.
20 Stäheli: Die Nachträglichkeit der Semantik, S. 329.

net.»[21] Als eine Aufgabe, die sie in Frageform formuliert, ergibt sich daraus: «Wie müssen wir dann die ‹Geschlechtsidentität› reformulieren, damit sie auch jene Machtverhältnisse umfaßt, die den Effekt eines vordiskursiven Geschlechts (Sex) hervorbringen und dabei diesen Vorgang der diskursiven Produktion selbst verschleiern?»[22]

Übertragen auf die Frage nach dem Zusammenhang von Genre und Gender lässt sich formulieren: Wie müssen wir das Verhältnis von Gender und Genre reformulieren, so dass wir die diskursiven Mechanismen begreifen, die die Bedingungen herstellen, damit in der Kopplung von Genre und Gender ein vordiskursives Geschlecht vorausgesetzt werden kann?

Das Modell der konstitutiven Nachträglichkeit weist einen Weg für die Antwort auf diese Frage, denn damit ist gesagt: Genres konstituieren sich nachträglich als eine Form der Selbstbeschreibung des Filmsystems. Solche Selbstbeschreibungen können zu Komplexitätsreduktionen beitragen. Hier liegt das Interesse der Hollywoodstudios an der Herausbildung von Genres und Genre-Semantiken. Selbstbeschreibungen operieren als Beobachtungen immer mit Exklusionspraktiken: Ein Genre konstituiert sich in einer Selbstbeschreibung, indem eine Merkmalsgruppe zusammengestellt und damit andere Merkmale ausgeschlossen, als verwerflich bezeichnet werden. In der Beobachtung solcher Verwerfungen, in der Fokussierung von blinden Flecken des Systems kann es dann zu Irritationen kommen, die entweder in eine neue Semantik eingebunden werden oder die als Traumata nicht integrierbar sind. Die Kopplung von Genre und Gender, sei sie nun explizit oder eher implizit – so die Überlegung –, ist eine diskursive Strategie, um solche traumatisierenden Exklusionspraktiken zu vermeiden. Die Semantik eines Genres wird durch Gender-Semantiken «normalisiert», verliert auf diesem Wege ihre traumatische Sperrigkeit und ihr Irritationspotenzial.

Auch diese Überlegung kann eine Antwort auf die Frage vorbereiten, welchen Interessen es dient, an einer Genre-Theorie festzuhalten, zumal in einer Situation, die die Selbstbeschreibung des Film- wie des TV-Systems in einer Genre-Semantik immer problematischer werden lässt, da die Artefakte wie ihre Zuschauerinnen und Zuschauer sich immer stärker ausdifferenzieren, individualisieren und diversifizieren.

Das Modell der konstitutiven Nachträglichkeit – das wollten die Hinweise zeigen – vermeidet es, Genre- wie Gender-Theorien mit statischen Typologien oder mit fragwürdigen Essenzialismen zu fixieren. Es

---

21 Judith Butler: *Das Unbehagen der Geschlechter*, Frankfurt am Main 1991, S. 24.
22 Butler: Das Unbehagen der Geschlechter, S. 24.

weist einen Weg, Genre- und Gender-Fragen zusammen zu denken, ohne dass Genre zur Normalisierungsstrategie von Gender oder umgekehrt wird. Es weist drittens einen Weg, Selbstbeschreibungen zu generieren, die die Prozesse und Effekte beobachten und beschreiben, die in Genre- wie Gender-Theorien häufig als unvermeidbar, als Apriori vorausgesetzt werden. Es eröffnet schließlich eine Perspektive, wie Genre, Gender und Medien wechselseitig und in ihren je spezifischen Leistungen beobachtet werden können.

Gereon Blaseio

Genre und Gender. Zur Interdependenz zweier Leitkonzepte der Filmwissenschaft

In wissenschaftshistorischen Überblicksdarstellungen wird Genre und Gender eine Schlüsselrolle bei der Etablierung und Weiterentwicklung der angloamerikanischen Film Studies zugesprochen;[1] als theoretisch wirkmächtige Analysekriterien sind sie heute aus der internationalen Filmwissenschaft nicht mehr fortzudenken. In diesen Darstellungen wird allerdings der Prozess der Ausdifferenzierung beider Konzepte üblicherweise unabhängig voneinander ausgeführt,[2] ohne auf ihre Gemeinsamkeiten und Ähnlichkeiten zu verweisen. Dabei gilt neben ihrer etymologischen Verwandtschaft[3] sowohl für Genre als auch für Gender, dass sie bis in die 90er-Jahre weitgehend als fixierte, essenzialistische Kategoriensysteme verstanden worden sind.[4] Mittlerweile liegen bereits

---

1   Vgl. u.a. die Einträge zu Genre und zu Gender in Susan Hayward: *Key Concepts in Cinema Studies*, London/New York 1996. Rick Altman betont die Eigenständigkeit der filmwissenschaftlichen Genre-Theorie: «In short, film genre study has over the last two decades established itself as a field separate from literary genre study. As such, it has developed its own assumptions, its own *modus operandi*, and its own objects of study» (Rick Altman: *Film/Genre*, London 1999, S. 13).
2   In den herkömmlichen Darstellungen werden theoretische und analytische Erörterungen zu Filmgenres unabhängig von genderbezogenen Überlegungen dargestellt und dabei konzeptionell und historisch different lokalisiert. Feministische Filmtheorie hingegen wird oft in Bezug zu ihrer Beschäftigung mit dem Women's Film gesetzt, ohne dabei jedoch Interdependenzen zwischen den beiden filmwissenschaftlichen Konzepten zu berücksichtigen. Während etwa Christine Gledhills Ausführungen zum Filmgenre einen fast schon ausufernden Abschnitt des von Pam Cook herausgegebenen Cinema Book einnimmt und dabei auch die Forschung zu Gender-Repräsentationen in den einzelnen Genre-Abschnitten vorgestellt wird, wird Gender als Konzept lediglich in einem kurzen Abschnitt zur feministischen Filmtheorie mitverhandelt. Im *Oxford Guide to Film Studies* hingegen werden beide Konzepte in gleichem Umfang, aber ebenfalls getrennt voneinander betrachtet; der Beitrag zu Genre verweist jedoch implizit auf einen Zusammenhang zwischen Gender und Genre, da dem Überblicksartikel über die Genre-Theorie unkommentierte Auszüge aus Linda Williams' Aufsatz «Film Bodies. Gender, Genre and Excess» [sic] beigefügt sind (vgl. Pam Cook/Mieke Bernink [Hg.]: *Cinema Book. 2nd Edition*, London 1999; John Hill/Pamela Church Gibson [Hg.]: *The Oxford Guide to Film Studies*, Oxford/New York 1998, sowie Linda Williams: «Film Bodies. Gender, Genre and Excess» [1991], in: Tony Miller/Robert Stam [Hg.]: *Film and Theory. An Anthology*, Malden 2000, S. 207-221).
3   Vgl. die von Claudia Liebrand und Ines Steiner verfasste Einleitung in diesem Band.
4   «Gender and genre are often conceptualized as fixed, stable, a-historical and universal categories, entities which are considered categorizable by compounding lists of features, defining respectively the different genres or genders» (Andrea Braidt: «Gender, Genre, Film. Methodological Problems and Theoretical Approaches», in: *Internationale*

mehrere theoretische Veröffentlichungen vor, die eine Kopplung der Genre- und der Gender-Debatte fordern.[5] Bereits 1991 wies Mary Gerhart auf die Nützlichkeit einer solchen Kopplung für die Analysepraxis hin: «[O]nce these two concepts are together opened to inquiry, they become central to the process of interpretation. [...] Thanks to the newly visible relationship between gender and genre, reading becomes gender conscious and interpretation becomes genre explicit.»[6] Aber auch zur Klärung beider Begriffe kann eine solche Kopplung beitragen: «With respect to gender and genre, one of the results of examining them together will be to make explicit some of the hidden assumptions that obscure or distort our understanding of both.»[7]

Nach Irmela Schneider können Desiderate und Perspektiven von Gender- und Genre-Forschung zusammen gesehen werden. Sie betont dabei aus medientheoretischer Perspektive, dass Gender Studies und Genre-Theorie voneinander profitieren können, wenn der Genre-Begriff entsprechend der Butler'schen Revision von Gender ebenfalls anti-essenzialistisch konzipiert wird. Dabei erscheint die Aufforderung, den Genre-Begriff zu historisieren, als wichtiger Schritt, um dies zu erreichen.[8] Die folgenden Ausführungen verstehen sich als eine von vielen möglichen Antworten auf diese Forderung; es soll gezeigt werden, dass Genre und Gender bereits von Beginn der feministischen Filmforschung in den 70er-Jahren an als wechselseitige Bezugsgrößen zu begreifen sind. So konturierte sich ein Großteil dieser Filmtheorie, die für die Untersuchung von Gender-Repräsentationen im Film grundlegende theoretische Folien geliefert hat,[9] über die Auseinandersetzung mit den Genres Melodrama (als Women's Film), Film Noir und Western. Diese Tradition setz-

Gesellschaft für Empirische Literaturwissenschaft [2002], unter: www.arts.ualberta.ca/igel/IGEL2002/Braidt.pdf [letzte Abfrage 01.05.2003], S. 1).

5   Dazu gehören Mary Gerhart, Irmela Schneider und Andrea Braidt; vgl. auch die beiden Aufsätze von Andrea Braidt und Irmela Schneider in diesem Band sowie Mary Gerhart: *Genre Choices, Gender Questions*, Norman/London 1992 und Irmela Schneider: «Genre und Gender», in: Elisabeth Klaus/Jutta Röser/Ulla Wischermann (Hg.): *Kommunikationswissenschaft und Gender Studies*, Wiesbaden 2001, S. 93-102.

6   Gerhart: Genre Choices, S. 3f. Zugleich warnt sie vor einer Ineinssetzung der Begriffe: «[T]o link genre too immediately with gender is to ignore much of the complexity and ambiguity that permeate their relationship» (ebd., S. 4).

7   Ebd., S. 6.

8   Diese Forderung findet sich in Ansätzen bereits bei Gerhart: «Genres are no longer, in this theory, regarded as timeless, a priori categories. Instead, because they are constituted by historical reflection, their rise and decline are an intrinsic part of interpretation» (ebd., S. 9).

9   «In film criticism and theory, making gender the axis of analysis has entailed a thoroughgoing reconsideration of films for, by, and about women, and a consequent transformation of the canons of film studies» (Patricia White: «Feminism and Film», in: Hill/Gibson: Oxford Guide to Film Studies, S. 117-134, hier S. 117).

te sich bis in die 90er-Jahre fort, in denen zahlreiche Untersuchungen zu Gender-Repräsentationen innerhalb bestimmter Genres erschienen. Um die historische Entwicklung des (filmökonomischen und filmwissenschaftlichen) Konzepts Genre angemessen darzustellen, so die hier vertretene These, muss der Einfluss der (kulturwissenschaftlichen) Kategorie Gender berücksichtigt werden[10] – und umgekehrt. Es geht entsprechend in diesem Beitrag darum, das interdependente Verhältnis dieser beiden Leitkonzepte der Filmwissenschaft anhand einiger prominenter Forschungsbeispiele zu verdeutlichen.[11] Vorab werden Überlegungen zum aktuellen Stand der Genre-Theorie zusammengefasst, die anschließend Entwicklungen der feministischen genderbezogenen Filmtheorie gegenübergestellt werden.

Zur Ausdifferenzierung des filmwissenschaftlichen Genre-Begriffs

Steve Neale unterscheidet drei mögliche Perspektivierungen für das Konzept des Filmgenres: «Genres can be approached from the point of view of the industry and its infrastructure, from the point of view of the broader socio-cultural environment upon which they draw and into which they feed, and from the point of view of audience understanding and response.»[12] Wie in der ersten dieser Perspektivierungen bereits anklingt, ist Genre schon vor jeder wissenschaftlichen Beschäftigung mit dem Medium eine zentrale Kategorie für die Produktion und Rezeption von Filmen gewesen. Begriffshistorisch stellt Filmgenre zunächst einen ökonomischen Terminus technicus dar,[13] der Filmproduzenten ein Regel-

---

10 Während es der Begriff Gender in Rick Altmans *Film/Genre* nicht einmal bis ins Stichwortverzeichnis geschafft hat, bietet Steve Neale in seiner jüngsten Monraiphe die in dieser Hinsicht bislang avancierteste Darstellung einer filmwissenschaftlichen Genre-Theorie: Er nennt im Rahmen der Darstellung von Einzelgenres (vor allem beim Genre des Action-Adventures) die jeweiligen Untersuchungen, die die Gender-Repräsentationen der Genres fokussieren. Dabei lässt er allerdings außer Acht, inwieweit diese Gender-Repräsentationen nicht nur Effekt der Genre-Konventionen sind, sondern ihrerseits Einfluss auf diese Konventionen nehmen (vgl. Steve Neale: *Genre and Hollywood*, London/New York 2000).
11 Aufgrund der uneinholbaren Vielzahl der zu berücksichtigenden Studien liegt der Fokus auf einer Auswahl derjenigen Beispiele, die die Debatte beeinflusst und vorangebracht haben.
12 Steve Neale: «Introduction», in: ders. (Hg.): *Genre and Contemporary Hollywood*, London 2002, S. 2. Unter der letzten dieser drei Perspektivierungen sind auch Überlegungen zu fassen, den Genre-Begriff als Lektüreanweisung zu verstehen (vgl. Tom Ryall: «Genre and Hollywood», in: Hill/Gibson: Oxford Guide to Film Studies, S. 327-338).
13 Eine an diese ökonomische Verwendung angelehnte Definition bietet Barry Keith Grant: «Stated simply, genre movies are those commercial feature films which, through repetition and variation, tell familiar stories with familiar characters in

werk bei der Herstellung und Vermarktung an die Hand gibt und den Zuschauern als Selektionshilfe dient.[14] Zuschauerinnen und Zuschauer erwarten von einem Genre-Film die Erfüllung bestimmter Konventionen, die den visuellen und akustischen Filmstil ebenso betreffen wie zum Beispiel das Casting, die Stoffauswahl und die Dramaturgie. Die Konventionen, die innerhalb eines Genres von besonderer Bedeutung sind, werden durch positive wie negative Zuschauerresonanz ausgehandelt.[15] Diese spezifische Form eines filmischen Vorwissens[16] entstand international in den 10er-Jahren des 20. Jahrhunderts. Genre-Bezeichnungen wurden dabei zunächst häufig, zunehmend aber immer seltener den Gattungsbegriffen anderer Medien, vor allem dem Theater und der Literatur, entlehnt.

Trotz erster französischer Studien in den 50er-Jahren[17] konnte sich die wissenschaftliche Beschäftigung mit dem Filmgenre erst Ende der 60er-Jahre gegen das bis dahin in der amerikanischen Filmforschung vorherrschende Konzept des Auteurs durchsetzen. Die darunter subsumierte Beschäftigung mit dem Regisseur als kreativem Künstler hatte für die in den 60er-Jahren beginnende Etablierung der Film Studies im an-

familiar situations. They also encourage expectations and experiences similar to those of similar films we have already seen» (Barry Keith Grant: «Introduction», in: ders. [Hg.]: *Film Genre Reader II*, Austin 1995, S. xv-xx, hier S. xv).

14 «[G]enres are paradoxically placed as simultaneously conservative and innovative in so far as they respond to expectations that are industry- and audience-based» (Hayward: Key Concepts, S. 160).

15 Altman kritisiert die ungenaue Ausformulierung dieses Verhältnisses in der bisherigen Genre-Forschung: «Refusing to locate genre in textual properties alone, film genre theorists have systematically assumed a quasi-magical correspondence between industry purposes and audience responses – quasi-magical because the mechanics of the relationship between industry and audience have been described in only the most primitive manner» (Altman: Film/Genre, S. 16f.). Hier wird deutlich, worin sich Neales und Altmans Genre-Konzeption hauptsächlich unterscheiden: Altman leitet die Prozesse der Genre-Etablierung und -Ausdifferenzierung von den filmischen Texten selbst her, während Neale sie stärker in den institutionellen Diskursen verortet (vgl. auch Steve Neale: «Questions of Genre» [1990], in: Grant: Film Genre Reader II, S. 159-183).

16 In der deutschen Literatur- und Medienwissenschaft hat es Versuche gegeben, den Begriff der Gattung vom Begriff des Genres abzugrenzen. Der Literaturwissenschaftler Harald Fricke verwendet *Gattung* als «unspezifizierten Oberbegriff für ganz verschiedenartige literarische Gruppenbildungen» und *Genre* für «historisch begrenzte literarische Institutionen» (Harald Fricke: *Norm und Abweichung*, München 1981, S. 132-138). Zu Knut Hickethiers Bestimmung des Genres vgl. den Beitrag von Andrea Braidt in diesem Band. Beide Bestimmungen lassen sich auf die angloamerikanische Forschungsdebatte nicht rückbeziehen und werden daher hier außer Acht gelassen, Gattung und Genre entsprechend im Folgenden als synonym behandelt.

17 Zu den einflussreichsten Studien gehört André Bazins Untersuchung des Westerngenres (vgl. André Bazin: «Évolution du western», in: *Cahiers du cinéma* 55 [Dezember 1955], S. 22-27).

gloamerikanischen Raum vor allem strategischen Wert, erlaubte sie doch die Beschäftigung mit Film unter einer Prämisse, die den Film mit den anderen Künsten gleichstellte. Unter Auteur-Perspektive galt das feste Regelwerk des Classical Hollywood Cinema, zu dem auch Genre-Konventionen gezählt wurden, als Einengung des schaffenden Regisseurs in seiner Kreativität. Der Begriff des Genre-Films war entsprechend negativ konnotiert und wurde als Antonym zum der Untersuchung würdigen Kunstfilm verwendet.[18] Mit der zunehmenden Etablierung des Filmgenres als wissenschaftlichem Leitkonzept verlor der Begriff «Genre» diese negative Ausrichtung[19] und ersetzte den Auteur als zentrierendes Konzept in der Organisation (Kanonbildung) und Analyse von Filmen.[20] Zudem ermöglichte dieser reformierte Genre-Begriff eine Beschäftigung mit dem Medium ohne normativ-ästhetische Vorgaben. Die frühe Genre-Debatte war dabei stark von strukturalistischen Vorgaben geprägt; gesucht wurde nach den Kodes und Konventionen, die ein Genre bestimmten und die Filme in ein Genre einpassten.

Einen Prüfstein für die Theorie des Filmgenres stellte die Auseinandersetzung mit dem Film Noir dar: Bis heute kann der Streit, ob es sich beim Film Noir um ein Genre handelt, nicht als entschieden angesehen werden. Die Problematik, Film Noir als Genre zu verstehen, resultiert aus dem daraus entstehenden Bruch mit dem ökonomisch geprägten Genre-Verständnis: Eine Reihe von «düsteren» Hollywoodfilmen der Nachkriegszeit wurde in den 40er-Jahren durch französische Kritiker als narrativ und stilistisch zusammengehöriges Genre identifiziert. Film Noir hat sich also nicht im historischen Ausdifferenzierungsprozess zwischen Produktionsseite und Rezeptionsseite entwickelt, sondern stellt eine im Nachhinein über eine Reihe von seinerzeit häufig als Kriminalfilm und Melodrama klassifizierten Filmen getroffene Zuordnung dar. Hier die Verwendung des Begriffs «Genre» abzulehnen, würde aber die Wirkmächtigkeit dieser Zuweisung verkennen: Zum einen werden die dem Film Noir zugerechneten Filme heutzutage unter eben diesem Gen-

---

18   Vgl. Grant: Introduction, S. xv.
19   «As film studies developed in the 1970s, interest in the narrative film, nurtured a decade earlier by auteurism's enthusiasm for popular American movies, began to wane in favor of more formal concerns. Critical interest shifted from the signified of films to the practice of signification, from what a film means to how it produces meaning» (ebd., S. xvi-xvii).
20   Wie bei paradigmatischen Wechseln üblich, gibt es auch in der Genre-Theorie Konzeptualisierungen, die Auteur und Genre als Konzept zusammendenken. Vor diesem Hintergrund werden vor allem solche Regisseurinnen und Regisseure analysiert, die entweder Genres entscheidend geprägt haben oder die die Genre-Konventionen transzendieren.

re-Label vertrieben, zum anderen werden auch neuere Filme zum Film Noir in Bezug gesetzt – dies zeigt sich in der Kategorisierung von Filmen seit den 70er-Jahren als Retro-Noir und Neo-Noir.[21] Der erst nachträglich als Genre klassifizierte Film Noir ist demnach mittlerweile genauso wirkmächtig wie die (anerkannten) Genres Western oder Melodrama.[22] Die wissenschaftliche Auseinandersetzung mit dem Film Noir als Genre kann somit stellvertretend für den Übergang von strukturalistischer zu poststrukturalistischer Genre-Theorie angeführt werden, da sie eine Erweiterung des ökonomisch geprägten Genre-Begriffs voraussetzt[23] und dabei die Notwendigkeit zur Historisierung von Genres deutlich macht.

Auch wenn die Genre-Theorie ab Mitte der 70er-Jahre ihre prädominante Position an die semiotisch-psychoanalytische (dabei ebenfalls stark von der feministischen Forschung beeinflusste) Filmtheorie eingebüßt hat, wurde ihr doch weiterhin großes Forschungsinteresse zuteil. Der bereits angeführte Steve Neale nimmt dabei eine Schlüsselposition in der Entwicklung einer avancierten Genre-Theorie ein. Bereits 1980 wies er auf die Prozessualität von Genres hin und stellte sie ab 1990 in den Mittelpunkt seiner Forschung. Mit der Formulierung «[C]onventions of a genre are always *in* play rather than being simply *re*played»[24] rekonzipiert Neale den Genre-Begriff grundlegend. Er kritisiert die bisherige Genre-Forschung beherrschenden Versuche, wechselseitig exklusiv definierte, essenzialistische Einteilungen der «major genres» zu erstellen,[25] und fordert eine historisierende Perspektivierung. Hayward fasst die Konsequenzen dieser Überlegung zusammen: «Genres are not static, they evolve with the times, even disappear.»[26]

Altman bezeichnet das «mixing of genre» als zentral für die Ausdifferenzierung und Neuentstehung von Genres.[27] Entsprechend stehen im Mit-

---

21   Vgl. hierzu auch den Aufsatz von Elisabeth Bronfen in diesem Band.
22   Eine gelungene Historisierung des Neo-Noir als konsequente Fortführung des seit den 40er-Jahren durchgehend existierenden und sich dabei verändernden Filmgenres Film Noir bietet Michael Sellmann: *Hollywoods moderner film noir. Tendenzen, Motive, Ästhetik*, Würzburg 2001.
23   Eine derartige Erweiterung leistet neben anderen auch Altman: «Like studio-initiated cycles, critically inspired cycles become genres only through industry-wide imitation and adoption of their basic characteristics» (Altman: Film/Genre, S. 82).
24   Neale: Questions of Genre, S. 170.
25   Altman führt diese Unterteilung in fixierte, «natürliche» Genres auf die Forschungstradition der Gattungstheorie seit Aristoteles und Horaz zurück (vgl. Altman: Film/Genre, S. 2ff.).
26   Hayward: Key Concepts, S. 160.
27   «With the development of each new genre, films go through a predictable pattern in which they are initially identified with two or more quite different categories before eventually stabilizing into the generic identity with which they are associated today» (Altman: Film/Genre, S. 140).

telpunkt des Forschungsinteresses der 90er-Jahre nicht mehr die Untersuchung und Isolierung von «Kern»- beziehungsweise «Ur»-Genres, sondern vielmehr das Überlappen von Genres im postmodernen Kino der 90er-Jahre. Neale fasst diese Debatte in seiner 2000 erschienenen Studie *Genre and Hollywood* unter dem Begriff der Genre-Hybridisierung zusammen. Während er darin dem Forschungsdiskurs zustimmt, dass sich Hybridisierungstendenzen im Hollywoodkino der 90er-Jahre verstärkt haben,[28] konstatierte er bereits in einem früheren Text, dass es in der Geschichte Hollywoods nur wenige Filme gibt, die sich einem Genre exklusiv zuordnen lassen: «Nearly all [of Hollywood's] films were hybrids insofar as they always tended to combine one type of generic plot, a romance plot, with others.»[29] Die Metapher der Hybridisierung wird dabei entsprechend nicht auf Genres an sich bezogen, sondern auf die Umsetzung von Genre-Elementen in den jeweiligen Filmen. Genres gehen dem jeweiligen Film also nicht als essenzielle Kategorie voraus, sondern realisieren sich erst im konkreten Film. Die Auffassung, dass Filme sich zu Genres hybrid verhalten, wird von ihm nicht auf das postmoderne Hollywoodkino der 90er-Jahre beschränkt, sondern historisch erweitert.[30]

Aus dieser Skizzierung lassen sich zwei Thesen zusammenfassen, die für die weitere filmwissenschaftliche Genre-Forschung von Bedeutung sind:

a) Genres sind keine ahistorischen, stabilen Kategorien, sondern unterliegen dem historischen Wandel, sie können sich etablieren, sich in andere Genres transformieren oder auch verschwinden. Diese Konzeption richtet sich auch gegen solche evolutionären Genre-Theorien, die den Prozess der Ausdifferenzierung von Genres als – im Sinne einer «Vollendung» – abschließbar konzipieren.[31]

---

28   «This trend encompasses a range of films and genres – from swashbucklers to science fiction films, from thrillers to westerns to war films – and is thus a clear instance of Hollywood's propensity for generic hybridity and overlap» (Neale: Genre and Hollywood, S. 53).
29   Neale: Questions of Genre, S. 171.
30   Genre-Hybridisierung wird dabei von anderen Verfahren der filmischen Intertextualität ausdrücklich abgegrenzt: «However, allusion, pastiche and hybridity are not the same thing, nor are they as extensive or as exclusive to New Hollywood as is sometimes implied» (Neale: Genre and Hollywood, S. 248). Altman kritisiert Neales Überlegungen dahingehend, dass sie nicht weit genug reichen: «Stephen Neale has pointed out that many films have undergone a change in genre designation over the course of their lives. Far from concluding that films may indeed under some circumstances change genre, however, Neale simply castigates recent critics for misapprehending the genre of the films in question» (Altman: Film/Genre, S. 19).

b) Genre geht nicht als essenzialistische Kategorie dem jeweiligen Film voraus, sondern realisiert sich in jedem einzelnen Film neu, entsteht erst in der eigentlichen Umsetzung. Filme beziehen sich auf Genre-Konventionen und schreiben diese zugleich um, modifizieren sie, konstruieren sie aber gleichzeitig auch. Jeder einzelne Film ist genrehybrid; aus diesen Hybriden werden die Genre-Begriffe abgeleitet.

Dieses Aufweichen der strikten Genre-Kategorisierung, mithin eine Entessenzialisierung von festen, fixen Kategoriensystemen, erinnert sehr deutlich an die Auswirkungen des «performative turn» in den Gender Studies. Im Folgenden sollen daher Gender- und Genre-Konzepte auf wechselseitige Einflussnahme hin untersucht werden.

Gender-Forschung und Genre in den 70er-Jahren

Es ist oft konzediert worden, dass die wichtigsten Impulse für die Film Studies seit den 70er-Jahren aus dem Feld der feministischen Forschung gekommen sind.[32] Gender, also die kulturelle Konstruktion von Geschlechtlichkeit im Unterschied zur biologischen Geschlechtlichkeit (Sex), war dabei von Beginn an die zentrale Kategorie, um deren Repräsentationspotenzial sich feministische Analysen bemühten. Über die Kategorie Gender wurden dabei Cultural Studies und Film Studies in engen Bezug zueinander gebracht.

Gleichermaßen hat die feministische Filmforschung auch für die Genre-Theorie entscheidende Ansätze geliefert. Die genderbezogene Untersuchung von Filmgenres lässt sich zumindest heuristisch in zwei Gruppen unterteilen: Während zum einen der Einfluss von Genre-Vorgaben auf die Rezeption bestimmter Zuschauer- und Zuschauerinnengruppen untersucht wurde, gab es zum anderen eine ganze Reihe von Untersuchungen zur Repräsentation von Gender in Filmgenres sowie deren Verweischarakter auf kulturelle Phänomene außerhalb der Filme.[33]

Bereits die frühe feministische Filmforschung beschäftigte sich mit der Darstellung von filmgewordenen Frauenbildern, -stereotypen und -klischees. Dies begann Anfang der 70er-Jahre mit den stark von der zweiten Frauenbewegung inspirierten Untersuchungen von Marjorie Rosen[34] und Molly Haskell[35], die sich vor allem darum bemühten, auf die

---

31 Tag Gallagher kritisiert eine derartige evolutionistische Genre-Theorie (vgl. Tag Gallagher: «Shoot-Out at the Genre Corral. Problems in the ‹Evolution› of the Western», in: Grant: Film Genre Reader II, S. 246-260).

klischeehafte und diskriminierende Darstellung der Frau in den verschiedenen Genres des Classical Hollywood Cinema aufmerksam zu machen (und im Fall von Joan Mellens Monographie *Big Bad Wolves*[36] auf die ebenso klischierten Männlichkeitsrepräsentationen des Westerns und des Actionfilms zu verweisen). Doch erst Mulveys Aufsatz «Visual Pleasure and Narrative Cinema»,[37] einer der meistpublizierten und -rezipierten filmwissenschaftlichen Texte überhaupt, etabliert die feministische Forschungsperspektive als ein zentrales Diskursfeld in der Filmforschung. In diesem vielbeachteten Beitrag setzt sich Mulvey mit den Identifikationsmöglichkeiten der weiblichen Zuschauerin mit Figuren auf der Leinwand auseinander und liefert damit den Grundstein für die in den folgenden Jahren intensiv geführte Debatte um die Funktion des männlichen beziehungsweise des weiblichen Blicks. Die Diskussion um das Problem weiblicher Identifikation, eine der zentralen Fragestellungen feministischer Filmforschung in der Nachfolge Mulveys, wurde vor allem anhand eines Genres untersucht, dessen Filme als speziell an Frauen adressiert galten:[38] das Melodrama beziehungsweise der Women's Film.[39] Im Mittelpunkt der Untersuchung standen die untypische Funktion der Frau als Protagonistin und die Identifikationsmöglichkeiten für Frauen mit dieser weiblichen Hauptfigur: «[Her] appeal for feminist critics [lies] in her potentially transgressive refusal of patriarchal values»[40].

32   «Feminism is among the social movements and cultural-critical discourses that most definitively shaped the rise of Anglo-American film studies in the 1970s; in turn, film studies, a relatively young and politicized field, provided fertile ground for feminist theory to take root in the academy» (White: Feminism and Film, S. 117).
33   Die folgenden Ausführungen konzentrieren sich auf diese zweite Ausrichtung der filmwissenschaftlichen Gender Studies. Darstellungen von einzelnen Theoretikern und Theoretikerinnen des ersten Bereichs finden sich in den Beiträgen von Schneider und Braidt in diesem Band.
34   Marjorie Rosen: *Popcorn Venus*, New York 1974.
35   Molly Haskell: *From Reverence to Rape. The Treatment of Women in the Movies*, New York/Chicago/San Francisco 1974.
36   Joan Mellen: *Big Bad Wolves. Masculinity in the American Film*, London 1978.
37   Laura Mulvey: «Visual Pleasure and Narrative Cinema», in: *Screen* 16/3 (Herbst 1975), S. 110-117.
38   Sue Thornham verweist in ihrer Geschichte der feministischen Filmforschung auf diesen Zusammenhang (vgl. Sue Thornham: *Passionate Detachments. An Introduction to Feminist Film Theory*, London 1997, v.a. S. 45-66).
39   «One of the most important developments in work on genre in the 1970s and 1980s was a feminist-led focus on the woman's film» (Neale: Introduction, S. 3). Molly Haskell machte dabei in *From Reverence to Rape* als Erste auf den Women's Film aufmerksam und bemühte sich zugleich, die negative Konnotation dieser Bezeichnung aufzuheben. In der heutigen Forschung wird Women's Film als Subgenre des Melodramas verstanden; in den 70er-Jahren wurden beide Begriffe häufig noch synonym verwendet. Eine Diskussion dieses Zusammenhangs findet sich bei Karen Hollinger: «From Female Friends to Literary Ladies. The Contemporary Women's Film», in: Neale: Genre and Contemporary Hollywood, S. 77-90.

Mulvey selbst führte die Debatte weiter:[41] Neben einer Verteidigung und leichten Überarbeitung ihrer Blicktheorie kam sie in ihrer Analyse des Films DUEL IN THE SUN[42] auch zu dem Schluss, dass die Inszenierung der weiblichen Protagonistin diesen Western zu einem Melodrama transformiert:[43] «While the film visibly remains a western, the generic space seems to shift. [...] [T]he female presence as centre allows the story to be actually, overtly, about sexuality: it becomes a melodrama.»[44] Als eine der Ersten argumentierte Mulvey hier für einen engen Zusammenhang zwischen Genre-Zuordnung und Gender-Repräsentation; zugleich bot sie ein avanciertes Modell, wie eine spezifische Form der Weiblichkeitsdarstellung (die Gleichsetzung von Frau mit Sexualität) zu einer Genre-Umschrift führen kann.

Neben dem Melodrama stand das Genre des Film Noir im Mittelpunkt der feministischen Forschung der 70er-Jahre, dabei vor allem das Figurenpersonal der Femme fatale (als «good-bad-girl» und als «bad-bad-girl») und des Antihelden. Dabei ist die Darstellung dieser Figuren keineswegs so eindimensional, wie eine derartige Stereotypisierung vermuten lässt: Wichtiger als die isolierte Analyse dieser beiden Hauptprotagonisten war die Beobachtung, dass diese Figuren im Film Noir nur zusammen auftreten können und dabei immer schon in einem bestimmten (Gender-)Verhältnis zueinander stehen: Auch in den klassischen Filmen des Film Noir interagieren beide Personengruppen, zeichnen sich immer schon auf der Folie des jeweils anderen ab. Das Verhältnis zwischen den Geschlechtern wird in den Gender-Analysen als investigativ bestimmt: «Generally speaking, in the film noir the woman is central to the intrigue and it is therefore she who becomes the object of the male's investigation.»[45] Der Detektiv respektive Antiheld beobachtet und analysiert die Femme fatale, ohne sie entdecken, aufdecken oder

---

40 Yvonne Tasker: *Working Girls. Gender and Sexuality in Popular Cinema*, London/New York 1998, S. 121.
41 Laura Mulvey: «'Afterthoughts on ‹Visual Pleasure and Narrative Cinema› inspired by King Vidor's Duel in the Sun (1946)» [1981], in: Anthony Easthope (Hg.): *Contemporary Film Theory*, London 1993, S. 125-134.
42 DUEL IN THE SUN, USA 1946, R: King Vidor.
43 Geoffrey Nowell-Smith verweist ebenfalls auf diesen Genre-Zusammenhang: «Broadly speaking, in the American movie the active hero becomes protagonist of the western, the passive or impotent hero or heroine becomes protagonist of what has come to be known as melodrama. The contrast active/passive is, inevitably, traversed by another contrast, that between masculine and feminine. [...] The melodrama [...] often features women as protagonists, and where the central figure is a man there is regularly an impairment of his masculinity» (Geoffrey Nowell-Smith: «Minnelli and Melodrama» [1977], in: Christine Gledhill [Hg.]: *Home Is Where the Heart Is*, London 1987, S. 70-74, hier S. 72).
44 Mulvey: Afterthoughts, S. 131.

entlarven zu können – im Gegenteil, sie beendet oftmals seine Existenz, auch wenn sie dies mit dem eigenen Leben bezahlen muss.

> But [...] it is less her role in the intrigue that is under investigation, much more her sexuality because it is that which threatens the male quest for resolution. The ideological contradiction she opens up by being a strong, active, sexually expressive female must be closed off, contained. That is the diegetic trajectory and visual strategy of film noir.[46]

Das hier beschriebene Muster evoziert den kulturellen Topos Ödipus/Sphinx, der den Film Noir dominiert, in ihm immer wieder nachgestellt und auch verschoben wird. Diese narrativen Topoi des Film Noir, die über eine Beschreibung der Gender-Relationen ermittelt worden sind, ermöglichen weit präziser als etwa das Stilmittel des «chiaroscuro» – das ja beispielsweise auch in zahlreichen deutschen expressionistischen Stummfilmen verwendet wurde – eine Verortung von Filmen; im Film Noir stellen demnach gerade die Gender-Repräsentationen zentrale Kodes und Konventionen des Genres dar.[47] Aber auch für eine Historisierung des Film Noir bietet die feministische Forschung interessante Ansätze: Geht man davon aus,[48] dass die Femme fatale der Angst der Männer entsprang, die Frau könne die ihr in Kriegszeiten zugekommene aktive Rolle in der Arbeitswelt auch nach Kriegsende einklagen, so erklärt sich das Verschwinden des Film Noirs ab Mitte der 50er-Jahre. Die Frau war – wenn auch unfreiwillig – an den «heimischen Herd» zurückgekehrt und stellte nicht länger eine Bedrohung dar.

Gender, Genre und der «performative turn»

Gleichzeitig mit dem «performative turn» der Gender Studies Anfang der 90er-Jahre lässt sich eine starke Zunahme der gemeinsamen Untersuchung von Gender und Genre konstatieren. Zu diesem Paradigmen-

---

45   Hayward: Key Concepts, S. 120. Sie paraphrasiert und ergänzt hier Überlegungen aus E. Ann Kaplan: «Introduction», in: dies. (Hg.): *Women in Film Noir*, London 1978, S. 1-19.
46   Hayward: Key Concepts, S. 120.
47   Die erweiterte zweite Auflage des von E. Ann Kaplan herausgegebenen Sammelbandes *Women in Film Noir* verschiebt den Fokus vom klassischen Film Noir auf die modernen Adaptionen in Form von Neo- und Retro-Noir und deren Wiederaufnahme und Verhandlungen von Gender-Implikationen (vgl. E. Ann Kaplan [Hg.]: *Women in Film Noir. New Edition*, London 1998).
48   Vgl. Janey Place: «Women in Film Noir», in: E. Ann Kaplan (Hg.): *Women in Film Noir*, London 1978, S. 47-68.

wechsel in der Gender-Forschung führte die Veröffentlichung von Judith Butlers *Gender Trouble*.[49] In diesem Buch negiert Butler die von der zweiten Frauenbewegung etablierte Unterscheidung zwischen Sex und Gender, da es keinen Körper jenseits kultureller Zuschreibungen und Einschreibungen gebe. Männlichkeit und Weiblichkeit werden so zu Effekten sozialer (im Zusammenhang mit Film medialer) Inszenierungen und Performanzen. Marjorie Garber greift in *Vested Interests*[50] den sich daraus ergebenden Fokus auf die Herstellung und Verhandlung von Gender auf und lenkt ihn auf kulturelle Praktiken des Transvestismus. Neben anderen kulturellen Artefakten richtet sie ihr Augenmerk auch auf eine Reihe von Filmen, die – in verschiedenen Kontexten – Cross-Dressing verhandeln. Ihre Untersuchung dieser Filme als *Cross-Dressing-Filme* statuiert Charakteristika, Kodes und Konventionen eines Cross-Dressing-Genres, es lässt sich also argumentieren, dass Garber (und andere in ihrer Nachfolge[51]) die Filme einer über die Analyse von Gender-Repräsentationen gefundenen und dabei durch die Verunklarung von Gender-Zuschreibungen gekennzeichneten Genre-Kategorie zuordnet.

Seit den frühen 90er-Jahren werden zudem alternative Gender-Lesarten für Genre-Filme erarbeitet: Dazu gehört Carol J. Clovers Untersuchung *Men, Women and Chain Saws*,[52] in der sie zu erklären versucht, inwieweit gerade Slasher-Filme weibliche Protagonistinnen gezielt auch einem männlichen Publikum als aktive Identifikationsfiguren anbieten. Sie zeichnet dabei Veränderungen im Horrorgenre seit den 70er-Jahren auf der Ebene der Gender-Repräsentationen nach. Insbesondere weist sie auf die damit einhergehenden Gender-Verwerfungen hin:

> The world of horror is in any case one that knows very well that men and women are profoundly different (and that the former are vastly superior to the latter) but one that at the same time repeatedly contemplates mutations and slidings whereby women begin to look a lot like men (slasher films), men are pressured to become like women (possession films), and some people are impossible to tell apart.[53]

---

49   Judith Butler: *Gender Trouble. Feminism and the Subversion of Identity*, London/New York 1990.
50   Marjorie Garber: *Vested Interests. Cross-Dressing & Cultural Anxiety*, London/New York 1992.
51   Vgl. Chris Straayer: «Redressing the ‹Natural›. The Temporary Transvestite Film», in: *Wide Angle* 14/1 (Januar 1992), S. 36-55.
52   Carol J. Clover: *Men, Women, and Chain Saws. Gender in the Modern Horror Film*, Princeton 1992.
53   Ebd., S. 15.

Im Slasher-Genre hat dabei vor allem die Figur des «final girl», des überlebenden Mädchens, nicht nur die Genre-Konventionen verändert,[54] sondern sich auch dem «gender trouble» ausgesetzt.[55] Nach Clover sind die Gender-Verschiebungen dementsprechend ein genrekonstituierendes Element des Horrorfilms: «The gender-identity game, in short, is too patterned and too pervasive to be dismissed as supervenient. It would seem instead to be an integral element of the particular brand of bodily sensation in which the genre trades».[56]

Den von Clover auf den Horrorfilm bezogenen Begriff des «body movie» greift Linda Williams auf und erweitert ihn, indem sie ihn zusätzlich auf die zunächst disparat scheinenden Genres Porno und Melodrama bezieht. Den Filmen des «body genres»[57] ist Williams zufolge gemeinsam, dass sie körperliche Reaktionen beim Zuschauer beziehungsweise bei der Zuschauerin auslösen sollen, dabei aber ebenso eine gemeinsame Struktur in der Darstellung von weiblichen Körpern teilen:

> [T]hough quite differently gendered with respect to their targeted audiences – with pornography aimed, presumably, at active men and melodramatic weepies aimed, presumably, at passive women, and with contemporary gross-out horror aimed at adolescents careening wildly between the two masculine and feminine poles – in each of these genres the bodies of women figured on the screen have functioned traditionally as the primary embodiments of pleasure, fear, and pain.[58]

Sie sieht die unter dem Begriff der «body movies» subsumierten Genres als privilegierte Plätze, an denen Gender-Phantasien ausgetragen werden.[59] Dabei differenziert sie die Genres wiederum nach den Inhalten

---

54 «With the introduction of the Final Girl, then, the *Psycho* formula is radically altered» (ebd., S. 40). Zugleich macht sie deutlich, dass diese Genre-Verschiebung auch eine Gender-Verschiebung bewirkt: «They are, in fact, protagonists in the full sense: they combine the functions of suffering victim and avenging hero» (ebd., S. 17).
55 «The Final Girl is boyish, in a word. Just as the killer is not fully masculine, she is not fully feminine – not, in any case, feminine in the ways of her friends» (ebd., S. 40).
56 Ebd., S. 57.
57 In der Einleitung ihrer Studie über den Pornofilm definiert Williams «body movies» als «Genres, deren zentrales Thema Bewegung ist und die ihrerseits den Körper des Zuschauers zu ähnlichen Reaktionen ‹bewegen›. Dies waren zugleich Augenblicke in der Geschichte der Filmgenres, in denen der Körper als Signifikant sexueller Differenz eine herausragende Rolle spielte» (Linda Williams: *Hard Core. Macht, Lust und die Traditionen des pornographischen Films*, Basel/Frankfurt am Main 1995, S. 7, engl. Ausgabe: *Hard Core. Power, Pleasure, and the «Frenzy of the Visible»*, Berkeley 1989).
58 Williams: Film Bodies, S. 209f. In *Hard Core* verweist Williams auf die «beträchtliche Unsicherheit und Instabilität», die den harten Pornofilm in seiner Gender-Repräsentation ausmache, und stellt als These auf, dass «der harte Pornofilm vor allem eine Schwierigkeit hat, nämlich visuelles ‹Wissen› weiblicher Lust darzustellen» (Williams: Hard Core, S. 8).

dieser Fantasien. Ihr von Gender-Beobachtungen ausgehend konstruierter Genre-Begriff lässt sich also ebenfalls unter Berücksichtigung einzelner Gender-Aspekte wieder in einzelne Subgenres ausfalten.

Der «performative turn» der Gender-Forschung ist neben einer verstärkten Auseinandersetzung mit dem «Filmkörper» aber auch verantwortlich für ein gesteigertes Interesse an der Inszenierung und Inszeniertheit von Männlichkeit.[60] Die Untersuchung von Männlichkeitsrepräsentationen brachte Genres in den Fokus, die bislang insgesamt nur wenig erforscht waren, darunter den Actionfilm. Beinahe zeitgleich erschienen zwei Studien, die neben dem ähnlichen Titel auch parallele Konzepte vertreten: Susan Jeffords' *Hard Bodies*[61] und Yvonne Taskers *Spectacular Bodies*[62]. Beide beschäftigen sich mit Actionfilmen der 80er-Jahre und konstatieren einen Wandel in der Darstellung des männlichen Körpers, zeichnen Veränderungen des Genres über Veränderungen in der Repräsentation von Männlichkeit nach. Jeffords und Tasker analysieren die Inszenierung von Männnlichkeit als Körperlichkeit in Verbindung mit den «body politics» der Regierung Reagan einerseits (Jeffords)[63], in Verbindung mit kulturellen Diskursen über Bodybuilding und dem «New Man» andererseits (Tasker). Dabei geht Jeffords von einer nicht problematisierten, fixen Genre-Definition aus und historisiert Veränderungen der Körperinszenierung innerhalb dieses Genres.[64] Tasker hingegen begreift die von ihr ausgemachte Veränderung im Actionfilm der 80er-Jahre als «muscular cinema»,[65] bietet also eine auf die Art der Körperinszenierung zielende Definition des Actionkinos der 90er-Jahre. Tasker erweiterte ihren Fokus in ihrer Folgepublikation *Working Girls*, in der sie weibliche Gender-Performanzen in verschiedenen Genres gegenüberstellt. Dabei bezieht sie vorliegende Genre- und Gen-

---

59   Vgl. Williams: Film Bodies, S. 216.
60   Zu den Vorreitern gehört auch hier Steve Neale, der Männlichkeit als Spektakel konzipiert (vgl. Steve Neale: «Masculinity as Spectacle», in: *Screen* 24/6 [Dezember 1983], S. 2-16). Dieser Aufsatz wurde erneut abgedruckt in dem von Steven Cohan und Ina Rae Hark herausgegebenen, für die Männlichkeitsdebatte zentralen Sammelband *Screening the Male* (Steven Cohan/Ina Rae Hark (Hg.): *Screening the Male. Exploring Masculinities in Hollywood Cinema*, London/New York 1993).
61   Susan Jeffords: *Hard Bodies. Hollywood Masculinity in the Reagan Era*, New Brunswick 1994.
62   Yvonne Tasker: *Spectacular Bodies. Gender, Genre and the Action Cinema*, London/New York 1993. Tasker bezieht auch weibliche Actionheldinnen mit ein.
63   Das Körperbild der Filme wird mit der nationalen Identität in der Reagan-Ära analogisiert: «For Reaganism, the warrior hard body [...] is the American identity» (Jeffords: Hard Bodies, S. 46).
64   Die Beschäftigung mit Genres wird dabei von Jeffords in Rückbezug auf Jameson als Widerspiegelung der sozialen Wirklichkeit angesehen.
65   Tasker: Spectacular Bodies, S. 6.

der-Studien auf die Filme der 90er-Jahre, gleicht ab, kontrastiert, und zeichnet so Veränderungen der Gender-Performanzen in den einzelnen Genres nach.[66]

Diese Untersuchungen zum Zusammenhang von Gender und Genre weisen einige Gemeinsamkeiten auf: So ist allen genannten Autorinnen gemein, dass sie in den Cultural Studies beheimatet sind. Dieser kulturwissenschaftliche Gender-Blick ermöglicht Genre-Theoretisierungen und -analysen unter Einbezug von Ansätzen der Cultural Studies, so dass unter anderem die Untersuchungsergebnisse auf die Kultur zurückbezogen werden können, in der die Filme entstehen und auf die sie einwirken. Des Weiteren werden Genres in diesen Studien daraufhin untersucht, welche Gender-Performanzen sie ermöglichen respektive welche Gender-Performanzen ihren Konventionen entsprechen. Genres verhandeln und verschieben in den jeweiligen Filmen demnach Gender-Performanzen.

Im Großteil der vorliegenden Studien wird dabei allerdings das jeweils zugrundegelegte Genre-Konzept nicht in Frage gestellt. Auf der Folie eines undifferenzierten Genre-Begriffs werden Verschiebungen auf der Ebene der Gender-Repräsentationen beobachtet. Die Genres werden hinsichtlich der sich in ihnen ändernden Gender-Performanzen historisiert, dabei wird Gender aber überwiegend als Merkmal der Genres angesehen und nicht umgekehrt. Die Gender-Untersuchung wird also als ein Sonderfall, als einzelne Fragestellung an die Genre-Theorie aufgefasst. Jedoch ist damit der Blick bislang lediglich in eine Richtung geworfen worden; nicht berücksichtigt wird, dass auch bestimmte Gender-Performanzen Genre-Konventionen (zum Beispiel die Femme fatale) mit sich führen. Einzelne Analysen bieten zwar implizite Ansätze dazu, die Gender-Performanzen als genrekonstitutiv zu verhandeln und die Auswirkungen veränderter Gender-Konfigurationen auf das jeweilige Genre zu untersuchen – ausgeführt wird dies allerdings nicht.

Allerdings ergeben sich aus der jüngsten Forschung Ansätze, diese Blickrichtung umzukehren und die Genre-Dependenz auch ausgehend von den Gender-Repräsentationen des Films zu untersuchen.[67] So arbeitet Claudia Liebrand bei jedem der von ihr in *Gender-Topographien* analysierten Fil-

---

66 Grant erhebt allerdings den folgenden Einwand: «Several scholars have written about gendered representations in these new genre films (Jeffords, Willis, Tasker), but the critical tendency has been to focus, somewhat incorrectly, I think, on how these films recuperate any ideological challenges rather than illuminate the ways in which some of them do indeed challenge the ideology of traditional representations» (Barry Keith Grant: «Strange Days. Race and Gender in Contemporary Hollywood Cinema», in: Murray Pomerance [Hg.]: *Ladies and Gentlemen, Boys and Girls. Gender in Film at the End of the Twentieth Century*, Albany 2001, S. 185-199, hier S. 185).

me das Wechselverhältnis zwischen der Genre-Bedingtheit und den Gender-Repräsentationen auf: Sie beobachtet Verschiebungen in den Genderund Genre-Aussagen am Beispiel verschiedener Hollywood-Mainstream-Filme. In ihren Filmlektüren geht sie darauf ein, wie die einzelnen Filme Genre-Vorgaben nicht einfach umsetzen, sondern sie verhandeln, adaptieren, forcieren, aber auch negieren: «Diverse Genres in den Blick zu nehmen ist mir deshalb wichtig, weil Genres Gender-Konfigurationen reproduzieren und «perforieren»; zu konstatieren ist ein kompliziertes Wechselspiel von Gender(s) und Genres. [...] [A]lternative Gender-Kodierungen erzwingen genrespezifische Innovationen.»[68] So führt sie beispielsweise in ihrer Untersuchung zu THE OTHERS[69] die beiden (sich mit unterschiedlichen Sub-Genres des Horrorfilms beschäftigenden) Studien von Carol J. Clover und Barbara Creed[70] zusammen. In der Ambivalenz der Mutterfigur Grace kann Liebrand aufzeigen, dass diese sowohl das Muster des «final girl» – sie obsiegt gegen die Hausbewohner – bedient, zugleich aber auch Creeds Konzeption der kastrierenden Mutter – hatte doch Grace vor Einsetzen der Filmhandlung ihre Kinder sogar getötet. Sie zeigt damit nicht nur die Genre-Hybridität dieser Figur auf, sondern zugleich, inwieweit diese durch die Gender-Repräsentationen des Films mitverursacht wird. Damit nimmt sie einen Perspektivenwechsel vor: Genres definieren nicht ausschließlich die in ihnen erfolgenden Gender-Repräsentationen, sondern Gender-Repräsentationen und -Topographien sind auch konstitutierende Merkmale von Genres. Die in Genres beobachteten Gender-Repräsentationen und Gender-Topiken zählen somit zu dem weitgefassten Feld von Strukturmustern und Konventionen, die ein Genre definieren. Daraus ergibt sich, dass sich Gender-Repräsentationen und Genre-Konventionen gegenseitig erzeugen und daher in ihren Interdependenzen zu untersuchen sind. Liebrand führt somit am Beispiel von THE OTHERS präzise vor, dass und wie sich Gender und Genre im zeitgenössischen Hollywoodfilm wechselseitig hervorbringen.

---

67 Zu diesen Beiträgen gehört auch das Forschungsprojekt von Ines Steiner am Forschungskolleg «Medien und Kulturelle Kommunikation», Köln, SFB/FK 427, unter dem Titel *Gender und Genre. Die amerikanische Filmkomödie im Prozeß ihrer Ausdifferenzierung*.
68 Claudia Liebrand: *Gender-Topographien. Kulturwissenschaftliche Lektüren von Hollywoodfilmen der Jahrhundertwende*, Köln 2003, S. 10.
69 THE OTHERS, USA/F/E 2001, R: Alejandro Amenábar.
70 Barbara Creed: *The Monstrous Feminine. Film, Feminism, Psychoanalysis*, London 1993.

Andrea B. Braidt

Film-Genus. Zu einer theoretischen und methodischen Konzeption von Gender und Genre im narrativen Film

Die beiden Kategorien Gender und Genre[1] sind für den narrativen Film von entscheidender Bedeutung, so lautet die diesem Text[2] und diesem Sammelband zugrunde liegende Hypothese. Der Grundsatz lässt sich, und das weist auf seine breite Gültigkeit hin, in verschiedensten theoretischen Rahmen formulieren: Die filmischen Signifikationsprozesse sind sowohl generisch als auch vergeschlechtlicht (Semiotik). Die Filmperzeption hängt von Vergeschlechtlichungsprozessen ab und die Perzeption von Geschlecht ist zumindest teilweise eine Konsequenz der Gattungsprozesse (Kognitionswissenschaften). Das filmische «Erzählbild» sensu Teresa de Lauretis ist gleichermaßen generisch als auch geschlechtlich (Psychoanalyse). Als analytische Kategorien haben Gender und Genre eine prominente Geschichte in der traditionellen, id est semiotisch-psychoanalytischen und üblicherweise von Textanalyse dominierten, Filmtheorie. Auf die Problematik dieser Geschichte in beiden Fällen wurde in den letzten Jahren verstärkt hingewiesen.[3] Zentraler Angriffspunkt der Kritik an der herkömmlichen Fassung von Gender und Genre

---

1 Zum Sprachgebrauch: Im Folgenden wird der Begriff *Genre* synonym mit dem Begriff *Gattung* verwendet. Die Unterscheidung von Gattung und Genre, wie sie etwa Knut Hickethier vorschlägt, um medienspezifische Formen (Spielfilm, Animationsfilm etc.) von «inhaltlich-strukturellen» Einheiten, die medienübergreifend zum Einsatz kommen (Krimi, Western usw.), unterscheiden zu können (vgl. Knut Hickethier: «Genretheorie und Genreanalyse», in: Jürgen Felix [Hg.]: *Moderne Film Theorie*, Mainz 2002, S. 62-103, hier S. 62f.) wird also nicht nachvollzogen. Da diese Unterscheidung nur theoretisch trennscharf gemacht werden kann, da es in keiner Weise über die Grenzen von Gattung und Genre i.S. Hickethiers einen wissenschaftlichen Konsens gibt, und da dieser Begriffseinsatz etwa im Englischen gar nicht zu machen ist, wird hier auf diese Begriffsdichotomie verzichtet. Wie im Folgenden klar werden wird, ist die Unterscheidung zwischen Genre-Konzept und Genre-Begriff wesentlich fruchtbringender. *Gender* wird – in Anlehnung an die anglo-amerikanische Diskussion innerhalb der feministischen Wissenschaften der 1990er-Jahre – im Sinne von Geschlecht als Konstruktion verwendet. Die diesem Sprachgebrauch teilweise unterstellte Distanzierung vom politischen Projekt «des» Feminismus wird hier nicht nachvollzogen; vielmehr impliziert der Begriff eine Distanznahme zur essenzialistischen Auffassung von Geschlechterdifferenzen im Sinne Diana Fuss' et al. (vgl. Diana Fuss: *Essentially Speaking. Feminism, Nature & Difference*, New York 1989).
2 Dieser Text ist Teil meiner Dissertationsarbeit mit dem Arbeitstitel *Film-Genus. Über die Grenzen von Gender und Genre im narrativen Film*.
3 Zum Beispiel: Irmela Schneider: «Genre und Gender», in: Elisabeth Klaus/Jutta Röser/Ulla Wischermann (Hg.): *Kommunikationswissenschaft und Gender Studies*, Opladen 2001, S. 92-102; Mary Gerhart: *Genre Choices, Gender Questions*, London 1992.

im Film – aber auch in der Literatur – ist die den verschiedenen theoretischen Ansätzen implizite oder explizite Konzeption der Kategorien als fixierte, stabile, a-historische und universale Einheiten, die über die Erstellung von Eigenschaftskatalogen, welche die verschiedenen Genres respektive Geschlechter unterscheiden lassen sollen, in den definitorischen Griff zu kriegen seien. Ausgangspunkt für derartige Konzeptionen ist die Auffassung von Genre und Gender als Textkomponenten. In diesem Ansatz manifestiert sich das Genre als Teil des Texts in bestimmten Textmerkmalen, die durch Textanalyse isoliert, analysiert und anhand eines Genre-Kanons systematisiert werden können. Im Falle von Gender werden die universellen Geschlechtsmerkmale als Fundamentaldifferenz dem filmischen Apparat eingeschrieben gedacht: Sie strukturieren das Schauvergnügen am narrativen Kino entlang der ödipalen Achse von Voyeurismus und Narzissmus. Aus den hier angedeuteten Ansätzen ergeben sich dann theoretische und methodische Schwierigkeiten, wenn man versucht, die beiden Kategorien Genre und Gender analytisch zu koppeln und sie, in einem zweiten Schritt, empirisch zu operationalisieren. Vor allem letzteres scheint gerade im Kontext der filmwissenschaftlichen Auseinandersetzung mit Gender vonnöten: Die Diskrepanz zwischen der filmtheoretischen Obsession mit dem symbolischen Zuschauer beziehungsweise ihrer Suche nach der symbolischen Zuschauerin einerseits und der Uneinholbarkeit des empirischen Publikums andererseits wurde bereits vielfach herausgestellt.[4] Auf den folgenden Seiten soll ein Studium von Gender und Genre innerhalb eines theoretischen Rahmens vorgeschlagen werden, der die analytische Koppelung der beiden Kategorien zustande bringt und der einen empirischen Forschungsansatz verfolgt. Somit bieten sich meines Erachtens alternative Möglichkeiten für die filmwissenschaftliche Fassung von Gender und Genre, die im Folgenden durch den Begriff des *Film-Genus* repräsentiert wird.[5] *Film-Genus* wird unter Zuhilfenahme kognitiver Schematheorie entwickelt und in ein empirisches Forschungsdesign integriert. Obwohl es mir vor allem um die Explizierung des theoretischen Ausgangspunkts und (s)eine methodische Konsequenz geht, hoffe ich, einen plastischen Ausblick auf potenzielle Forschungsszenarien, die Film-Genus als basale Ka-

---

4   Am prominentesten sicherlich in dem von David Bordwell und Noel Carroll herausgegebenen Sammelband: David Bordwell/Noel Carroll (Hg.): *Post-Theory. Reconstructing Film Studies*, Madison 1996.
5   Die Zusammenfassung der beiden Kategorien in ein Wort betont das Interagieren der Kategorien Gender und Genre in der Filmwahrnehmung, soll jedoch nicht ein gegenseitiges Auflösen der Kategorien suggerieren.

tegorie der Filmwahrnehmung in das Zentrum der filmwissenschaftlichen Beschäftigung rücken, möglichst konkret machen zu können.

Die Kölner Medienwissenschaftlerin Irmela Schneider formuliert ihre Kritik an traditioneller Gender- und Genre-Theorie in den Film- und Fernsehwissenschaften folgendermaßen:

> Gemeinsam ist Genre wie Gender, dass sie lange Zeit wie Naturformen begriffen wurden, die sich zwar im äußerlichen Verhalten und Gebaren verändern, die aber einen essentialistischen und ahistorischen Kern in sich tragen. Vom [Barthes'schen] «Virus der Essenz» waren beide, Genre wie Gender betroffen. Und genau diese Voraussetzung, daß es jenen essentialistischen und damit ahistorischen Kern gibt, ist seit einigen Jahren in Bezug auf Gender wie Genre problematisch geworden.[6]

Schneiders Kritik an diesen Strömungen der film- beziehungsweise medientheoretischen Genre-Forschung[7] greift sowohl methodologisch als auch theoretisch: Während semiotisch-semantische Ansätze eine grundsätzliche Tautologie in der Genre-Definition nicht zu lösen im Stande sind,[8] fehlt es Ansätzen, die Genres nach Textintentionen definieren, an empirischen Herangehensweisen. Genre-Intentionen werden festgeschrieben, ohne ein Instrument zur Begrenzung verschiedener Intentionen anzubieten. Nur wenn Intentionen als in die Filme eingeschriebene Rezeptionserwartungen definiert werden – die Film- und TV-Theoretikerinnen Jane Feuer oder Linda Williams vertreten diesen Ansatz[9] – sieht Schneider eine produktive Möglichkeit für die Genre-Forschung.[10]

Williams zum Beispiel diskutiert drei Genres – den Porno, den Horrorfilm und das Melodrama – unter dem Aspekt der von den Filmen generierten körperlichen Reaktionen als Rezeptionserwartungen und fasst diese drei Genres unter der Bezeichnung «Körpergenres» zusammen.[11] Im Mittelpunkt dieser Genre-Filme, die sich an ein geschlechtlich je unterschiedliches Publikum richten – der Porno adressiert hauptsächlich

---

6   Schneider: Genre und Gender, S. 92.
7   Sie nennt erstens Genre-Taxonomisierungen und -Klassifizierungen im Umfeld strukturalistischer Linguistik; zweitens semiotische Genre-Definitionen über textuelle Attribute; und drittens Genre-Definitionen über die Intention des Textes (vgl. ebd., S. 93).
8   Also etwa: Wenn ein Film die Attribute eines Westernfilms hat, die aus dem Kanon klassischer Westernfilme isoliert wurden, so ist er ein Westernfilm.
9   Jane Feuer: «Genre Study and Television», in: Robert C. Allen (Hg.): *Channels of Discourse. Television and Contemporary Criticism*, London 1987, S. 113-33; Linda Williams: «Film Bodies. Gender, Genre, and Excess» [1991], in: Barry Keith Grant (Hg.): *Film Genre Reader II*, Austin 1995, S. 140-58.
10 Vgl. Schneider: Genre und Gender, S. 93f.
11 Vgl. Williams: Film Bodies.

ein männliches, das Melodrama ein weibliches und der Horrorfilm ein gemischtgeschlechtliches, jedoch prädominant männliches, pubertäres Publikum – steht immer der weibliche, sich im sexuellen, melodramatischen oder gewalttätigen Exzess befindende Körper. Auf diese Weise kann Williams Fragen nach der Vergeschlechtlichung als auch Fragen nach der Generizität der Rezeptionserwartungen beantworten. Da sie aber kein Instrumentarium zur empirischen Erforschung der Rezeption entwickelt, muss auch sie auf universalisierende Aussagen zur Wahrnehmung ihrer «Körpergenres» zurückgreifen. Sie kann keine Differenzierungen der Filmwirkung auf ZuseherInnen – zum Beispiel in Bezug auf deren Alter, Ethnizität und so weiter – vornehmen.

Um ein derartiges Instrumentarium entwickeln zu können, müssen theoretische Voraussetzungen geschaffen werden; Voraussetzungen die häufig aufgrund der angenommenen «Selbstevidenz»[12] vernachlässigt werden.

Die US-amerikanische Literaturwissenschaftlerin Mary Gerhart weist im Zusammenhang mit der Problematik der gemeinsamen Theoretisierung von Gender und Genre auf die zentrale Rolle einer theoretischen Fundierung für die Konzeption beider Kategorien hin.[13] Erst wenn das theoretische *Organisationsprinzip*[14] geklärt ist, an dem beide Kategorien orientiert werden, kann die Funktion von Genre und Gender als vielschichtiger Prozess in seiner historischen epistemologischen, theoretischen und praktischen Dimension erfasst[15] und in seiner medienspezifischen Ausprägung nachvollzogen werden. Gerhart praktiziert dieses Nachvollziehen im Rahmen der Hermeneutik und wendet ihre Erkenntnisse hauptsächlich in der Literaturwissenschaft an. Sie entwickelt die Begriffe des «Genre- und Gender-Testings» als Beschreibung von Leseverfahren, die den Verstehensprozess durch die Bildung komplexer Hypothesen bezüglich generischer und geschlechtlicher Markierungen beim Rezipieren von Texten prägen. Das heißt, dass nach Gerhart die beiden Kategorien im andauernden Prozess des Vergleichens von Rezep-

---

12 Schneider: Genre und Gender, S. 92.
13 Vgl. Gerhart: Genre Choices, S. 186-222.
14 Unter einem «theoretischen Organisationsprinzip» der Gattungstheorien naturwissenschaftlicher Prägung versteht Gerhart beispielsweise die Evolutionstheorie, die seit den 1930er-Jahren in der Biologie die maßgebliche Metatheorie ist. Die Geistes- und Kulturwissenschaften, so Gerhart, zeichnen sich v.a. dadurch aus, dass es kein einheitliches metatheoretisches Organisationsprinzip gibt. Für Gerhart ist die Explizierung eines solchen Prinzips – gerade bei Fragen von Gender und Genre – zentral (vgl. ebd., S. 101f.).
15 Vgl. ebd.

tionserwartung und textuellem Datum eine Schlüsselrolle spielen.[16]

Mit David Bordwell, der seine Theorie der Filmwahrnehmung an der kognitionswissenschaftlichen Wahrnehmungspsychologie orientiert,[17] können wir den Kategorien Gender und Genre eine ähnlich zentrale Rolle im Textverstehen, hier konkret im Filmverstehen, zuweisen: Im dynamischen, teilweise automatisierten Prozess der Inferenzenbildung können Gender und Genre als kognitive *Wissenscluster*[18] interpretiert werden, mit deren Hilfe audiovisuelle (aber auch zum Beispiel narrative) Details wahrgenommen und «organisiert», id est «verstanden», werden. Gender und Genre als Wissenscluster zu entwerfen bedeutet, einen wichtigen Schritt sowohl in der Genre- als auch in der Gender-Forschung in der Filmwissenschaft zu vollziehen, weil damit unter anderem die Rolle von Genre als Kanonisierungsprinzip deutlich relativiert wird: Wenn Genre nicht mehr als Textbestandteil, sondern als Textmarkierung, die in der Textrezeption relevant wird, verstanden wird, machen normative, a-historische Katalogisierungen von «Genre-Klassikern» keinen Sinn mehr; stattdessen rückt die kommunikative Funktion von Genre ins Zentrum.[19]

Film-Genus als Medienschema

Einer der prominentesten Ansätze zu einer funktions- und kommunikationsorientierten Fassung von Genre, die sich meines Erachtens für eine Konzeption von Film-Genus im Sinne des Zusammendenkens von Genre und Gender eignet, wurde von Siegfried J. Schmidt in den 1980er-Jahren vorgelegt und in Folge ausgebaut.[20] Schmidt favorisiert einen funktionsorientierten Ansatz zur Gattungstheorie gegenüber einem typologischen, da er der Auffassung ist, dass – erkenntnistheoretisch ge-

---

16   In mehreren «Fallstudien» demonstriert Gerhart ihren Ansatz, unter anderem an Henry James' Novelle *The Turn of the Screw* (vgl. ebd., S. 186-222).
17   Vgl. David Bordwell: *Narration in the Fiction Film*, Madison 1985, S. 29-47.
18   Bordwell beschreibt die Rolle, die Wissenscluster bei der Filmwahrnehmung allgemein spielen (vgl. ebd., S. 31); m.E. ist eine Anwendung dieses Konzepts auf Gender und Genre produktiv.
19   Jason Mittell spricht auch von Genres als diskursiven Clustern, von denen der einzelne Filmtext zwar Bestandteil, jedoch nicht alleinige Determinante ist (vgl. Jason Mittell: «A Cultural Approach to Television Genre Theory», in: *Cinema Journal* 40/3 [2001], S. 3-24, hier S. 11).
20   Die folgenden Erläuterungen beziehen sich auf: Siegfried J. Schmidt: *Kognitive Autonomie und soziale Orientierung. Konstruktivistische Bemerkungen zum Zusammenhang von Kognition, Kommunikation, Medien und Kultur*, Frankfurt am Main 1994, S. 164-201 (Kapitel IV: «Symbolische Ordnungen. Das Beispiel Mediengattungen»).

sprochen – «Eigenschaften und Bedeutungen nicht in Objekten, Ereignissen oder Medienangeboten selbst liegen, sondern ihnen von Aktanten in Kognitionen und Kommunikationen mit Hilfe von Unterscheidungen und Benennungen zugeschrieben werden».[21] Das *Gattungshafte* ist demnach nicht am isolierten Medienangebot (am Filmtext etwa) zu ermitteln, sondern am menschlichen Umgang mit Medienangeboten. In diesem Sinne stellt sich Schmidt die Aufgabe, Gattungen als kognitive und kommunikative Phänomene empirisch zu erforschen. Der Unterscheidung zwischen der kognitiven und der kommunikativen Ebene wird durch die Begriffsdifferenzierung «Gattungskonzepte» und «Gattungsbezeichnungen» Rechnung getragen. Die Leitfrage für ein konstruktivistisches Nachdenken über Gattungskonzepte und -bezeichnungen muss, so Schmidt, die Funktion betreffen, die von beiden erfüllt wird: «Wer stellt oder löst mit Hilfe von Gattungskonzepten und Gattungsbezeichnungen in welcher Situation welche Art(en) von Problem(en)?»[22]

Gattungskonzepte und -bezeichnungen funktionieren, so Schmidt in seiner bekannten Hypothese,

> nach dem Muster *kognitiver Schemata* [und dienen] wie diese der Komplexitätsreduzierung sowie der Sozialisierung bzw. Kommunisierung kognitiver Operationen, indem sie in instabilen kognitiven Prozessen temporär oder dauerhaft wirksame Muster bzw. Ordnungen bilden. [Sie können im Sinne] von Wissen als Fähigkeit, nicht als abgespeichertem Bestand [...] konzipiert werden als kognitive Programme der Invariantenbildung, die quasi automatisch ablaufen und dabei kognitive, emotionale und empraktische Aspekte von Bewußtseinsprozessen integrieren. Solche kognitiven Programme werden durch Sozialisation und Bewährung in sozialer Interaktion und Kommunikation erworben und bestätigt bzw. langfristig modifiziert.[23]

Schmidt geht von Jean Piagets Schemabegriff aus beziehungsweise von der Erweiterung des Begriffs im Rahmen einer Wahrnehmungskonzeption, wie sie von John Richards und Ernst von Glasersfeld vorgenommen wurde.

Im Gegensatz zu Konzeptionen wie jener von Rumelhart[24] wird hier Wahrnehmung nicht als «Aufnahme oder Wiedergabe von Information,

---

21   Ebd., S. 165f.
22   Ebd., S. 168.
23   Ebd., S. 168f. (Hervorhebung im Original).
24   Vgl. David E. Rumelhart: «Schemata. The Building Blocks of Cognition», in: Rand J. Spiro (Hg.): *Theoretical Issues in Reading Comprehension. Perspectives from Cognitive Psychology, Linguistics, Artificial Intelligence, and Education*, Hillsdale 1980, S. 33-58.

die von außen hereinkommt»,²⁵ gefasst, sondern als «Konstruktion von Invarianten, mit deren Hilfe der Organismus seine Erfahrungen assimilieren und organisieren kann»²⁶. Assimilation und Organisation von Erfahrungen mit Hilfe von Invarianten stehen der Verarbeitung von Informationen gegenüber. Für Sibylle Moser ist der Schemabegriff, wie ihn von Glasersfeld mit Piaget in den Radikalen Konstruktivismus einführt, für den Konstruktionsbegriff zentral: «Der Schemabegriff konkretisiert den Konstruktionsprozess im Rahmen der sensumotorischen Rückkopplung zwischen Organismus und Umwelt, indem er verdeutlicht, dass stabile Wirklichkeiten aus der Wiederholung funktionierender Verhaltensweisen resultieren.»²⁷

Auch Schmidt verweist auf den Konstruktionscharakter kognitiver Schemata im Wahrnehmungsprozess:

> Erst mit Hilfe von Schemata können wir etwas als etwas wahrnehmen und er-kennen. Auf der anderen Seite wirken Schemata aber auch als einschränkende Bedingungen für jede weitere Bewußtseinstätigkeit: Sie machen Wahrnehmen und Erkennen zu Prozessen der Konstruktion einer menschlichen Erfahrungswirklichkeit, die auf kognitionsabhängigen Unterscheidungen beruht.²⁸

Mit diesen Worten wird die Abgrenzung des Schemabegriffs, wie er im Radikalen Konstruktivismus verwendet wird, vom Schemabegriff der Kognitionswissenschaften mehr als deutlich: Während als Informationsverarbeitungsprozesse gefasste kognitive Schemata den «Input» von außen als etwas ansehen, das lediglich vom System (korrekt) erkannt und «top-down» oder «bottom-up» weiterverarbeitet werden muss, ist das kognitive Schema, wie es vom Radikalen Konstruktivismus gedacht wird, eine *Bedingung für die Wahrnehmung des Inputs* von außen. Das berühmt gewordene Motto dieser Denkschule «Wir erzeugen buchstäblich die Welt, in der wir leben, indem wir sie leben» muss auf die Wahrnehmung angewandt heißen: «Wir erzeugen buchstäblich die Dinge, die wir

---

25   John Richards/Ernst von Glasersfeld: «Die Kontrolle von Wahrnehmung und die Konstruktion von Realität. Erkenntnistheoretische Aspekte des Rückkoppelungs-Kontroll-Systems», in: Siegfried J. Schmidt (Hg.): *Der Diskurs des Radikalen Konstruktivismus*, Frankfurt am Main 1987, S. 192-228, hier: S. 194.
26   Ebd.
27   Sibylle Moser: «Geschlecht als Konstruktion. Eine Annäherung aus der Sicht des Radikalen Konstruktivismus und der soziologischen Systemtheorie», in: Anna Babka/Sibylle Moser: *Produktive Differenzen. Geschlechterforschung als transdisziplinäre Beobachtung und Performanz von Differenz*, unveröffentlicher Endbericht des gleichnamigen Forschungsprojekts, Wien [2002], S. 13. Eine aktualisierte Version dieses Textes findet sich als download unter: http://www.differenzen.univie.ac.at.
28   Schmidt: Kognitive Autonomie, S. 170.

sehen, indem wir sie wahrnehmen.» Schemata werden im Laufe der Sozialisation überindividuell und intersubjektiv aufgebaut: Sie entstehen nicht im isolierten Handeln, sondern «durch Interaktion von Handlungs- und Kommunikationspartnern in bestimmten Situationen».[29] Schemata sind also nicht quasi idiosynkratisch generierte Organisations- und Orientierungsprogramme, sondern in gewissem Sinne kulturell und gesellschaftlich geprägte Schematisierungen der (eigenen) Erfahrungswirklichkeit.

Sibylle Moser formuliert – ebenfalls vor dem Hintergrund konstruktivistischer Theoriebildung – den Zusammenhang von Geschlechtsschema, Selbstkonzept und Kultur/Gesellschaft als «Wissen der einzelnen, sich im Rahmen einer geschlechtsspezifisch codierten Umwelt erfolgreich (und das heißt unsanktioniert) zu verhalten».[30] Moser weist auf die individuellen, nicht identisch reproduzierbaren Erfahrungszusammenhänge hin, die an der Bildung der Geschlechtskategorie beteiligt sind und die für Differenzen verantwortlich sind,[31] ohne die Ebene der gesellschaftlichen beziehungsweise kulturellen Prägung der Kategorie, die durch ihre kommunikative Funktion gegeben ist, außer Acht zu lassen. Der Satz von Joan W. Scott zur Kategorie Geschlecht als Instrument und gleichzeitig Resultat der gesellschaftlichen Machtverhältnisse kann meines Erachtens in dieser Fassung von Gender berücksichtigt werden.[32] Und wir können jene unter anderem von Waltraud Ernst eingeforderte Multidimensionalität der Kategorie Geschlecht fokussieren, die sich in dem Begriffscluster Geschlechteridentitäten, Geschlechterpraxen, Geschlechterkörper und Geschlechterstrukturen verdeutlichen lässt.[33] Denn erst durch die Betonung der Vielfältigkeit der Kategorie Geschlecht könne, so Ernst mit Mary Hawkesworth, der problematischen Funktionalisierung von Gender als universelles Explanans entgegengetreten werden.[34]

Gender und Genre in diesem Sinne als kognitive Schemata zu konzeptualisieren, die in der Filmwahrnehmung eine wesentliche Rolle spielen, ermöglicht eine analytische Koppelung beider Kategorien, ohne

---

29 Ebd.
30 Sibylle Moser: *Weibliche Selbst-Organisation. Der Wirklichkeitsanspruch autobiographischer Kommunikation*, Wien 1997, S. 72.
31 Vgl. ebd.
32 Vgl. Joan W. Scott: «Gender as a Useful Category of Historical Analysis» [1986], in: Richard Parker/Peter Aggleton (Hg.): *Culture, Society and Sexuality. A Reader*, London 1999, S. 57-75.
33 Vgl. Waltraud Ernst: «Zur Vielfältigkeit von Geschlecht. Überlegungen zum Geschlechterbegriff in der feministischen Medienforschung», in: Johanna Dorer/Brigitte Geiger (Hg.): *Feministische Kommunikations- und Medienwissenschaft. Ansätze, Befunde und Perspektiven der aktuellen Entwicklung*, Opladen 2002, S. 33-52.
34 Vgl. ebd., S. 34.

gleichzeitig ihre Essenzialisierung zu betreiben. Wenn die Kategorien Gender und Genre als kognitive Schemata verstanden werden, orientiert sich die filmwissenschaftliche Gender- und Genre-Forschung an Fragen wie: Welche Gender- und Genre-Schemata kommen bei welchen Rezeptionen zum Einsatz? Wie strukturieren Gender- und Genre-Schemata die konkrete Wahrnehmung von Filmnarrationen? Wie können wir Gender- und Genre-Schemata adäquat beschreiben? Listen von kanonischen Genre-Filmen, Gattungstaxonomien und Geschlechterzuschreibungen für Textattribute sind nicht länger als Forschungsergebnis angepeilt, es geht um eine Verschiebung des Erkenntnisinteresses vom Erkenntnisobjekt zum Erkenntnisprozess und dessen konkreten empirischen Bedingungen, wie Schmidt das geteilte Anliegen konstruktivistisch orientierter Theorien formuliert. Derart empirisch orientierte Vorgehensweisen haben vor allem *den* Vorteil gegenüber textexegetischen Ansätzen, dass sie die konkreten Rezeptionserfahrungen der ZuseherInnen in ihren Differenzen ernst nehmen und in ihrer Vielfältigkeit beschreiben können.[35]

Es gilt nun Forschungsdesigns zu entwickeln, welche die theoretischen Kategorien Gender und Genre empirisch einbetten. Vor allem im Rahmen der Empirischen Theorie der Literatur (ETL) sind zahlreiche Methoden entwickelt worden, um Schlüsselbegriffe der literaturwissenschaftlichen Forschung – darunter natürlich «Genre» beziehungsweise «Gattung», und in wesentlich geringerem Ausmaß auch «Geschlecht» – empirisch zu erforschen. Für das Zusammendenken von Gender und Genre ist meines Erachtens ein gemischtes Forschungsdesign, das sich aus mehreren Methoden zusammensetzt, am zielführendsten. Im Folgenden möchte ich ein mögliches Kernmodul eines Forschungsdesigns zu Film-Genus vorstellen, nämlich die Heidelberger Strukturlegetechnik (SLT).

---

35 Die Beschreibung der monolithischen Wirkungsweise des kinematischen Apparats, wie sie vor allem von psychoanalytischen und semiotischen Modellen des Films betrieben wird, und wie sie gerade in den letzten Jahren verstärkt ob ihrer homogenisierenden Aussagen kritisiert wurde (vgl. Bordwell: Narration; Noel Carroll: «Prospects for Film Theory. A Personal Assessment», in: Bordwell/Carroll: Post-Theory, S. 37-69; Stephen Prince: «Psychoanalytic Film Theory and the Problem of the Missing Spectator», in: Bordwell/Carroll: Post Theory, S. 71-86), ist gerade im Zusammenhang mit den Kategorien Gender und Genre problematisch geworden (vgl. Cynthia Freeland: «Introduction. Evil in Horror Films. A Feminist Framework», in: dies.: *The Naked and the Undead. Evil and the Appeal of Horror*, Boulder 2000); eine Orientierung hin zu empirischen Ansätzen scheint in diesem Gebiet besonders vielversprechend.

Film-Genus als «Subjektive Theorie»

Bereits 1989 identifizieren Martin Burgert, Michael Kavsek, Bernd Kreuzer und Reinhold Viehoff[36] die SLT als Methode der Wahl zur empirischen Erfassung von (literarischen) Gattungen. In ihrer Detailstudie zu den Gattungen «Märchen» und «Krimi» fassen sie Gattungen sensu Schmidt als «Invarianzbildungsschemata mittlerer Reichweite (anzusiedeln zwischen einzelnen kognitiven Wahrnehmungsschemata oder Gestalten und globalen Schemata der ‹Weltinterpretation› wie etwa Ideologien)»[37] und beschreiben den Konnex zwischen Schema und Handeln im Zusammenhang mit literarischen Gattungen folgendermaßen:

> Ihre [der Gattungen] soziale Funktion ist in erster Linie – wie alle Schematheorien voraussetzen – die soziale Parallelisierung von Erwartungen und Handlungen in komplexen Handlungssituationen. Sie erlauben damit nicht nur subjektiv befriedigendes Handeln – in diesem Fall: literarisches Verstehen –, sondern sie geben dieser subjektiven Befriedigung auch die soziale Legitimität und gestatten, die subjektiven Lese-Erfahrungen an die anderer Leser und gleichzeitig an die gemeinsam gelesenen Texte anzuschließen. Ihre Funktion ist wesentlich dadurch bestimmt, daß sie Lesern flexibles, erwartungsorientiertes und sinnhaft-intentionales Handeln mit bestimmten Texten/Medien erlauben. Solches Handeln, sofern es unter impliziter Geltung der literarischen Konventionen geschieht, ist im Prozeß und im Ergebnis das, was wir ‹literarisches› Verstehen nennen.[38]

Die Krux dieses Ansatzes ist in die Formel «Textverstehen als Handlung via Invarianzbildungsschemata mittlerer Reichweite (=Gattung)» zu bringen, womit zwei wesentliche Argumente vorgebracht sind: Zum einen ist die Zentralität der Rolle, welche das Genre(-Wissen) beim Verstehen von Texten hat, ausreichend begründet. Zum anderen ist die SLT als Methode zur Erfassung von Gattungswissen nahe gelegt.

Anfang der 1980er-Jahre entwickelten Brigitte Scheele und Norbert Groeben eine dialogisch-hermeneutische Methode, um so genannte Subjektive Theorien als spezifische Teile des Phänomens der Kognition be-

---

36 Martin Burgert/Michael Kavsek/Bernd Kreuzer/Reinhold Viehoff: *Strukturen deklarativen Wissens. Untersuchungen zu «Märchen» und «Krimi»*, (LUMIS-Schriften 23), Siegen 1989.
37 Siegfried J. Schmidt: «Skizze einer konstruktivistischen Mediengattungstheorie», in: SPIEL. Siegener Periodicum zur Internationalen Empirischen Literaturwissenschaft, 6/2 (1987), S. 163-205, hier S. 177; zitiert in Burgert et al.: Strukturen deklarativen Wissens, S. 14.
38 Ebd.

schreiben und evaluieren zu können. Der historische Ausgangspunkt für dieses Projekt ist die von Groeben und Scheele entworfene

> «Psychologie des reflexiven Subjekt» [...], in der das behavioristische Menschenbild des nicht-autonomen, umweltkontrollierten Subjekts kritisiert und als Gegenmodell die Vorstellung [...] vom «man the scientist» aufgenommen und ausgearbeitet wird. Es resultiert das epistemologische Subjektmodell, das den Menschen als sprach- und kommunikationsfähiges, reflexives und (potenziell) rationales Subjekt auffaßt [...].[39]

Dieses Modell ist als Kritik des behavioristischen Menschenbildes zu sehen, in dem sich das menschliche Wesen als nicht-autonom und von seiner oder ihrer Umwelt kontrolliert darstellt. Zentrale Prämisse für dieses Modell – und für die Methode der SLT – ist der angenommene strukturelle Parallelismus zwischen den Alltagstheorien der Menschen beziehungsweise der Versuchspersonen und der objektiven, wissenschaftlichen Theorien der VersuchsleiterInnen. Beide Theorien enthalten eine implizit argumentative Struktur, welche die Funktionen von Erklärung, Prognose und Wissensanwendung haben.[40] Der Schlüssel zur Beschreibung der Subjektiven Theorien liegt in der Kommunikation zwischen der Versuchperson und der/des Versuchsleiterin/Versuchsleiters[41]. Es wird davon ausgegangen, dass man über die komplexen Kognitionssysteme (=Subjektiven Theorien) reden und diese somit verstehen lernen kann.

> Es geht also darum, komplexe Kognitionssysteme des Erkenntnisobjekts zu verstehen, wobei über die Adäquatheit des durch das Erkenntnissubjekt Verstandenen natürlich nur das Erkenntnisobjekt entscheiden kann. Dies ist der Dialog-Konsens, in dem das Erkenntnisobjekt dem vom Erkenntnissubjekt Verstandenen zustimmt; da es bei jedem Verstehen unvermeidbar um eine Interpretation und damit Rekonstruktion geht, wird durch den Dialog-Konsens die Rekonstruktionsadäquanz des Verstehens gesichert [...]; diese Sicherung der Rekonstruktionsadäquanz (des Verstehens) wird [...] ‹kommunikative Validierung› genannt.[42]

---

39   Norbert Groeben/Brigitte Scheele: «Dialog-Konsens-Methodik im Forschungsprogramm Subjektive Theorien [9 Absätze]», in: *Forum Qualitative Sozialforschung/Forum. Qualitative Social Research* [Online Journal], 1/2 (Juni 2000), A. 2., unter: http://www.qualitative-research.net/fqs-texte/2-00/2-00groebenscheele-d.htm (letzte Abfrage 05.03.2003) [die Angaben nach «A.» beziehen sich auf die jeweiligen Absätze des Textes].
40   Vgl. ebd., A. 3.
41   Im Folgenden wird zur stilistischen Glättung lediglich die weibliche Form verwendet, um Versuchspersonen und VersuchsleiterInnen zu benennen.
42   Ebd., A. 4.

Die Methode zur Beschreibung der Subjektiven Theorien beinhaltet zwei Schritte. Der erste Schritt fokussiert auf das *Verstehen* des Inhalts der Subjektiven Theorien. Dies wird versucht, in einem halbstandardisierten Interview zu erreichen: Die Versuchleiterin führt anhand eines detailliert entworfenen Interviewleitfadens zum Gegenstand des Forschungsvorhabens – in unserem Fall zur Frage nach dem Zusammenspiel von Genre und Gender im narrativen Film – ein Gespräch mit der Versuchspartnerin, die in einem kurzen Vorgespräch über Vorgehensweise und Methode der Untersuchung aufgeklärt worden ist. Der Interviewleitfaden setzt sich aus einer Reihe von Fragen zusammen, die in möglichst adäquater Weise den Versuchspersonen gestellt werden. Er enthält offene, ungerichtete Fragen; offene, auf bestimmte Hypothesen gerichtete Fragen; und Störfragen, die die Versuchspersonen mit alternativen Erklärungen konfrontieren.[43] Das Interview wird aufgezeichnet und protokolliert. Scheele und Groeben betonen, dass das halbstandardisierte Interview als Explikationsmöglichkeit von Subjektiven Theorien eine von mehreren Möglichkeiten ist, jedoch eine Möglichkeit, die sich vor allem für die inhaltliche («semantische») Erhebung von Subjektiven Theorien mittlerer Reichweite eignet. Da meines Erachtens Film-Genus in ebendieser Kategorie zu diskutieren ist, also als Subjektive Theorie definiert werden kann, die nicht nur unmittelbar handlungserklärend, -rechtfertigend oder -leitend ist (also sich ausschließlich auf das eigene Handeln bezieht), sondern die sich auch auf ganze Handlungskategorien der eigenen und/oder anderer Person(en) bezieht,[44] stellt das Interview in meinem Forschungsdesign die vorzuziehende Explikationsform dar. In einem zweiten Schritt geht es um die *verbale Beschreibung* und *bildliche Darstellung* der Struktur der Subjektiven Theorie. Die Interviewinhalte werden zu diesem Zweck von der Versuchsleiterin mithilfe eines von Scheele und Groeben entworfenen Kärtchenkastens in eine Struktur gebracht: Hier werden Definitionen von Begriffen, Beziehungen zwischen Begriffen, gegebene Beispiele, Unterkategorien und so weiter in ein Strukturbild gelegt. In einer zweiten Sitzung wird die Versuchsperson gebeten, ebenfalls auf Grundlage des Interviewprotokolls ein Strukturbild zu legen. Nun werden die beiden Strukturbilder verglichen, etwaige Unterschiede besprochen und konsensual ausgehandelt. Ein drittes Strukturbild stellt den ausgehandelten Konsens dar.

---

43 Vgl. Brigitte Scheele/Norbert Groeben: *Dialog-Konsens-Methoden zur Rekonstruktion Subjektiver Theorien*, Tübingen 1988, S. 37.
44 Zur weiteren Definition von «Subjektiven Theorien mittlerer Reichweite» vgl. ebd., S. 34f.

Zur Auswertung dieses Konsensbildes gibt es mehrere von Scheele und Groeben skizzierte Ansätze. Da es sich bei der Methode der SLT um keine quantitative, statistische, sondern um eine qualitativ interpretative handelt, lassen sich die traditionellen testtheoretischen Gütekriterien (Objektivität, Reliabilität und Validität) nur begrenzt sinnvoll anwenden,[45] dafür kann die SLT heuristisch für die Entwicklung objektiver (wissenschaftlicher) Theorien umso mehr leisten. Der Vergleich zwischen den Subjektiven Theorien ausgewählter Versuchspersonen und der objektiven Theorie der Wissenschaftlerin wird mit großer Wahrscheinlichkeit letztere bezüglich ihrer «zielkriteriale[n] Dimensionen wie Einfachheit, Erklärungskraft, Überraschungswert, Anwendbarkeit, Vereinbarkeit mit (globalen) Weltkonzeptionen etc. verbesser[n]».[46] In diesem Sinne erhält eine wissenschaftliche Theorie jene intersubjektive beziehungsweise praxisrelevante Dimension, der es vielen filmwissenschaftlichen Genre-Theorien, aber auch den meisten filmwissenschaftlichen Ansätzen zu Gender mangelt. Es lassen sich detaillierte Überprüfungen von Teilen objektiver Theorien vornehmen, und zwar in einem methodisch nachvollziehbaren und formalisierten Rahmen.

Die Überschreitung von Genus als Krisenexperiment: Trans-Genus

Ein erster Schritt, der zur empirischen Operationalisierung von Film-Genus führt, ist die Entwicklung von objekttheoretischen Hypothesen. Anhand von Filmanalysen sollen textuelle Knotenpunkte ausgemacht werden, an denen Geschlecht und Genre strukturell zusammenlaufen. Ausgangspunkt für diese Analysen, so schlage ich vor, können sowohl gender- als auch genretheoretische Arbeiten aus dem filmwissenschaftlichen Bereich sein, vor allem solche, die an einem strukturalistischen Textverständnis orientiert sind und eine Unterscheidung zwischen dem materiellen und dem konkret wahrgenommenen Text machen. Diese Unterscheidung, die im Rahmen der formalistischen Literaturtheorie als Sujet und Fabula gefasst wurde, lässt kognitionswissenschaftlich an die Textanalyse anschließen: Texte können nämlich in diesem Sinne als «syntaktisch und semantisch hochgradig konventionalisierte strukturreiche Anstöße zur Durchführung kognitiver Operatio-

---

45 Eine ausführliche Diskussion der traditionellen Gütekriterien in Bezug auf die SLT findet sich ebd., S. 68-78.
46 Ebd., S. 78.

nen»[47] beschrieben werden. Im Gegensatz dazu kann das, was als Ausgangspunkt für die kognitive Operation gilt, also das, was die RezipientInnen konkret vom Text wahrnehmen, als «Kommunikatbasis»[48] definiert werden. Bei der Erhebung von Subjektiven Theorien steht diese Kommunikatbasis im Vordergrund, welche im Verstehensprozess Bedeutung annimmt.[49] Um die Kommunikatbasen erforschen und vor allem jene Textstrukturen isolieren zu können, die für die beiden in Frage stehenden Kategorien bedeutsam sind, müssen detaillierte Beschreibungen der Texte erstellt werden. Ausgangspunkt für die empirische Erforschung von Film-Genus sind somit beschreibende, formalistisch-orientierte Filmanalysen, wie sie von David Bordwell vorgeschlagen werden.[50] Für die empirische Operationalisierung von Film-Genus können auf der Grundlage dieser objekttheoretisch informierten Beschreibungen die Indikatoren für Gender und Genre entwickelt werden.

Die im Zentrum der Erforschung von Film-Genus stehende Fragestellung ist diese: Inwiefern laufen die Kategorien «Geschlecht» und «Genre» bei der Filmwahrnehmung zusammen? Zur Konkretisierung dieser Frage schlage ich eine Vorgangsweise vor, die auf filmische *Krisensituationen* von Film-Genus fokussiert.[51] Als Krisensituation in Bezug auf Film-Genus möchte ich Momente im Filmtext bezeichnen, für deren Wahrnehmung Genre- und/oder Geschlechtergrenzen überschritten werden. Denn obwohl meines Erachtens die Lektion des Derrida'schen «Loi du Genre»[52] sicherlich auch für den Filmtext im Allgemeinen gel-

---

47 Schmidt: Kognitive Autonomie, S. 139.
48 Ebd.
49 Zur Unterscheidung von «Kommunikat» als subjektabhängigem Resultat kognitiver Operationen und «Bedeutung» als Ergebnis von nach sozialen Gebrauchsregeln zugeordneten Kommunikationen s. ebd., S. 140f.
50 Vgl. Bordwell: Narration, S. 40-47.
51 Das Krisenexperiment als Standort zur Beobachtung von der «Norm» zu wählen, ist ein in verschiedenen Disziplinen, etwa der Ethnomethodologie, nicht unübliches Verfahren. Vgl. die als «Agnes Studie» bekannt gewordene Garfinkel-Studie zur Transsexualität, angeführt in: Paula-Irene Villa: *Sexy Bodies. Eine soziologische Reise durch den Geschlechtskörper*, Opladen 2001, S. 71f.
52 Vgl. Jacques Derrida: «The Law of Genre», in: David Attridge (Hg.): *Jacques Derrida. Acts of Literature*, London/New York 1992, S. 221-53. Obwohl sich Derrida in seinem berühmten Text vor allem auf die literarische *Gattung* bezieht, so ist zu beachten, dass das französische Wort «genre» sowohl «Gattung, Sorte, Art» als auch (grammatikalisches) «Geschlecht» bedeutet. In ihrer Auseinandersetzung mit den blinden Flecken der die Dekonstruktion stark machenden «Yale School» in Bezug auf Gender hat die Literaturtheoretikerin Barbara Johnson auf dieses Ineinanderfallen hingewiesen (vgl. Barbara Johnson: «Gender Theory and the Yale School», in: dies.: *A World of Difference*, Baltimore/London 1987, S. 32-41).

tend zu machen ist,[53] sind spezifische textuelle Knotenpunkte beobachtbar, welche eine Überschreitung[54] der Grenzen von Genus besonders stark bedingen. Einer dieser Knotenpunkte ist die Musiknummer im narrativen Film.

Die Musiknummer, also eine Filmszene, in der anstatt des gesprochenen Dialogs ein Lied gesungen und – vor allem im Musicalfilm – dazu getanzt wird, stellt in vielfacher Weise eine Besonderheit des narrativen Films dar.[55] Diese Besonderheit wurde in der Literatur zum Film-Musical vor allem in dem Verhältnis der Musiknummer zur Erzählung diskutiert, wobei grundsätzlich zwei gegenläufige Bewegungen herausgestellt werden: der singende Star als anti-narratives, die Erzählung *unterbrechendes* Spektakel einerseits; und der singende Star als eine die nahtlose *generische* Erzählung ermöglichende Textstrategie andererseits.[56]

53 Derrida verbindet Genre mit dem unbedingten Einhalten (des Texts) von Demarkationslinien, von Normen, deren Überschreitung Unreinheit, Anomalie oder Monstrosität heißen würde. Das Gebot des Genus ist die Respektierung seiner Grenze, ein Gebot, das der Text, so Derrida weiter, niemals imstande ist zu überschreiten, jedoch auch niemals wirklich einhalten kann: Kein Text ist so *generisch*, dass er nicht immer die spezifischen Genre-Grenzen überschreiten könnte (müsste), obwohl diese Überschreitung nicht mehr als eine «Zurschaustellung» der Genre-Grenzen sein kann (vgl. Derrida: The Law of Genre).

54 Trotzdem der Begriff der Überschreitung auf den ersten Blick dem der Hybridisierung nahe steht, ist eine wesentliche Differenz zu beachten: Während der Begriff der Hybridisierung auf die Aufweichung von Grenzen abzielt bzw. die Mischform als eigentliche, ursprüngliche Genre-Form konzipiert und das Festhalten an Genre-Grenzen als lektüregeschuldete Vereinfachung definiert (vgl. Claudia Liebrand/Ines Steiner: «Einleitung», in diesem Band), impliziert der Begriff der Überschreitung die Existenz der Grenze. Filmwahrnehmung funktioniert im Treffen von Unterscheidungen, und da Filmwahrnehmung, so die Grundargumentation meines Ansatzes, genre- und gendergeleitet ist, werden in der Wahrnehmung diesbezügliche Entscheidungen getroffen. Situationen, in denen die gewohnten Unterscheidungen nicht funktionieren, in denen also das Wahrgenommene nicht innerhalb der zur Verfügung stehenden Grenzen (Medienschemata) «organisiert» werden kann, werden hier als Krisensituationen (Transgressionen) beschrieben. Die Einsicht, dass die Grenzen von Gender und Genre nicht homogen sind und daher nicht für alle RezipientInnen gleich definiert werden können, verdankt sich der weiter oben dargestellten Fassung der Filmwahrnehmung. Eine Festschreibung von Genus-Grenzen *am Text* fällt daher ebenso aus dem hier vorgeschlagenen theoretischen Rahmen wie die textuelle Festschreibung von Genus-Transgressionen oder Genus-Hybridisierungen.

55 Ein Faktum, das von der Genre-Forschung zum Musical zum filmwissenschaftlichen Allgemeinplatz erhoben wurde.

56 Brecht und Steiner diskutieren diese Beziehung als Plot-Number-Verhältnis und weisen darauf hin, dass die Widersprüchlichkeit, die dem Musical in dieser Beziehung so oft konstatiert wird, in gewisser Weise paradox, weil tautologisch ist: Der Musicalfilm (und ich würde mit Steve Neale ergänzen, die generische *Verisimilität* des Musicalfilms [vgl. Steve Neale: *Genre and Hollywood*, London/New York 2000, S. 31-39]) konstituiert sich in den Plot-Unterbrechungen durch die Musiknummern (vgl. Christoph Brecht/Ines Steiner: «‹Dames Are Necessary to[ols of] Show Business›. Busby Berkeleys Production-Numbers in der Multimedialität des Film-Musicals», in: Claudia Liebrand/Irmela Schneider [Hg.]: *Medien in Medien*, Köln 2002, S. 218-51). Allerdings

Die Unterbrechung betrifft mindestens eines der drei Grundsysteme des narrativen Films: die Einheit von (diegetischer) Zeit, die Einheit von (diegetischem) Raum und das System der narrativen (Ursache-Wirkungs-)Logik.[57] In der Musiknummer hält die Filmnarration an, um seinem spektakulären Subjekt – dem singenden, tanzenden Star – maximale Aufmerksamkeit zu gewähren, ungeachtet dessen, ob durch diese Unterbrechung die im Sinne des Cinerealismus wahrhaftige Zeitwahrnehmung (chronologisch konsekutiv), Raumwahrnehmung (dimensional) und Ursache-Wirkung-Logik eingehalten ist. Kamerabewegung, Mise en Scène, Beleuchtung – alle filmischen Codes werden zum Einsatz gebracht, um durch den visuellen und auditiven Genuss der Nummer die Unterbrechung des narrativen Regulatoriums vergessen zu machen und so die generische Nahtlosigkeit der Erzählung zu garantieren. Im Moment dieses – für die Musiknummer charakteristischen – spektatorialen Exzesses werden die Konstruktionen von Genre und Gender in einer Art und Weise verhandelt, die zwar der Logik der Musiknummer entspricht, die jedoch nicht in der Logik der Filmnarration, in welche die Nummer eingebettet ist, funktionieren muss. Die Musiknummer, so möchte ich im Sinne einer Arbeitshypothese formulieren, kann ihr eigenes Gesetz von Genus etablieren und nimmt daher einen Platz in der Filmnarration ein, der als Ausnahmefall oder als Ort der Krise bezeichnet werden kann.[58]

Zur Konkretisierung dieser Arbeitshypothese möchte ich die Funktion der Musiknummer in François Ozons Film 8 FEMMES[59] anführen. Der Film beginnt als detektivisches Kammerstück, in dem ausgeführt wird, wie der weibliche Hausstand einer bürgerlichen Familie bestehend aus Großmutter, Mutter, Tante, Köchin, Zimmermädchen, zwei Töchtern und der verstoßenen Schwester des Vaters damit umgeht, dass der «père

    können m.E. mit der Verschiebung des Erkenntnisinteresses vom Text auf die Wahrnehmungsprozesse gerade in Bezug auf die Narration andere und neue Erkenntnisse gewonnen werden.

57 Vgl. David Bordwell/Janet Staiger/Kristin Thompson: *The Classical Hollywood Cinema. Film Style & Mode of Production to 1960*, New York 1985, S. 24-42.

58 Was es zu beachten gilt, ist, dass weder jede Musiknummer in diesem Sinne als Krisenort fungiert, noch dass die Musiknummer der einzige filmische Moment ist, der in diesem Sinne besprochen werden kann. Linda Williams' Besprechung des pornographischen, melodramatischen und gewalttätigen Exzesses im Porno, Melodrama und Splatter weist in eine sehr ähnliche Richtung (vgl. Williams: Film Bodies).

59 8 FEMMES, dt. Titel: 8 FRAUEN, F/I 2002; Regie: François Ozon; Drehbuch: Marina de Van, Francois Ozon; DarstellerInnen: Catherine Deneuve, Isabelle Huppert, Fanny Ardant, Emanuelle Béart, Danielle Darieux, Virginie Ledoyen, Ludivine Sagnier, Firmine Richard, Dominique Lamure, Romy Schneider (nicht angeführt); Kamera: Jeanne Lapoirie; Schnitt: Laurence Bawedin; Musik: Krishna Levy; Mars Films, CNC, BIM et al.

de famille» mit einem Messer im Rücken in seinem Schlafzimmer liegt. Verschiedene Handlungsstränge werden – in klassischer Bühnenmanier – entwickelt, um die Beziehungen zwischen den Protagonistinnen, die allesamt von französischen, international sehr bekannten Filmstars (Catherine Deneuve, Isabelle Huppert et cetera) gegeben werden, darzustellen. Völlig unvermutet jedoch stimmt plötzlich die jüngste Tochter – die sich später als Komplizin des Vaters und primäre Drahtzieherin des Kammerstücks entpuppen wird – ein Lied an, und zwar nicht – wie es innerhalb des narrativen Films durchaus üblich wäre – diegetisch gerechtfertigt durch die Erzählung (etwa indem sie sich ans Klavier setzt und nach dem Abendessen ein Lied zur Unterhaltung der Gäste anstimmt), sondern indem sie einen Schritt aus ihrer Rolle macht und auf einer imaginierten Bühne die Nummer zur extradiegetischen Begleitmusik anstimmt. In ihrer Tanzchoreografie wird sie alsbald von ihrer Mutter und Schwester begleitet, Adressat für die Nummer ist einerseits die im Rollstuhl sitzende Großmutter, andererseits das Kinopublikum: Blicke und Gesten in die Kamera unterstreichen die Frontalsituation, in der sich die Szene abspielt.

Die Musiknummer funktioniert hier nicht im Sinne einer generischen *Konvention*. Obwohl der Choreograph des Films die Tanzeinlagen als Teil der Handlung intendierte,[60] ist nicht davon zu sprechen, dass die Nummern in die diegetische Welt des klassisch-realistischen detektivischen Kammerstücks passen würden. Man stelle sich vergleichsweise vor, wie Humphrey Bogart in CASABLANCA[61] das Lied «As Time Goes By» nicht diegetisch motivierte, indem er den Pianisten Sam das Lied spielen lässt, sondern indem er selbst, den Blick in die Kamera, auf ein imaginäres Kinosaalpublikum gerichtet, die Hände kokett in die Hüften gestemmt, zu singen (und tanzen) beginnen würde. Die Nummern funktionieren jedoch genauso wenig als Bestandteil der utopischen Erzählwelt eines Musicals, in dem durch die musikalische Ebene eine Art Parallelwelt etabliert wird. Diese klassische Funktion der Musiknummer ist

---

60 Der Choreograph Sébastien Charles beschreibt die Funktion des Tanzes in den Musiknummern folgendermaßen: «Die Tanzszenen waren sehr wichtig, weil sie Teil der eigentlichen Handlung sein sollten. Jede Choreografie in diesem Film ist eine eigene Nummer. Sie sollte dazu dienen, die Charaktere sichtbar zu machen. François [Ozon] zeigte mir verschieden Musicals, aber auch Rita Hayworths Auftritt in GILDA. Meine eigenen großen Vorbilder waren die Tanznummern von Marilyn Monroe und Jane Russell in BLONDINEN BEVORZUGT. Immerhin wollten wir Stars tanzen lassen, warum sollten wir uns dann nicht an den Legenden Hollywoods inspirieren?» (http://www.8-frauen.de/flash.php [letzte Abfrage 20.03.2003]).
61 CASABLANCA, USA 1942, R: Michael Curtiz.

zum Beispiel besonders klar in Rob Marshalls CHICAGO[62] zu beobachten, da die Musiknummern nahezu ausschließlich die Innenwelt der von Rene Zellweger dargestellten Protagonistin illustrieren: «Song and dance» als eine Art filmische Gedankenblase.[63]

Die Nummern – im Laufe des Films werden alle acht Darstellerinnen eine Nummer darbieten – in 8 FEMMES haben vielmehr die Funktion der generischen *Unterbrechung*: Die Transgression, die sie verkörpern, weist ganz im Sinne Derridas auf die Grenzen dessen hin, was überschritten wird: die Grenzen von Genre. Der prekäre Status der Musiknummern in Bezug auf die Erzählung – man könnte von einer ständigen Hin- und Herbewegung sprechen – stellt die generische Wahrhaftigkeit der Diegese immer mehr in Frage, lässt das realistische Kriminalstück mehr und mehr zur Farce werden. Durch die Nummern wird das Vertrauen in die generische Integrität der Protagonistinnen zunehmend erschüttert. Auf den zweiten Blick erschließt sich in dieser generischen Überschreitung auch eine Überschreitung von Gender: Die Protagonistinnen der Erzählung werden durch die Musiknummern als Stars entlarvt, deren Weiblichkeit als konstruierter Effekt ihres Ruhmes sichtbar wird. Die Staridentität einer Schauspielerin muss im klassischen Hollywoodkino während der Narration sorgfältig in die filmische Rolle eingebettet werden, denn um als filmische Persona glaubhaft zu sein, muss die außerfilmische Starpersona in gewisser Weise vergessen werden können. Auch wenn die Narration mit dem Wissen um diese außerfilmische Starpersona spielen kann – und Hollywood ist voll von Beispielen für ein derartiges Verfahren – so kann der Star nicht als Star, der er/sie im Filmsystem ist, in Erscheinung treten, ohne die Identifikation der ZuseherInnen mit dem fiktiven Realismus der Filmnarration zu gefährden. Der klassische narrative Film kaschiert die Mechanismen seiner Konstruktion und lässt das, was so (unter anderem kosten-)aufwändig konstruiert ist, vollkommen natürlich erscheinen, vor allem das (narrative) Geschlecht der Subjekte des Films. Effektivstes Zur-Schau-Stellen des Realismus vortäuschenden Apparates ist der Blick der Protagonistin in die Kamera. Dadurch wird jenes Verhältnis sichtbar gemacht, das traditionellerweise der Illusion wegen verborgen bleiben muss: das Verhältnis zwischen ZuseherInnen und filmischer Konstruktion.[64] François Ozons

---

62   CHICAGO, USA 2002, R: Rob Marshall.
63   David Jays: «Chicago» (Rev.), in: *Sight and Sound* 2 (2003), S. 41-42, hier S. 41.
64   Laura Mulvey hat bereits 1975 auf die drei Blicke des narrativen Films und die Unsichtbarmachung zweier dieser Blicke – dem der ZuseherInnen auf die Leinwand und dem der Kamera auf die Szene – im Sinne der Realismuskonvention, welche den innerfilmischen Blick der Protagonistinnen als einzig sichtbaren konstituiert, diskutiert

Einsatz eben dieses Blicks in den Musiknummern – singend blicken die Darstellerinnen während der Nummern in die Kamera – konstruiert eine Ebene der «Bewusstheit» der narrativen Figuren über ihre Rolle sowohl in der Narration als auch im System des Kinos: «Ich bin der französische Filmstar Isabelle Huppert, und ich weiß, dass ihr wisst, wer ich bin, obwohl ich hier vorgebe, eine andere zu sein.» Diese Selbstreflexivität kulminiert in dem Moment des Films, als das latent masochistische Dienstmädchen in einem leidenschaftlichen Gestus sich der Insignien seiner Dienerschaft (gestärkter Kragen, Schürze) entledigt und das Foto der früheren «Herrin» zum Vorschein kommt: ein Star-Foto von Romy Schneider. Die Dimension der Gender-Konstruktion wird – angeleitet durch den Filmtitel – in diesem Prozess der Bewusstmachung (Reflexion) dezidiert angesprochen: ähnlich wie in George Cukors Verfilmung des Clare-Boothe-Stücks THE WOMEN[65], ist der Referenzpunkt für Ozons acht Frauen ein Mann: der im Film abwesende Patriarch.[66] Sein Tod, beziehungsweise die Umstände, die zu ihm führten, sollten von der Erzählung aufgeklärt werden. Allerdings entpuppt sich der Hauptmotor für die Erzählung als Chimäre – der Tod war nur vorgetäuscht – die zur Entlarvung der unrühmlichen Charaktere der 8 FRAUEN dienen sollte, eine Chimäre, die nach hinten losgeht: Die Enthüllung über die eigentliche Natur der ihn umgebenden Damen führt den Patriarchen in den Freitod. Im Gegensatz zu Cukor lässt Ozon den Mann somit am Ende auftreten, um ihn im selben Moment für immer «abtreten» zu lassen, als Strafe für die Reduktion der weiblichen Subjekte zu Marionetten in seinem Spiel. Die gängige Konstruktion von Weiblichkeit als das «Andere» wird so pervertiert und sichtbar gemacht.

Ich schlage vor, die Erhebungen der Subjektiven Theorien zu Film-Genus entlang der Krisensituation der Musiknummer durchzuführen, und zwar mithilfe der SLT. Ausgangspunkt hierfür ist die Hypothese, dass die Wahrnehmung der filmischen Musiknummer auf der Basis von Gender- und Genre-Überschreitung erfolgt und dass an diesen – in der Wahrnehmung beobachtbaren – Überschreitungen die Kategorien und ihre Rolle für das Filmverstehen sichtbar werden.[67] Zur Überprü-

(vgl. Laura Mulvey: «Visual Pleasure and Narrative Cinema», in: *Screen* 16/3 [1975], S. 6-18).
65 THE WOMEN, USA 1939, R: George Cukor.
66 Der Familienvater wird nur in wenigen Rückblenden und in der Schlussszene in Rückansicht gezeigt, hat jedoch keinen Text zu sprechen.
67 Es scheint mir wichtig, noch einmal zu betonen, dass Gender- und Genre-Überschreitungen in diesem Zusammenhang in der Filmwahrnehmung beobachtet werden sollen und nicht am Filmtext. Die Analyse der Filmtexte dient zur Operationalisierung der Indikatoren für Film-Genus und ist notwendiges «Mittel zum Zweck».

fung dieser Annahme im Rahmen der gewählten Methode muss in einem ersten Schritt möglichst genau erhoben werden, welches Gattungs- und Gender-Wissen bei der Rezeption von filmischen Musiknummern zum Einsatz kommt. Um dieses Wissen zu erfassen, ist in einem ersten Teil des Interviews ein Fokus auf das Genre-Wissen zum Musical instruktiv. Da die Definition des Genres «Musical» aller Wahrscheinlichkeit nach immer die Musiknummer als Bestandteil des Films beinhaltet, kann so das traditionelle (Common-Sense-)Verständnis und Rezeptionserlebnis erhoben werden. Die VersuchspartnerInnen könnten etwa dazu angehalten werden, aus ihrer Filmschauerfahrung Beispiele für Musicals auszuwählen und diese auf ihre «Gattungshaftigkeit» zu beschreiben. Ziel dieses Teils des Interviews ist eine definitorische Fassung der Musiknummer. Ein zweiter Schritt der Untersuchung müsste dann ausgehend von der oben angerissenen Hypothese zu 8 FEMMES mit Beispielen arbeiten, in denen es zu einer «Überschreitung» der Kategorien kommt. Hierbei ist die Vorführung von Filmen (zum Beispiel von 8 FEMMES) oder Filmausschnitten denkbar, um Beispiele für die Krisensituation von Gender und Genre ins Gespräch zu bringen.

Folgende Fragenkomplexe[68] könnten den Interviewleitfaden strukturieren:
- In welcher Relation steht die Musiknummer zum Genre «Musical»? [zum Beispiel notwendige Voraussetzung?]
- Welche Arten der Musiknummer können unterschieden werden? [Nennung von Beispielen durch die Versuchspartnerin; Systematisierung der Beispiele: narrativ, illustrativ etc.]
- Welche Funktionen haben die verschiedenen Arten der Musiknummer in Bezug auf Narration? [unterbrechend, vorantreibend etc.]
- Welche Funktion haben die ProtagonistInnen der Musiknummern? [Stardiskurs, «Spektakel», narrative Funktion als Figur der Erzählung etc.]
- Welche genderspezifische Funktion erfüllt die Musiknummer? [zum Beispiel durch die Singstimme]
- Welche genderspezifische Funktion erfüllt die narrative Komponente der Musiknummer? [Liedtexte]

Es ist sicherlich interessant, in der Interviewsituation vom klassischen Musical auszugehen und dann zu filmischen Beispielen zu kommen, de-

---

68   Die genaue Operationalisierung der Kategorien von Gender und Genre für die Formulierung der Fragen steht noch aus. Diese Punktation soll lediglich einen Ausblick auf Themenschwerpunkte geben.

ren generischer Status unter Umständen weniger klar ist. Diese Entwicklung lässt am Ende des Gesprächs eine Rückkehr zur anfänglichen Genre-Definition zu, wodurch Vergleiche angestellt beziehungsweise Definitionen adjustiert werden können. Es ist des Weiteren sicherlich instruktiv, die Auswahl der VersuchspartnerInnen hinsichtlich ihrer Vertrautheit mit der einen und/oder anderen Kategorie zu gestalten, um so ein breites Spektrum an Subjektiven Theorien zu erfassen: die Divergenz des (zum Beispiel quantitativen) Gattungswissens dezidierter Musicalfans beziehungsweise -verächterInnen lässt die (trotz unterschiedlicher Vorlieben dennoch geteilten) *Strukturen* der Subjektiven Theorien besonders stark hervortreten; ebenso wie die Strukturen des Gender-Wissens besonders gut im Vergleich zwischen den Subjektiven Theorien gendersensitivierter ZuseherInnen (zum Beispiel feministische [Medien-]KritikerInnen) beziehungsweise jenen von RezipientInnen ohne derartige Spezialisierung beobachtbar sein müssten.

Es ist an dieser Stelle vielleicht noch einmal wichtig zu betonen, dass die Untersuchung von Film-Genus mit der SLT keinen Anspruch auf das repräsentative Rezeptionsverhalten von MediennutzerInnen erhebt. Quantitative, statistische Auswertungen der geführten Interviews oder der gelegten Strukturen sind nicht Ziel der Untersuchung. Vielmehr geht es um die Überprüfung wissenschaftlicher theoretischer Annahmen zu dem Komplex Gender und Genre auf empirischer Basis: wissenschaftliche («objektive») Theorien sollen mittels der SLT mit den Subjektiven Theorien spezifisch ausgewählter RezipientInnen konfrontiert werden. In diesem Sinne kann die Tauglichkeit theoretischer Hypothesen zumindest in einem begrenzten Maße überprüft werden.

Schluss

Qua Zusammenfassung möchte ich die meinem Verständnis von Film-Genus zugrunde liegenden Prämissen folgendermaßen festhalten:
- Gender und Genre lassen sich als *Medienschemata* beschreiben, die in der Filmwahrnehmung eine basale Rolle spielen: Sie ermöglichen den RezipientInnen ein flexibles, erwartungsorientiertes und sinnhaft-intentionales Umgehen (Verstehen) mit (von) medialen Angeboten (Filmen). Unser Wissen über Gender(-Identitäten, -Praxen, -Körper, -Strukturen) und Genre(-Konventionen) strukturiert unsere Textrezeption fundamental.
- Die *Heidelberger Strukturlegetechnik* hat sich zur Erhebung von Medienschemata als Subjektive Theorien bewährt und wird hier als Methode

der Wahl vorgeschlagen. Die Beschreibung der Wirkungsweise von Gender und Genre erfolgt hierbei nicht vorrangig durch das Studium von Filmtexten sondern durch das Studium der *Subjektiven Theorien* (zu Gender und Genre) ausgewählter RezipientInnen.
- Die Operationalisierung von Gender und Genre für die empirische Untersuchung erfolgt aus der Perspektive der hypothetisch formulierten Krisensituation der *Überschreitung* von Film-Genus (zum Beispiel durch die Musiknummer), da in dem Moment, da die Grenzen (von Film-Genus) überschritten werden, dieselben besonders deutlich zu Tage treten.

Eine Untersuchung von Gender und Genre im narrativen Film anhand dieser Prämissen kann meines Erachtens die beiden Kategorien eng aneinander binden, ohne sie im gleichen Schritt zu essenzialisieren. Darüber hinaus kann mit dem vorgeschlagenen theoretischen und methodischen Apparat die Zuseherin, der Zuseher empirisch erfasst werden, ohne auf komplexe Auseinandersetzungen mit dem Filmtext verzichten zu müssen. Einem wesentlichen theoretischen und methodischen Desiderat in der filmwissenschaftlichen Gender- und Genre-Forschung kann in diesem Sinne nachgekommen werden.

Christoph Brecht

Teenage Negotiations. Gender als Erzähltechnik in Amy Heckerlings Teen Movie CLUELESS

«Do you like Billie Holiday?»
«I love him!»

1.

Teen Movie: Mit diesem Begriff wird nicht etwa ein nach Genre-Merkmalen spezifizierbarer Typus von Filmen bezeichnet,[1] sondern vielmehr, in aller Regel, ein Transportmittel der Bekleidungs- und der Musikindustrie, in dem das imaginäre Milieu einer zeitgenössischen Jugendkultur entworfen und einem jugendlichen Kinopublikum angeboten wird. Auf diese Weise können zwar nicht sämtliche, aber doch eine Mehrzahl gängiger Filmgenres ins «Teenage-Format» transkribiert werden (neben Komödie und Melodrama haben sich vor allem Horror und Fantasy als den Rezepturen des Teen Movie affin erwiesen). In analytischer Hinsicht scheint der Verweis auf Filme *über Teenager für Teenager* freilich nicht allzu viel herzugeben; der verdächtigen Nähe zur bloßen Tautologie kann er nicht entkommen, und es ist dieses charakteristische Double Bind, das das Teen Movie aus kulturkritischer Perspektive besonders suspekt erscheinen lässt: Teen Movie – kein Genre, sondern eine Strategie der hem-

---

1 Die folgenden Überlegungen greifen weit aus und können deshalb nur in thesenhafter Verkürzung vorgestellt werden. Sie unterbreiten den Vorschlag, das Teen Movie nicht als Genre, sondern als einen Transformationsmechanismus für verschiedene Genres zu verstehen – wenn man so will: als einen Hybridisierungsprozessen einerseits analogen, andererseits gegenläufigen Mechanismus. Der eigentümliche Effekt, der hierbei eintritt, ist der einer – zumindest scheinbaren – Homogenisierung des Heterogenen; er ist mit dem Begriff des Hybriden nicht zu fassen, setzt ihn aber in gewisser Weise voraus. Dieser Ansatz tritt mit dem selbstverständlich nicht weniger legitimen Versuch, das Jugendkino genretheoretisch zu fassen, nicht in Konkurrenz. Allerdings fallen entsprechende Rubrizierungsversuche einerseits kleinteilig und andererseits nicht exklusiv aus, was stark darauf hinweist, dass es sich um deskriptive Prädikate und nicht um «starke» Genre-Kategorien handelt. Vgl. etwa: Timothy Shary: *Generation Multiplex. The Image of Youth in Contemporary American Cinema*, Austin 2002. Das erste Kapitel der Studie «Introduction. The Cinematic Image of Youth» ist online zugänglich unter: http://www.utexas.edu/utpress/excerpts/exshagen.html (letzte Abfrage 15.05.2003).

mungslosen Affirmation, die selbstverständlich niemals *von Teenagern*, sondern stets von kommerziell interessierten Dritten verfolgt wird.

Zudem liegt der für Cineasten wenig erfreuliche Verdacht nahe, die Konjunktur des Teen Movie stehe in einem engen Zusammenhang mit der seit langem unverkennbaren Tendenz zur «Teeniefizierung» des Mainstream-Kinos überhaupt, das – von der Kaufkraft immer jüngerer Rezipienten (und von den dafür nötigen «Ratings») abhängig – seine Produktionen generell dem vermeintlichen Geschmack einer adoleszenten Zielgruppe anpasst. Es hieße jedoch, die Komplexität dieser Rekalibrierung etablierter Kino-Konventionen verkennen, wollte man sie ohne weiteres mit der Marketingstrategie Teen Movie in eins setzen. Man hat es hierbei vielmehr mit komplementären und ko-emergenten, aber eben darum grundsätzlich divergierenden Phänomenen zu tun. Die Teeniefizierung des klassischen Genre-Kino zielt – wie im gewaltigsten aller Blockbuster, TITANIC[2] – auf das Cross-over zwischen verschiedenen Publika und dementsprechend auf die graduelle Manipulation und Modifikation bewährter Storylines und Plotmuster. Die Erfolgsgeschichte des Teen Movie dagegen, die streng genommen noch nicht viel mehr als zwei Dezennien umfasst,[3] beruht auf der Umschrift ganzer Genre-Konventionen in die Sprache eines von spezifischen Regeln definierten jugendkulturellen Milieus.

Insofern hat, trivialerweise, das Teen Movie die Erfindung des Teenagers zu seiner soziologischen Voraussetzung – wobei wiederum, auch das ist bekannt, Kino (und Fernsehen) neben und im Verein mit Rock- und Popmusik den Löwenanteil dazu beigetragen haben, diese Erfindung zu ermöglichen, zu popularisieren und zu einer autonomen «Youth Culture» von nahezu globaler Reichweite auszudifferenzieren. Dabei ist der kritische Einwand, Hollywood habe seit jeher, aus ökonomischen Motiven, Nicht-Jugendliche *in* Jugendkultur *machen lassen*, so berechtigt wie nichts sagend. Erstaunlich ist freilich, wie lang es bis zur Stabilisierung des Teen Movie als eines auf Teenager zugeschnittenen medialen Marktsegments gedauert hat, in dem das Konzept «Teenager» so ernst genommen wird wie sonst nur noch von der Werbeindustrie (als

---

2   TITANIC, USA 1997, R: James Cameron.
3   Historische Abgrenzungen können – zumal im Marktsegment der B- und C-Movies – immer nur fließend ausfallen, aber es liegt nahe, die aktuell noch immer verbindlichen Konfigurationen des Teen Movie genealogisch auf die frühen 1980er-Jahre zurückzuführen. Neben den unter der Regie von John Hughes entstandenen Blockbustern – SIXTEEN CANDLES (USA 1984, R: John Hughes), THE BREAKFAST CLUB (USA 1985, R: John Hughes), PRETTY IN PINK (USA 1986, R: Howard Deutch) – wäre nicht zuletzt auf Amy Heckerlings stilbildende Arbeit FAST TIMES AT RIDGEMONT HIGH (USA 1982) zu verweisen.

deren verlängerte Werkbank es mitunter erscheint). Denn entdeckt hat Hollywood den Teenager zunächst nicht als Kunden, sondern als Problem. An 1950er-Jahre-Filmen von der Sorte REBEL WITHOUT A CAUSE[4] und erst recht an ihren provinziellen Ablegern à la DIE HALBSTARKEN[5] sticht mehr noch als die im Plot verkrampft ausgetragene moralische Parabolik eine enorme Distanz zum vorgeblichen Gegenstand ins Auge, die den Gedanken an Sozialrealismus gar nicht erst aufkommen lässt. Die – durchweg männlichen – Protagonisten dieses Jugendkinos agieren ihre Devianz in Exklaven aus, die von Regie und Kamera eingehegt werden wie Käfige eines Zoos. Die Interpretation ihres befremdlichen Verhaltens liefert ein Kommentar, der die Abweichung auf generalisierbare Motive (Generationenkonflikt) zurückführt und die Aussicht eröffnet, aus den Exoten würden sich doch noch «normale» Menschen machen lassen.

Von diesen ödipalen Exzessen zu dem für das Teen Movie konstitutiven Double Bind, das die Welt der Erwachsenen ins «Außerhalb» zu verdrängen erlaubt, ist es noch ein weiter Weg – sofern man die produktionsästhetische Seite betrachtet. Rezeptionsästhetisch spricht gleichwohl viel dafür, den Erfolg dieses Jugendkinos auch und gerade bei Jugendlichen auf Strategien einer ebenso ungesteuerten wie zielsicheren Fehllektüre zurückzuführen. Identifikatorisch appropriiert wurde nicht etwa der auf intergenerationelle Verträglichkeit angelegte Plot, sondern all das, was eigentlich nur Zeichen an der Oberfläche oder allenfalls metonymischer Stellvertreter des nicht Vorzeigbaren sein sollte: das Design von Jugend. Auf diese Weise hatte das Kino tatsächlich längst mit der Universalisierung eines jugendkulturellen Milieus begonnen, bevor seinen Machern einfiel, die Zielgruppe «Teenager» mit spezifischeren Mitteln zu adressieren. Die genrekonstitutive Trias von Outfit (Kleidung und Accessoires, inklusive Auto beziehungsweise Motorrad), akustischem Background (Rock- beziehungsweise Popmusik) und Demonstration eines Habitus («attitude») war längst aktiviert; die Möglichkeit einer Reduktion des filmischen Idiolekts auf diese Trias war mit der identifikatorischen Fehllektüre des Jugend-Problem-Films bereits gegeben.

Als Typus sui generis ist das Teen Movie freilich erst dann konstituiert, wenn auch das Paradigma der Produktion auf Selbstreferenz umgestellt wird. Teen Movies stellen, anders als die an ein breiteres Publikum adressierten «Filme über Teenager», die Trias von Outfit, Musik und Attitüde ins Zentrum der Diegese: Das Accessoire wird zur Hauptsache.

---

4 REBEL WITHOUT A CAUSE, USA 1955, R: Nicholas Ray.
5 DIE HALBSTARKEN, BRD 1956, R: Georg Tressler.

Erkennbar wird dies ebenso am Dialog, dessen diegetische Funktionen zurückgedrängt und durch den metadiegetischen Momentanismus der schnellen Pointe ersetzt werden – nichts Vorteilhafteres lässt sich von einem solchen Film sagen, als dass er «a bunch of hilarious, quotable one-liners» hervorgebracht habe.[6] Durch diese Verwandlung einer metadiegetischen Rezeptionsperspektive in eine Produktionsmaxime ist auch die für das Teen Movie charakteristische Plot-Schwäche[7] bedingt: Das integrierende Narrativ (in irgendeinem Sinn natürlich immer eine Love-Story) dient dem Teen Movie tendenziell nur als Vorwand für eine essenziell episodische Reihen- und Serienbildung.

Cher Horowitz, die Protagonistin in CLUELESS[8], bringt die Eigentümlichkeit der nach solchen Rezepten verfertigten Produkte gleich in den ersten, den Film einleitenden Sätzen ihres Voice-over-Kommentars auf den Punkt: Zu nach MTV-Manier (schnelle Schnitte, Reißschwenks) aufbereiteten Bildern von einer um einen Swimmingpool drapierten Gruppe unverwüstlich heiter agierender Jugendlicher lässt sie verlauten: «So o.k., you're probably going, ‹Is this, like a Noxzema[9] commercial, or what?!› But seriously, I actually have a way normal life for a teenage girl.» Das darf man durchaus so verstehen, wie es gemeint ist: Die Differenz zwischen einer Ästhetik der Warenwelt und der Erfahrung von Wirklichkeit ist konsequent gestrichen. Die Regeln, nach denen überkommene Genres als Teen Movies readressiert werden, schreiben tatsächlich nichts anderes vor als hemmungslose Affirmation als primäre Produktionsvoraussetzung – und was als Story, Plot, Konflikt und Erzähldynamik zugelassen wird, hat sich dieser primären Voraussetzung zu fügen. Insofern ist das Teen Movie ganz unverstellt Produkt eines zy-

---

6 Andrew Chan: «Clueless (1995) and Josie and the Pussycats (2001)» [28. April 2001], in: *filmwritten Magazine* 2001, unter: http://www.filmwritten.org (letzte Abfrage 30.04.2003).

7 «If ‹Clueless› has any problems at all, it's main one is that it is also ‹plotless›. Heckerling doesn't come up with any complex story to tell here or any specific meaning to relate. The film just sort of glides along for 90 minutes while Heckerling's giddy script and Silverstone's girlish charm take center stage. If your [sic] looking for deep meanings or dramatic structure – go elsewhere» (Lodger: CLUELESS [1995], unter: www.filethirteen.com [letzte Abfrage 15. Mai 2003]).

8 CLUELESS, USA 1995; Regie: Amy Heckerling; Drehbuch: Amy Heckerling; DarstellerInnen: Alicia Silverstone, Paul Rudd, Brittany Murphy, Stacey Dash, Dan Hedaya, Wallace Shawn, Breckin Meyer, Justin Walker, Jeremy Sisto, Twink Caplan, Elisa Donovan; Kamera: Bill Pope; Musik: David Kitay; Schnitt: Debra Chiate; Paramount Pictures.

9 Wer's nicht gewusst hat: «*Noxzema* products clean deeply. They remove dirt and makeup, dissolve oils while conditioning and leave you with natural, healthy looking skin. Beauty goes more than skin deep and so should your facial cleansers. And the Noxzema ‹tingle› ensures that you've washed away the dirt and left only the beauty» (Noxzema Homepage, unter: http://www.noxzema.com [letzte Abfrage 05.05.2003]).

nischen Bewusstseins, dessen Produktionsmaximen als die durchaus logische – und von daher auch realistische – Folgerung aus der rezeptionsästhetischen Präferenz für die Oberflächen von Outfit und Attitüde zu begreifen sind.

Mit einer gewissen Zwangsläufigkeit führt das Teen Movie darum, als seinen kulturkritischen Schatten, Versuche einer Beschwörung des vermeintlich Authentischen mit sich – zumal nichts einfacher sein sollte, als Jugendkultur, in ihren «wirklichen», lokalen Varianten, in situ zu beobachten und die Widersprüche hinter der Oberfläche des zur Welt erklärten Scheins sichtbar zu dokumentieren. Der Rückgriff auf das ethnografische Modell der «teilnehmenden Beobachtung» stellt derart (in dokumentarischen wie in fiktionalen Varianten) die *andere* Konsequenz dar, die aus der schlecht angebrachten Didaxe des mit erhobenem Zeigefinger operierenden Jugendkinos alter Schule gezogen wird. Nun ist die Behauptung, man brauche an Stelle von Ausstattern, Screenwritern und Trendscouts die Jugend nur selbst ins Bild zu setzen und zu Wort kommen zu lassen, aus verschiedenen Gründen naiv; die Hoffnung jedoch, es werde sich auf diesem Wege doch ein Blick auf Besonderheiten gewinnen lassen, von denen Teen Movies nichts wissen wollen, muss nicht notwendig trügen. Von der Stringenz des kulturkritisch evaluierten Fatalitätszusammenhangs unbeeindruckt, hat vor allem das britische Autorenkino konsequent auf eine Strategie emphatischer Lokalisierung gesetzt und immer wieder internationale Resonanz dadurch erzielt, dass es Interferenzen zwischen globalen Kodes und je einzelnen Soziotopen effektvoll gegeneinander ausgespielt hat. Die implizite These, zu deren Beweis solche Projekte – im komischen Fach zuletzt etwa: BEND IT LIKE BECKHAM[10] – suggestiv antreten, lautet dahingehend, dass die Rede von der Universalisierung des Jugenddesigns nicht weniger verkürzt sei als die Gegenrede, jede Jugend stelle ein Sui Generis dar. Jugendkultur erscheint hier, in ihren besonderen Varianten, als Heterotopie, die weder hierhin noch dorthin geschlagen werden kann, oder semantisch: als eine weder lokal noch temporal abschließbare Serie von Idiolekten, in denen jeweils neu ausgehandelt werden muss, was überhaupt als allgemein und was als besonders zu gelten hat.[11]

10 BEND IT LIKE BECKHAM, GB/D 2002, R: Gurinder Chadha.
11 Die Inanspruchnahme einer solchen Strategie stellt natürlich keine ästhetische Erfolgsgarantie dar. Der Zufall hat es gefügt, dass CLUELESS beinahe zeitgleich mit Larry Clarks lokale Authentizität prätendierendem Aids-Schocker KIDS (USA 1995) in die Kinos kam. Im nahe liegenden Vergleichstest hat KIDS billigerweise schlecht abgeschnitten: «The irony for me is that normally I'd be praising the depress- ing drama and panning the light teen comedy. But Heckerling is a real director, and her best movies are comedies of companionship and kindness.» (Rob Gonsalves: «Teenage Waste-

Dass dabei genuine Spiegelungen einer Paradoxie entstehen, die das Teen Movie seinerseits zwar konsequent verdrängt, aber in keinem Fall überwindet, lässt sich leicht einsehen: Das aus dem imaginären Raum der Repräsentation Ausgeschlossene kehrt auf der Zeitachse wieder; selbst im Falle kommerziellen Erfolgs ist Einträgen ins Repertoire des Teen Movie ihr Schicksal vorherbestimmt: Ihre Präsenz ist in aller Regel von kurzer Dauer. Ebenso rasch wie ihre Identifikationsangebote angenommen werden, nutzen sie sich ab und werden umstandslos durch andere, nicht weniger ephemere Genre-Stücke ersetzt. Musik und Outfit werden überholt, die beim ersten Hören effektvollen «one-liners», die beim ersten Hinsehen verblüffenden Gags nutzen sich ab oder werden – der Mangel eines starken narrativen Integrals trägt das seine dazu bei – im kulturellen Gedächtnis anonymisiert und dekontextualisiert. Doch auch dieser Prozess verläuft nicht einsinnig. Einerseits sind Teen Movies immer schon veraltet, da ja das Publikum, das sie adressieren, bereits im Lauf ihrer Herstellung zu verschwinden beginnt. Kritische Stimmen haben an dieser Stelle leichtes Spiel. «Some of the jargon in *Clueless* is dated»[12] – das ist leicht zu glauben, aber umso schwerer nachzuprüfen, als hier andererseits die für das Genre bezeichnende Dialektik ins Spiel kommt: Im Sinne einer Re-Inszenierung irgendwo vorfindlicher Teen Culture verstanden, muss ein Teen Movie stets (zumindest) eine Saison und eine Generation zu spät kommen. Doch falls der erhoffte Erfolg an der Kinokasse eintritt, entwickelt ein solcher Film seinerseits normative Wirkungen, oder er wird, vorsichtiger formuliert, zum Referenztext, auf dessen (nicht allein sprachliche) Glossare je aktuelle Teen Cultures sich produktiv beziehen.

So steht das Teen Movie wie wohl kein anderes Filmgenre vor der Nötigung, Assimilation und Innovation vereinbar zu machen, und von daher ist es zu einer Serie heikler semantischer Operationen gezwungen, deren Durchführung nur in den seltensten Fällen auf (auch noch) handwerklich, erzähltechnisch oder gar ästhetisch befriedigende Weise gelingt. Ein Ensemble irgendwie vorfindlicher Soziolekte muss identifiziert und isoliert werden. Für den Film muss dieses Ensemble, damit auf seiner Grundlage Repräsentation möglich wird, lokalisiert, in eine Erzählgrammatik eingestellt und in ein Ensemble von Idiolekten mit Neuheitswert transformiert werden. Und diese Idiolekte müssen schließlich, so wie sie repräsentiert werden, semantisch offen sein und insoweit sozial

land – KIDS. CLUELESS», unter: http://www.robsreviews.cjb.net [letzte Abfrage 30.04.2003]).
12 Ebd.

inklusiv fungieren, dass sie ihrerseits unter den Bedingungen einer globalisierten Medienkultur an möglichst jedem beliebigen Ort de-universalisiert und eklektisch an lokal dominante Soziolekte angeschlossen werden können. Es ist darum kein Wunder, dass das Teen Movie ideologiekritisch vorwiegend als Agentur des kulturellen Imperialismus à la Hollywood, als Kollaborateur von Coca-Cola und McDonalds wahrgenommen wird. In der Tat scheint ja viel dafür zu sprechen, dass die Idiolekte des Teen Movie Anspruch auf eine kommerziell vielversprechende Allgemeinheit nur dadurch gewinnen können, dass in ihnen sämtliche Differenzen konsequent auf den kleinsten dem Konzept «Teen Culture» gemeinsamen Nenner reduziert werden. Einwände auf diesem Niveau verfehlen jedoch ihrerseits eine entscheidende Differenz: Das Teen Movie stellt keine Marke und noch nicht einmal ein Genre, sondern eine Gebrauchsanweisung zur Herstellung von Markenartikeln dar.[13] Und diese Gebrauchsanweisung ist durch einen Widerspruch gekennzeichnet, den man nur produktiv nennen kann: Teen Movies synchronisieren das Ungleichzeitige ihrer semantischen Materialien und frieren es für den Moment einer Repräsentation ein, der kein Referenzobjekt entspricht. Niemals authentisch, finden Teen Movies gleichwohl als Vorlagen für Herstellung und Repräsentation von Jugendlichkeit in einer Pluralität wirklicher Welten Verwendung.

2.

«Boy meets girl ...»: Aus diesem elementaren Grundsatz allen Plottings, der auch und erst recht im Teen Movie gilt, geht eins klar hervor: *Den Teenager gibt es nicht*, sondern «sie» und «ihn». Als höchst bemerkenswert bleibt aber festzuhalten, dass ausgerechnet die stromlinienförmig auf Marktfähigkeit zugerichteten Genre-Variationen des Teen Movie sich jener Drift zur Ausdifferenzierung exklusiv «männlich» beziehungsweise «weiblich» adressierter Subgenres entziehen, die für das neuere Genre-Kino kennzeichnend scheint. Das Familienkino alter Schule wird mehr und mehr zurückgedrängt; sein inklusiver Anspruch wird (teeniefiziert) meist nur noch von Filmen aufrechterhalten, die ein gewaltiges Budget zu amortisieren haben, während traditionsreiche, einst gender-

---

13 Der Typus Teen Movie markiert, so gesehen, einen Bedarf, um dessen Befriedigung verschiedene, ihrerseits medial vermittelte «brands» konkurrieren. Das Teen Movie ist in seinen Spielarten nicht McDonalds, Diesel, Nike gleichzustellen, sondern Konzepten wie der Frittenbude, der Jeans oder dem Sportschuh.

inklusiv konnotierte Genres heute für die Gender-Segregation des Publikums einstehen. So ist neben dem Weepie inzwischen auch die Romantic Comedy und damit ein für die spielerische Diskussion von Gender-Konflikten einst zentrales Hollywoodgenre weitgehend zum «chick flick» geworden und dementsprechend in der Reichweite seiner Semantik degeneriert. Warum es sich so verhält, ist hier nicht zu diskutieren. Zumindest ein Grund dürfte jedoch in veränderten Rezeptionserwartungen des Kinopublikums zu suchen sein, was im Umkehrschluss bedeutet, dass jenes adoleszente Publikum, an das Teen Movies appellieren, von dieser zunehmenden Divergenz in wesentlich geringerem Maß betroffen scheint.

In diesem Sinn gibt es *den* Teenager doch. Doch aus der marktstrategischen Erreichbarkeit der Rezipientengruppe folgt selbstverständlich nicht, dass «er» im Kino das Gleiche sieht wie «sie». Es spricht im Gegenteil viel dafür, die scheinbare Gender-Indifferenz des Teen Movie auf einen für diesen Filmtypus konstitutiven Vexierbild-Effekt zurückzuführen, so dass man geradezu behaupten könnte, Teen Movies funktionierten umso effektiver, je mehr sie weiblichen wie männlichen Zuschauern Gelegenheit gäben, je Verschiedenes zu sehen und je anderes zu imaginieren.[14] Und die mitunter emphatische Aufnahme, die speziell auf den Teenie-Markt konzipierte Produkte – man denke an die TV-Serie BUFFY[15] – in letzter Zeit auch bei einem erwachsenen Publikum gefunden haben, lässt vermuten, dass in einer Epoche zunehmender Aufweichung fixierter und generalisierbarer Gender-Kodierungen ausgerechnet hier verhandelt wird, was dem traditionellen Genre-Kino immer weniger gelingt: Identifikationsangebote *und* Projektionsflächen für beiderlei Geschlechter und Rezipienten mit sehr verschiedener sexueller Orientierung bereitzustellen. Dies liegt, so meine These, daran, dass die Ausdifferenzierung von Gender-Identitäten das eigentliche und beherrschende Thema des Teen Movie darstellt. Mag auch für das Gros der einschlägigen Produktionen gelten, dass sie sich des Themas auf wenig dif-

---

14 Und es ist diese Systemstelle, an der sich im Lauf der jüngst vergangenen Dekade überaus erstaunliche Veränderungen abgezeichnet haben. War etwa DIRTY DANCING (USA 1987, R: Emile Ardolino) noch ersichtlich als genderspezifische Kontrafaktur zu der männlich dominierten (wenn auch von Signifikanten der Androgynie durchsetzten) Imagination von SATURDAY NIGHT FEVER (USA 1977, R: John Badham) angelegt, so kommen die Gesten weiblicher Selbstermächtigung neuerdings gerade deshalb als evident daher, weil sie auf phantastischen Phantasmen der Vererbung beruhen. Fernsehserien wie BUFFY brauchen in puncto Gender-Kodierung sehr viel weniger Umstände zu machen und erschließen sich gleichwohl sehr viel weitere Spielräume als adulte Cross-over-Projekte à la ALLY MCBEAL (USA 1997-2002) oder SEX AND THE CITY (USA 1998-2004), und sie sprechen offensichtlich ein sehr viel breiteres Publikum an.
15 BUFFY THE VAMPIRE SLAYER, USA 1997-2003.

ferenzierte und ideologisch klischierte Weise annehmen, so ändert dies doch nichts daran, dass noch die ärgste Klamotte zwingend auf ein narratives Formular verpflichtet ist, in dem Gender nicht gegeben ist, sondern erst hergestellt werden muss.

Das Konzept «Teenager» selbst bezeichnet nichts anderes als eine Chronotopie des Übergangs, zu der notwendig eine Topik der Initiation gehört, und in dieser Topik fungiert die Fixierung einer sexuellen Orientierung ganz selbstverständlich als metonymischer Passepartout für alle anderen Leistungen und Zumutungen, die mit der Adoleszenz verbunden sind. Insofern fungiert das «coming-of-age» notwendig als «master trope» für jeden Film, der sich mit dem Thema Jugend auseinander setzt, und jeder «über Teenager» geführte Diskurs muss sich darauf einlassen, zwischen einer irreversiblen, biologisch induzierten Dynamik und einem mit kulturellen Akzidentien zugestellten Raum der Diegese zu vermitteln. Gerade an diesem Punkt erweist es sich nun als sinnvoll, an der Unterscheidung zwischen Jugendfilmen überhaupt und dem historisch jungen Typus Teen Movie festzuhalten. Letzterer stellt keineswegs die in ihrer Komplexität auf Bubblegum-Niveau reduzierte Variante des Coming-of-Age-Narrativs dar, sondern die konsequente diegetische Umsetzung der im Konzept «Teenager» selbst angelegten Paradoxie: Am *Teenager* wird das Prozessuale der Adoleszenz mit seiner je besonderen Dynamik in einem Gruppenstatut homogenisiert. In die Dichotomie von Kindheit und Volljährigkeit wird ein – von modernen Gesellschaften offensichtlich benötigtes – Zwischenstadium eingetragen und damit als stabil vorausgesetzt, was de facto alles andere als einen stabilen Zustand darstellt. Und vom Teen Movie, das der sozialen Fiktion «Teenager» ohne weiteres vertraut, lässt sich behaupten, dass es seine Adressaten auf seine Weise sogar ernster nimmt als bedeutungsschwere Fiktionen von einer irgendwo auffindbaren sozialen Realität.

Noch einmal anders, von der Topik der Initiation her gelesen, ist das Teen Movie dadurch charakterisiert, dass es in seiner Diegese den mythischen Dreischritt von Auszug, Bewährung und Rückkehr des Heros auf Repräsentationen des mittleren Zustandes verkürzt und ihn damit tendenziell seines dramatischen Sinnes entleert. Teen Movies spielen in einem «teenage wasteland» oder einem «teenage paradise», an Orten, deren scheinbare Stabilität nur durch Verleugnung der im Initiationstopos beschlossenen Einsicht in die Irreversibilität von Zeit gewährleistet werden kann. Referiert die Formel vom «coming-of-age» auf einen Prozess, in dem Körper und soziale Sphäre dynamisch interagieren, so ist das Teen Movie im Chronotop einer nicht enden wollenden und nicht enden könnenden Pubertät platziert: Seine Helden könnten sich selbst dann nicht von Teenagern in «junge Erwachsene» verwandeln, wenn sie es denn wollten. Von daher fällt noch einmal ein anderes Licht auf den episodischen Charakter, die Plot-Schwäche und Milieuverliebtheit entsprechender Genre-Varianten. Siehe CLUELESS: Cher Horowitz steht am Ende zwar nicht mehr ganz so ahnungslos da wie zu Beginn des ihr gewidmeten Films, und sie hat natürlich die große Liebe gefunden und damit ein Statut sexueller Identität gewonnen. Aber entschieden ist damit, wie das Schlusstableau mit verhaltener Ironie andeutet, noch nichts – und eben das heißt hier Glück. Der jähe Sprung vom ersten Kuss mit Josh zur Hochzeitsparty wirkt als Schock, und für Momente ist man tatsächlich geneigt, dem Film eine solche dramatische Hyperbole zuzutrauen. Aber natürlich sind es die von Cher erfolgreich verkuppelten Lehrer – Mr. Hall und Miss Geist –, die hier ihre späte Idylle legalisieren, und der Kommentar stellt klar: «As if! I'm only sixteen, and this is California, not Kentucky.»

Das Spiel kann also weitergehen,[16] und es ist in der Tat weitergegangen – in Form einer über mehrere Staffeln erfolgreichen TV-Sitcom[17], die mit Ausnahme der Hauptdarstellerin beinahe das gesamte Ensemble des Spielfilms übernommen hat. Das darf man wohl eine ironische Wendung der Dinge nennen, denn Devoney Looser berichtet:

> Strangely, however, even for all its sartorial flash and feminine status quo, *Clueless* was, according to its director, difficult to bring to fruition because of its female focus. *Clueless* was originally a failed proposal for a TV series. When it became a film, 20th Century Fox first owned the rights to the film but dropped them. According to director Amy Heckerling, «They were worried about something that was so female-oriented. ... They kept pressuring me to create more of a life for the boys in the film, to create more of an ensemble piece, which didn't make sense to me at all.»[18]

Nur auf den ersten Blick scheint diese Anekdote der These vom prinzipiell genderinklusiven Charakter des Teen Movie zu widersprechen. Tatsächlich belegt sie lediglich die Ahnungslosigkeit des Studios im Hinblick auf die von ihm hergestellten Produkte – denn ihre Vorbehalte haben sich ja auf spektakuläre Weise nicht bestätigt, und es ist sicher

---

16 Schlichter formuliert: «Of course, both Cher and Josh are young and it's easy to imagine them falling out of love, but movies like these exist only within the boundaries of their durations; everything after the ending is ‹happily ever after›» (Chan: Clueless).
17 CLUELESS, USA 1996-1999.
18 Devoney Looser: «Feminist Implications of the Silver Screen Austen», in: Linda Troost/Sayre Greenfield (Hg.): *Jane Austen in Hollywood*, Lexington 1998, S. 159-176, hier S. 167f.

nicht ganz verkehrt anzunehmen, dass der Erfolg von CLUELESS dazu beigetragen hat, Räume für die aktuell im Teen Movie und Teen-TV höchst prominenten weiblichen Protagonistinnen zu öffnen. Eine weitere Ironie liegt allerdings darin, dass CLUELESS, die Sitcom, um der Dramaturgie des Seriellen genügen zu können, die «weibliche» Orientierung der Filmvorlage weitgehend aufgeben und herstellen musste, was CLUELESS, der Film, nicht sein sollte: «ensemble pieces».

3.

CLUELESS entspricht den bis hierher erörterten Vorgaben für die Erstellung eines Teen Movie so vollständig, wie man es nur von irgendeinem Film erwarten kann. Und doch kann dieser Film zugleich, inzwischen weithin anerkannt, als eine der wenigen rundum gelungenen Hollywoodkomödien der 1990er-Jahre gelten. Zwar ist dem Teen Movie in aller Regel – aufgrund der Beschränktheit seiner Poetik und der Zeitgebundenheit seines semantischen Materials – der «Aufstieg» zum Klassiker verwehrt; man erinnert sich gerade seiner populären und kommerziell erfolgreichen Produkte vorzugsweise im Hinblick auf ihre (kultur-)historische Relevanz und ist dann allenfalls bereit, über ästhetische Defizite großzügig hinwegzusehen. Doch spricht aus heutiger Sicht einiges dafür, dass CLUELESS seinen Platz im filmgeschichtlichen Gedächtnis behaupten und mit der Zeit womöglich sogar ähnlich kanonischen Status gewinnen wird wie etwa George Lucas' prototypisches «Last Summer Movie» AMERICAN GRAFFITI[19].

Doch während Lucas' nostalgischer Rückblick auf ein Zeitalter – individuell wie kollektiv – verlorener Unschuld (eine Sommernacht des Jahres 1962) ganz programmatisch einen Film *über Teenager für Erwachsene* darstellt, ist an CLUELESS nicht nur auf den ersten, sondern auch auf den zweiten Blick nicht das mindeste Interesse an einem Cross-over über das Milieu des Teen Movie hinaus zu bemerken. Vielmehr wird ein solches Interesse dadurch geradezu programmatisch negiert, dass Amy Heckerling, die für Buch und Regie verantwortlich zeichnet, ihre Geschichte auf einem Terrain ansiedelt, das für unterhaltungsindustriell erzeugte und vollständig konfektionierte Imaginationen des Teenagers das Spielfeld schlechthin darstellt: in Beverly Hills, an der fiktiven Bronson Alcott High School. Dort tummeln sich, knapp sechzehnjährig, Cher (Alicia Sil-

---

19 AMERICAN GRAFFITI, USA 1973, R: George Lucas.

verstone) und Dionne (Stacey Dash), beide – so Cher – benannt nach «great singers of the past that now do infomercials».

> [Both] are pampered upper-class girls who care less about getting good grades than wearing the right clothes and being as popular as possible. But Cher, who lives with her tough yet warm-hearted lawyer dad (Dan Hedaya) and hunky, sensitive stepbrother (Paul Rudd), also has an innate urge to help those less fortunate – like the two introverted teachers she brings together («negotiating» herself improved grades in the process) and new friend Tai (Brittany Murphy), who starts out a geek and ends up a Cher prodigy. Cher also possesses her own sensitive side, and she is looking for the perfect boyfriend, whom she ends up finding where she least expected.[20]

Man sieht dieser knappen Zusammenfassung nicht ohne weiteres an, dass, was CLUELESS als Story transportiert, sich auf ein erhabenes literarisches Vorbild beruft. Gleichwohl ist der Film «by now well established as a contemporary adaptation of [Jane Austen's novel] *Emma*. [...] Heckerling herself told a seminar of film students that the structure of *Clueless* is all to be found in Austen».[21] Man kann kaum anders, als Heckerling für die strategische Weitsicht dieses Schachzuges zu bewundern. Zwar ist schwer zu ermitteln, inwieweit der zur Premiere des Films weithin verbreitete Hinweis auf die *Emma*-Parallele zum unmittelbaren Kassenerfolg von CLUELESS entscheidend beigetragen hat. Doch in jedem Fall hat er schon zeitgenössisch die Aufmerksamkeit der Kritik auf ein Genre-Stück gelenkt, das sonst jenseits des jugendkulturellen Ghettos womöglich keine Beachtung gefunden hätte – und er hat, vor allem, für eine sonst kaum erreichbare Verstetigung dieses Interesses gesorgt. Der Rückgriff auf Jane Austen hat CLUELESS, genauer gesagt, auf die Lehrpläne von Schulen und Universitäten katapultiert, und zwar nicht nur auf die der *Film*, sondern vor allem auf die der *English Departments*. Ergebnisse der dort angestellten Vergleiche zwischen Buch und Film kann

---

20   Don Kaye: «CLUELESS. Plot Synopsis», in: *All Movie Guide*, unter: http://www.allmovie.com (letzte Abfrage 30.04.2003).
21   William Phillips/Louise Heal: «Extensive Grounds and Classic Columns. *Emma* on Film», in: *Persuasions Online*, Occasional Papers 3, unter: http://www.jasna.org/PolOP1/heal_phillips.html (letzte Abfrage 30.04.2003). Wer von Austen-Kennern darüber informiert werden möchte, inwiefern die vier greifbaren *Emma*-Filme dem Buchstaben, aber vor allem dem Geist der Vorlage treu bleiben, wird von diesem Essay auf überzeugende Weise bedient. Heckerlings Bemerkungen zu *Emma* und CLUELESS sind anscheinend anlässlich eines Seminars über Harold Lloyd am American Film Institute gefallen, das kurz nach der Premiere des Films, am 14.09.1995, stattgefunden hat. Auf der neu gestalteten Homepage des AFI war der Text leider nicht mehr aufzufinden.

man in einer Vielzahl von Variationen im Internet nachlesen, etwa in folgender schöner Konklusion eines studentischen Essays im Umfang von 1500 Wörtern:

> With the exception of the exclusion of a few characters and minor story lines, CLUELESS is a faithful adaptation and update of Jane Austen's *Emma* and accurately illustrates all of the issues made by Jane Austen. Most of the characters and plot parallel the original story but the major similarity between the two are the issues raised, which shows us again that although society has changed over the past 150 years, the main concept behind life will never change.[22]

So kann man es sehen. Die überaus rege Community professioneller Austen-Leser hätte sich freilich auf Heckerlings Angebot gar nicht erst eingelassen, wenn das Behauptete nicht auch der Sache nach zuträfe. Es hat sich sogar ein gewisser Konsens dahingehend herausgebildet, dass CLUELESS in der Konkurrenz mit der Vielzahl Mitte der 1990er-Jahre herausgebrachter Austen-Filme im Kostüm glänzend besteht: «*Clueless*, a film that its own heroine compares to a Noxzema commercial, is the pop-cultural film that remains most faithful to Austen's spirit of critique.»[23] Zwar werden hier und da Vorbehalte laut angesichts der vermeintlichen Harmlosigkeit der Heckerling'schen Transkription, in der Austens satirischer Intention die Spitze genommen sei, aber entschiedener Widerspruch gegen das komparative Unternehmen selbst ist selten geblieben und so gut wie ungehört verhallt. Dabei hat Ellen Moody durchaus gute Argumente auf ihrer Seite, wenn sie darauf beharrt, «how much of a sheer teen film [CLUELESS] is», und wenn sie darauf hinweist: «[T]he lure of the analogy is far more a matter of some surface likenesses, and minor plot points than it is of characterization, theme, or mood.» Auch ihre polemische Anmerkung trifft den Punkt: «The essays on the likeness of *Clueless* to Austen's *Emma* ring true only until the viewer sees the movie. The plot points, names of the characters, and a general outline of story-design do not make a similar product at all.»[24] Denn in der Tat ist CLUELESS dem Austen'schen Roman so unähnlich wie nur möglich, und die Frage danach, ob und inwieweit Heckerling ihrer

---

22 Anon(ym): «Comparitive [sic] Essay between Emma and Clueless», unter: http://www.getfreeessays.com (letzte Abfrage 30.04.2003), Tauschbörse für Essays und «term papers»; Zugang beschränkt.
23 Nora Nachumi: «‹As If!› Translating Austen's Ironic Narrator to Film», in: Troost/Greenfield: Jane Austen in Hollywood, S. 131-139, hier S. 131.
24 Ellen Moody: «A Review-Essay of Film Adaptations of Jane Austen's Novels from 1940 to 1997», unter: http://www.jimandellen.org/austen/janeausten.onfilm.html (letzte Abfrage 30.04.2003).

Vorlage gerecht zu werden vermag, verfehlt ganz offensichtlich die Pointe.

CLUELESS stellt, in Bezug auf Jane Austen, eine lustvoll inszenierte Spielerei dar, ein *Emma*-Pastiche und ein «lunatic update»[25] des Romans, das weniger an der Herstellung von Gemeinsamkeiten interessiert ist als an der Möglichkeit, durch Transposition und Rekombination[26] eines überlieferten narrativen Strukturmusters Differenzeffekte zu erzeugen. Dass die Forschung gleichwohl den Akzent auf das vermeintlich Gemeinsame gelegt hat, hat leicht durchschaubare Gründe. Einschlägige Essays sind, wie eine Internet-Recherche rasch belegt, Folgeprodukte eines literaturwissenschaftlichen Lehrbetriebs, der gierig nach der Chance greift, bei seinen dem Zustand des Teenagers eben erst entwachsenen Adressaten auf dem Umweg über das Vertraute Interesse für das Befremdliche zu wecken – ein Unternehmen, das allerdings ein Stück von jener Begabung zur didaktischen Selbstillusionierung voraussetzt, ohne welche im Film Miss Geist [!] und Mr. Hall in der rigoros erkenntnisfeindlichen Atmosphäre ihrer Lehranstalt nicht überdauern könnten.[27] Bedenklich ist dabei vor allem, dass das zuallererst Bedenkenswerte an der *Emma*-CLUELESS-Parallele in den literaturwissenschaftlich dominierten Inhaltsanalysen und Strukturvergleichen fast vollständig untergeht: Denn immerhin hat die Erzählerin Austen in ihren Romanen eine narrative Technik zwar nicht erfunden, aber doch erstmals großräumig erprobt, die das Medium Film bei aller Anstrengung nicht zu adaptieren vermag – und sie hat diese Technik, die personale Medialisierung der Erzählinstanz, höchst bewusst dazu eingesetzt, das *andere* Gender im Roman nicht nur vor-, sondern zu Wort kommen zu lassen.

Die daraus entstehende fundamentale Problematik einer jeden Austen- (wie etwa auch einer jeden Flaubert- oder Kafka-) Verfilmung bleibt in Troosts und Greenfields reichhaltiger Anthologie *Jane Austen in Hollywood* seltsam blass belichtet, und das darf man umso erstaunlicher nennen, als sämtliche Autorinnen ihr Thema aus einer mehr oder weniger

---

25 Peter Travers: «CLUELESS», in: *Rolling Stone* 714, online zugänglich unter: http://www.RollingStone.com (letzte Abfrage 30.04.2003).
26 «Heckerling has created what we would like to term an ‹alphabet puzzle approach› to her treatment of plot in adapting *Emma* [...]. Events in the story are divided up and rearranged in a kind of image anagram for the *Emma*-familiar viewer to solve. To locate themes parallel to those in *Emma,* viewers must rearrange some events to master the puzzle» (Phillips/Heal: Extensive Grounds).
27 Robert Eggleston hat mit rigoroser und darum erheiternder Aufrichtigkeit darüber referiert, dass der vermeintliche Königsweg vom Film zum Buch sich als didaktische Sackgasse erwiesen hat: Robert Eggleston: «*Emma*, the Movies, and First-year Literature Classes», in: *Persuasions Online*, Occasional Papers 3, unter: http://www.jasna.org/PolOP1/eggleston.html (letzte Abfrage 30.04.2003).

dezidiert feministischen Perspektive angehen. Müsste nicht jede einschlägige Überlegung von dem ebenso schlichten wie spektakulären Tatbestand ausgehen, dass die generös kostümierte weibliche Protagonistin, die in den gängigen Austen-Verfilmungen dem Blick der Kamera ausgesetzt wird, im Text gleichsam «hinter der Kamera» steht und von dort her – im Verein und freilich auch auf Kommando der Erzählinstanz – die gesamte narrative Veranstaltung organisiert? Und müsste nicht am Anfang jeder Filmanalyse der Hinweis stehen, dass in der Darreichungsform von Filmtexten à la Hollywood zwar das in Austens Romanen Erzählte repräsentiert, ihr «weibliches Erzählen» jedoch nicht eingeholt werden kann?

Der Einsicht in dieses Problem scheint jene Maxime entgegenzuwirken, die Nora Nachumi an den Beginn ihres Essays – «‹As If!› Translating Austen's Ironic Narrator to Film» – gestellt hat: «It is a truth, universally acknowledged, that each of Austen's novels ought to make a good movie.» Nachumi findet das, mit Recht, befremdlich, und darum wird von ihr das erzähltheoretische Pferd einmal nicht vom Schwanz her aufgezäumt, sondern gleich einleitend die entscheidende Frage formuliert: «What happens to the ironic, third-person narrative voice when Austen's novels are made into movies?» Die Antwort fällt eindeutig aus: Kinematographische Austen-Adaptionen kommen generell nicht umhin, für den Verlust der filmisch nicht assimilierbaren, literarischen Erzählperspektive «some form of compensation» zu entwickeln, damit der Film «als Film» funktioniert. Doch während die Strategie der Kostümfilme generell auf eine Normalisierung der Irritation, die Continuity eines klassischen «Filmtextes» zielt, verfährt Heckerling anders: «The solution achieved by *Clueless* – a solution which foregrounds the incongruity between film's visual and verbal elements – is the solution that comes closest to replicating Austen's ironic narrator.»[28]

Gemeint ist hiermit der in der ersten Person von der Stimme Chers eingesprochene Voice-over-Kommentar, ein fortlaufender Monolog, dessen sich CLUELESS höchst großzügig bedient, um offensichtliche Lücken im Erzählzusammenhang zu überbrücken und von der einen Episode zur nächsten überzuleiten. Die Hauptfunktion dieses oft (und meist zurecht) als «unfilmisch» diskreditierten Kunstmittels liegt jedoch auch in CLUELESS darin, das Unvermögen des Mediums Film zur Präsentation «personaler Innensicht» auszugleichen.[29] Sein zentraler Modus ist darum

---

28   Nachumi: As if!, S. 131.
29   So viel hat auch Suzanne Ferriss ganz richtig beobachtet, ohne jedoch aus dieser Beobachtung irgendwelche Konsequenzen für ihre folgende Filmanalyse zu ziehen, die

auch nicht der der Erzählung, sondern der des Räsonnements; deswegen kehrt in ihm leitmotivisch jenes indignierte «As if!» wieder, mit dem die Protagonistin bis kurz vor Schluss die Zumutung trocken abbürstet, die von ihr mit der Wirklichkeit gleichgesetzten Kodes und Konventionen könnten durch alternative Perspektiven ihrer allgemeinen Gültigkeit beraubt werden.

Hierin, in einem erzähltechnisch garantierten Bewusstseinszustand der Protagonistin, liegt in der Tat die eigentlich bemerkenswerte Parallele zwischen *Emma* und CLUELESS, eine Gemeinsamkeit, die beiden Erzählungen zugleich ihre Plotstruktur vorschreibt und Heckerling erlaubt, von Austen das Hauptmotiv der «verblendeten Kupplerin» zu übernehmen, die erst mit Ende der Geschichte Zugang zu ihren eigenen Gefühlen gewinnt. Literarisch wird dies, in *Emma*, durch Rückgriff auf die «Doppelstimme» der erlebten Rede realisiert – weil in ihr subjektiv perspektivierte und von der Erzählinstanz als objektiv beglaubigte Aussagen niemals vollständig zu trennen sind, entsteht ein Intermedium struktureller Ironie, dessen Reichweite und Grenzen sich bei einer ersten Lektüre des Textes gar nicht bestimmen lassen. Erst vom Schluss her kann man wissen, wo Emma in ihrer Interpretation von Wirklichkeit richtig und wo sie falsch gelegen hat. Nun leuchtet zwar Nachumis Feststellung, Heckerling habe diese Struktur für CLUELESS durch Rückgriff auf den Voice-over-Kommentar der Hauptfigur repliziert, unmittelbar ein; näherer Betrachtung hält sie jedoch nicht stand. Der eingesprochene Kommentar stellt ein Substitut für die personal medialisierten Redeanteile des Romantextes bereit, kann aber kein strukturelles Äquivalent für sie liefern. Austens Verfahren entwickelt seine Effizienz und erzeugt Erzählspannung dadurch, dass der Abgleich zwischen Interpretation der Wirklichkeit und dem wirklich Vorgefallenen bis zum Finale aufgeschoben wird. CLUELESS dagegen, merkt Nachumi kritisch an, «although it tries, [...] does not go this far».[30] Der Grund dafür liegt freilich auf der Hand: Wenn, wie Nachumi behauptet, Heckerlings Lösung des Erzählproblems darin besteht, Inkongruenzen zwischen verbalen und visuellen Elementen zu erzeugen, dann kann sich deren semantischer Effekt – «Mismatch!» – immer nur im Simultanen, und das heißt: im Moment artikulieren. Umgekehrt gilt – und das stellt keineswegs ein Paradox dar –, dass die personalen Erzählarrangements einer Jane Austen beim Leser

---

sich bedauerlicherweise ganz auf trivial-feministische Standardargumente verlässt (Suzanne Ferriss: «Emma Becomes Clueless», in: Troost/Greenfield: Jane Austen in Hollywood, S. 122-130, hier S. 123f.).
30   Nachumi: As if!, S. 137.

den Eindruck intimer Vertrautheit und unmittelbarer, distanzloser Präsenz des Erzählten erwecken, während der Kommentar aus dem Off zuallererst einen distanzierenden Effekt aufruft: Das Gezeigte wird besprochen und damit der Suggestivität unmittelbarer Präsenz beraubt.

Tatsächlich wird in CLUELESS weniger eine Geschichte erzählt, als ein Lifestyle vorgezeigt. Quod erat demonstrandum – «I actually have a way normal life for a teenage girl». So wird der episodische Aufbau des Films durch den im Kommentar vorherrschenden Modus des Iterativs legitimiert: Cher, was immer ihr geschieht, tut, was sie immer tut, und ihre Mitschüler tun es ihr gleich, so dass man fast sagen kann, CLUELESS bestehe aus nichts anderem als einer achtzigminütigen Exposition mit einem fünfzehnminütigen Finale. Das Singuläre im Erzählten – zunächst das «matchmaking» zwischen Mr. Hall und Miss Geist; dann das «makeover» und die Partnersuche für Tai – ordnet sich diesem Iterativ zwanglos unter, handelt es sich doch jeweils nur um Sonderfälle von Tätigkeiten, denen Cher seit jeher nachgeht. Dem Aushandeln besserer Schulnoten widmet sie sich «every other year», und es kann für sie keine befriedigendere Beschäftigung geben als das möglichst komplette «makeover» einer Freundin. Erst mit der Einsicht «I love Josh!» gerät Cher an die Grenzen ihres Erfahrungswissens und sieht sich zu einem Strategiewechsel gezwungen, aber selbst hier begegnet sie nicht wirklich einem inkommensurablen Phänomen: Rasch sieht sie ein, dass sie einmal mehr eines «makeover» bedarf, auch wenn es sich diesmal um ein «makeover of the soul» handeln muss.

Auf diese Weise macht CLUELESS die implizite Poetik des Teen Movie im Kommentar auf verblüffende Weise explizit – und lässt damit auch die Beschränktheit dieser Poetik deutlich werden. Selbstverständlich erfährt man nicht, wie Cher geworden ist, was sie ist, und durch welche, womöglich schmerzlichen Erfahrungen sie ihre Vertrautheit mit den Kodes und Konventionen des Teenagerlebens gewonnen hat; selbst der prominent platzierte Hinweis auf den frühen Verlust der Mutter stellt weniger eine Erklärung als eine Falle für Amateurpsychologen dar. Und selbstverständlich erfährt man ebenso wenig, wie es mit Cher und Josh weitergeht (und man will es auch nicht wirklich wissen). Nicht zuletzt erweist sich die Cher momentan beunruhigende Vorstellung, sie müsse sich, um ihrem Traummann zu gefallen, grundlegend ändern, als unbegründet. Josh ist nur allzu gern bereit, sie zu nehmen, wie sie ist, und Daddy, der es bekanntlich am besten weiß, sagt ihr auf den Kopf zu, Gutes zu tun sei immer schon ihre eigentliche Begabung gewesen.

Verblüffend daran ist vor allem, dass der Zuschauer ohne weiteres bereit ist, sich dieser Diagnose anzuschließen. «[T]he film goes to great lengths to reinforce an image of Cher that it eventually dismantles», stellt Nachumi fest. «The first-person narration is extremely important to this endeavor because it makes Cher immensely appealing. It lets us know that a good heart beats within the shell of self-involved ignorance. [...] She sees her old behavior as shallow, and this gives her the power to alter her world.»[31] Auch das ist wieder von Austen her gedacht und darum selbstwidersprüchlich formuliert. Chers Kommentar entwickelt seinen hinreißenden Charme vom ersten Satz an, und deshalb kann das Missverständnis gar nicht aufkommen, sie sei, mit Josh gesprochen, nicht mehr als «a superficial space cadet». Allenfalls könnte man sagen, das finale, seelische «makeover» bringe Chers wahres Wesen zum Vorschein, aber auch darin wäre eine auf CLUELESS nicht anwendbare Entelechie impliziert. Die Pointe der Narration liegt vielmehr darin, dass alles bleibt, wie es ist: Chers von Beginn an vorhandene altruistische Energie wird in sozial nützliche Bahnen umgelenkt – und glückliche Teenager werden in glückliche Teenager verwandelt. Denn die Cher der «self-involved ignorance» hat es im Film nie gegeben; sie ist allenfalls von der Kamera vorgeführt worden, von ihrer eigenen Stimme aber von vornherein als Trugbild entlarvt worden. Hier liegt, noch einmal sei es betont, der entscheidende Unterschied zum narrativen Arrangement Austens. Emma befindet sich wirklich in einem Irrtum über sich selbst und ihre Welt, der im Erzählen aufzuklären ist; Cher dagegen verhält sich in jedem Augenblick realitätsadäquat, und dazu gehört auch, dass sie sich nicht zu ändern braucht, um bereit zu sein, ihr Verhalten gegebenenfalls an neue Parameter anzupassen. Die Bereitschaft, mit dem Widerstand der Wirklichkeit so lange zu verhandeln, bis diese nachgibt, macht geradezu den Kern ihres «teenage lifestyle» aus.

Daraus folgt schließlich auch, dass von einer für CLUELESS grundlegenden Inkongruenz von Bildebene und Kommentarspur nicht ernsthaft die Rede sein kann. Was beide ins Verhältnis setzt, ist vielmehr wiederum der für diese Komödie charakteristische Modus der «Negotiation». Hier konkurriert nicht, wie in Austens mit Hilfe gezinkter Karten veranstaltetem Erzählspiel, die Wirklichkeit mit ihrer Fehllektüre, sondern in einem Prozess wechselseitiger Interpretation von Bild und Kommentar muss in jeder Szene neu ausgehandelt werden, was Wirklichkeit bedeutet. Dabei muss es mitunter, zwangsläufig, zu irritierenden Momenten der Nichtübereinstimmung kommen. Aber Cher wäre nicht Cher, wenn sie sich jedes Mal, wenn ihr Terminal (wie gleich einleitend in Bekleidungsfragen) das Signal «Mismatch!» auswirft, nachhaltig beeindrucken

---

31   Ebd.

ließe. Mit irgendeiner Form von psychologischem Realismus lässt sich dieses Arrangement nicht verrechnen; als Simultaneität von Bild und Kommentar stellt Cher Horowitz ein durch und durch künstliches, nur im Film mögliches Kunstprodukt dar. Entsprechendes gilt freilich nicht weniger für eine Figur wie Austens Emma, die, wenn sie auch selbst zu sprechen scheint, doch immer eine allein literarisch mögliche Marionette ihrer Erzählerin bleibt. Recht besehen, wird darum hier wie dort und nicht zuletzt nach Möglichkeiten gefragt, Gender erzähl*technisch* herzustellen – und hier wie dort scheint darum die Möglichkeit auf, dass *Gender*, recht besehen und in seinem Charakter als Kunstprodukt verstanden, in seiner weiblichen Variante bereits eine Erzähltechnik darstellen könnte.

4.

Jane Austens Romane sind, nicht anders als die mit ihnen in der europäischen Erzählliteratur zeitgenössischen Entwicklungs- und Bildungsromane, leicht als Variationen der Don-Quixoterie durchschaubar. Nicht anders als ihre auf die Herstellung von Männlichkeit fixierten Kollegen, aber auf durchaus andere, technisch revolutionäre Weise fragt Austen nach den Bedingungen, unter denen sich ein je besonderes, individuelles Glücksbegehren mit jenen gesellschaftlich sanktionierten Mechanismen der Glückserfüllung vereinbaren lässt, die zuallererst danach verlangen, dass individuelles Glück in sozial verträglicher Weise auf Dauer gestellt und mit sozial erwünschten Reproduktionsmechanismen abgeglichen wird. Anders als Don Quixote selbst, den der Wahnsinn erst im fortgeschrittenen Alter befällt, können sich seine juvenilen Nachfahren darum der schmerzlichen Zumutung nicht entziehen, die letztlich unvermeidliche Realitätsanpassung vorzunehmen, *bevor* sie nach einem mit Illusionen erfüllten Leben aufs Totenbett sinken. Eine Alternative zu diesem trostlosen Schicksal bietet sich (leider nur in fiktionalen Zusammenhängen) erst an, seit die moderne Gesellschaft den Teenager erfunden hat. Er/Sie hat, als Kunstfigur, mit Don Quixote gemein, dass er/sie das Realitätsprinzip nach Belieben und im Wesentlichen folgenlos verleugnen darf – was aber anders nicht bedeutet, dass er/sie in dem von ihm/ihr bewohnten Paralleluniversum nicht erheblichen Zumutungen ausgesetzt wäre und Auseinandersetzungen zu bestehen hätte, von deren Dramatik sich die auf Wirklichkeit verpflichtete Welt keine Vorstellung macht.

In solchen, von hoch komplexen Konfigurationen des Signifikanten besetzten Zwischenwelten, denen gleichwohl kein referenzialisierbares Signifikat entspricht, erzählt das Teen Movie seine Geschichten, und im Blick auf diese Zwischenwelten erfindet es sich Lokale wie die Bronson Alcott High School, die dann ganz selbstverständlich den Nabel der Welt ausmachen sollen. Pars pro Toto, und vor allem: Totum in Parte – Lesley Stern hat diese Illusion auf den Punkt gebracht, «a key to CLUELESS and its central conceit» sei darin zu suchen, dass hier «Los Angeles as a village» verstanden werde, «a village peopled by teenagers who think that Beverly Hills is the centre of the world».[32] Und Gregg A. Hecimovich hat den bislang recht einhelligen, von Kritik und Forschung erreichten Konsens in einem «instigator» für die Erstellung studentischer Hausarbeiten prägnant zusammengefasst:

> By setting the film in Beverly Hills and by concentrating on a group who are obsessed with style, with fashion, with being up to date, who talk in an arcane and localized language, Heckerling undertakes a potentially hazardous project, runs the risk of creating a film that is precariously of the moment. But *Clueless* actually performs a complex maneuver whereby the cliché of LA as postmodern city supreme, city without memory, all surface pastiche, a giant shopping mall, is simultaneously invoked and undercut.[33]

Hier wird freilich schon sehr deutlich suggeriert, zu welchem Ergebnis das Nachdenken führen soll: CLUELESS mache eine Not zur Tugend und bediene sich der Darstellungsmittel des Teen Movie nur, um sie zu subvertieren. Die Frage wäre gleichwohl erst noch zu beantworten, auf welcher Basis dieses in vielen Schlachten bewährte dialektische Manöver in diesem Fall aufruhen und welcher Logik es folgen kann. Durchgängige Selbstreferenzialität ist schließlich auch dem ganz gewöhnlichen Genre-Stück als essenzielle Produktionsbedingung vorausgesetzt, und die Inanspruchnahme des imaginären «Weltdorfes» Los Angeles für filmische Zwecke beruht auf einer identifizierenden, nicht etwa differenzierenden Operation mit langer Tradition: Dadurch, dass Ursprung und Gegenstand der medialen Inszenierung (Hollywood/Beverly Hills) in eins gesetzt sind, wird zwar das Imaginäre der von der Traumfabrik fabrizierten Traumbilder überdeutlich ausgestellt, aber die medial erzeugte Oberfläche erhält damit nicht automatisch Tiefe. Im Gegenteil wird damit nur mehr ins komische Fach heimgeholt, was zuvor TV-Serien à la BEVERLY HILLS 90210[34] melodramatisch vorgemacht haben.

---

32 Lesley Stern: «Emma in Los Angeles. *Clueless* as a Remake of the Book and the City», in: *Australian Humanities* Review 1997, unter: http://www.lib.latrobe.edu.au/AHR/archive/Issue-August-1997/stern.html (letzte Abfrage 30.04.2003).
33 Gregg A. Hecimovich: «*Emma* and *Clueless*. Instigators», unter: http://www.eiu.edu/~multilit/engl343-01w02/emmainstigators.htm (letzte Abfrage 04.05.2003).

Die Alternative zur Anpassung an die Wirklichkeit besteht in deren Abschaffung, das heißt für das Teen Movie: in der Stillstellung der biologischen Zeit und der Imagination einer auf Dauer gestellten Heterotopie des «twixt and tween». Die damit einhergehende Dispensation des Realitätsprinzips macht freilich auch das entschieden Trostlose der meisten Teen Movies aus, die sich – bevölkert von weitgehend auf die Stereotypien eines Rollenfachs festgelegten Berufsjugendlichen – der Ambition auf eine differenzierende Vermittlung zwischen ihren Figuren und der mehr *an* als *von* ihnen erzählten Story von Anfang an entledigt haben. CLUELESS stellt in dieser Hinsicht nicht einfach die Ausnahme von der Regel dar. Elton («jock»), Amber («bitch»), Jason Birkenstock («stoner»), ja selbst Tai («slut») und Josh («geek») sind auf Prädispositionen festgelegt, die einen wohligen Effekt des Wiedererkennens erzeugen, aber kaum die Möglichkeit zur dynamischen Auffaltung eines Plots gewähren. Gleiches gilt für Dionne, die – bezeichnenderweise ohne Vorbild in Austens *Emma* – als Chers scheinbares Alter Ego fungiert. Dionne muss dazu herhalten, jenen Normalfall zu repräsentieren, von dem Cher so demonstrativ wie irreführend behauptet, dass er auch auf sie zutreffe – eine Behauptung, der man nur deshalb leicht auf den Leim geht, weil Cher als Erzählerin den gesamten Figurenbestand des Films organisiert und semantisiert. Tatsächlich aber ist Cher, nicht nur als Erzählerin, sondern auch als Figur, grundsätzlich anders als ihre Mitspieler angelegt, und zwar so, dass an ihr – mit einem waghalsigen Manöver, von dessen Durchführung das Gelingen des gesamten Films abhängt – die beschränkten Semantiken des Teen Movie nach zwei Seiten transzendiert und dadurch gleichsam eingeklammert werden.

Die Erzählstrukturen des Jugendkinos generell können typologisch im Hinblick darauf beschrieben und unterschieden werden, wie sie die vertikal wirkenden Fliehkräfte des Generationenkonflikts («Rebellion Movie») mit der horizontalen Dynamik der sexuellen Initiation («Virginity Movie») vermitteln.[35] Diese Grundstrukturen werden auch im Teen Movie beibehalten, sie werden jedoch dadurch devaluiert, dass die Welt der Erwachsenen undialektisch als unerwünscht und fremd ausgegrenzt wird (man *will* dort nicht ankommen und *kann* sich von dort nicht mehr als freundliches Missverste-

---

34 BEVERLY HILLS 90210, USA 1990-2000.
35 Klassiker aller Klassiker ist hierbei natürlich die Konstellation «Romeo und Julia»: Rebellion gegen die Eltern um der Partnerwahl willen. Es versteht sich aber am Rande, dass einerseits das Initiationsmotiv in die Vertikale verschoben werden kann (*Lolita*-Varianten; THE GRADUATE [USA 1967, R: Mike Nichols] etc.), und dass andererseits der Generationenkonflikt in der Horizontalen wiederkehren kann, wo etwa eine Clique oder Gang von Gleichaltrigen die normative Funktion der Eltern substituiert («peer pressure»).

hen erwarten). Cher dagegen, für die Konflikte immer Anlässe für Verhandlungen sind, kann diese Grenze nicht allein mühelos überschreiten, sondern sie vermag sich sogar, ohne darum selbst erwachsen zu werden, in dieser anderen Ordnung souverän zu behaupten. Für die Ausgestaltung der Vater-Tochter-Beziehung greift Heckerling darum, in einem überaus inspirierten Transfer, nicht auf nahe liegende Genre-Muster, sondern auf die Poetik der klassischen Screwball Comedy zurück; von dort wird die Konstellation eines beständig im Streit liegenden «Odd Couple» entlehnt, in dem die weibliche Position durch das Ineins konsequenter Realitätsverweigerung mit pragmatischem Erfolg markiert ist. (Dass Josh, Chers anderer, ebenfalls älterer Partner, im Austausch von Unhöflichkeiten, mit überdeutlicher Ironie als Stellvertreter seines Stiefvaters akzentuiert ist, sei nur am Rande vermerkt.)

Auch das Motiv der Jungfräulichkeit ist im Teen Movie, wiewohl zentral, prinzipiell entwertet und in den paradoxen Modus einer letztlich folgenlosen Initiation verschoben. Der Übergang vom Teenager «ohne» zum Teenager «mit» *Erfahrung* mag zwar (je nach Drehbuch) Konsequenzen haben, aber er führt jedenfalls nirgends hin. Das wird in CLUELESS nicht allein durch die bereits beschriebene Schlusspointe expliziert, sondern auch am Beispiel von Dionne, deren Jungfräulichkeit von Beginn an nur «technically» besteht und nach der «traumatischen» Erfahrung einer Irrfahrt auf dem Freeway bruchlos ins Register «non-existent» übergeht. Schon zuvor hat Dionne klarsichtig angemerkt, was das Teen Movie aus der einst schönsten Tugend eines Mädchens gemacht hat: «The p.c. term is *hymenally challenged*.» Für Cher sieht die Sache allerdings anders aus. Auf dem ersten Anschein nach überaus altmodische Weise nimmt sie sich heraus, auf den *Richtigen* zu warten (Dionne: «She's saving herself for Luke Perry»). Es wäre dennoch vollkommen falsch, CLUELESS deshalb mit dem Verdacht zu überziehen, hier werde regressive Sexualmoral im Sinne der «moral majority» propagiert. «Cher has got attitude about high school boys», lässt Dionne vollkommen akkurat wissen, und Cher selbst gibt illusionslos zu Protokoll: «They're like dogs. You have to clean 'em and feed 'em and – just to have those nervous creatures jump and slobber all over you. As if!»

Chers Jungfräulichkeit ist damit unmissverständlich als das notiert, was sie in jedem anderen Teen Movie auch darstellen müsste, wenn dies denn eingestanden werden könnte: Eine Angelegenheit von Lifestyle und Attitüde, also von für das Teen Movie fundamentalen Prinzipien, die allemal über hormonelle Nötigungen triumphieren. Cher hat es schlicht nicht nötig, sich auf einen Deal einzulassen, der ihr Anspruchsniveau unterschreitet. Dass der diesem Niveau perfekt entsprechende

Mann, Christian, dann als vollkommenes Spiegelbild im anderen Gender auftritt – und sich logischerweise als schwul erweist –, wirkt deshalb ein wenig allzu offensichtlich, weil der Vorwurf narzisstischer Selbstverliebtheit, an Cher gerichtet, Chers Sache nicht trifft. Ihr Medium ist die Selbst-Darstellung, das Design eines in jeder Hinsicht weltzugewandten Ich in seiner Erscheinungsform als weiblicher Körper. Das darf man ohne weiteres eine emanzipierte Haltung nennen, und deshalb stellt Heckerlings Film, trotz eines Grundtons sanften Spotts, auch alles andere als eine Satire dar. Wenn überhaupt, so wird hier der aggressiven Beschränktheit des Teen Movie die Spitze genommen. Zwar kann man allenthalben lesen, CLUELESS werfe einen satirischen Blick auf den Teenager «von heute» (oder damals), doch die Satire bedarf eines normativen Anspruchs auf Richtigkeit, von dem her als lächerlich ausgestellt wird, was «objektiv» zum Lachen ist. «Amy Heckerling's gift as a director» besteht dagegen in

> a deep affection for her subjects. She may aim satirical arrows at Cher and her bubbly friends, but the arrows have suction cups on their tips. Heckerling doesn't skewer these kids for who they are; she sees the unconscious (almost preconscious) humor in their indomitable cluelessness. [...] Put it this way: I couldn't stand kids like Cher in high school, but Heckerling (and Silverstone) won me over.[36]

Die Beschränktheit des diegetisch entworfenen Soziotops – als Repräsentation der Beschränktheit des im Teen Movie Möglichen – umschreibt konsequenterweise die Grenzen des in einem solchen Film Darstellbaren, und das kann leicht, ja es muss beinahe notwendig zu sprachlichen Peinlichkeiten führen, die durch keine noch so einfühlsame Regie kompensiert werden können.

Im Hinblick auf dieses Dilemma hat Amy Heckerling noch einmal eine auf den ersten Blick wenig plausible und gleichwohl in jeder Hinsicht nachvollziehbare Entscheidung getroffen: Während sowohl das typische Teen Movie als auch dessen auf Authentizität prätendierende Kontrafakturen sich kaum genug daran tun können, ein jugendkulturell glaubhaftes Idiom zu kultivieren, gibt sich an der Bronson Alcott High

---

36 Gonsalves: Teenage Wasteland. Andrew Chan dementiert seine Ausgangsthese auf vergleichbar schöne Weise dadurch, dass er sie differenziert: «*Clueless* is a high school satire, but its tone is not condescending or bitter, and that's why it feels fresh in an age where all the popcorn movies have turned sour and cynical. American teenagers spent $150 billion dollars collectively last year, and the media portrays us as machines being fed money by guilty, inattentive parents. Cher and her friends delight in being habitual consumers, but Heckerling finds the heart beyond the materialism, and the innocence beyond all the teenage sex and drugs» (Chan: Clueless).

School und in ihrem Umfeld niemand auch nur die geringste Mühe, so zu sprechen, wie man es von «wirklichen Menschen» erwarten könnte. Die Kritik hat sich seltsamerweise, durchaus zustimmend, auf «the script's outrageous glossary of teen lingo and its appropriately over-the-top depiction of high-school stereotypes»[37] gestürzt und dabei die syntaktischen und semantischen Konstruktionen beinahe vollständig übersehen, in welche die in CLUELESS zitierten Lemmata aus dem Lexikon der Jugendsprache eintragen werden. Und dennoch lässt sich nicht bestreiten, dass bereits die Zumutung, den an vielen Stellen höchst abstrakten Duktus des formell von Cher verantworteten Voice-over-Kommentars als Kundgabe einer Sechzehnjährigen aufzufassen, jedes realistisch referenzialisierbare Wahrscheinlichkeitskriterium überdehnt. Die Implausibilität dieser metadiegetischen Konjekturen zu ignorieren, fällt nur deshalb leicht, weil sich auch intradiegetisch sämtliche Figuren in einem Idiom artikulieren, das zwar, perfiderweise, einerseits zumindest Hauptseminarniveau voraussetzt, das sich aber andererseits, in sehr wohl wahrnehmbaren Gesten der Herablassung, an die vom durchschnittlichen Teenager erwartbare, passive sprachliche Kompetenz anpasst. «Wow! You guys talk like grown ups!» staunt Tai – die Repräsentantin des sprachlichen und sozialen Normalfalls, als sie zum ersten Mal mit dem elaborierten Idiom ihrer neuen High School in Kontakt gerät. Cher erwidert ihr mit schöner Selbstverständlichkeit: «Oh, this is a really good school.» Tatsache bleibt jedoch, dass nicht einmal Erwachsene so daherreden wie die Teenager in CLUELESS – es sei denn, sie hätten, entsprechend vorgebildet, «jungen Menschen» akademisch qualifizierte Meinungen über die «Jugend von heute» zu vermitteln.

Derart wird in CLUELESS nicht weniger als etwa im so genannten Volksstück eines Ödön von Horvàth durchweg in Zitaten gesprochen, und der somit hergestellte Jargon wird demonstrativ als solcher ausgestellt. Während sich jedoch das kulturkritisch inspirierte Drama des frühen 20. Jahrhunderts an der Aussichtslosigkeit sprachlicher Interventionen abarbeitet, die doch immer nur im Jargon befangen bleiben, hält das Teen Movie eine optimistischere Perspektive bereit. Auf die hirnlose Maxime des *Just do it!* antwortet ein Film wie CLUELESS, höchst unrealistisch, aber strukturell abgesichert, mit einem überraschenden Gegenvorschlag: *Do things with words.*

---

37 Matthew Doberman: «CLUELESS. Preview», in: *All Movie Guide*, unter: http://www.allmovie.com (letzte Abfrage 30.04.2003).

Elisabeth Bronfen

«You've got a great big dollar sign where most women have a heart». Refigurationen der Femme fatale im Film Noir der 80er- und 90er-Jahre

Eine Figur der Ambivalenz

Die Szene ist uns aus unzählig vielen Films Noirs bekannt: Der Held und die Femme fatale treffen sich zufällig, blicken sich gegenseitig an und erkennen, dass sie sich lieben. Sie treten beide in ein Bündnis ein, das besagt: Eine Initialzündung hat stattgefunden, die beide Betroffenen entflammt und die mit ihrer totalisierenden Kraft alles einnimmt, sowohl alle Gedanken und Gefühle, wie auch alle Beziehungen zur Außenwelt. Kontingenz wird so auf wunderbare Weise zum Zeichen eines von Außen auferlegten Schicksals. Der Zufall erweist sich nämlich als Notwendigkeit, das Eintreffen von dem nicht vorhergesehenen Ereignis der Liebe als unausweichlich. Der Denkfigur dieser Noir-Liebe auf den ersten Blick unterliegt somit der Mechanismus einer aufgezwungenen Wahl.[1] Ist man erst einmal in die Ökonomie von Liebesblicken eingefangen worden, für die man bereit ist, alles aufs Spiel zu setzen, seine Vorgesetzten und seine Familie zu verraten und das Gesetz zu überschreiten, gibt man eigentlich die Freiheit des Wählens auf. Gegenüber dieser Liebe, die einen plötzlich überfallen hat, ist man hilflos, weil man sich gegen sein Schicksal nicht wehren kann. Stellvertretend für alle Liebenden des Film Noir erklärt Burt Lancaster in CRISS CROSS[2]: «It was in the cards, or fate, or whatever you want to call it. But right from the start it all went one way.» In der Welt des Film Noir gibt man sich aber auch gerne bedingungslos dieser fatalen Liebe hin, weil für die Erfüllung, die sie verspricht, die Aufgabe von Freiheit ein geringer Preis zu sein scheint. War das Leben vorher mangelhaft, so ist es plötzlich magisch von Sinn erfüllt. Die Liebenden befinden sich nicht nur in einem Ausnahmezustand, der sie in ein Jenseits des Alltags mit seinen konventionellen Gesetzen versetzt. Die Transformation von Zufall in Schicksal entbindet zudem die beiden Liebenden auch von jeglicher Verantwortung. Denn schließ-

---

1 Siehe Mladen Dolars Aufsatz «At first Sight», in: Renata Salecl/Slavoj Žižek (Hg.): *Gaze and Voice as Love Objects*, Durham 1996, S. 129-153.
2 CRISS CROSS, USA 1949, R: Robert Siodmak.

lich können sie für diese Liebe, und alle fatalen Konsequenzen – Diebstahl, Betrug, Verrat, Mord –, die diese mit sich bringt, nichts. Am Ende eines typischen Film-Noir-Szenarios erhält mit der Entlarvung der Femme fatale die Frage des Schicksals jedoch meist eine perfide Zusatzbedeutung, und zwar deshalb, weil sich der bedingungslose Drang nach einer Freiheit, die nur über Mord und Diebstahl zu erlangen ist, als eigentliches Motiv ihrer Verführung entpuppt. Für dieses eigennützige Begehren kann sie ebenso wenig, wie für das fatale Bündnis, das sie mit dem Noir-Helden eingeht. Auch die Überschreitung des Gesetzes wird als aufgezwungene Wahl verstanden, gegenüber der man hilflos ist. Denn die Femme fatale muss ihrem Begehren konform handeln. Nur zeigt sich durch diese Entlarvung, die meist mit der Zerstörung der Femme fatale einhergeht, dass die Sinnstiftung, die durch die Liebe vermeintlich erfahren wurde, eigentlich einer Schutzdichtung gleichkommt. Hatte diese Noir-Liebe doch ein wesentlich beunruhigenderes Begehren verdeckt, nämlich eine fatale Radikalisierung des American Dream, der besagt, alle hätten das Recht, ihrem individuellen Glück nachzugehen, koste es die anderen, was es wolle.[3]

Diese vom Film Noir vorgeführte Verschränkung der Erhöhung der Liebe zum Ausnahmezustand mit dessen ernüchternder Demontage erhält durch den historischen Kontext, in dem diese Gattung entstanden ist, ihre besondere Brisanz. Wie Vivian Sobchack feststellt, ist es zum Gemeinplatz geworden, den Film Noir als pessimistische Reaktion auf die unbeständigen sozialen und ökonomischen Bedingungen der Nachkriegszeit zu verstehen. Denn im Film Noir findet sich ein «playing out of negative dramas of postwar masculine trauma and gender anxiety brought on by wartime destabilization of the culture's domestic economy and a consequent ‹deregulation› of the institutionalized and patriarchally informed relationship between men and women».[4] Dringt der

---

3 Siehe Stephen Farbers Aufsatz «Violence and the Bitch Goddess», in: Alain Silver/James Ursini (Hg.): *Film Noir Reader 2*, New York 1999, S. 45-55, der die Figur der Femme fatale, die einen älteren Mann für sein Geld heiratet und ihn dann ermorden lässt, als Chiffre versteht für eine Ambivalenz gegenüber dem Amerikanischen Traum und dessen Beharren auf materiellem Erfolg. Indem im Folgenden die Femme fatale in Zusammenhang gebracht wird mit einem Akt des Handelns, der mit einem vom Todestrieb geleiteten Begehren konform läuft, übernehme ich eine von Jacques Lacan in seinem Seminar zur Ethik entworfene Denkfigur. Vgl. Jacques Lacan: *Le Séminaire*, Livre VII, Paris 1986.

4 Vivian Sobchack: «Lounge Time. Postwar Crises and the Chronotope of Film Noir», in: Nick Browne (Hg.): *Refiguring American Film Genres. Theory and History*, Berkeley 1998, S. 129-170, hier S. 130. Siehe auch mein Kapitel zu Film Noir «Liebe als Rückkehr zu heimlichem Leid», in: Elisabeth Bronfen: *Heimweh. Illusionsspiele in Hollywood*, Berlin 1999.

Held dieser paranoiden Szenarien meist in die dunkle Welt eines urbanen Kriegsschauplatzes ein – in die verwirrende, faszinierende und gleichzeitig bedrohliche Unterwelt der Korruption, des Betrugs und der Dekadenz, aus der es kein Entrinnen gibt –, spiegelt diese Geografie die politisch instabile Übergangszeit, die sich durch Amerikas Eintritt in den Zweiten Weltkrieg 1941 ergab und bis Ende der 50er-Jahre dauerte. Die pessimistische Färbung der amerikanischen Nachkriegskultur im Film Noir spielt natürlich vornehmlich auf die unsichere Position der Veteranen an, die, vom Krieg heimgekehrt, zum alten Arbeitsplatz sowie zur verlassenen Familie zurückkehren wollten. Nicht zuletzt weil damit jedoch das Verdrängen jener Frauen einherging, die sich während der Kriegsjahre auf dem Arbeitsmarkt erfolgreich durchgesetzt hatten und ökonomisch eigenständig geworden waren, wurde die Unmöglichkeit, jene vermeintlich verlorene patriarchale Ordnung der Zeit vor dem Krieg wiederherzustellen, deutlich. Das traute Heim und die daran geknüpften «family values», die eine männliche Autorität stützen sollten, entpuppte sich nämlich sehr schnell als neue Kriegszone, in der die Demarkationslinie bezeichnenderweise nun nicht mehr zwischen zwei Kulturen verlief, sondern zwischen amerikanischen Männern und jenen emanzipierten Amerikanerinnen, deren Selbstermächtigung, wie Vivian Sobchack es nennt, eine «domestic anxiety» auslöste.

Im klassischen Film Noir dienen gerade die weiblichen Figuren dazu, die von diesem Genre vertretene Skepsis gegenüber der traditionellen Familie zum Ausdruck zu bringen. Auf der einen Seite finden wir die mütterlich beschützende Frau, die für den versehrten Helden die Hoffnung birgt, er könne seiner schuldigen Komplizität mit der ihn umgebenden Korruption entkommen. Da es ihm jedoch verwehrt ist, sie zu heiraten, erweist sich die von ihr angebotene Erlösung als unrealistisch. Ebenfalls findet sich im Film Noir die selbstbewusste Frau, die dem Mann als Kumpel zur Seite steht und ihm durch ihre Loyalität die Reintegration in eine häusliche Existenz ermöglicht. Aufgrund ihres Drängens darauf, sie als gleichberechtigte Partnerin anzusehen, verliert sie jedoch nicht nur an verführerischer Ausstrahlung. Aufgrund ihrer Forderung nach emotionaler Verpflichtung stellt sie für den Held auch eine Bedrohung dar. Diesen beiden Frauentypen diametral entgegengesetzt steht im klassischen Film Noir die sexuell freizügige, unabhängige und ehrgeizige Femme fatale, die ihre Verführungskraft und ihre Intelligenz dazu einsetzt, sich aus dem Kerker einer unerträglichen Ehe, ihren ärmlichen Lebensumständen oder einer Männerbande, die sie instrumentalisiert, zu befreien, und die, um diese Freiheit zu erlangen, auch den

Gesetzesbruch nicht scheut.[5] Sie lässt sich nicht ausschließlich durch den Helden definieren, unterwirft ihr Begehren nicht der männlich dominierten Institution der Familie, sondern besteht darauf, sich selbst zu bestimmen. Somit fungiert sie auch bedingt als Figur, die den Helden auf seine eigenen Verblendungen aufmerksam macht, weil sie die Stelle, die er ihr in seiner Phantasie zuweisen will, nicht bereit ist anzunehmen. Wie Kathie Moffet in OUT OF THE PAST[6] ihrem ernüchterten Liebhaber Jeff erklärt: «I never told you I was anything but what I am – you just wanted to imagine I was.»

Die Femme fatale lässt sich demzufolge weder zur braven Hausfrau noch zur Mutter noch zur Partnerin konvertieren, auch wenn der Tod sich als einzige Alternative dazu erweist. Gerade weil sie ihre eigene Macht, wie auch die eigene Lust, außerhalb der Ehe ansiedelt und ihre Sexualität als Waffe benutzt, um Männer zu dominieren, statt diese in den Dienst der ehelichen Fortpflanzung zu stellen, löst sie beim Noir-Helden nicht nur Angst, sondern für eine kurze Zeit auch ein verbotenes Verlangen aus. Sie erscheint wie ein Symptom seiner «domestic anxiety» in dem Sinn, als sie bei ihm die Phantasie nährt, auch er könne aus dem Kerker des konventionellen Familienlebens ausbrechen, müsse sich weder den Gesetzen der Fortpflanzung noch denen des regulären Gelderwerbs beugen. Weil sie dezidiert als Störerin der Familie und Bedrohung für männliche Potenz- und Unversehrtheitsphantasien auftritt, gleichzeitig aber dank ihrer Überschreitungen auch die Einschränkungen einer traditionellen Familienideologie entlarvt, konnte über die Femme fatale auf vielschichtige Weise der «gender trouble» der Nachkriegszeit kinematisch verhandelt werden. Ihr Beharren darauf, ihr Begehren – nach Freiheit und Geld – gegen das Interesse ihrer Mitmenschen durchzusetzen, diente als Chiffre dafür, wie sehr der Wunsch der heimkehrenden Veteranen nach Reintegration und Sicherheit, aber auch der Wunsch nach Selbstentfaltung der in den häuslichen Bereich zurückgedrängten Frauen, durch die reale Erfahrung von Instabilität, Inkohärenz und Korruption der amerikanischen Nachkriegskultur vereitelt wurde.

Das hartnäckige Nachleben der Femme fatale im zeitgenössischen Kino deutet darauf hin, dass wir es hier mit einem kulturellen «unfinished business» der Nachkriegszeit zu tun haben; mit einem hermeneutischen Problem, dass – so meine These – vom Neo-Noir der 80er- und 90er-Jahre bewusst aufgegriffen wird. Wie Michail Bachtin herausgearbeitet hat, ist gerade ein «genre memory» befähigt, die Vergangenheit

---

5 Siehe Sylvia Harvey: «Woman's Place. The Absent Family of Film Noir», in: E. Ann Kaplan (Hg.): *Women in Film Noir*, London 1980, S. 22-34.
6 OUT OF THE PAST, USA 1947, R: Jacques Tourneur.

aufzurufen und gleichzeitig auf die Bedürfnisse der Gegenwart zu antworten. Denn Kunstgattungen fungieren als eines der wichtigsten Gefäße, durch die eine gesellschaftliche Erfahrung von einer Generation zur nächsten transportiert werden kann: Sie verkörpern «organs of memory that embody the world view of the period from which they originated while carrying with them the layered record of their changing use».[7] Diese nachträgliche kulturelle Wirkung lässt sich teilweise kulturhistorisch dadurch erklären, dass, wie Susan Falludi in ihrer Studie *Stiffed. The Betrayal of the Modern Man* argumentiert, die Weichen für die so genannte Krise der Männlichkeit in der amerikanischen Kultur des ausgehenden 20. Jahrhunderts in den 50er-Jahren gestellt wurden; in den damals gerade im Bereich des Mainstream-Kinos thematisierten Ängsten bezüglich des Zerfalls einer stabilen männlichen Autorität aufgrund von Kriegstraumata, Frauenemanzipation, Homoerotisierung der Popkultur sowie einer wachsenden Technologisierung und Entindividualisierung der Arbeitswelt.

So ist beispielsweise in L.A. CONFIDENTIAL[8] der Schauplatz eine frühere historische Epoche – die Zeit des Aufschwungs nach dem Zweiten Weltkrieg.[9] Doch Curtis Hanson verfilmt James Ellroys Roman über die

---

7   Zitiert in Robert Burgoyne: *Film Nation. Hollywood Looks at U.S. History*, Minneapolis 1997, S. 8.
8   L.A. CONFIDENTIAL, USA 1997; Regie: Curtis Hanson; Drehbuch: Brian Helgeland, Curtis Hanson, nach dem gleichnamigen Roman von James Ellroy; DarstellerInnen: Kevin Spacey, Russell Crowe, Kim Basinger, Danny DeVito, Guy Pearce, James Cromwell; Kamera: Dante Spinotti; Schnitt: Peter Howess; Musik: Jerry Goldsmith; Kostüme: Ruth Myers; Warner Bros, Regency Enterprises, Monarchy Enterprises.
9   In diesem Zusammenhang könnte man auch Carl Kranklins Verfilmung von Walter Mosleys DEVIL IN A BLUE DRESS (USA 1995, R: Carl Franklin) sehen. Diese Geschichte kreist um den Versuch eines von Denzel Washington gespielten Privatdetektivs, die Wahrheit über die junge, verführerische Daphne herauszufinden, da sie das Bindeglied zwischen verschiedenen korrupten, aber politisch mächtigen Männern darstellt. Auch sie erweist sich einerseits als eher zufällige Mitspielerin, ein Tauschobjekt zwischen Männern, das für den Mann keine wirkliche Gefahr darstellt. Gleichzeitig fungiert aber auch sie als Symptom eines bestimmten historischen Umbruchmoments. Franklins Film spielt nämlich explizit auf das Aufkommen einer schwarzen Bourgeoisie nach dem Zweiten Weltkrieg an und benennt gleichzeitig jenen ethnischen Antagonismus, der in der Nachkriegszeit verdrängt werden musste. Daphne wirkt zwar, als wäre sie eine Weiße, doch eigentlich ist sie zur Hälfte eine Schwarze. Sie bezahlt zwar nicht mit ihrem Tod, dennoch muss sie wie Lynn die Stadt verlassen, damit über ihre Abwesenheit eine vermeintliche Wiederherstellung sozialer Ordnung und mit ihr der Aufschwung der schwarzen Gemeinde gewährleistet wird. Sie verflüchtigt sich einfach, wodurch sie der phantomatischen Erscheinung der klassischen Femme fatale zwar noch am nächsten ist. Dennoch hat sie nichts Fatales an sich und dient deshalb auch nicht als Traumgestalt für den Detektiv. Er hat sich emotional von ihr gereinigt und sitzt am Ende des Films mit seinen schwarzen Freunden auf der Veranda seines Hauses; er hält an der Trennung der Ethnien fest, für deren Verflüssigung sie im übertragenen Sinne dadurch bestraft wird, dass ihr der Aufstieg in die weiße Oberschicht

gegenseitige Bedingtheit von organisierter Kriminalität und Polizeibrutalität nicht nur vor dem Hintergrund der Kritik der 90er-Jahre an der rassistischen Gewalt des LAPD, um die 50er-Jahre als Ursprungsszene dieser Korruption zu entlarven. Er verwickelt seine Helden auch in eine doppelte Intrige, in der die von der Femme fatale ausgehende sexuelle Bedrohung gegenüber der Bedrohung, die von einer korrupten Figur väterlicher Autorität ausgeht, abgeschwächt wird. Das Veronika-Lakelook-Alike Lynn Bracken (Kim Basinger) ist das Verbindungsglied zwischen den drei Detektiven, die in die Untersuchung eines Polizeiskandals verstrickt werden: Bud White (Russel Crowe), der seine Muskeln dafür einsetzt, um Frauen vor der Gewalt der Männer zu beschützen (aber auch seinem Vorgesetzten als Schläger dient, um aus Verdächtigten die benötigten Geständnisse heraus zu prügeln), Jack Vincennes (Kevin Spacey), der zynisch genug ist, als Polizist in einer Fernsehshow aufzutreten und der die Skandalpresse bei ihren Recherchen unterstützt, und Ed Exley (Guy Pearce), der in die Fußstapfen seines berühmten Vaters tritt, um wie dieser die Stadt von Korruption, Kriminalität und Gewalt zu reinigen. Hansons Femme fatale arbeitet für die Kräfte der Korruption, indem sie Männer in ihr Haus lotst, um von ihnen kompromittierende Fotografien zu machen, aufgrund derer sie dann erpresst werden können. Doch in ihrer Liebe zu Bud White entspricht die von Kim Basinger gespielte Verführerin dann eher dem weiblichen Kumpel des klassischen Film Noir als der dämonischen Verführerin.

In Hansons Umschrift der Gattung haben die Helden von der Frau nichts zu fürchten, weil es weniger um den Streit der Geschlechter als um den Kampf der Söhne gegen die korrupte Macht des paternalen Polizeichefs Dudley Brown geht, der bereit ist, selbst seine Männer zu opfern, um seine zwielichtige Vorstellung vom Polizeigesetz zu erhalten. Die Intrige um die Femme fatale – die nur als Symptom der korrupten Mächte, die L.A. regieren, fungiert – dient in L.A. CONFIDENTIAL einer Gründungsgeschichte; nämlich derjenigen der Geburt eines «neuen» Nachkriegs-LAPD, die mit der klandestinen Hinrichtung des korrupten Polizeichefs eingeleitet wird. Gleichzeitig findet eine ironische Brechung dieses Erneuerungsmythos dadurch statt, dass der stark verwundete Bud White am Ende des Films auf dem Rücksitz jenes Autos sitzt, mit dem die Femme fatale die Stadt verlässt. Weil Lynn im Gegensatz zur klassischen Femme fatale nicht bedingungslos Geld und Freiheit begehrt, ist es ihr möglich, in Arizona ein gemeinsames Familienglück mit dem entehrten Detektiv zu suchen. Ihre verführerischen

nicht nur verboten wird, sondern sie am Ende des Films gar keine Position in dieser Welt mehr hat.

langen blonden Haare hat sie durch kurze Locken ersetzt und beweist somit, dass ihr die Konversion von der gefährlichen Verführerin zur «all-American wife» der 50er-Jahre gelingen wird. Dies mag zwar einer Domestizierung gleichkommen, dennoch wird an ihr auch der einzige tragfähige Zukunftsentwurf festgemacht. Sie kann mit dem versehrten Helden L.A. verlassen, während sein Freund Jack Vincennes im Verlauf der Untersuchung getötet wurde. Ed Exley ist zwar befördert worden, aber nur, weil er zugelassen hat, dass der von ihnen hingerichtete Dudley Brown nachträglich zum Helden deklariert wurde. So konnte das LAPD in sein neues Gebäude umziehen, ohne dass die korrupte Brutalität, die den morschen Kern seines Gesetzes ausmacht, an die Öffentlichkeit dringt. Zwar stirbt der Vertreter eines obszönen Gesetzes, aber sein Name sowie seine Autorität überleben und überschatten die Entschärfung der Femme fatale.

Gerade der Umstand, dass Retro-Noirs den Verdacht zelebrieren, die Zeitepoche des klassischen Film Noir wäre die Urszene für das geheime Weiterwirken transgressiver Mächte im Herzen eines öffentlichen symbolischen Rechtskodes, erklärt vielleicht, warum 50 Jahre später diese Gattung erneut aufflackert. Das Wiederaufleben des Film Noir im ausgehenden 20. Jahrhundert sollte einen aber nicht nur danach fragen lassen, welche ungelösten kulturellen Fragen aus der Vergangenheit uns weiterhin heimsuchen, und daran geknüpft, welche Analogien sich zwischen diesen beiden historischen Zeiten ergeben. Sondern es sollte uns auch anregen zu fragen, wie, und vor allem warum, klassische Noir-Plots und Figurenkonstellationen nicht nur aufgegriffen, sondern auch auf brisante Weise umgeschrieben werden. Was bedeutet das Nachleben der Figur der Femme fatale in unserem zeitgenössischen Filmrepertoire, und vor allem, wozu dient die Transformation, die an ihr im Neo-Noir vollzogen wird? Wie verändert sich unser Verständnis der Gattung des Film Noir, wenn Regisseure wie Kritiker die Frage nach Gender-Konstruktionen bewusst mit ins Spiel bringen? Denn insofern die Neo-Noirs der 80er- und 90er-Jahre die «domestic anxiety» der Nachkriegszeit reflektieren und kommentieren, tun sie dies meist im Sinne dessen, was Judith Butler eine selbstbewusste, kritisch-ironische Aneignung und Resignifikation vorgegebener Gender-Diskurse nennt. Wenn im Folgenden die Spannbreite dieser Umschriften nachgezeichnet und theoretisch reflektiert wird, so deshalb, weil man sowohl Filme findet, in denen eine, über die brutale Opferung der Femme fatale zum Ausdruck gebrachte, Misogynie auf die Spitze getrieben und somit demontiert wird, wie auch Filme, die die Subversion der Femme fatale lustvoll feiern. Weil gerade die widersprüchliche Ausstrahlung der Femme fatale, die sie zwischen Phantasieobjekt und ethischem Subjekt pendeln lässt, in einem Klassiker wie Billy Wilders DOUBLE INDEMNITY[10] bereits angelegt ist, soll dieser Film als mediale Urszene zuerst diskutiert werden, bevor dann auf dessen Umschriften im zeitgenössischen Neo-Noir und deren kulturtheoretische Implikationen eingegangen wird.

DOUBLE INDEMNITY

Laut der feministischen Filmwissenschaftlerin Janey Place lässt sich der Film Noir als «male fantasy» und die Femme fatale als jene «dark lady, the spider woman, the evil seductress who tempts man and brings about his destruction» lesen, die seit Eva und Pandora unser kulturelles Bildrepertoire heimsuchen.[11] Dabei ist für Place folgender Widerspruch zentral, der in den Refigurationen der 80er- und 90er-Jahren neu verhandelt wird: Der Film Noir bietet eine Bühne für die gefährliche Frau, schmückt ihre schillernde Verführungskraft, ihre erotische Stärke, ihren Zugang zur Macht ausgiebig aus und spielt gleichzeitig furchtlos ihre Zerstörung durch. Denn «the myth of the strong, sexually aggressive woman first allows sensuous expression of her dangerous power and its frightening results, and then destroys it, thus expressing repressed concerns of the female threat to male dominance».[12] Die Femme fatale mag zwar ihre Macht auf der diegetischen und visuellen Ebene verlieren, doch der Widerspruch, den sie verkörpert, verharrt und verbietet die angestrebte Beruhigung, weil eine Tilgung ihrer Macht nie ganz gelingen kann. Diese mediale Brüchigkeit findet auf der inhaltlichen Ebene eine Entsprechung darin, dass die Femme fatale durchaus erfolgreich die Dominanz traditioneller Familienwerte unterminiert. Obgleich sie am Ende bestraft wird, sind ihre Transgressionen gegen die männliche Autorität der Akt, der in unserer Erinnerung verharrt. Wie Sylvia Harvey festhält: «Despite the ritual punishment of acts of transgression, the vitality with which these acts are endowed produces an excess of meaning which cannot finally be contained. Narrative resolutions cannot recuperate their subversive significance.»[13] Der Umstand, dass an der Femme fatale die

---

10 DOUBLE INDEMNITY, USA 1944; Regie: Billy Wilder; Drehbuch: Billy Wilder, Raymond Chandler, nach dem gleichnamigen Roman von James M. Cain; DarstellerInnen: Fred MacMurray, Barbara Stanwyck, Edward G. Robinson, Porter Hall; Kamera: John F. Seitz; Schnitt: Doane Harrison; Musik: Miklós Rózsa; Kostüme: Edith Head; Paramount Pictures.
11 Janey Place: «Women in Film Noir», in: E. Ann Kaplan (Hg.): *Women in Film Noir*, London 1980, S. 35-67, hier S. 35.
12 Ebd., S. 36.
13 Harvey: Woman's Place, S. 31.

visuelle Wirkung dieser Filme haftet, ist genau die Fährte, die der Neo-Noir am Ende des 20. Jahrhunderts aufgreifen wird.

Innerhalb der feministischen Filmkritik hat sich die Femme fatale als fundamental instabile Erscheinung entpuppt. Denn der Umstand, dass sie sich nicht beherrschen lässt, verlagert sich auf die Ebene der Sinnstiftung selber. Die Bedrohung, die von ihr ausgeht, kann vom Zuschauer ebenso wenig eindeutig gelesen werden, wie sie im Phantasieszenario des Helden keinen eindeutigen Platz einnimmt. Dass sie meist zum Bösen deklariert und bestraft oder getötet wird, versteht Mary Anne Doane als «desperate reassertion of control on the part of the threatened male subject». Denn ihre Fähigkeit, den Helden zu Taten zu verführen, die seinem Eigeninteresse widersprechen, machen eine radikale Fehlbarkeit des männlichen Subjekts sichtbar. Deshalb sollte sie, laut Doane, auch weniger als Heldin der Moderne verstanden werden, sondern als «symptom of male fears about feminism».[14] Da zudem die Femme fatale zumeist darauf beharrt, dass sie für ihr Handeln nichts kann, weil sie einfach dem Gesetz ihres Begehrens folgt, bleibt unklar, wie weit man ihre Macht und ihre Transgression als Resultat einer Intention zu lesen hat; wodurch ihre Motivation so ambivalent bleibt wie ihre Erscheinung. Man könnte aber auch spekulieren: Gerade weil die Femme fatale die Frage an den Zuschauer zurückwirft, ob sie als bemächtigtes Subjekt handelt oder als Ausdruck eines unbewussten Triebes zu verstehen ist, ob sie überhaupt eine eigenständige Figur (ein heldinnenhaftes Subjekt der Moderne) oder die Projektionsfläche für männliche Ängste/Wünsche (das Symptom des Mannes) darstellt, konnte sie auch ein so schillerndes Nachleben im Kino erfahren. Weil sie im klassischen Film Noir keinen festen Platz und keine eindeutige Bedeutung einnimmt, weil ihre verführerische Erscheinung im gleichen Maße Faszination und Zerstörungslust auslöst, können klassische Films Noirs sowohl als misogyne Albtraumszenarien, die einer Selbstermächtigung dienen sollen, gelesen werden wie auch als Demontage von männlichen Angstphantasien.

In DOUBLE INDEMNITY finden wir die für viele Film Noirs typische Dreieckskonstellation: Ein jüngerer Mann, der Versicherungsvertreter Walter Neff (Fred MacMurray), begehrt auf fatale Weise eine äußerst verführerische Frau, Phyllis Dietrichson (Barbara Stanwyck), die, wie er, vom Leben enttäuscht worden ist. Sie ist mit einem älteren, reichen

---

14 Mary Ann Doane: *Femmes Fatales. Feminism, Film Theory, Psychoanalysis*, New York 1991, S. 2f. Siehe auch James F. Maxfield: *The Fatal Woman. Sources of Male Anxiety in American Film Noir 1941-1991*, Madison 1996.

Mann – seinem Klienten Mr. Dietrichson (Tom Powers) – verheiratet und verwickelt den jüngeren Mann bald in einen verhängnisvollen Pakt, der in der Ermordung ihres Gatten und dem Betrug an seinem Vorgesetzten Barton Keyes (Edward G. Robinson) mündet. Indem der Mord an Mr. Dietrichson als Unfall inszeniert wird, soll es möglich werden, die doppelte Versicherungsprämie («double indemnity») zu kassieren. Doch Barton Keyes hat sofort ein Verbrechen gewittert und die Witwe unter Druck gesetzt, ohne jedoch seinen Mitarbeiter zu verdächtigen. Weil Phyllis befürchten muss, dass Walter sie betrügen wird, um sein eigenes Leben zu retten, versucht sie, ihm eine Falle zu stellen, und leitet somit ihren eigenen Tod, wie den ihres Komplizen, ein. «It's straight down the line for both of us», hatte sie ihm während eines Gespräches über die Konsequenzen, die sich für beide aus dem von ihnen verübten Verbrechen ergeben, erklärt. So liegt sie am Ende von ihm erschossen in ihrem Wohnzimmer, während er, von ihr verwundet, in seinem Büro seine Wiedergabe der fatalen Ereignisse in ein Diktaphon spricht. Dort wird er von seinem Vorgesetzen, an den er diese Beichte richtet, jedoch gefunden, bevor er nach Mexiko fliehen kann, und der Polizei überliefert. Auf ihn wartet die Todesstrafe.

Bezeichnenderweise setzt sein Bericht mit einem Geständnis ein: «I killed Dietrichson. I killed him for money and for a woman. I didn't get the money and I didn't get the woman. Pity isn't it.» Doch Wilders ironische Demontage seines Noir-Helden besteht darin, dass sich diese Behauptung – er hätte das Geld und das Leben mit der Frau gewollt – als falsch erweisen wird. Im Verlauf der Handlung erkennt man unzweideutig, dass Walter Neffs verhängnisvolles Begehren weder hauptsächlich auf den sexuellen Genuss einer verbotenen Frau gerichtet war, noch auf das Genießen ihres Geldes, sondern darauf, das Gesetz der Versicherungsgesellschaft zu überlisten. Was ihn fasziniert, ist also weniger der Ehebruch mit Phyllis Dietrichson, als die Möglichkeit der Grenzüberschreitung, die sie ihm anbietet. Obgleich Walter anfänglich auf ihren Antrag entrüstet reagiert, gibt er selber zu, er sei nicht nur vom ersten Anblick Phyllis Dietrichsons, als sie die Treppe zu ihm heruntersteig, angezogen gewesen, genauer: von der Art, wie die Goldkette, die sie am linken Knöchel trug, in ihre Haut schnitt. Sondern er sei ebenso sehr fasziniert gewesen vom «morgue job», den sie ihm vorgeschlagen habe. Gesteht er Keyes doch während seiner Beichte:

> It was all tied up with something I'd been thinking about for years, since long before I ran into Phyllis Dietrichson. Because, you know how it is, Keyes, in this business you can't sleep for trying to figure out all the tricks

they could pull on you ... And then, one night, you get to thinking how you could crook the house yourself, and do it smart because you've got the wheel right under your hand ... and suddenly the doorbell rings, and the set up is right there in the room with you.

Als fungiere sie wie ein Symptom, das Walter die Botschaft über sein transgressives Begehren in verschlüsselter Form – nämlich als Begehren nach verbotener Sexualität – überbringt, besucht Phyllis den jungen Versicherungsagenten noch in der gleichen Nacht in seiner Wohnung und nutzt ihre Verführungskraft dazu, ihn von ihrem Mordplan zu überzeugen. Doch die Art, wie Wilder ihre Umarmung inszeniert, hebt das asexuelle Wesen dieses Genießens hervor. Nach einem ersten Kuss löst sich Walter dezidiert aus der Umarmung mit der Femme fatale, und wir hören stattdessen, wie zuerst Phyllis den als Unfall inszenierten Tod ihres Mannes entwirft, für den sie die Versicherungsprämie zu erhalten hofft, Walter daraufhin seinerseits mit einer Todesphantasie warnend antwortet: «If there is a death mixed up in it you haven't got a prayer. They'll hang you as ten dimes will buy a dollar.» Erst nachdem er hinzugefügt hat: «And I don't want you to hang, baby», nimmt er sie wieder in seine Arme. Das Lächeln, das sich langsam auf seinem Gesicht ausbreitet, während er ihr Gesicht auf seine rechte Schulter drückt und über ihren Kopf hinweg blickt, lässt die Freude erkennen, die ihm der Gedanke bereitet, er könne einen Plan aushecken, den sein Vorgesetzter Keyes nicht durchschauen kann. Gleichzeitig aber kann man sein Lächeln auch auf den Genuss beziehen, den die Vorstellung ihres Todes durch den Strick bei ihm auslöst. So mag Phyllis zwar als amoralische Zerstörerin männlicher Stärke fungieren, weil sie den Tod ihres Mannes verursacht, die Versicherungsanstalt zu betrügen sucht und deren Vertreter Walter Neff in den Ruin treibt. Doch geht man auf das Angebot ein, diese Figur nicht nur als die «male fantasy» der Spinnenfrau zu begreifen, auf die eine Angst vor Zerstörung projiziert wird, sondern auch als Symptom, das auf chiffrierte Weise die Wahrheit des Begehrens des Noir-Helden sichtbar macht, lässt sich an ihr vornehmlich Walter Neffs erotisch verkleideter Todeswunsch ablesen.

Elizabeth Cowie nennt die Femme fatale im Allgemeinen:

[A] catchphrase for the danger of sexual difference and the demands and risks desire poses for the man. The male hero often knowingly submits himself to the ‹spider-woman› – as Neff does in Double Indemnity – for it is precisely her dangerous sexuality that he desires, so that it is ultimately his own perverse desire that is his downfall.[15]

Die von Phyllis Dietrichson verkörperte Gefühlsambivalenz besteht also darin, die Lust an der eigenen Zerstörung einerseits auskosten zu wollen (indem man sich dem von ihr vorgeschlagenen Mord und Betrug hingibt), diese dann aber auch wieder abzudecken (indem man die Frau, deren sexuelle Verführung die Transgression hervorgerufen hat, kulpabilisiert). Neffs perverses Begehren nach Selbstverschwendung folgt nun aber durchaus der Logik des Fetischismus; nicht nur, weil er vornehmlich von einem Körperteil angeregt worden war (Phyllis Dietrichsons Knöchel), sondern im Sinne der Verneinung seiner eigenen Lust auf Selbstverschwendung. Lautet die Formel des klassischen Fetischisten «Ja, ich weiß, die Frau ist versehrt, aber ich imaginiere sie mir dank zusätzlicher Attribute als nicht mangelhaft», wendet der typische Noir-Held diese Geste der Verneinung auf sich selbst. Die Femme fatale verkörpert seine Sünde und erlaubt ihm so, in seiner Verbindung mit ihr diese auszukosten. Indem er sie zerstört, kann er die von ihr verkörperte Wahrheit seines Begehrens nach Transgression wieder verdrängen. Wie Slavoj Žižek erklärt, folgt eine fetischisierende Auffassung der Femme fatale folgender Logik: «Der Mann braucht sich bloß von seinem Begehren nach der Frau zu reinigen, damit sie ihren ontologischen Status verliert und zerfällt.» Doch laut Žižek gibt es auch eine zweite Art, die Femme fatale als Symptom des Noir-Helden zu lesen, versteht man das Symptom «als eine besondere, signifizierende Formation, die dem Subjekt seine spezielle ontologische Konsistenz verleiht, indem es ihm ermöglicht, seine grundlegende, konstitutive Beziehung zum Genuss zu strukturieren».[16] In dieser Auffassung der Femme fatale fällt das Subjekt auseinander, wenn sich das Symptom auflöst, weil es überhaupt nur durch die Frau existiert.

Ihre letzte nächtliche Zusammenkunft im Wohnzimmer der Dietrichson-Villa – in der sie statt einer erotischen Verschmelzung ein Liebesduell durchführen und gegenseitig aufeinander schießen – lässt sich als Wettstreit zwischen diesen beiden Auffassungen der Femme fatale lesen. Walter stellt sich vor, dass der Tod seiner Komplizin das mörderische Begehren, mit dem die Femme fatale ihn infiziert hat, auslöschen wird. Damit will er verdrängen, dass, in den Worten Žižeks, sein ganzes Wesen

---

15   Elisabeth Cowie: «Film Noir and Women», in: Joan Copjec (Hg.): *Shades of Noir*, London 1993, S. 121-165, hier S. 125.
16   Slavoj Žižek: «Roberto Rossellini. Die Frau als Symptom des Mannes», in: Lettre International 12 (Frühjahr 1991), S. 80f.

außerhalb seiner selbst, nämlich in der Frau, liegt. Doch gleichzeitig inszeniert Billy Wilder seine Femme fatale derart, dass ihre Unabhängigkeit vom fetischistischen Phantasieszenario, das der Noir-Held um sie gesponnen hat, deutlich wird. Phyllis Dietrichson existiert nicht ausschließlich über Walter Neff, ist mehr als nur sein Symptom. Sie hat ihn nicht nur die Wahrheit seines transgressiven Begehrens erkennen lassen, sondern verleiht auch ihrem eigenen Begehren nach Freiheit Ausdruck, bezeichnenderweise in der tödlichen Umarmung, mit der ihr fatales Bündnis endet. Denn sie vereitelt seine Selbsttäuschung, indem sie explizit den tödlichen Kern benennt, auf dem ihre Beziehung beruht. Walter versucht von ihr das Geständnis zu bekommen, sie hätte den Mord an Dietrichson geplant, lang bevor er eines Nachmittags aufgetaucht war, so dass er sich als unschuldiges Opfer ihrer bösen Machenschaften stilisieren kann. Sie antwortet ihm mit einem Geständnis, das nicht nur ihre Unabhängigkeit von ihm bestätigt, sondern auch ihre Bereitschaft, für ihren Drang nach einem uneingeschränkten Ausleben ihres Begehrens mit dem Tod zu bezahlen.

Jacques Lacan hat in seinem Seminar über die vier fundamentalen Konzepte der Psychoanalyse darauf hingewiesen, dass das Subjekt gerade darin die Wahrheit seiner ursprünglichen Entfremdung entdeckt, dass es, vor eine falsche Wahl gestellt, das wählt, was seine Unfähigkeit zu wählen deutlich macht. Man denke an die prototypische Szene des Überfalls, in der der Räuber einen vor die Wahl zwischen Geld oder Leben stellt und man nur das Leben wählen kann; man denke aber auch an die Szene der revolutionären Handlung, in der eine Entscheidung zwischen Freiheit oder Tod postuliert wird. Im zweiten Fall ergibt sich nur die Wahl des Todes, denn nur so wird bewiesen, dass man tatsächlich eine freie Wahl getroffen hat, obgleich man dabei jegliche Freiheit verliert, außer der Freiheit zu sterben. Diese Formulierung scheint nun für eine Deutung der Femme fatale fruchtbar zu sein, da in ihrem Fall das Einführen eines tödlichen Faktors in die Frage des Wählens einen ethischen Akt ermöglicht und ihr erlaubt, sowohl die Freiheit als auch den Tod zu wählen (während in der Wahl zwischen Geld und Leben die eine Wahl die andere ausschließt). Zurecht beharrt Joan Copjec in ihrer Erläuterung dieses Lacanianischen Schemas darauf, die Differenz zwischen Freiheit und Tod sei nur dann sinnvoll, wenn man davon ausgeht, dass der Tod, den man im zweiten Beispiel wählt, nicht der gleiche ist, der implizit in der Wahl zwischen Geld und Leben auf dem Spiel steht. Stattdessen handelt diese Wahl von einer Entbiologisierung des Todes.[17] Denn im Tausch um Le-

---

17 Joan Copjec: «The Tomb of Perseverance. On Antigone», in: Joan Copjec/Michael Sorkin (Hg.): *Giving Ground. The Politics of Propinquity*, London 1999, S. 238.

ben und Freiheit rückt die Frage der Unsterblichkeit ins Blickfeld, die sich aus einer Leerstelle ergibt, und zwar, weil sich die Vorstellung eines Nachlebens daraus ableitet, dass das Subjekt, indem es all das für sich annimmt, was das Singuläre seiner Existenz ausmacht, sich einer räumlichen und zeitlichen Verortung verweigert und somit für uns nicht tot ist.

Hatte sie sich mit ihrem mörderischen Plan an Walter Neff gewandt, weil sie sowohl ein Leben ohne die Fesseln ihrer unbefriedigenden Ehe wie auch das Geld der Lebensversicherung ihres Gatten wollte, trifft Phyllis nun – ganz im Sinne der von Lacan beschriebenen unmöglichen Wahl – eine andere Entscheidung. Die Freiheit, die sie so bedingungslos für sich will, fällt mit ihrer Annahme des Todes zusammen. Nachdem sie auf Walter geschossen, ihn aber nur verwundet hat, läuft sie auf ihn zu und nimmt ihn ein letztes Mal in die Arme. Sie gesteht ihm: «No, I never loved you nor anybody else. I'm rotten to the heart. I used you just as you said, until a minute ago, when I couldn't fire that second shot. I never thought that could happen to me. Sie antwortet also mit einer Geste, die Slavoj Žižek eine «radikale, ethische Haltung kompromißloser Insistenz» nennt, weil sie alle symbolischen Gesetze, aber auch alle romantischen Schutzdichtungen suspendiert und den reinen Todestrieb aufflackern lässt.[18] Walter hält an seinem Selbstbetrug fest und zieht sich von der Femme fatale und ihrer ethischen Entscheidung für den Tod als einzig möglichen Ausdruck von Freiheit zurück. Während er sie umarmt, erklärt er ihr: «Sorry, I'm not buying», und drückt gleichzeitig den Revolver, den er gegen ihren Unterleib gepresst hat, ab. Indem er Phyllis erschießt, anstatt auf sie einzugehen, hofft er, sowohl die Wahrheit seines Begehrens nach Selbstverschwendung verdrängen zu können, wie auch sich seiner Komplizität zu entledigen. Dass sie hingegen den Tod, den er ihr gibt, willentlich annimmt, macht nicht nur die fehlende Kompatibilität der beiden Phantasieszenarien deutlich. Es erlaubt uns auch zu wählen, ob man Walter Neffs misogyner Erklärung der Femme fatale folgen oder sie als eigenständiges Subjekt anerkennen will. Denn das von Walters Voice-over vorgetragene Narrativ der Kulpabilisierung entspricht natürlich einer Entlastungsgeste, die es dem Mann erlaubt, sich durch die Opferung der Frau *qua* Symptom sowohl seiner Schuld wie auch seiner Verantwortung gegenüber seinem transgressiven Begehren zu entledigen. Hatte er, als er sie das erste Mal erblickte, erkannt, dass er seinem tragischen Schicksal nicht würde entkommen können, erlaubt ihm ihre Tötung auch eine Art Erleichterung. Nun kann er sich dem symbolisch kodierten Todestrieb ergeben – die vom Gesetz verordnete Todesstrafe annehmen. Die Femme fatale hingegen erweist ihre radikale Subjektivität dadurch, dass sie den Todestrieb direkt an-

---

18 Žižek: Roberto Rossellini, S. 81.

nimmt, den obszönen Kern ihres Daseins («rotten to the core») benennt und keine moralisierenden Entschuldigungen akzeptiert. In der Wahl des Todes, der sich aus einer radikalen Annahme der Entfremdung des modernen Subjekts ergibt, entsteht, weil es die Singularität des Subjekts betrifft, eine Eigenschaft, die *sein muß* und *deshalb nicht sterben kann*, auch wenn, oder gerade weil, ein biologischer Tod visuell inszeniert wird. Phyllis Dietrichsons Akt am Ende von DOUBLE INDEMNITY nimmt aktiv und bewusst die eigene Sterblichkeit an. Weil dieses Engagement eine Konversion hervorruft, in der das Subjekt nicht so sehr sich selber, sondern dem Schrecklichen – dem «rotten to the core», das mit der Gestalt Phyllis Dietrichsons unumgänglich verschränkt ist – treu bleibt, nennt Copjec dies eine ethische Haftbarkeit.[19] Durch das Entlarven des fetischisierenden Gehalts von Walter Neffs Männerphantasie wird eine andere Grundlage gegeben, was Copjec als «a surrendering of the grounding substance that supports fantasy and a grounding of the world in the act» bezeichnet.[20] Wir erinnern uns an diese letzte Geste Phyllis Dietrichsons. Deshalb ist sie die Figur, die in DOUBLE INDEMNITY auch am Ende des Films nicht tot ist. Das phantasmatische Nachleben, das sie somit erfährt, erhält in den neuen Femmes fatales des Neo-Noir eine neue Verkörperung.

So kann man bei der Deutung von Phyllis Dietrichson auch der Fährte folgen, die Billy Wilder mit dem Geständnis seiner Femme fatale legt. Dies würde bedeuten – im Gegensatz zu Mary Ann Doane – der Femme fatale durchaus eine weibliche Handlungsfähigkeit zuzusprechen und darauf zu beharren, dass sie in ihrem Handeln alles andere als verblendet ist. Beinhaltet die Haltung des Fetischisten einen Wunsch, nicht direkt hinzusehen, hält sie dieser Selbsttäuschung einen ungeschützten Blick auf die Zerstörungskraft ihres Begehrens entgegen. Das bedeutet auch, die Entlastungsgeste, die über eine Kulpabilisierung der Femme fatale geleistet wird, zu demontieren. Einerseits lässt sich die Versehrtheit der männlichen Machtstrukturen daran ablesen, dass es einer solchen massiven Zerstörungswucht bedarf, um deren Störerin zu beseitigen: Ihrer Tötung, aber auch ihrer Verdrängung aus dem Abschlussbild, in dem der verwundete Walter Neff in den Armen seines Vorgesetzten liegt, während er auf die Ankunft der Polizei wartet. Andererseits lässt sich in diesem prototypischen Film Noir auch die Darstellung eines weiblichen Subjekts und einer weiblichen Ethik entdecken, da die Femme fatale hier ihr Begehren durchsetzt, koste es, was es wolle. Apodiktisch formuliert: Wir können uns entscheiden, ob sie tatsächlich, wie Mary Ann Doane und andere feministische Kritikerinnen es vorschla-

---

19   Copjec: Tomb, S. 258.
20   Ebd., S. 262.

gen, als Symptom einer patriarchalen Angst vor dem Feminismus zu lesen ist. Oder ob sie, wie Slavoj Žižek dies vorschlägt, als Symptom für die Gefühlsambivalenz des Noir-Helden und für seinen Rückzug vom reinen Todestrieb zu verstehen ist. Wir können sie aber auch – und das wäre der Punkt, an dem der Film Noir der 80er- und 90er-Jahre einsetzt – tatsächlich als Inbegriff des weiblichen Subjekts der Moderne verstehen. Nicht nur ihre symptomatische Funktion für ein männliches Subjekt steht demzufolge auf dem Spiel, sondern ein vom männlichen Held unabhängiges weibliches Begehren, das nicht bereit ist, Kompromisse einzugehen.

Die neue Femme fatale

Für die Neo-Noirs, die diese Denkfigur einer unmöglichen Wahl zwischen Geld oder Leben beziehungsweise zwischen Freiheit oder Tod ab den 80er-Jahren aufgreifen, geht es darum, wie eine ethische Haftbarkeit für das weibliche Subjekt neu formuliert werden könnte. Obgleich auch die zeitgenössischen Femmes fatales ein aktives Engagement mit der eigenen Sterblichkeit eingehen, erweist sich ihre Freiheit erstaunlicherweise oft darin, dass sie sowohl das Geld als auch das Leben wählen können. Die von der klassischen Femme fatale eingeführte Denkfigur, die Beharrlichkeit ihres Begehrens würde dazu führen, dass der Zuschauer ihre Gestalt deshalb genießt, weil sie durch ihren radikalen ethischen Akt als erotisierter Körper erscheint, erhält dadurch eine brisante Umschrift. Denn auch die neue Femme fatale wird, wie Yvonne Tasker festhält, durch ihre verführerische Sexualität und die gefährliche Macht, die sie somit über Männer ausüben kann, charakterisiert. Gleichzeitig steht auch sie im Zentrum von Betrugsszenarien und Verstellungen, so dass sie weiterhin eine zwiespältige Erscheinung hat und somit für den Helden wie den Zuschauer ein Rätsel darstellt. Wie ihre Vorbilder ist sie sowohl faszinierend als auch gefährlich für den Helden, der sich von ihr verblenden lässt, während ihr Reiz für feministische Kritikerinnen im ungehemmten Ausleben ihrer Sexualität sowie in ihrer transgressiven Verweigerung patriarchaler Werte liegt.[21] So wird zwar einerseits die klassische Opposition zwischen der die Familie stützenden mütterlichen Frau und der Femme fatale aufgegriffen, gleichzeitig geschieht aber eine deutliche Dekonstruktion. Die Familie, die als Einheit zu schützen ist, wirkt wesentlich instabiler als im klassischen Film Noir. Der verletzbare Held ist wesentlich lächerlicher als sein Vorgänger, der sich willentlich

---

21 Yvonne Tasker: *Working Girls. Gender and Sexuality in Popular Cinema*, London 1998.

verführen und betrügen lässt. Die sexuell aggressiven, ehrgeizigen und unabhängigen Frauen hingegen erhalten viel eindeutiger unsere Sympathie, weil sie dem schwächlichen Mann eine hinreißende Selbstermächtigung entgegenhalten. Noch deutlicher als im klassischen Film Noir wird das Fehlen einer gemeinsamen Sprache zwischen den Geschlechtern inszeniert und somit die Verblendung entlarvt, die die misogyne Obsession des Helden mit der Femme fatale charakterisiert. Mit der Demontage des Helden geht demzufolge eine Aufwertung der Handlungsfähigkeit der Femme fatale einher. Die Sympathielenkung unterstützt ihr transgressives Begehren, erweist es sich doch immer wieder als richtig, dass sie das Gesetz bricht, weil sie nur so zu ihrem Recht kommen kann; weil sie nur so den sie bedrängenden Mann zur Einsicht bringen kann; vor allem aber, weil sie nur so überleben kann. Diese neue Femme fatale nutzt den verblendeten Helden schamlos aus; mal lässt sie ihn an ihrer Stelle ins Gefängnis gehen; mal bewirkt sie seinen Tod und überlebt glücklich mit dem erbeuteten Geld; mal findet sie einen würdevollen Tod. In jedem Fall aber unterscheidet sich der Neo-Noir vom klassischen Film Noir darin, wie Philip Green feststellt: «[I]t is the women who dominate the films, thematically and iconographically. Whether she wins or loses, the terrifying brilliance of the plot with which she has ensnared her victim is what the films are about.»[22]

Als paradigmatisches Beispiel für die erschreckende Brillanz der neuen Femme fatale könnte man John McNaughtons WILD THINGS[23] anführen. Eine allgemeine Angst vor dem Feminismus wird hier in die Angst vor Sexual-Harassment-Klagen umgewandelt, denn vordergründig handelt die Geschichte von zwei High-School-Schülerinnen in Blue Bay, Florida – Kelly (Denise Richards) und Suzie (Neve Campbell) – die ihren Lehrer Sam (Matt Dillon) wegen Vergewaltigung anklagen. Im Laufe des Prozesses stellt sich zwar heraus, dass die beiden gelogen haben und Sam die reiche Mutter Kellys seinerseits auf Schadenersatz verklagen kann, doch der Plot erweist sich als wesentlich verworrener. Suzie, das Mädchen «from the wrong side of the tracks», entpuppt sich als skrupelloses Mastermind hinter einem komplexen Intrigenspiel, bei dem es nicht nur darum geht, das Geld Sandra Van Ryans zu ergattern, sondern auch, sich an jenen Männern zu rächen, die sie auf Grund ihrer so-

---

22 Philip Green: *Cracks in the Pedestal. Ideology and Gender in Hollywood*, Amhearst 1998, S. 204.
23 WILD THINGS, USA 1998; Regie: John McNaughton; Drehbuch: Stephen Peters; DarstellerInnen: Matt Dillon, Kevin Bacon, Neve Campbell, Denise Richards, Bill Murray, Robert Wagner; Kamera: Jeffrey L. Kimball; Schnitt: Elena Maganini; Musik: George S. Clinton; Kostüme: Kimberly A. Tillman; Mandalay Entertainment.

zial niederen Herkunft ausnutzen konnten: dem Polizisten Ray (Kevin Bacon), der sie ins Gefängnis gehen ließ, um seinen eigenen Mord an einem Jungen zu verdecken, und Sam, der sie im Stich ließ, als es darum ging, sie vor dieser ungerechten Gefängnisstrafe zu schützen. Am Ende des Films steht sie – nachdem sie den einen Mann mit einer Harpune erschossen, den anderen vergiftet und beide über Bord geworfen hat – alleine am Steuer der erbeuteten Segelyacht Hellios und fährt aufs offene Meer hinaus. Im Abspann erfahren wir, dass sie ihren Tod – für den ihre Freundin Kelly nachträglich verantwortlich gemacht wird – nur gespielt hatte, um diese beiden Männer in den Tod zu lotsen und anschließend das gesamte Geld, das Sandra Van Ryan an Sam Lombardo ausgezahlt hatte, von seinem Rechtsanwalt zu erhalten. Es war von Anfang an ihr gemeinsames Spiel gewesen.

Brisant an dieser Umschrift ist zum einen, dass, weil der eine Mann als tötungslustiger Polizist, der unschuldige Minderjährige erschießt, entlarvt wird, der andere als sexbesessener Lehrer, der heimlich mit seiner Schülerin schläft, die Freundin hingegen nur zu bereitwillig an der Ermordung ihrer Nebenbuhlerin mitwirkt, die von Suzie verübten oder eingeleiteten Morde wie eine gerechte Hinrichtung erscheinen, auch wenn sie einem Gesetzesbruch gleichkommen. Führt Suzie – die sowieso sozial am Rand der etablierten Gesellschaft lebt – doch nur den morschen Kern des Polizeigesetzes vor, bis dieses die Vertreter des Gesetzes und der Macht selber trifft. Zum anderen triumphiert Suzie nicht aufgrund ihrer erotischen Verführungskraft, sondern wegen ihrer Intelligenz, die ihr erlaubt, die Menschen, die sie auszunutzen suchen, beim eigenen Intrigenspiel zu übertrumpfen: Die anderen unterliegen ihr, weil sie das «white trash girl» falsch einschätzen. Hinter der Fassade einer störrischen Außenseiterin, die man ausnutzen und derer man sich vermeintlich einfach entledigen kann, weil sie keine soziale Macht hat, erscheint eine Frau, die hartnäckig ihre eigenen Entscheidungen fällt und aufgrund ihres überdurchschnittlich hohen Intelligenzquotienten die Phantasie, erfolgreich zu überleben, auch durchsetzen kann. Wie ein alter Freund Suzies der Polizistin Gloria erzählt, die nach dem plötzlichen Verschwinden ihres Partners noch einmal den Trailerpark, in dem Suzie wohnte, besucht: «She could do just about anything she set her mind to.» So ist Neve Campbells «white trash girl» prototypisch für jene neue Femme fatale, von der Slavoj Žižek feststellt: «She does not survive as a spectral ‹undead› threat which libidinally dominates the scene even after her physical and social destruction; she triumphs directly, in social reality itself.» Es lässt sich zwar fragen, ob mit diesem realen Triumph nicht die subversive Färbung dieser Figur verloren geht. Doch dem hält Žižek entgegen «[T]he new femme fatale who fully accepts the male game of manipulation, and, as it were, beats him at his own game, is much more effective in threatening the paternal Law than the classic spectral femme fatale.»[24]

Im Folgenden soll aufgezeigt werden, wie die neue Femme fatale die paternale Autorität mit ihren eigenen Waffen schlägt. Es geht jeweils darum, wie sie der männlichen Phantasie den Boden entzieht, ihre Misogynie entlarvt und durch diesen Akt eine ihrem Begehren entsprechende Welt gründet, auch wenn sie diesen neuen Entwurf nicht immer erfolgreich durchsetzen kann. Dabei lässt sich jeweils fragen, wie in diesen Umschriften des Film Noir eine Annahme der Entfremdung des Subjekts gerade als Frage nach der Möglichkeit, nicht hilflos, sondern handlungsbefähigt wählen zu können, aussieht. Es geht zwar bei der neuen Femme fatale auch, wie in CRISS CROSS, alles in eine Richtung, aber erstaunlicher Weise oft in eine, bei der die Entscheidung für das Leben gerade die Entscheidung für das Geld nicht ausschließt und somit die Femme fatale die Fähigkeit hat, aus eigener Kraft die Freiheit zu ihrem Schicksal zu machen. Oder es geht darum, wie die Wahl des Todes explizit als Wahl der Freiheit entworfen wird. Das Subversive liegt deshalb vielleicht gerade in dem durch den Triumph der Femme fatale verkörperten Moment der Utopie, der einem nüchternen und dennoch hartnäckigen Glauben an den American Dream gleichkommt und somit eine zukunftsträchtige Alternative zur verblendeten Nostalgie der entmächtigten Männer dieser Neo-Noirs entwirft.

Remakes des klassischen ödipalen Dreiecks

Mit seinem Noir-Remake BODY HEAT[25] greift Lawrence Kasdan die in DOUBLE INDEMNITY durchgespielte ödipale Dreieckskonstellation zwischen zwei männlichen Rivalen und einer sie manipulierenden Frau auf und inszeniert dabei nicht nur explizit die Sexszenen, die Billy Wilder auf Grund des Production Code der 40er-Jahre nur andeuten konnte, sondern entlarvt gleichzeitig auch wesentlich expliziter die Misogynie, von der die Faszination für die Femme fatale sich nährt. Wiederholt sehen wir, wie sein Held, der unbegabte Rechtsanwalt Ned Racine (William Hurt), sich mit seinen beiden Kumpeln – dem D.A. Peter Lowenstein

---

24 Slavoj Žižek: *The Art of the Ridiculous Sublime. On David Lynch's Lost Highway*, Seattle 2000, S. 10.
25 BODY HEAT, USA 1981; Regie und Drehbuch: Lawrence Kasdan; DarstellerInnen: William Hurt, Kathleen Turner, Ted Danson, J.A. Preston, Mickey Rourke; Kamera: Richard H. Kline; Schnitt: Carol Littleton; Musik: John Barry; Kostüme: Renie Conley; The Ladd Company.

(Ted Danson) und dem Polizeiinspektor Oscar Grace (J.A. Preston) – trifft, um über ihre männliche Potenz zu prahlen und Witze über Frauen zu machen, die ihrem männlichen Charme scheinbar erlegen sind. Diese beiden Kumpel werden ihn, nachdem er sich von der von Kathleen Turner gespielten Matty Walker hat einwickeln lassen, vor dieser Frau warnen, weil sie in ihren Augen «big trouble, major league» darstellt. Diese Kumpel werden schließlich auch dafür sorgen, dass er verhaftet und verurteilt wird. Die Femme fatale stellt also nicht nur eine Bedrohung für die Familie ihres Gatten dar (geht es ihr doch darum, nicht nur ihren Mann zu beseitigen, sondern auch die gesamte Erbschaft an sich zu reißen). Sie stellt auch ein Gegengewicht zu jenem Männerbund dar, der nicht nur das offizielle Gesetz vertritt, sondern auch eine Loyalität beinhaltet, die ihre gefährliche Liebschaft überdauert. Im Gefängnis wird Ned seinem Freund Oscar Grace zu beweisen suchen, dass Matty weiterhin am Leben und er somit nicht für ihren Tod verantwortlich ist.

BODY HEAT stellt aber vornehmlich deshalb eine Innovation in der Gattung dar, weil Matty Walker nicht nur wesentlich heimtückischer als Phyllis Dietrichson ist, sondern auch eine der ersten Femmes fatales im Mainstream-Kino, die für den Mord an ihrem Ehemann und dem Betrug am Liebhaber, den sie dazu angestiftet hat, nicht mit dem Leben zahlen muss. Wie in DOUBLE INDEMNITY findet in BODY HEAT eine Liebe auf den ersten Blick statt. Eines Abends betrachtet Ned eine in weiß gekleidete Frau, die ein Konzert am Strand verlässt, weil es ihr zu heiß ist, und verliert sofort den Verstand. Deshalb erkennt er zu spät, dass sie sich gar nicht zufällig getroffen haben. Matty hatte ihn sich ausgesucht, weil sie seinen Ruf, ein fehlbarer Rechtsanwalt zu sein, für ihre Zwecke nutzen wollte. Zuerst erscheint sie ihm als ungehemmt lüsterne Verführerin, die ihn in sexuelle Rage versetzen will, dann als eine, die erbarmungslos ihre eigenen Geldinteressen verfolgt und ihn so gekonnt manipulieren kann, weil sie das prahlerische Spiel um seine Männlichkeit durchschaut hat. Nicht nur instrumentalisiert sie seine Unwiderstehlichkeitsphantasie bewusst für ihre Zwecke, sondern sie erweist sich schlicht als der bessere Mann. In einem Gespräch mit ihrem Gatten, der selbst ein skrupelloser Gauner ist, hatte Ned zugegeben, er gehöre zu jenen Männer, die nicht erbarmungslos genug seien, um das zu tun, was getan werden muss. Am Ende des Film wird Ned in seinem Gespräch mit dem Polizeiinspektor diesen Satz aufgreifen und von Matty behaupten, Unbarmherzigkeit sei ihre Gabe gewesen: «She would do whatever was necessary.»

So erscheint Matty durchaus im Sinne des klassischen Film Noir als Symptom des Mannes – als Verkörperung der gefährlichen Sexualität, die er begehrt, aber auch als Verkörperung seines Wunsches nach dem eigenen Niedergang. Nur treibt Kasdan diese romantische Verblendung auf die Spitze, indem er seine Femme fatale wesentlich deutlicher als Phyllis Dietrichson ihre Geldgier direkt aussprechen und sie offen zugeben lässt, dass sie nicht gut sei und ihn ausgenutzt habe – sie dann aber auch offen ansprechen lässt, als wie erniedrigend sie sein Misstrauen empfinde. Wir nehmen sie zwar nur durch ihn fokalisiert wahr, doch wir erkennen, wie sehr sie durchschaut hat, dass Ned sie vornehmlich als Spiegel seiner männlichen Potenz liebt, während sie ihn genau das Gegenteil erfahren lassen wird. So erscheint sie zwar nicht außerhalb seiner verblendeten Projektionen, fungiert aber sowohl als Stütze wie auch als Störerin seiner Selbstermächtigungsphantasie. Kasdans Demontage des klassischen Film-Noir-Helden bringt zudem noch eine weitere Komponente mit ins Spiel: Ist seine Femme fatale noch rücksichtsloser als ihre Vorgängerin, hält sein Held hartnäckiger als seine Vorbilder an seinen romantischen Verblendungen fest. Obgleich er bereit ist, die Frau, die ihn betrogen hat, in den Tod zu schicken, will er an seine Liebe glauben. Sie hatte ihn in das Bootshaus am Ende des Gartens vor ihrer Villa geschickt, um belastendes Beweismaterial zu entfernen, doch bevor er eingetreten war, hatte er den Sprengstoff erblickt, der beim Öffnen der Türe das Haus in die Luft jagen würde. So bittet er sie, an seiner Stelle das Bootshaus zu betreten, und wird selber Zeuge der Explosion. Kasdans Umschrift des tödlichen Schusses von Walter Neff läuft jedoch darauf hinaus, dass sie – die immer nur als Symptom des transgressiven Begehrens des Mannes behandelt wurde – sich einfach auflöst und somit seine Bestrafung durch genau jenes Gesetz erlaubt, das er im Gerichtshof so nachlässig vertreten und dann überschritten hat. Anstelle ihrer Leiche findet sich im Bootshaus der verkohlte Körper jener Freundin, deren Namen sie sich angeeignet hatte. Roland Barthes hat einmal behauptet, das Stereotyp entstehe an dem Ort, an dem der Körper fehle. Bedeutsam an dieser rätselhaften Verflüchtigung der Femme fatale ist, dass der im Gefängnis sitzende Betrogene nun von ihr träumen kann. Weil die Leiche der Femme fatale am Tatort fehlt, wird eine Grundkomponente ihrer mythischen Ausstrahlungskraft entlarvt. Der Mann begehrt die erotisch gefährliche Frau als Phantasiebild, und diese spektrale Figur muss er auch, weil seine Existenz von ihr abhängt, am Leben erhalten. Nachdem er in ihrem Senior Yearbook gelesen hat, dass sie sich wünschte, reich zu werden und in einem exotischen Land zu leben, stellt Ned sich Matty an einem südlichen Strand sitzend vor. Doch am radikalen Verschwinden dieser Figur lässt sich nicht nur der Triumph seiner romantischen Verblendung deutlich ablesen; die gefährliche Frau triumphiert ihrerseits in der sozialen Realität – außerhalb seiner Phantasien –, wenn auch als Abwesende. Denn an genau dem Ort beziehungsweise dem Körper, an dem sich in Form einer Kulpabilisierung das misogyne Gesetz des D.A. Lowenstein wieder hergestellt hätte, finden wir nur eine Leerstelle. Die Fehlbarkeit des Gesetzes selber ist deutlich geworden, weil keine adäquate Schuldigsprechung und somit auch keine Bestrafung mehr möglich ist.

Auch Oliver Stone folgt mit U-Turn[26] der in DOUBLE INDEMNITY durchgespielten fatalen Dreieckskonstellation, um die Verblendung seines versehrten Helden zu thematisieren, nur radikalisiert er die Gewalt, die das Verhältnis zwischen Männern und Frauen in dieser Noir-Welt zusammen hält, derart, dass die Sympathielenkung wesentlich eindeutiger zu Gunsten der freiheitssüchtigen Femme fatale Grace McKenna (Jennifer Lopez) verläuft. Nachdem Bobby Cooper (Sean Penn) zuerst im übertragenen Sinne vom Weg abgekommen ist, Gelder von einem Gangster veruntreut und deshalb bereits zwei Finger seiner linken Hand verloren hat, muss er aufgrund einer Autopanne im wörtlichen Sinn den *Highway* nach Las Vegas verlassen. In dem kleinen Wüstendorf, in dem er sein Auto zu reparieren hofft, erblickt er plötzlich eine rot gekleidete Frau, folgt ihr nach Hause, trifft dort, nachdem – wie in DOUBLE INDEMNITY – ein verbales Verführungsspiel eingesetzt hat, ihren Gatten Jake McKenna (Nick Nolte). Doch Oliver Stones Umschrift beinhaltet zwei Abweichungen vom klassischen Noir-Plot: Zum einen stiftet der Gatte selber den Tod seiner ehebrecherischen Frau an, um eine Versicherungssumme zu kassieren, so dass der Mord, zu dem Grace schlussendlich Bobby überreden kann, einer Selbstverteidigung gleichkommt. Zum anderen lässt sich der Held zuerst auf einen Pakt mit dem obszönen Vater ein, da er das ihm angebotene Geld braucht, weil er um sein Leben fürchten muss, wenn er das entwendete Geld seinem Boss nicht zurück zahlt. Am Wendepunkt der Handlung stehen Bobbie und Grace am Rande eines Berges. Sie weiß, dass er sie hinunterstürzen will, und stellt ihn vor die Entscheidung: «Kill me or fuck me.» Indem er die von ihr verkörperte erotische Verführung und nicht den Pakt mit ihrem Gatten wählt, entscheidet er sich scheinbar für ihr Überleben und lässt sich auf eine andere Mordtat ein. Sie werden stattdessen Jake McKenna töten, das in einem Safe neben ihrem Ehebett aufbewahrte Geld stehlen und gemeinsam aus dem Dorf fliehen. Eigentlich geht es jedoch um eine Entscheidung zwischen Freiheit oder Tod. Das erbeutete Geld würde Grace erlauben, sich von ihrem mörderischen

---

26   U-TURN, USA/F 1997; Regie: Oliver Stone; Drehbuch: John Ridley, nach seinem Roman *Stray Dogs*; DarstellerInnen: Sean Penn, Nick Nolte, Jennifer Lopez, Claire Danes, Billy Bob Thornton, Jon Voight; Kamera: Robert Richardson; Schnitt: Hank Corwin, Thomas J. Nordberg; Musik: Ennio Morricone; Kostüme: Beatrix Aruna Pasztor; Canal+ Droits Audiovisuels, Phoenix Pictures, Illusion Entertainment Group.

Gatten, der ihre Mutter getötet und sie als Mädchen vergewaltigt hat, zu befreien, Bobby hingegen würde seiner tödlichen Schuld gegenüber dem Gangsterboss entkommen.

Obgleich auch Oliver Stone die Sexszenen zwischen seinen Protagonisten explizit ausschmückt, macht er der Vorlage gegenüber deutlich, dass es weder dem Fremden noch der Femme fatale um das Ausleben dieser klandestinen Erotik geht, sondern darum, sich um jeden Preis aus einer fatalen Situation zu befreien. Gleichzeitig greift er von Billy Wilder das Thema der männlichen Verblendung auf, nur betrifft es in U-TURN die paranoiden Wahnvorstellungen, denen Bobby unterliegt. Vor seiner Ankunft in dem unheimlichen Wüstendorf war er bereits nervlich angeschlagen und drohte, die Kontrolle über seine Handlungen wie seine Gedanken zu verlieren. Oliver Stone unterstreicht die geistige Verwirrung seines Helden dadurch, dass er seine Wahrnehmungen wie aufgerüttelte, teils unzusammenhängende Bilder wiedergibt, als wäre er in ein halluzinatorisches Phantasieszenario eingetreten. Gleichzeitig greift Oliver Stone ein brisantes Detail aus DOUBLE INDEMNITY auf, den Umstand nämlich, dass Walter von dem Augenblick an, da er sich auf die Mordintrige Phyllis Dietrichsons einlässt, sich wie ein Geist empfindet, nicht zuletzt, weil er den Anzug des von ihm Ermordeten anziehen wird, um den tödlichen Sturz aus dem fahrenden Eisenbahnzug nachzustellen, der ihm und der Femme fatale die doppelte Versicherungsprämie einbringen soll. Bobby befindet sich nämlich ebenfalls auf der Schwelle zwischen den Lebenden und den Toten. Zu Recht fragt der blinde Mann, bei dem er campiert: «Are you a human being or a hungry ghost?», denn im Verlauf der Geschichte wird sich erweisen, dass er auf Grund seines blinden Hungers nach Geld gar keine menschlichen Regungen empfindet, sondern wie ein Lebloser diesem Drang nachgibt. Oliver Stones Umschrift besteht demzufolge auch darin, dass sein Noir-Held sich gar nicht vormacht, es wäre ihm um eine verbotene Frau und ihr Geld gegangen. Nachdem das Misstrauen, das die beiden Ehebrecher füreinander nach dem vollstreckten Mord hegen, offensichtlich wird, gibt Bobby zu: «I never had much love for women.»

Grace teilt ihrerseits sein Misstrauen gegenüber dem anderen Geschlecht, und auch sie existiert in einer Welt zwischen Lebenden und Toten. Denn sie wird ihrerseits von einer blinden Rache heimgesucht, und zwar gegenüber jenen Männern, von denen sie sagt: «They treated me like meat», ihrem Gatten, der mit ihr schläft, wie er dies mit ihrer Mutter getan hat, und Sheriff Vernon, der sie ausnutzt, um sein sexuelles Begehren zu befriedigen. Während Bobby eher willkürlich handelt, weil er nur die Flucht aus dem Dorf vor Augen hat, ist Grace viel selbstbewusster in ihrer Insistenz, sich aus der sie degradierenden Männerallianz zu befreien. Sie ist es, die Jake McKenna den tödlichen Stoß versetzt, wie sie auch kaltblütig den Sheriff erschießt, nachdem er sie auf der Flucht ertappt. Gleichzeitig lenkt Oliver Stone noch unzweideutiger als Kasdan die Sympathie auf seine Femme fatale, nicht nur, weil sie, im Gegensatz zum geistig verwirrten Bobby, entschlossen handelt, sondern auch, weil die eingeschobenen Erinnerungsbilder an ihre getötete Mutter den Mord an Jake als Blutrache rechtfertigen. Gegen das moralische Gesetz einer korrupten Allianz zwischen den mächtigen Männern des Dorfes setzt sie das biologische Bündnis zu ihrer ermordeten Mutter, in deren Namen sie es ihnen tödlich heimzahlt. Gleichzeitig bleibt sie am Ende dem ethischen Akt Phyllis Dietrichsons treu und nimmt den Tod als letzte Konsequenz ihres Freiheitsstrebens auf sich.

Bobbys Todesnähe zeigt sich hingegen in der Gewalt, die er einzusetzen bereit ist, um das Geld für sich allein zu haben, weil er keiner Frau trauen kann. So kehren die beiden Liebenden zu jener Szene der Entscheidung zurück, die den Mord an Jake McKenna einleitete. Wieder befinden sie sich am Rand einer Schlucht. Diesmal jedoch stürzt Grace den trügerischen Helden in den Abgrund. Doch er hatte insgeheim die Autoschlüssel mit sich genommen, und so muss sie zu ihm herunter klettern. Auch für ihn ist nun die Wahl zwischen Erotik und Tötung eindeutig. Er erwürgt sie und hofft, indem er sich gegen ihr Leben entschlossen hat, sich endlich seines Geldes sicher zu sein. Doch Oliver Stone – der sich in seinen Filmen immer wieder am Mythos des American Dream bedient hat – geht es in seiner Umschrift schlussendlich darum, einen reinen Überlebenstrieb, der durch keine Verantwortung, außer der gegenüber der eigenen Selbsterhaltung, gestützt ist, als verblendete Hybris zu entlarven. Sein Held kehrt zwar zu seinem Auto zurück, doch dieses startet nicht mehr, und so stirbt Bobby unter der Wüstensonne. Das Geld zu wählen, bedeutet für beide, wie im klassischen Film Noir, den Tod implizit gewählt zu haben, weil die Möglichkeit des Umkehrens – der «u-turn» in ein befreites Leben – unmöglich ist. Doch an der erwürgten Grace, die nun wörtlich die Stelle ihrer ermordeten Mutter eingenommen hat, lässt sich ein ethischer Akt festmachen, der dem bestialischen Überlebenstrieb des misogynen Helden diametral entgegen steht. Mit ihrem Tod nimmt sie auch deren Schicksal auf sich und bleibt der Mutter, in der Wiederholung ihres Leides, treu. Deshalb erhält sie in unserer Erinnerung an diesen Film ein spektrales Nachleben, das dem der klassische Femme fatale vergleichbar ist. Sie hat das, was singulär an ihrer Existenz ist – ihre Schuld gegenüber ihrer Mutter –, für sich wörtlich am eigenen Leib angenommen und ist somit für uns nicht tot.

Variationen des Liebesdreiecks

Nun lassen sich im Mainstream der 90er-Jahre jedoch auch Neo-Noirs finden, die für das fatale Bündnis zwischen zwei Männern und einer Frau – das sowohl zu Ehebruch wie auch zum Mord führt – unerwartete Auflösungen finden, beispielsweise BOUND[27]. Die Wachowski-Brüder versehen in diesem Neo-Noir das Szenario der Femme fatale, die ihren Gatten um sein Geld und sein Leben berauben will, mit einer ungewöhnlichen Umdeutung, indem sie explizit mit den tradierten Geschlechterrollen des Film Noir spielen. Wie in DOUBLE INDEMNITY steht die Frage nach der eigentlichen Bedeutung der Femme fatale auf dem Spiel, wobei es in diesem Neo-Noir um eine mehrfache Täuschung der Erwartungen, die an eine verführerische Weiblichkeit herangetragen werden, geht. Zum einen, weil die Wachowski-Brüder dem traditionellen Noir-Ehebruch eine lesbische Umschrift verleihen. Ihre Femme fatale Violet (Jennifer Tilly) verführt Corky (Gina Gershon), die gerade aus dem Gefängnis entlassen worden ist und die Wohnung nebenan renoviert. Wie Phyllis Dietrichson will sie sich aus ihrer Beziehung mit dem Mafia-Gangster Ceasar (Joe Pantoliano) befreien und erklärt ihrer geheimen Liebhaberin: «I want out, I want a new life», braucht dafür aber Geld. Nachdem Corky ihr gestanden hatte, dass «redistribution of wealth» der Grund für ihre Inhaftierung war, erkennt sie in ihr die ersehnte Komplizin. Im Gegensatz zur klassischen Femme fatale will Violet jedoch Ceasar nur um entwendetes Geld betrügen, das er in ihrer Wohnung zwischenlagert, um es zu seinem Boss zurückzubringen. Die Schuld soll auf ihn fallen, nachdem sie längst mit Corky geflohen ist. Eine brisante Drehung der trügerischen Erscheinung der Femme fatale steht aber auch deshalb auf dem Spiel, weil man vom Noir-Genre erwartet, dass sie ihre Liebhaberin ausnützen und betrügen wird. BOUND beginnt auch damit, dass Corky geknebelt am Boden liegt, während aus dem Off verschiedene Stimmen zu hören sind. Eine, die wir nachträglich als Violets erkennen, erklärt: «We make our own choice. We pay our own price.» Zudem reagiert Corky, dem klassischen Noir-Helden entsprechend, anfänglich auch misstrauisch auf Violets Vorhaben. Doch der ruhige Blick Violets hält ihre paranoiden Ängste in Schach. Für eine Frage nach der Verschränkung von Gender und Genre im Neo-Noir ist der

---

27 BOUND, USA 1996; Regie und Drehbuch: Andy Wachowski, Larry Wachowski; DarstellerInnen: Jennifer Tilly, Gina Gershon, Joe Pantoliano, John P. Ryan, Christopher Meloni, Richard C. Sarafian; Kamera: Bill Pope; Schnitt: Zach Staenberg; Musik: Don Davis; Kostüme: Lizzy Gardiner; Dino de Laurentiis Productions, Spelling Films.

Sieg des Vertrauens bei dem gleichgeschlechtlichen Paar in BOUND bezeichnend. Denn im Gegensatz zu DOUBLE INDEMNITY, wo die fatale Liebesbeziehung auf einem fundamentalen Misstrauen basiert, das bis zuletzt nicht ausgeräumt werden kann, weil Walter nicht bereit ist, Phyllis ihre Liebe abzukaufen, verbindet Corky und Violet eine Liebe, in der nicht die Differenz zwischen ihnen, sondern die Ähnlichkeit ausschlaggebend ist. Während ihres ersten Liebesstreits hatte die Butch Corky darauf beharrt, sie seien grundsätzlich verschieden. Auf ihre ruhige, aber bestimmte Art hatte die feminine Violet geantwortet: «I think we're more alike than you care to admit», und gleichzeitig ihre weibliche Erscheinung verteidigt: «I know what I am. I don't have to have it tattooed on my shoulder.» Obgleich Corky erst ganz zum Schluss die Wahrheit dieser Aussage begreifen wird, beruht der Erfolg ihres Diebstahls – den Corky an einer Stelle mit dem Liebesakt vergleicht – darauf, dass beide an diese Ähnlichkeit glauben und deshalb vor einem fatalen Verdacht geschützt sind. Weil Corky, im Gegensatz zu Walter, sich tatsächlich einer Liebe hingibt, die ein grundsätzliches Vertrauen gegenüber der Geliebten voraussetzt, komme was wolle, muss der von der Femme fatale in Gang gesetzte Betrug keine tödlichen Folgen haben, zumindest nicht für das transgressive Liebespaar.

Violet erweist sich ihrerseits nicht nur als eine gekonnte Nachfolgerin der klassischen Femme fatale, in dem Sinne, dass sie sich bewusst dafür entscheidet, die Männer, die sie unterdrücken, zu zerstören, um sich von ihnen zu befreien. An der Art, wie sie die Gangster bei ihrem eigenen Spiel schlägt, wird ein weiterer Aspekt der Täuschung, die von dieser Femme fatale erfolgreich durchgeführt wird, sichtbar. Denn wie bei Phyllis Dietrichson versteckt ihre Schutzbedürftigkeit eine skrupellose Handlungsbereitschaft. In der entscheidenden Szene nutzt sie kaltblütig die Handwaffen eines der Gangster, um Ceasar zu erschießen, und entpuppt sich somit als eigentlicher Mann, während Corkys Muskeln ihr nicht erlaubten, Caesars Schläge erfolgreich abzuwehren. Erst die Geliebte kann sie von dem ihr drohenden tödlichen Schuss befreien. Gleichzeitig nutzt Violet aber auch schamlos ihre Weiblichkeit als Waffe, spielt die Männer gegeneinander aus und stellt sich dann – nachdem alle tot sind und das Geld in Sicherheit gebracht worden ist – dem Mafia-Boss Mickey gegenüber als die hilflose Frau dar, die Caesar zur Komplizenschaft gezwungen hatte, bis es ihr schließlich gelungen war, ihm zu entkommen. Dass sie Caesar getötet und die Leiche versteckt hat, behält sie für sich, damit die Mafia ihn weiterhin als Schuldigen suchen wird. Sie ist demzufolge weder so hilflos noch so passiv, wie sie sich gibt, setzt aber genau diese vorgetäuschte Verletzbarkeit ein, um zu überleben.

Denn sie kann sich nicht nur auf Corkys Treue verlassen, sondern auch auf den Wunsch des Mafia-Bosses, von ihrer weiblichen Maskerade betrogen zu werden. Genau wie Caesar bis zum Schluss nicht glauben wollte, dass sie als Frau dazu fähig sei, ihn zu erschießen, kann Mickey nicht auf die Idee kommen, eine schutzbedürftige Frau könnte hinter dem Diebstahl stecken. Oder anders gesagt: Weil die Männer eine starre Vorstellung von Gender haben und deshalb einer femininen Frau kein Verbrechen zutrauen wollen, schlägt sie sie mühelos in ihrem eigenen Spiel. Sie hält dem Allianz-System der Mafia-Familie ihre Liebe zu Corky entgegen, tut aber so, als wäre sie weiterhin die anhängliche Tochter. Den Mann, den sie kaltblütig um zwei Millionen Dollar betrogen hat, küsst sie in der Abschiedsszene liebevoll auf den Mund. Dann steigt sie mit Corky ins Auto, wo ihre Geliebte die Debatte um den Unterschied zwischen ihnen nochmals aufgreift. Als hätte sie eine wichtige Erkenntnis gewonnen, fragt sie: «You know what the difference is between you and me?» Nachdem Violet mit einem erstaunten «Nein» reagiert, antwortet Corky: «Me neither.» Während sie sich küssen, setzt auf der Tonspur das Lied «She's a Lady» ein. Darin liegt die Stärke dieser neuen Femme fatale. Als *Lady* verschränkt sie erfolgreich ihr Begehren nach Freiheit mit weiblichem Charme. Dabei betrügt sie nur diejenigen, die von ihrer oberflächlichen Erscheinung getäuscht werden wollen – sie selber hatte immer ihre geschlechtliche Hybridität zugegeben. Nur braucht es eine Liebhaberin, wie sie im klassischen Film Noir nicht gefunden werden kann, die dieser Femme fatale wirklich zuhört und ihr Spiel mit weiblicher Sexualität als Stärke begreift, ohne Angst bei ihr auszulösen. Das Lied, das während des Abspanns weiterhin zu hören ist, stellt zudem eine ironische Refiguration des klassischen Voice-over dar, dient es doch auch als Abschlusskommentar. Diese Femme fatale überlebt in ihrer sozialen Realität, während ihre spektrale Bedrohung sich verflüchtigt hat. An deren Stelle ist eine andere Figur verführerischer Weiblichkeit getreten; die Lady, von der Corky stolz behaupten kann: «And she's mine.»

THE MAN WHO WASN'T THERE[28] könnte als ultimatives Remake von DOUBLE INDEMNITY gesehen werden, weil Joel und Ethan Coen sich nicht nur explizit auf Billy Wilder als Intertext beziehen, sondern auch auf das thematische Anliegen dieser Gattung, nämlich die vom Krieg der Ge-

---

28 THE MAN WHO WASN'T THERE, USA 2001; Regie und Drehbuch: Joel Coen, Ethan Coen; DarstellerInnen: Billy Bob Thornton, Frances McDormand, James Gandolfini, Michael Badalucco, Tony Shalhoub, Jon Polito, Katherine Borowitz; Kamera: Roger Deakins; Schnitt: Joel Coen, Ethan Coen, Tricia Cooke; Musik: Carter Burwell; Kostüme: Mary Zophres; Good Machine, The KL Line, Working Title Films.

schlechter fokussierte männliche Versehrtheit. Wie in DOUBLE INDEMNITY beschreibt der Protagonist Ed Crane (Billy Bob Thornton) aus dem Off, wie es dazu kam, dass er den Liebhaber seiner Frau Doris (Frances McDormand) erpressen wollte, um eine Reinigungskette zu finanzieren, Big Dave (James Gandolfini) stattdessen – um sich selber zu verteidigen – tötete, die Todesstrafe dann aber für einen Mord bekam, den er nicht verübt hat. Diese Geschichte, die in Santa Rosa 1949 spielt, erzählt er jedoch nicht seinem Vorgesetzen. Aus der Abschlusszene erfahren wir, dass er von einer Männerzeitschrift gebeten wurde, seine Zeit im Gefängnis dafür zu benutzen, einen Artikel über seine Situation als verurteilter Mann zu schreiben. Im Verlauf des Films wird er mehrmals gefragt: «What kind of a man are you?», und kann auf diese Frage nur antworten, dass er der Geist eines Mannes sei. Meist schweigt er mürrisch, während er die Haare seiner Klienten schneidet, oder er sitzt nachdenklich auf seinem Stuhl und betrachtet seine Welt, als ob er von ihr bereits entrückt wäre. Gleichzeitig spricht er mit sich, als wäre er sein eigenes unheimliches Double, und zwar nicht nur, weil er sich in zwei gespalten hat – in den zum Tode verurteilten Erzähler und in den Protagonisten seiner Erzählung. Er stellt auch deshalb eine geisterhafte Erscheinung dar, weil er sich aus der Welt, die er bewohnt, verflüchtigen will. Wie Oliver Stone in U-TURN zitieren die Coen-Brothers somit ebenfalls jene Szene aus DOUBLE INDEMNITY, in der Walter Neff, nachdem er den mörderischen Auftrag der Femme fatale angenommen hat, sich seiner geisterhaften Existenz bewusst wird. Ed Crane erklärt, nachdem er erfahren hat, das seine des Mordes an Big Dave angeklagte Ehefrau sich im Gefängnis das Leben genommen hat: «It was like I was a ghost walking down the street.»

Auch in THE MAN WHO WASN'T THERE sind die Umschriften des klassischen Film-Noir-Plots bedeutungsträchtig. Billy Wilders Walter Neff kämpft bis zum Ende, um zu überleben, selbst wenn das den Mord an der Femme fatale bedeutet. Ed Crane hingegen kämpft bis zum Schluss darum, sich endlich ins Weiße der Leinwand auflösen zu dürfen. Zudem sind die Rollen drastisch anders verteilt. Der Protagonist Ed Crane ist der Ehemann, den seine Gattin mit ihrem Chef betrügt, und sein Erpressungsversuch endet damit, dass nicht – wie im klassischen Film Noir – der betrogene Gatte, sondern der Liebhaber der Ehebrecherin ermordet auf dem Fußboden seines Büros liegt. Die Femme fatale betrügt somit zwar ihren Mann, doch nicht ihr Liebhaber mordet auf ihren Auftrag hin, sondern der Ehemann selber, und dieser wiederum tötet nicht aus Geldsucht, sondern aus Notwehr. Wie Walter Neff in der unzensierten Fassung von DOUBLE INDEMNITY landet auch Ed in der Todeszelle. Doch während die Zensurbehörde damals die

Szene herausschnitt, in der Keyes seinen ehemaligen Mitarbeiter durch die Glasscheibe betrachtet, die zum elektrischen Stuhl führt, läuft THE MAN WHO WASN'T THERE konsequent auf diese Szene hinaus. Ed betritt gelassen einen gänzlich weißen Raum, in dem allein der elektrische Stuhl und der Henker sich dunkel absetzen. Durch ein langes Fenster sieht er die finsteren Gesichter derjenigen, die seiner Hinrichtung beiwohnen werden. Dann zieht der Henker am Schalter und alles wird weiß. Nun gibt es viele weitere Anspielungen auf die Welt von DOUBLE INDEMNITY in diesem Neo-Noir. Die reiche Ehefrau des Liebhabers von Doris, die eigentlich das Warenhaus besitzt, in dem beide arbeiten, heißt Ann Nirdlinger und ist somit eine Verwandte von Phyllis, deren Mädchenname Nirdlinger war. Der Gerichtsmediziner hingegen erweist sich als Verwandter des Ermordeten, stellt er sich doch als Mr. Dietrichson vor, bevor er Ed gesteht, seine Frau sei schwanger gewesen, als sie sich in ihrer Gefängniszelle erhängt habe.

Am auffallendsten ist jedoch die Umschrift der Femme fatale selber, die nur noch wenig mit der für den Mann erotisch gefährlichen Spinnenfrau zu tun hat. Doris ist eher eine lustlose Ehebrecherin, während sie bis zum Schluss auf ihre perfekte Buchhaltung stolz ist und sich vornehmlich dafür interessiert, dass Big Dave einen Annex aufmachen will, den sie leiten soll. Vor die Entscheidung zwischen Geld oder Leben gestellt, begreift sie – und darin ist sie, wie Phyllis Dietrichson, weder sentimental noch verblendet –, dass dies nur eine erzwungene Wahl sein kann, weil sie zu Unrecht auf einen Mann gesetzt hat. Einmal sitzt sie im Auto mit ihrem Gatten auf der Rückfahrt von einer Party, beschwert sich darüber, das Big Dave nun doch das Geld für den Annex nicht aufbringen wird, und nennt ihn kopfschüttelnd einen «knuckle head». Später wird ihr Rechtsanwalt ihr erklären, er hätte genug Beweismaterial gegen den Ermordeten aufgetrieben, um auf Kosten seines Namens ihren Freispruch zu erkämpfen. «Big Dave, what a dope», meint sie dazu und bricht in ein makabres Lachen aus. Sie bleibt bis zum Schluss eine gewissenhafte Buchhalterin, zieht die Bilanz aus ihrem Ehebruch wie ihrem Vertrauen in einen unfähigen Mann und nimmt sich das Leben, weil sie zu einem Leben mit ihrem Gatten nicht zurückkehren kann. Nicht nur, weil sie das Kind des von ihm Ermordeten im Bauch trägt, sondern weil sie einen realen Tod einer tödlichen häuslichen Existenz vorzieht. Nach ihrem Tod sucht sie ihren Gatten in einer Traumvision heim, die der vom klassischen Film Noir zelebrierten «domestic anxiety» eine unverblümte Trostlosigkeit verleiht. Ed erinnert sich an einen normalen Nachmittag, als Doris noch am Leben war. Zuerst sehen wir, wie er sich hilflos mit einem Mann streitet, der ihm Kiesel für seinen Vorgarten verkaufen will. Dann kommt Doris mit ihrem Auto angefahren und schickt den Verkäufer entschieden fort, geht ins Haus, holt sich einen Drink und setzt sich aufs Sofa im

Wohnzimmer, neben ihren Mann. Sie haben sich nichts zu sagen. Diese Szene ist so erschütternd, weil wir «gender trouble» in Reinform vorgeführt bekommen. Das Paar hat keine gemeinsame Sprache, die ihnen erlauben würde, ihre Differenzen zu artikulieren. Was sie hingegen teilen, ist ein Schweigen, das bezeichnenderweise vom Sprachverbot der Femme fatale ausgeht: «No, don't say anything. I'm fine», erklärt sie ihrem bedrückten Gatten. Das könnte man die radikalste Konsequenz der Femme fatale als Störerin der Familie nennen: Die Ehefrau, die mitten im Wohnzimmer sitzt und nicht einmal mehr über den Mangel, auf dem dieses Bündnis basiert, zu sprechen bereit ist, weil sie weiß, dass nichts zu retten ist.

All in the family

Die Thematik der Femme fatale als gefährliche Verführerin und somit auch Störerin der Familie findet sich im Mainstream der 80er-Jahre bezeichnenderweise auch in Filmen, die den Film Noir mit dem Melo zu einer hybriden Gattung verbinden. Adrian Lynes FATAL ATTRACTION[29], berüchtigt sowohl für die expliziten Sexszenen zwischen Glenn Close und Michael Douglas wie auch für das alternative Ende, das dem Film hinzugefügt wurde, um die Femme fatale zu einem rachsüchtigen Monster zu degradieren, bietet ein perfektes Beispiel für den postmodernen Kampf der Geschlechter. Auf einem Buchempfang lernt die Lektorin Alex Forrest (Glenn Close) den Rechtsanwalt Dan Gallagher (Michael Douglas) kennen und fühlt sich von ihm erotisch angezogen. Ob durch Zufall oder Manipulation trifft sie ihn am nächsten Tag auf einer Sitzung wieder und nutzt die Gelegenheit, dass seine Frau Beth (Ann Archer) mit der Tochter Ellen aufs Land gefahren ist, um ein stürmisches Wochenende mit ihm zu verbringen. Die unkontrollierte Wut, mit der sie darauf reagiert, dass er zu seiner Familie zurückkehren und ihre Beziehung vor seiner Frau geheim halten will, zeigt sich zuerst in einem Akt der Selbstdestruktion. Sie schneidet sich die Pulsadern auf und zwingt ihn somit, noch eine zweite Nacht bei ihr zu bleiben. Weil Dan sich hartnäckig weigert, für ihre Affäre die Verantwortung zu übernehmen, und auf die Erklärung, sie sei schwanger, von ihr fordert, das Kind abzutreiben, weil er damit nichts zu tun haben wolle, reagiert Alex mit zuneh-

---

29 FATAL ATTRACTION, USA 1987; Regie: Adrian Lyne; Drehbuch: James Dearden, Nicholas Meyer; DarstellerInnen: Michael Douglas, Glenn Close, Ann Archer, Ellen Hamilton Latzen; Kamera: Howard Atherton; Schnitt: Peter E. Berger, Michael Kahn; Musik: Maurice Jarre; Kostüme: Ellen Mirojnick; Paramount Pictures.

mender Aggression. Zuerst zerstört sie sein Auto, bevor sie dann zunehmend tiefer in das traute Heim auf dem Land, das er mit seiner Familie bewohnt, dringt: den Hasen der Tochter in den Kochtopf steckt, dann die Tochter für einen Besuch auf einer Kirmes entführt und schließlich – in der autorisierten Fassung zumindest – mit dem Küchenmesser auf Beth losgeht, bevor sie von dieser erschossen wird.

Wie Sharon Willis treffend bemerkt: «Although *Fatal Attraction* figures the threat to domesticity as coming from the outside through the agency of an urban career woman, the way domesticity is mapped visually demonstrates that the interior is already destabilized, that violence is already internalized.»[30] Dan ist nicht zuletzt deshalb so anfällig für die Verführungsstrategie der Femme fatale, weil die Nacht vorher ein Beischlaf mit seiner Frau zuerst durch den Hund, den er spazieren führen musste, vereitelt wurde und dann durch die Anwesenheit der Tochter im ehelichen Bett. Alex bietet ihm somit anfänglich die Phantasie der Befreiung aus einer ihn einschränkenden Häuslichkeit, bevor er sich dann vor ihrer Forderung nach einer emotionalen Verpflichtung wieder in den Schutz seiner Familie zurückzieht. Im Verlauf des Films drängt sie ihn zu Recht, darüber nachzudenken, dass er sich auf ihre Verführung nicht eingelassen hätte, wenn ihm in seiner Ehe nicht etwas fehlen würde. Sie fungiert im Sinne Slavoj Žižeks als sein Symptom, das ihm die Wahrheit der Lücke in seinem ehelichen Glück als chiffrierte Botschaft einer verbotenen Erotik überbringt. In einer Szene erklärt er ihr, er hätte ein ganzes Leben mit einer anderen Frau. Darauf erwidert sie: «Whole means complete. If your life were so complete, what were you doing with me?» Diese Botschaft ist er jedoch nicht bereit anzunehmen, wie er sich auch weigert, jene Bedürfnisse der Geliebten, die mit seiner narzisstischen Befriedigung nichts zu tun haben, anzuerkennen. Er hofft, dass sein sündhaftes Verlangen verschwindet, wenn es ihm gelingt, dessen Symptom von sich abzusondern.

Für den Kampf zwischen der Karrierefrau Alex und der Mutter Beth, der sich daraufhin entzündet, sind zwei Aspekte wichtig. Zum einen erweist der Mann sich nicht nur als verantwortungslos, sondern auch als unfähig, seine Familie tatsächlich zu schützen. Ihm bleibt nur die hilflose Wut, die ihn dazu bringt, Alex wiederholt anzuschreien, dann in ihrer Wohnung zusammenzuschlagen und anschließend bei der Polizei eine Anzeige gegen sie zu erstatten. Doch er kann weder ihre Anrufe noch ihre Gegenwart in seinem Haus verhindern. Am Höhepunkt

---

30 Sharon Willis: *High Contrast. Race and Gender in Contemporary Hollywood Film*, Durham 1997, S. 67.

der Handlung verriegelt der ängstliche Dan die Türen seines Hauses erst, nachdem die mörderische Femme fatale bereits eingedrungen ist, und sperrt sie somit in sein Heim ein. Der Umstand, dass nicht er den tödlichen Schuss abfeuert, sondern Beth, verweist zudem auf eine unheimliche Komplimentarität zwischen dieser Femme fatale als Störerin der Familie und der Mutter als deren erbarmungsloser Verteidigerin. Sie beide verbindet eine Insistenz des Begehrens, nur bedeutet dies im Falle Alex', den Geliebten dazu zu zwingen, ihr zu erlauben, ein Teil seines Lebens zu sein, im Falle Beths hingegen, die Nebenbuhlerin aus ihrem Haus zu entfernen, koste es, was es wolle. Die Wiederherstellung der Familie hängt demzufolge nicht nur an der Zerstörung der Femme fatale als Symptom eines verbotenen Begehrens des Mannes, sondern vor allem daran, eine klare Trennung zu vollziehen zwischen jener Frau, die im Haus verweilen darf, und jener, die draußen bleiben muss. Zuerst hatte Alex noch von außen durch das Fenster auf jenes vermeintliche Bild eines häuslichen Glückes geblickt, das sie sich selber wünscht: die Ehefrau vor dem Kamin mit ihrem Kind spielend, auf die Heimkehr des Gatten wartend. Dann dringt sie in den intimsten Teil der Wohnung – ins Badezimmer – ein, um die Frau, deren Stelle sie einnehmen will, zu beseitigen. Die Mise en Scène dieses fatalen Frauenduells ist nicht nur bezeichnend, weil Alex – die den Film hindurch immer wieder die richtigen Argumente dafür aufbringt, warum Dan die Verantwortung für sie und ihr gemeinsames Kind übernehmen sollte – dadurch pathologisiert wird, dass sie nur noch wie ein todessüchtiges Monstrum handelt. Sondern sie zeigt auch, wie sehr Alex und Beth als Doppelgängerinnen zu verstehen sind. Weil der Dampf vom Wasser in der Badewanne den Spiegel vernebelt hat, wischt Beth ihn mit ihrer Hand sauber. Dort entdeckt sie plötzlich statt ihres Gesichts das der Nebenbuhlerin. Während Alex nun beginnt, Beth zu bedrohen, schneidet sie sich selber mit dem Messer in ihr rechtes Bein, als könne sie – die werdende Mutter – die Grenze zwischen ihnen nicht festmachen. Wie Sharon Willis bemerkt: «If Alex is unable to see the difference between herself and Beth, between her own bathroom and Beth's, it is because the film is about establishing those differences.»[31] Wie fragil diese Grenzziehung, die nur über die Lei-

---

31   Auch Peter Medaks Neo-Noir ROMEO IS BLEEDING (USA/UK 1993) spielt mit der Verwischung der Grenze zwischen Femme fatale und Ehefrau, ahmt die letztere doch wiederholt auf unheimliche Weise die Gesten der Femme fatale nach, indem sie ihren Zeigefinger als Pistole auf ihn richtet und dann lacht. So hat man noch deutlicher als in FATAL ATTRACTION den Eindruck, beide Frauen wären Phantomfiguren, und tatsächlich wird nicht nur die Femme fatale hingerichtet, sondern die spektrale Wirkungskraft, die sie im klassischen Film Noir annimmt, wird auf die verschwundene Ehefrau

che der Femme fatale vollzogen werden kann, ist, zeigt das Abschlussbild. Den ganzen Film hindurch hat Alex immer wieder versucht, durch ihre Telefonanrufe auf Anerkennung zu insistieren, während hinter dem klingelnden Telefon Familienfotos ragen. Die von ihr ausgehende Störung traf somit nicht so sehr die Familie, als das Bild der glücklichen Familie, an dem Beth so sehr festhält, dass sie auch bereit ist, dafür zu töten. Nachdem die Polizei die Leiche entfernt hat, fallen Beth und Dan sich in die Arme und verlassen die Eingangshalle, um ins Wohnzimmer zu treten. Die Kamera hingegen fährt auf das Familienfoto zu, das auf einem Tisch neben der Türe steht. Dort steht nun kein Telefon mehr, das sie stören könnte. Doch die Darstellung der glücklichen Familie gibt es nach diesen traumatischen Ereignissen nur noch als Foto.

Die unheimliche Grenzverwischung zwischen Familienfrau und Femme fatale findet sich auch in anderen Neo-Noirs, in denen die Insistenz der Mutter, ihre Familie um jeden Preis zu schützen, als tödliche Gewalt figuriert wird. Dieses Beharren stellt – durchaus im Sinne Lacans – einen ethischen Akt dar, indem es die biologischen Familienbande jeglichen symbolischen Allianzen gegenüber privilegiert und die sie stützenden moralischen Konventionen erbarmungslos zugunsten eines Gesetzes der Familie überschreitet. Dabei sind für einen Film wie PRESUMED INNOCENT[32] von Alan Pakula zwei Aspekte zu beachten. Zum einen ist Barbara Sabich (Bonnie Bedelia) eine wesentlich heimtückischere Mörderin der Femme fatale, da sie im Gegensatz zu Beth Gallagher gar nicht direkt bedroht wird und somit nicht aus Notwehr handelt. Stattdessen entwirft sie einen so ausgetüftelten Mord, dass sie nicht nur erfolgreich die geheime Geliebte ihres Gatten Rusty (Harrison Ford) beseitigen kann, sondern zudem den Gatten, der sie betrogen und ihre Familie gefährdet hat, zum Hauptverdächtigen des Falls macht. Zum anderen entspricht Caroline Polhemus (Greta Scacchi) zwar dem Stereotyp der Femme fatale als Karrierefrau, die für die anderen Rechtsanwälte deshalb «bad news» bedeutet, weil sie sowohl erotisch verführerisch als auch professionell erfolgreich ist und Männer ausnutzt, um an Macht zu gelangen. Dennoch wird sie im gleichen Maße von der über Rusty laufenden Sympathielenkung aufgewertet, indem die Familienmutter – im

---

übertragen. Von ihr träumt der Held in seinem neuen Leben als Barbesitzer in der Wüste und hofft, sie werde eines Tages wieder bei ihm auftauchen.

32   PRESUMED INNOCENT, USA 1990; Regie: Alan J. Pakula; Drehbuch: Frank Pierson, Alan J. Pakula, nach dem gleichnamigen Roman von Scott Turow; DarstellerInnen: Harrison Ford, Brian Dennehy, Raul Julia, Bonnie Bedelia, Paul Winfield, Greta Scacchi; Kamera: Gordon Willis; Schnitt: Evan A. Lottman; Musik: John Williams; Kostüme: John Boxer; Mirage, Warner Bros.

Gegensatz zu FATAL ATTRACTION – dämonisiert wird. In PRESUMED INNOCENT geht es also darum, den Unterschied zwischen den beiden Frauen deshalb festzulegen, weil die Attribute der klassischen Femme fatale auf die beiden Frauen verteilt sind. Während Caroline – als erotische Obsession des Staatsanwaltes – ausschließlich als Störerin der Familie figuriert, selbst nachdem sie Rusty wieder verlassen hat, übernimmt Barbara die mörderischen Eigenschaften einer Phyllis Dietrichson und besteht darauf, der Nebenbuhlerin den Tod zu geben, um für sich eine kuriose tödliche Freiheit zu gewinnen.[33]

Nachdem der Prozess gegen Rusty aus Mangel an Beweisen vom Richter beendet wird, gesteht sie ihrem Gatten ihre Tat. Wie die klassische Femme fatale wirkt sie deshalb erbarmungslos, weil sie keine Reue zeigt, hingegen die Intelligenz ihrer Planung offenbart und auch zugibt, dass sie von einer Macht geleitet wurde, die jenseits ihrer selbst («a force beyond herself») lag: vom Todestrieb also, könnte man mit Slavoj Žižek sagen, als einer radikalen, ethischen Haltung kompromissloser Insistenz. Sie verteidigt sich mit der Behauptung, sie hätte eigentlich nur die Waffen der Femme fatale gegen diese selber gewandt, nichts anderes getan, als die Zerstörerin ihrer Familie zu zerstören. Dass es sich hier tatsächlich um eine verschrobene Aneignung der Attribute der Femme fatale durch die Mutter handelt, zeigt sich darin, dass Barbara den verblendeten Mann zerstört, jedoch ohne ihn zu töten. Fungiert Caroline als Symptom seiner erotischen Phantasien, fungiert Barbara als Symptom dafür, dass es gefährliche Geheimnisse sind, die die Familie zusammenhalten. Denn ihre Grausamkeit besteht darin, ihn zur Erkenntnis zu zwingen, dass er sie beschützen muss, obgleich er von ihrer Schuld weiß, und somit gezwungen ist, im Namen des Gesetzes der Familie das von ihm vertretene symbolische Gesetz zu betrügen. Von sich in der dritten Person sprechend, erklärt sie, sie hätte alles so geplant, dass er den Fall zu

---

[33] Eine andere Art Verschränkung zwischen Femme fatale und Mutter findet sich in Heywood Goulds TRIAL BY JURY (USA 1994). Valerie Alston (Joanne Whalley-Kilmer), die eine Boutique für Kleider aus den 40er- und 50er-Jahren in Manhattan führt, muss als Jurorin in einem Prozess gegen den Mafia-Boss Rusty Pirone antreten und wird, weil sie ihren Sohn zu töten drohen, von den Gangstern erfolgreich unter Druck gesetzt, so dass sie für Pirones Freispruch sorgt. Daraufhin steigt sie wörtlich in die Kleider der Femme fatale. In der Maskerade eines Vamps des Film Noir tötet sie eigenmächtig den Mafia-Boss und sichert somit sowohl das Überleben ihres Sohnes als auch das Eintreten jener Gerechtigkeit, die ihre Stimme als Jurorin im Gerichtshof unmöglich machte. In ihrem Fall sind nicht nur Karrierefrau und Mutter die gleiche Person. Es fehlt auch jegliche Bösartigkeit. Nur demontiert auch sie – ganz im Sinne der klassischen Femme fatale – die Glaubwürdigkeit des Gesetzes, da ihr aus Rache motivierter Akt, und nicht das symbolische Gesetz, als Instanz begriffen wird, die ihr Recht verschaffen kann.

den Akten anderer nicht gelöster Fälle legen müsse, wohl wissend, wer die Schuldige sei. Dem traumatischen Bild der Mutter *qua* Mörderin, die nun auf ewig unbestraft das Sabich-Heim bewohnen wird, hält der Film eine Idealisierung der ermordeten Femme fatale entgegen. Als Hommage an den klassischen Film Noir setzt der Film mit dem Voice-over des Helden ein. Während die Kamera über den leeren Gerichtssaal fährt, um bei den Stühlen der Geschworenen innezuhalten, erklärt Rusty Sabich: «I am a prosecutor, a part of the business of accusing, judging, punishing. I present my evidence to the jury ... If they cannot find the truth, what is our hope of justice?» Am Ende des Films, nachdem deutlich geworden ist, dass in diesem Fall die Jury die Wahrheit nie heraus finden wird, weil er sie bewusst dem Gericht vorenthält, kehrt die Kamera zum leeren Gerichtssaal zurück. Wieder ertönt Rustys Stimme aus dem Off. Die Figur, die im Verlauf des Films nur als eingeschobenes Erinnerungsbild seiner erotischen Obsessionen gezeigt wurde, wird nun zur Hauptfigur eines anderen Traums. Rusty legt eine Beichte ab, die – im Gegensatz zur Rahmenerzählung von DOUBLE INDEMNITY – keinen expliziten Adressaten hat. Er gesteht, dass seine Frau ihn mit seinen eigenen Waffen hat schlagen können, weil sie genau wusste, dass er die Mutter seines Sohnes niemals vor Gericht bringen würde. Seine Schlussworte «There was a crime, a victim, and there is punishment» suggerieren zwar, dass es eine Hoffnung für Gerechtigkeit weiterhin gibt, aber die Strafe bleibt in der Familie. Das öffentliche Gesetz muss vor der Insistenz der Femme fatale – vor allem, wenn sie im Gewand der Familienmutter auftritt – gänzlich scheitern.

Your money and my life

Fungiert Alex in FATAL ATTRACTION auch deshalb für Dan als Gefahr, weil sie, im Gegensatz zu seiner Frau Beth, eine professionelle Konkurrenz darstellt, lässt sich im Neo-Noir ab den 80er-Jahren immer wieder eine Verschränkung zwischen der sexuell aggressiven und unabhängigen Femme fatale mit der Karrierefrau finden. Auf diesem Hintergrund könnte man, wie Yvonne Tasker vorschlägt, John Dahls THE LAST SEDUCTION[34] als «parodic fantasy of women's professional achievements in

---

34 THE LAST SEDUCTION, USA 1994; Regie: John Dahl; Drehbuch: Steve Barancik; DarstellerInnen: Linda Fiorentino, Peter Berg, Bill Pullman, Michael Raysses, Bill Nunn, J.T. Walsh; Kamera: Jeff Jur; Schnitt: Eric L. Beason; Musik: Joseph Vitarelli; Kostüme: Terry Dresbach; ITC.

America today» lesen.[35] Die Wahl zwischen Geld und Leben scheint hier keinen Widerspruch mehr darzustellen, weil diese Frauen nicht nur – wie Suzie in WILD THINGS – hochgradig intelligent sind, sondern weil sie ihr Metier besser beherrschen als die Männer. Während der Vorspann abläuft, sehen wir einerseits Bridget (Linda Fiorentino), die ihre Angestellten verbal fertig macht, um sie beim Verkauf von Versicherungsprämien anzufeuern. Im Gegenschnitt sehen wir, wie ihr Gatte Clay (Bill Pullman) pharmazeutisches Kokain an Drogendealer verkauft und dafür 800 000 US-Dollar erbeutet, die er in sein Hemd stecken muss, weil die Händler den Aktenkoffer wieder mitnehmen. Treffend nennt Bridget ihn, nachdem er nach Hause gekommen ist, einen Idioten. Der Schlag ins Gesicht, mit dem er auf diese Bezeichnung antwortet, setzt ihre eigene Intrige in Gang. Als selbstbewusste Karrierefrau lässt sie sich von niemandem herum schubsen (was im amerikanischen Slang «being slapped around» heißt). So stiehlt sie das Geld und taucht in einer kleinen Stadt in Upstate New York unter. In dem naiven Betriebswirt Michael (Peter Berg) findet sie das richtige Opfer, um sich am Ende eines heimtückischen Plans beider Männer zu entledigen und mit dem Geld davon zu fahren. Speziell an dieser Femme fatale ist die hinreißende Skrupellosigkeit, mit der sie sich einen Job in Beston ergattert und die Polizei um den Finger wickelt, indem sie behauptet, sie würde vor einem gewalttätigen Mann fliehen; dann wieder ihren Mann bei seinem eigenen Intrigenspiel schlägt, den einen Detektiv, den er auf sie ansetzt, bei einem Unfall durch die Fensterscheibe des Autos schleudern lässt, den anderen bewegungsunfähig macht. Während eines Telefongesprächs mit ihrem Rechtsanwalt meint dieser lakonisch, sie sei noch immer die ihm vertraute «self-serving bitch», deren Spezialität nie das Teilen war. Dass sie dies als Kompliment auffasst, macht ihre unschlagbare Stärke als Filmfigur aus. Zudem setzt sie sich noch nüchterner als andere Femmes fatales im Neo-Noir durch, kommandiert gnadenlos die sie umgebenden Männer herum, ohne je ihren Befehlen zu folgen, zum einen, weil sie geschickt mit deren erotischen Phantasien spielt, zum anderen, weil sie die Vorstellung der Femme fatale als Karrierefrau aggressiv auf die Spitze treibt. Moralische Konventionen wie Mitleid oder Fairness von sich zu werfen, hat sie immerhin an der Wallstreet gelernt.

Am deutlichsten wird diese selbstbezogene Insistenz auf ihr Begehren in der Barszene, in der sie Michael zum ersten Mal trifft. Für ihn mag dieses Treffen nach dem klassischen Muster einer «Liebe auf den ersten Blick» verlaufen, setzt sie für ihn doch die Phantasie in Gang, sie könne

---

35 Tasker: Working Girls, S. 135.

ihn aus dieser öden Kleinstadt befreien. Für sie hingegen bietet er nur die Möglichkeit, ihre sexuellen Bedürfnisse zu befriedigen und sich vor ihrem Mann zu verstecken. Nachdem er ihr zugeflüstert hat, er sei wie ein Hengst ausgestattet, nimmt sie ihn beim Wort, wendet die plumpe Anmache in eine «business proposition» um, greift in seine Hose und prüft die von ihm angepriesene Männlichkeit kritisch; nicht, um ihn in seinem Selbstbild zu bestätigen, sondern um ihm klar zu machen, es gehe nur um Sex, nicht um Phantasien. «Linda Fiorentino's message to her sucker-partner is», erklärt Slavoj Žižek, «'I know that, in wanting me, what you effectively want is the fantasmatic image of me, so I'll thwart your desire by directly gratifying it. In this way, you'll get me, but deprived of the fantasmatic support-background that made me an object of fascination'».[36] Das Perfide ihrer Strategie liegt natürlich darin, dass sie zwar den Phantasien der Männer den Boden entzieht, selber aber an ihrem eigenen American Dream festhält. Sie besteht darauf, dass es ihr Recht sei, zu bekommen, was sie will – ob Sex, Geld oder Freiheit –, weil sie klüger und geschickter ist als die Männer, die sie einzuschüchtern und auszunutzen suchen. Sie überlebt in ihrer sozialen Realität schlussendlich deshalb, weil sie sich jeglicher romantischer Illusionen entledigt hat, aber darauf vertrauen kann, ihren männlichen Gegenspielern einreden zu können, sie hege romantische Gefühle. Michael wird sie davon überzeugen, in die Wohnung ihres Ehemannes einzubrechen und diesen zu ermorden, weil sie ihm vorspielt, sie würde ihn lieben. Ihrem Gatten wird sie dann kaltblütig eine Dose Pfefferspray in den Mund sprühen, nachdem ihr Geliebter versagt hat, weil sie ihm vorgaukelt, er sei erotisch begehrenswerter als der Schwächling, der ihn nicht mal umbringen konnte. Michael wird für diesen Mord ins Gefängnis gehen, weil sie ihn überlisten kann, sie zu vergewaltigen und den Mord an ihrem Gatten zu gestehen, während sie die Frau vom Notruf am Telefon hat und somit seine Äußerungen auf Band aufgenommen werden. Wie sie, um sich beider Männer zu entledigen, explizit Billy Wilders DOUBLE INDEMNITY umschreibt, bringt aber auch die Frage der Parodie nochmals ins Spiel. Eines Nachts hatte sie mit Michael den Plan entwickelt, Frauen, deren Ehemänner sie betrügen, anzubieten, diese zu ermorden und dafür einen Teil der Versicherungssumme als Honorar zu erhalten. Dann gaukelte sie ihm vor, sie hätte in Miami bereits einen solchen Auftragsmord vollzogen. Er müsse nun im Gegenzug einen Mord in New York durchführen, um zu beweisen, dass er wirklich ihr gleichberechtigter Partner sei. Plötzlich findet er sich in der Position Walter Neffs, nur weiß

---

36   Žižek: The Art of the Ridiculous Sublime, S. 11.

er gar nicht, dass er den Ehemann seiner trügerischen Geliebten umbringen soll. Dadurch wird ihm wesentlich radikaler als im klassischen Film Noir jegliche Handlungsfähigkeit entzogen, während Dahls Femme fatale beweist, dass sie nicht nur erfolgreich die Gattung Mann, sondern auch das Genre Film Noir manipulieren kann. Muss Phyllis Dietrichson sich vom Schuss des Geliebten penetrieren lassen, zwingt Bridget ihren naiven Geliebten, sie zu vergewaltigen. Walter Neffs Phantasiebild der toten Phyllis Dietrichson als Realisierung seiner perversen Erotik wird hier der phantasmatische Boden entzogen. Es geht nur um reine Gewalt, ohne Phantasie, und deshalb überlebt die Femme fatale.

Für sie ist nun jener Traum, den die klassischen Femme fatale nur träumen kann, Realität geworden: Ein befreites Leben mit dem erbeuteten Geld. Die Demontage männlicher Allianzen, die dieser Filme vorführt, liegt darin, dass diese neue Femme fatale sich zwar in einer ausweglosen Situation befindet und zu einer tödlichen Entscheidung gezwungen wird, ihr aber als Wahl nur das Überleben bleibt. Obgleich sie im Gegensatz zu Phyllis Dietrichson nicht den Tod wählt, kann man trotzdem auch hier von einem weiblichen ethischen Akt sprechen, weil auch sie eine radikale Insistenz verkörpert, die die moralischen, gesetzlichen sowie sentimentalen Kodes der sie bedrängenden Männer überschreitet. Weder eine verblendete Liebe noch Loyalität haben in dieser Parodie des spätkapitalistischen Systems, in dem jeder die anderen für den eigenen Profit ausnutzt, einen Platz; nur das nackte Leben, das zu schützen diese Femme fatale bereit ist, alles zu opfern. Sie ist vergleichbar mit Antigone, von der Lacan in seinem Seminar zur Ethik feststellt, sie führe eine schreckliche Brillanz vor, weil sie, den Todestrieb als kompromisslose Insistenz verkörpernd, sich jenseits von Mitleid und Angst befinde. Die Brisanz der Umschrift liegt jedoch darin, dass im Falle dieser Femme fatale der Todestrieb und Lebenstrieb zusammen fallen. Sie ist erbarmungslos, und deshalb ergreifend, weil sie dem Überleben – in und gegen ein System, in dem sie herumgeschubst wird – alle Allianzen zu opfern bereit ist.

Freiheit oder Tod

Auch das Kernmerkmal des Noir-Helden, seine Bereitschaft nämlich, wie Elizabeth Cowie vorschlägt, sich willentlich von der Femme fatale etwas vorgaukeln zu lassen, wird in einigen Neo-Noirs demontiert. In EYE OF THE BEHOLDER[37] werden beispielsweise die fatalen Konsequenzen der männlichen Obsession mit der verführerischen Frau entlarvt. «The Eye» (Ewan McGregor), ein Privatdetektiv für den britischen Geheimdienst in Washington, erhält den Auftrag, der geheimnisvollen Joanna Eris (Ashley Judd) nachzuspionieren, weil sie vermeintlich einen wichtigen Politiker erpresst. Sehr bald entdeckt er, dass sie eine Männer tötende Spinnenfrau ist, und verbringt die nächsten zehn Jahre damit, ihr quer durch die Vereinigten Staaten zu folgen, sie zu überwachen, von ihr Aufnahmen zu machen und in ihr Leben einzugreifen, ohne dass sie seiner Gegenwart gewahr wird. «Obsession is in the eye of the beholder» heißt die Tagline des Films, denn Stephan Elliott interessiert sich für die krankhaften Wurzeln der Schaulust seines Noir-Helden. Dieser wird als Melancholiker dargestellt, der den Verlust seiner Tochter nicht überwunden hat und ihr deshalb eine geisterhafte Präsenz in seinem Phantasieleben einräumt. Sie redet ihm zu, Joanna Eris weiterhin zu überwachen, obgleich der Geheimdienst den Fall längst ad acta gelegt hat, so dass sich eine bedeutsame Korrespondenz zwischen der geisterhaften Tochter und der verfolgten Femme fatale ergibt. Beide sind imaginäre Phantome des Noir-Helden, der eine Welt zwischen den Lebenden und den Toten bewohnt, ausschließlich fixiert auf eine Frau, die ihn nicht kennt und die er nur als Bild genießt. Doch Stephan Elliott demontiert seinen Noir-Helden auch dadurch, dass er seiner Femme fatale und ihren mörderischen Handlungen ein menschliches Gesicht verleiht und somit sichtbar macht, dass sie mehr ist als nur das Symptom eines trauernden Mannes und unabhängig von ihm existiert. Zwar verkörpert sie das Klischee der sich stets verwandelnden Frau, doch wir erfahren auch ihre Motivationen: Ihre ehemalige Psychiaterin (Geneviève Bujold) erklärt dem namenlosen Privatdetektiv, sie hätte ihrem Schützling beigebracht, sich Männern nie offen darzubieten – als Überlebensstrategie.

---

37 EYE OF THE BEHOLDER, GB/CND/AUS 1999; Regie und Drehbuch: Stephan Elliott, nach dem gleichnamigen Roman von Marc Behm; DarstellerInnen: Ewan McGregor, Ashley Judd, Patrick Bergin, Geneviève Bujold, k.d. lang, Jason Priestley; Kamera: Guy Dufaux; Schnitt: Sue Blainey; Musik: Marius De Vries; Kostüme: Lizzy Gardiner; Eye of the Beholder Ltd, Hit & Run Productions, Village Roadshow Productions et al.

So besteht die dramatische Spannung dieses Neo-Noir darin, dass die Femme fatale zwar anderen den Tod gibt, dies aber tut, um die eigenen Ängste – die um die Urszene, vom Vater verlassen worden zu sein, kreisen – abzuschütteln; um ohne die Geister, die sie heimsuchen, weiterleben zu können. Der von ihr besessene Privatdetektiv hingegen ist selber ein hungriger Geist, der sie heimsucht, um sich an Phantombildern zu nähren und nicht in den Bereich des alltäglichen Lebens zurückkehren zu müssen. Diese fatale Inkommensurabilität des Begehrens findet an Joannas Hochzeitstag ihren Höhepunkt. In einem blinden Kunsthändler hat sie endlich einen Mann gefunden, dem sie vertrauen kann, weil er sie nicht sehen kann. Für sie stellt diese Eheschließung eine Befreiung aus der Noir-Welt ihres Mordens dar und würde somit auch einen Genre-Wechsel bedeuten. Der namenlose Privatdetektiv muss hingegen an diesem Noir-Script festhalten. Er schießt vom Kirchturm aus auf das wegfahrende Auto der Frischvermählten und verursacht somit den Tod des Bräutigams. Nun kann er erneut ihr Verfolger, manchmal sogar auch ihr Schutzengel sein, hat er sie doch wieder in sein chiasmisches Phantasieszenario eingefangen: Er, der Vater, der seine kleine Tochter verloren hat, sie die kleine Tochter, die ihren Vater verloren hat. Indem er ihn als den Störer ihres Familienglückes entlarvt, pathologisiert Stephan Elliott jedoch unzweideutig seinen Helden, nicht seine Femme fatale, wie er auch die Denkfigur der Femme fatale als Symptom des Mannes von innen aushöhlt. Nachdem der Privatdetektiv sich endlich zu erkennen gibt, schießt Joanna auf ihn, ohne ihn tödlich zu treffen, und flieht vor ihm, als letztes Beispiel ihres hartnäckigen Überlebensdrangs. Dass es dem Privatdetektiv nur dadurch gelingt, ihre Flucht zu unterbinden, dass er den tödlichen Absturz ihres Autos in eine Schlucht herbeiführt, macht ein letztes Mal seine narzisstische Todessehnsucht sichtbar. Als Leiche ist Joanna endlich in Realität zu dem geworden, was sie für ihn immer schon war – das sublime Objekt seiner Nostalgie. Im Gegensatz zum klassischen Film Noir zerfällt jedoch seine Existenz gerade nicht mit ihrem Tod, sondern sein Phantasieleben wird regelrecht dadurch gestützt. Gleichzeitig demontiert Elliott seinen obsessiven Helden dadurch, dass wir aus der Perspektive der Femme fatale seine Beobachterrolle als störenden Eingriff in ihr Leben begreifen müssen, der mit ihrer Existenz, ihrem Selbstbild und ihrer Phantasie gar nichts zu tun hat. Was nachhallt in EYE OF THE BEHOLDER, ist somit nicht – wie im klassischen Film Noir – die spektrale Bedrohung durch die getötete Femme fatale, sondern das menschliche Entsetzen, mit dem sie kurz vor ihrem Tod auf sein Geständnis reagiert. Hatte sie immer mit den Phantasien der Männer gespielt, wird sie hier mit einer Obsession konfrontiert, die ihr die radikale Verletzbarkeit wieder vor Augen führt, die abzudichten sie überhaupt ihre mörderischen Handlungen unternommen hatte: eine Schaulust, die ihr nur den Status des Objekts erlaubt. Dass Stephan Elliott uns dieses Verhältnis als etwas Schreckliches zeigt, vor dem man nur fliehen kann, bekräftigt seine Demontage des klassischen Noir-Plots wie der klassischen Femme fatale.

Nun gibt es aber auch Refigurationen männlicher Verblendung im Neo-Noir, die nicht im Tod der Femme fatale enden, weil diese den Wunsch des Noir-Helden, sich betrügen zu lassen, zu ihren Gunsten umpolen kann. In Chris Nolans MEMENTO[38] leidet der ehemalige Versicherungsagent Leonard Shelby (Guy Pearce) an einer Störung seines Kurzzeitgedächtnisses, seitdem er von Einbrechern überfallen wurde. Seit diesem Unfall kann er keine neuen Erinnerungen speichern. Sein Alltag ist ein Puzzle, für das er wiederholt ein kohärentes Muster erstellen muss; was er tut, indem er sich Notizen schreibt, Polaroid-Aufnahmen von wichtigen Orten und Menschen macht und Botschaften in Bezug auf den Tod seiner Frau und die Identität ihres Mörders auf seinen Körper tätowieren lässt. Er hat sich nämlich davon überzeugt, der geflohene Einbrecher sei am Tod seiner Frau schuld, und sucht nun nach ihm, um sich an ihm zu rächen. Dabei wird ihm von zwei Menschen geholfen. Teddy (Joe Pantoliano), ein «rogue cop», der in der Anagnorisis behauptet – was Leonard schließlich dazu führt, ihn zu töten –, dass er ihm anfänglich geholfen habe, den Mörder seiner Frau zu finden. Wegen seines Gedächtnisverlustes konnte Leonard sich anschließend jedoch nicht mehr erinnern, dass er seine Rache bereits erfolgreich ausgeführt hat. So konnte Teddy ihn seinerseits erfolgreich dafür einsetzen, andere Kleinkriminelle zu beseitigen. Er musste Leonard nur immer wieder mit falschen Spuren füttern, um ihn dazu zu bringen, diese Männer jeweils für den Mörder seiner Frau zu halten. Gleichzeitig steht ihm auch eine Femme fatale zur Seite: Natalie (Carrie-Anne Moss), die Geliebte des Drogendealers, den er am Anfang der Geschichte, im Glauben, es sei der Mörder seiner Frau, getötet hatte, dessen Kleider er nun trägt, dessen Jaguar er nun fährt und dessen Geld er nun ausgibt. Er übernimmt, wie Walter Neff, somit die Erscheinung eines Toten, und auch er wird sich in dieser Verkleidung – als Platzhalter eines Toten – auf das tödliche Spiel der Femme fatale einlassen. Nur will sie sich gerade nicht ihres Eheman-

---

38   MEMENTO, USA 2000; Regie: Christopher Nolan; Drehbuch: Jonathan Nolan, Christopher Nolan; DarstellerInnen: Guy Pearce, Carrie-Anne Moss, Joe Pantoliano, Mark Boone Junior, Russ Fega, Jorja Fox; Kamera: Wally Pfister; Schnitt: Dody Dorn; Musik: David Julyan; Kostüme: Cindy Evans; I Remember Productions, Newmarket Capital Group, Team Todd.

nes entledigen, sondern sich ihrerseits an dem Mann rächen, der Leonard zum Mord an ihrem Jimmy angestiftet hat.

Diese Femme fatale will das Schicksal ihres Verlustes nicht einfach hinnehmen und übernimmt deshalb, von dem Augenblick an, da sie Leonard zum ersten Mal erblickt, die Regie: Eine ironische Umschrift der Noir-Konvention einer «Liebe auf den ersten Blick». So verführt sie ihn dazu – nachdem sie sichergestellt hat, dass er wirklich an Kurzzeitgedächtnisschwund leidet –, mit ihr nach Hause zu gehen. Denn Natalie erkennt sofort, dass sie seine Krankheit dafür einsetzen kann, ihre eigenen Interessen durchzusetzen. Gleichzeitig kann sie auch direkt zur Sprache bringen, dass die erotische Verblendung, auf die sich die Liebenden des Film Noir einlassen, ein anderes Begehren abdeckt, nämlich die Lust an der Verletzung des anderen. Mitten in ihrem Wohnzimmer provoziert sie einen erleuchtenden Streit. Sie sagt Leonard offen ins Gesicht, dass sie ihn nicht nur ausnutzen, sondern auch einen Genuss darin finden wird, dies zu tun, weil sie weiß, dass er sich nachher weder an dieses Gespräch noch an die mörderische Tat, zu der sie ihn anstiften werde, erinnern wird. Sie kann sich darauf verlassen, dass ihre Anklage nur zur Konsequenz haben wird, dass er trotzdem ihr böses Spiel zu Ende führt, weil sie die Szene der Konfrontation wesentlich besser vorbereitet hat als Phyllis Dietrichson die in ihrem nächtlichen Wohnzimmer. Sie hat sämtliche Kugelschreiber von ihrem Schreibtisch entfernt und somit sichergestellt, dass er sich keine Notizen machen kann. Sie hat die Kontrolle, verlässt ihre Wohnung, setzt sich in das Auto, das vor dem Haus geparkt ist, und blickt genussvoll auf Leonard, der vergeblich nach einem Stift sucht, um auf das Polaroid, das er von ihr gemacht hat, ein Memento dieser Szene zu schreiben. Listig wartet sie, bis ein neuer Amnesieschub ihn überfallen hat, betritt dann erneut ihre Wohnung, lotst ihn in ihr Bett, verführt ihn und sorgt somit dafür, dass er als erklärenden Untertitel auf ihr Polaroid den Satz «Trust her, she has lost someone too» schreibt. Damit setzt sie jene verhängnisvolle Kette von Ereignissen in Gang, die in Teddys Mord mündet.

Doch es ist wichtig festzuhalten, dass sie mit ihrer todessüchtigen Insistenz eigentlich nur verdoppelt, was Leonard bereits selber als Verhaltensmuster vorgegeben hat. Denn in der Anagnorisis des Films (die chronologisch am Anfang der Handlung steht, auf der Ebene der Erzählung aber, weil diese rückwärts verläuft, erst am Schluss) erfahren wir, dass Leonard auf das Geständnis Teddys, er hätte ihn wiederholt instrumentalisiert, mit einem willentlichen Akt der Selbstverblendung reagiert. Beim Verlassen des Tatortes hat er Teddys Autoschlüssel in einen Busch geworfen und auf dessen Hinweis, er könne sich doch nicht die

Sachen des Ermordeten aneignen, geantwortet: «I'd rather be a dead man than a killer.» Musste Walter Neff für sich anerkennen, dass er sowohl ein Mörder als auch ein Toter ist, erlaubt Leonards Amnesie ihm, zumindest auf der Ebene der Selbstdefinition, diese beiden Rollen sauber voneinander zu trennen. Nachdem er in den Jaguar des Toten eingestiegen ist, betrachtet er durch die Fensterscheibe des Autos, wie sein vermeintlicher Freund vergeblich nach seinem Schlüsselbund sucht, und fragt sich: «Do I lie to myself to be happy?» Weil er weiß, dass er in wenigen Minuten alles vergessen haben wird, antwortet er: «In your case Teddy, I will», schreibt auf dessen Polaroid: «Don't trust his lies», und notiert zudem das Nummernschild seines Autos, mit dem Vermerk, es würde dem Mann, den er sucht, gehören. Die Dekonstruktion der Noir-Formel, die Femme fatale fungiere als Chiffre für den Wunsch des Helden, sich zu belügen, läuft in MEMENTO auf folgende Refiguration hinaus: Weil der Held sich entschlossen hat, sich selbst zu belügen, kann die Femme fatale ihn betrügen. Sein und ihr Begehren sind deckungsgleich, und zwar deshalb, weil für beide die Freiheit zu wählen bedeutet, den Tod einem anderen zu geben: Jener Nemesis-Figur, die Leonard an seine untilgbare Schuld, Natalie an ihren unüberwindbaren Verlust erinnert. In der Szene im Café, in der sie ihm einen Umschlag überreicht mit Information über den Besitzer des Autos, dessen Nummernschild er sich notiert hat, benennt sie den Kern ihres tödlichen Bündnisses. Während im klassischen Film Noir an dieser Stelle der Held seiner Femme fatale erklären würde: «We're both rotten, but you are more rotten than me», erklärt sie ihm: «You know what we have in common, we're both survivors.» Wie in LAST SEDUCTION ist auch hier die Insistenz des Todestriebes paradoxerweise eine, die auf dem Leben beharrt, nur teilt Natalie diese mit dem von ihr manipulierten Mann. Deshalb entlässt Chris Nolan uns auch mit der beunruhigenden Frage: Wenn man weiß, das man sich selber betrügt, ist es noch Betrug? Oder handelt nicht nur Natalie, sondern auch Leonard völlig bewusst?

In David Finchers FIGHT CLUB[39] haben wir schließlich einen Neo-Noir, in dem die Femme fatale dazu dient, den Helden aus seinen Selbstverblendungen aufzuwecken. Auch hier geht es – wie die Anfangsszene deutlich macht – um die Wahl zwischen Freiheit und Leben. Sein Doppelgänger Tyler Durden (Brad Pitt) hält dem namenlosen Held

---

39 FIGHT CLUB, USA/D 1999; Regie: David Fincher; Drehbuch: Jim Uhls, nach dem gleichnamigen Roman von Chuck Palahniuk; DarstellerInnen: Edward Norton, Brad Pitt, Helena Bonham Carter, Meat Loaf, Zach Grenier; Kamera: Jeff Cronenweth; Schnitt: James Haygood, Robert Longstreet; Musik: The Dust Brothers, Tom Waits; Kostüme: Michael Kaplan; Fox 2000 Pictures, Regency Enterprises, Taurus Film.

(Ed Norton) den Lauf seiner Pistole in den Mund. Erst nachdem wir in einer Rückblende erfahren haben, wie diese beiden Freunde dazu gekommen sind, sich eine private Armee auszubilden, um die wichtigsten Kreditkartengebäude San Franciscos in die Luft zu sprengen, zeigt Fincher, dass sein Held sich für den Tod als Zeichen der Befreiung von seinem Doppelgänger entscheidet. Er schießt sich in den Mund. Doch weil wir uns im Kino befinden, ist es möglich, dass an die Stelle des Doppelgängers, mit dem er seine narzisstischen Gewalt- und Zerstörungsphantasien hat durchleben können, nun die Femme fatale tritt, die bezeichnenderweise im Verlauf dieses Films nicht als Störerin der Familie, dafür aber als Störerin dieses homoerotischen Männerbündnisses aufgetreten war. Die todessüchtige, bleiche, kettenrauchende, schwarz gekleidete Marla Singer (Helena Bonham Carter) hat ihn von Anfang an beunruhigt, nicht, weil sie eine gefährliche Erotik verspricht, sondern weil sie ihm eine Möglichkeit des Aufwachens andeutet, zu der er sich erst am Ende des Films bekennen kann: Einen Verzicht nämlich auf den Rausch der in seiner Vereinigung mit seinem Doppelgänger zelebrierten narzisstischen Selbstliebe. Auch in ihrem Fall kann von einer radikalen Insistenz gesprochen werden, und zwar in dem Sinne, dass sie den ganzen Film hindurch eine insistente Fremde bleibt, die immer wieder in die Fluchtorte des Helden eintritt. Nachdem sie seine Selbsthilfegruppen gestört hat, dringt sie in das herrenlose Haus in der Paperstreet ein, das der Erzähler mit Tyler bewohnt. Wiederholt hinterfragt sie mit ihrem scharfsinnigen Blick seine bizarre Existenz am Rande der Stadt, später dann auch die Anwesenheit seiner Kampftruppe, die aus dem «fight club» jenes «project mayhem» entwickelt, mit dem sie ihre Destruktionslust aus den Kellern auf die offenen Straßen San Franciscos verlagern und dort terroristische Aktionen durchführen. Sie beharrt bis zuletzt auf ihrer Klarsicht und wehrt sich mit ihrem Widerspruch dagegen, in der Traumwelt des Erzählers völlig aufzugehen.

In diesem Sinne dient David Finchers Heldin als Korrektiv zum totalisierenden Männerbund, der in FIGHT CLUB zelebriert wird. In das «Wir», das sich die jungen Männer in den Kellerräumen erkämpfen, passt sie nicht. Deshalb ist ihre Widerrede auch so gefährlich. Indem sie darauf besteht, dass auch sie einen Anspruch darauf hat, die Realität zu definieren, die sie mit ihrem Geliebten teilt, zeigt sie dem Erzähler, dass ein Rückzug auf ein das Weibliche ausschließendes Männerbündnis nicht möglich ist. Schließlich spricht sie den Helden direkt auf seinen Wahnsinn an. Während sie gemeinsam in einem Coffee Shop sitzen und der Erzähler Marla davon zu überzeugen versucht, sie müsse die Stadt verlassen, weil sie sich wegen ihm in Gefahr befinde, deutet sie diese Geschichte sofort als paranoide

Phantasien aufgehen zu lassen, nicht an. Sie rät ihm stattdessen, professionelle Hilfe aufzusuchen.

Marlas plötzliches Erscheinen in dem Hochhaus, von dem aus der namenlose Held mit seinem Doppelgänger dem Spektakel der Zerstörung der Kreditkartengebäude beiwohnen wollte, macht demzufolge auch deutlich, wie sehr sie für das Aufwachen ihres Geliebten aus der am Doppelgänger verhandelten faschistoiden Verblendungen verantwortlich ist. Ihr hartnäckiges Überleben, das heißt, die Rückkehr dessen, was über sie in der psychischen Realität des Helden verdrängt werden soll, übermittelt ihm die Botschaft, dass er der Liebe nicht entkommen kann, dass er sie, und mit ihr das Überleben, wählen muss. Somit kehrt David Fincher zu der Magie der Denkfigur einer «Liebe auf den ersten Blick» zurück, denn aus seinen Halluzinationen aufgewacht, blickt der namenlose Held tatsächlich seine Marla zum ersten Mal wirklich an. Das Paradox besteht weiterhin darin, dass man mit dieser Wahl die Freiheit des Wählens aufgibt und das Zufällige zur schicksalhaften Notwendigkeit werden lässt. Doch obgleich dieses Liebesgeständnis eine erzwungene Wahl darstellt, so doch nicht eine verblendete. Bedeutet die Hinwendung zu Marla eben auch, die narzisstische Phase zugunsten einer Beziehung aufzugeben, in der die Differenz der anderen anerkannt wird. Wie es auch bedeutet, dass, nachdem er sein todesträchtiges Phantasma kraft eines radikalen Aktes ethischer Insistenz – in diesem Fall der Schuss in den Kopf – erfolgreich durchquert hat, der namenlose Held zu einem mündigen Überleben gelangen kann. Um nochmals die Formulierung Joan Copjecs aufzugreifen: Dieser ethische Akt – der die Anerkennung der Femme fatale als eigenständiges Subjekt zur Folge hat – bedeutet sowohl, einem phantasmatischen Gerüst den Boden zu entziehen, wie auch das Gründen einer neuen Welt. Während die Gebäude um sie herum zusammen stürzen und sie dies durch die riesige Fensterfront des Raumes, in dem sie sich befinden, betrachten, als wäre dieses Spektakel auf eine Kinoleinwand projiziert, erklärt Ed Norton seiner Femme fatale: «You met me at a very strange moment in my life.» Mit dem selbstreflexiven Verweis auf sein eigenes Medium deutet David Fincher auch einen Ausstieg aus der Ausweglosigkeit an, die immer das Markenzeichen des Film Noir und seiner fatalen Mitspieler war. Für dieses Liebespaar gibt es eine Geschichte jenseits des Noir-Scripts.

Katrin Oltmann

(Genre-)Spaziergänge mit Romeo. Gender und Genre im Hollywood-Remake (WEST SIDE STORY, WILLIAM SHAKESPEARE'S ROMEO + JULIET, ROMEO MUST DIE)

Ungeliebte Zwillinge: Remake und Genre

Die Konzepte «Remake» und «Genre» stehen in der wissenschaftlichen und vor allem in der populären Kritik gleich auf mehreren Ebenen in enger rhetorischer und semantischer Verbindung.* So wird einerseits die Rolle der frühen (unter anderem wegen fehlender Copyright-Gesetze äußerst zahlreichen) Remakes in der Formierung und Etablierung der ersten Filmgenres hervorgehoben.[1] Hingewiesen wird zum Beispiel darauf, dass filmische Remakes dem Kinopublikum die Konventionen des neuen Mediums vor Augen führten und die Erwartungen schulten, die an die in ihrer Entwicklung begriffenen Genres gestellt wurden. FLYING TIGERS[2] etwa lässt sich, allein in chronologischer Hinsicht betrachtet, als Remake von ONLY ANGELS HAVE WINGS[3] bezeichnen. Erweitert man aber den Blick auf andere «World War II combat films», die die Hawks-Produktion zur Vorlage nehmen, DESTINATION TOKYO[4] zum Beispiel oder THIRTY SECONDS OVER TOKYO[5] und THE PURPLE HEART[6], dann verliert FLYING TIGERS seinen Remake-Status und wird zu einer der vielen Aktualisierungen des Kriegsfilm-Subgenres.[7]

Andererseits werden Remakes bisweilen selbst als Filmgenre bezeichnet. Geht man zum einen davon aus, dass Remakes bei Filmkritik

---

* Für ihre konstruktive Kritik und wiederholte Lektüre des Manuskripts danke ich Claudia Liebrand, Ines Steiner und Gereon Blaseio.

1   Vgl. Jennifer Forrest: «The ‹Personal› Touch. The Original, the Remake, and the Dupe in Early Cinema», in: Jennifer Forrest/Leonard R. Koos (Hg.): *Dead Ringers. The Remake in Theory and Practice*, Albany 2002, S. 89-126, hier S. 91.
2   FLYING TIGERS, USA 1942, R: David Miller.
3   ONLY ANGELS HAVE WINGS, USA 1939, R: Howard Hawks. Hawks Film selbst ist allerdings nicht dem Kriegsfilm-, sondern eher dem Drama- oder Action-Adventure-Genre zuzuordnen.
4   DESTINATION TOKYO, USA 1943, R: Delmer Daves.
5   THIRTY SECONDS OVER TOKYO, USA 1944, R: Mervyn LeRoy.
6   THE PURPLE HEART, USA 1944, R: Lewis Milestone.
7   Vgl. Jennifer Forrest/Leonard R. Koos: «Reviewing Remakes. An Introduction», in: Forrest/Koos: Dead Ringers, S. 1-36, hier S. 5; vgl. auch: Robert Ray: *A Certain Tendency of the Hollywood Cinema, 1930-1980*, Princeton 1985, S. 113ff.

und Publikum eine bestimmte Erwartungs- und Rezeptionshaltung hervorrufen (dass der Film unwiderruflich schlechter sein wird als das «Original»), und zum anderen, dass diese Filme von den Produktionsfirmen auf eine bestimmte Weise beworben werden (ebenfalls mit Bezug auf den «Original»-Film, den das Remake durch technische oder andere zeitgemäße Neuerungen überbieten wird), lassen sich Remakes als Genre, als Genre-Filme konzeptualisieren. Allein das Label «Remake» stellt solche Filme unter diesem Gesichtspunkt in *eine* gemeinsame Kategorie. So konstatiert auch Thomas Leitch:

> Remakes simply provide an unusually clear example of the operation of every genre, showing in particular the way films in every genre inevitably compete with earlier films by valorizing some aspects of their presentation [...] as timeless and imputing others [...] to earlier films marked by a dated discourse. This ritual disavowal of discursive features is, in fact, the characteristic move in the establishment of any genre [...].[8]

Das Remake lässt sich also als Prototyp des Genre-Films begreifen: «Genre incorporates a high ration of familiar to strange elements», schreibt etwa John A. Sutherland. «If, as Ezra Pound says, the modernist's motto is ‹make it new› then the genre author's motto is ‹make it the same›.»[9] Sutherlands – hier zunächst auf literarische Texte abzielende – Kritik wird in ganz ähnlicher Weise sowohl für Genre-*Filme* als auch für Remakes vorgebracht. Neben der fortwährenden «Wiederholung des Selben», der «Konventionalität», seien Genres und Remakes durch «oberflächliche Augenwischerei» und fehlenden «geistigen Tiefgang» gekennzeichnet.[10] *Genre-Filme sind* (dieser Einschätzung zufolge) *immer schon Remakes. Remakes sind das Konzentrat dessen, was an Genre-Filmen ohnehin schon kritisiert wird.* Kein Wunder also, dass die derart verschränk-

---

8 Thomas Leitch: «Twice-Told-Tales. Disavowal and the Rhetoric of the Remake», in: Forrest/Koos: Dead Ringers, S. 37-62, hier S. 58.
9 John A. Sutherland: *Fiction and the Fiction Industry*, London 1978, S. 192-194.
10 Vgl. etwa Geoff Andrew: «Dummy Show», in: *Time Out* 1075 (27. März 1991), S. 64; Carlos Clarens: «Ten Great Originals. Accept No Substitutes. Most Remakes Can't Touch the Real Thing», in: *American Film* 9/3 (1983), S. 82-86; Oliver Hüttmann: «‹Vanilla Sky›. Remix im Remake», in: *Spiegel Online* (25. Januar 2002), unter: http://www.spiegel.de/kultur/kino/0,1518,178878,00.html (letzte Abfrage 21.03. 2002); Barry Norman: «Why Remakes and Sequels to Classic Films Can Be a Disastrous Mistake...», in: *Radio T* (21.-27. März 1992), S. 36; Chris Oosterom: «Het origineel was beter», in: *Skrien* 235 (Juli/August 1999), S. 19-21. Selbst jüngere Veröffentlichungen, die Remakes aus kulturwissenschaftlicher Perspektive als intertextuelle Spielfelder, als cross-kulturelle Transpositionen ins Auge fassen, reproduzieren diesen rhetorischen Ballast in ihren Titeln: Sowohl Andrew Horton und Stuart McDougal (*Play It Again Sam. Retakes on Remakes*, Berkeley 1998) als auch Jennifer Forrest und Leonard R. Koos (*Dead Ringers. The Remake in Theory and Practice*, Albany 2002) kon-

ten Konzepte Remake und Genre in den Diskursen der Filmkritik (und in Teilen auch der Filmwissenschaft) mit beinahe identischem Vokabular und entsprechender Argumentationsweise verhandelt werden (wie übrigens auch Serien, Sequels und Filme, die auf der etablierten Persona eines Stars basieren):

> Stated simply, genre movies are those commercial feature films which, through repetition and variation, tell familiar stories with familiar characters in familiar situations. [...] They have been exceptionally significant [...] in establishing the popular sense of cinema as a cultural and economic institution, particularly in the United States, where Hollywood studios early on adopted an industrial model based on mass production.[11]

Die hier vorgenommene Verbindung von Genre-Filmen, Kommerzialisierung der Filmindustrie und Massenproduktion findet sich regelmäßig auch in den Texten zu Remakes:

> A remake's marketing strategy reduces text to title, packing a narrative body into a reified «brand name» which can be mass-produced and recycled over time [...]. These texts are empty commercial products in that they presumably profit from telling the «same story».[12]

Selbst filmgeschichtlich werden beiden Phänomenen ähnliche Entwicklungen zugeschrieben. So wird sowohl für das Remaking von Filmmaterial als auch für die Produktion von Genre-Filmen generell ein massiver Boom in den 70er- und 80er-Jahren veranschlagt, eine Beobachtung, die Thomas Simonet in seiner Studie «Conglomerates and Content» widerlegt hat. Sowohl Remakes und Sequels als auch Genre-Filme waren zum Beispiel in der Ära des klassischen Studiosystems weitaus zahlreicher.[13]

---

    zeptualisieren Remakes in ihren Titeln als nachgängig, als Neuauflagen, als auferstandene Tote.

11   Barry Keith Grant: «Introduction», in: ders. (Hg.): *Film Genre Reader II*, Austin 1995, S. xv-xx, hier S. xv.

12   Michael A. Arnzen: «The Same and the New. *Cape Fear* and the Hollywood Remake as Metanarrative Discourse», in: *Narrative* 4/2 (1996), S. 175-194, hier S. 175.

13   «An apparent majority of journalistic observers has concluded that, beginning in the 1970s, an increasing number of films has been based on recycled scripts; that conglomerate ownership has spurred the trend; that the recycling is done mostly for commercial reasons; and that it leads to aesthetically inferior films» (Thomas Simonet: «Conglomerates and Content. Remakes, Sequels, and Series in the New Hollywood», in: Bruce A. Austin [Hg.]: *Current Research in Film. Audiences, Economics, and Law*, Bd. 3, Norwood 1987, S. 154-162, hier S. 154). Simonet, der 3490 («feature-length, fictional») Filme aus den Jahren 1940 bis 1979 anhand ihrer Rezensionen in *Variety* den Kategorien Remake, Serienfilm, Sequel oder Neuer Film zugeordnet hat, konstatiert hingegen: «[T]here were approximately six times as many recycled-script films in the 1940s as in the 1970s» (ebd., S. 157). Ihm zufolge machten «recycled-script films» in den

In der angloamerikanischen Filmwissenschaft hat die Genre-Theorie seit den späten 1960er-Jahren den Platz der Auteur-Theorie eingenommen (beide Richtungen wurden dann in den 70er-Jahren zusammengeführt). Den Vertretern dieser Richtung ging es zunächst vor allem darum, den Begriff Genre von seinen negativen Konnotationen im Sinne von schlechter, kommerzieller Massenfilmware zu befreien und den Auteur als zentrierendes Konzept in der Organisation und Analyse von Filmen durch das Genre-Konzept zu ersetzen.[14] Wie die Mehrzahl der Veröffentlichungen zum Remake konzentrierte sich jedoch auch die frühe Genre-Theorie trotz ihres normativ positiven Genre-Begriffs auf die Elemente «Wiederholung und Variation», «Ähnlichkeit und Differenz». Neale zufolge lässt sich dieser Ansatz auf topische Originalitäts-Diskurse des späten 18. Jahrhunderts zurückführen, das Gattungskonzepten aufgrund der ihnen supponierten mangelnden Kreativität und Individualität weitgehend feindselig gegenüberstand. Bemängelt wurden die mit Genre-Texten einhergehenden Konventionen, Strukturen und Charaktere als klischiert, formelhaft und eindimensional.[15] Das war nicht immer so. So haben etwa Gunther Kress und Terry Threadgold auf die unterschiedliche Wertschätzung von Genre-Texten im Laufe der Literaturgeschichte hingewiesen. In klassischen Perioden, dem englischen Neo-Klassizismus im späten 17. und frühen 18. Jahrhundert etwa, hatte Literatur einem Genre anzugehören, um überhaupt als Literatur angesehen zu werden, «[...] and notions of genre were so intimately tied up with what was to be literature that they overtly and in very conscious ways affected both the reading and writing of literary texts». Deutlich wird hier die historisch-kulturelle Halbwertzeit literatur- und filmwissenschaftlicher Konzepte, denn seit dem späten 18. Jahrhundert ist der Begriff Genre im dominanten literarisch-ästhetischen Diskurs dann weitgehend negativ besetzt: «To be ‹generic› is to be predictable and clichéd; within that ideology, literature and art generally has to be free, creative,

---

1940ern etwa ein Viertel der US-amerikanischen Produktion narrativer Hauptfilme aus, in den 1970er-Jahren lediglich ein Zehntel (ebd., S. 157-159). Zur Verbreitung von Genre-Filmen und zu den 30er-Jahren vgl. zudem Steve Neale: *Genre and Hollywood*, London/New York 2000, S. 245-248.

14 Vgl. Gereon Blaseio: «Genre und Gender. Zur Interdependenz zweier Leitkonzepte der Filmwissenschaft», in diesem Band.

15 Neale: Genre and Hollywood, S. 207. Vgl. auch Michael Harney zur Ablehnung des Remake: «It is a post-Romantic emphasis on originality and creativity – themselves concepts formed in reaction to capitalistic commercialization and commodification – that explains, in large measure, the high-culture critics' categorical aesthetic prejudice against the remake and their steadfast predilection for the *sui generis* as opposed to the generic» (Michael Harney: «Economy and Aesthetics in American Remakes of French Films», in: Forrest/Koos: Dead Ringers, S. 63-87, hier S. 66).

individual [...], hence literature cannot be generic [...].»[16] Obwohl es den Genre-Theoretikern und -Theoretikerinnen der 70er- und 80er-Jahre um eine positive Neubewertung der Hollywoodgenres zu tun war, waren ihre Genre-Konzeptionen und ihre Begrifflichkeiten doch von diesen Originalitäts-Diskursen geprägt. Plädiert wird nun, etwa von Steve Neale, für eine Neukonzeptionierung des Genre-Verständnisses. Ein statischer, ahistorischer Begriff führe unvermeidlich zu reduktiven Lektüren; Genre-Muster und -Konventionen seien sehr viel beweglicher als gemeinhin von Kritikern angenommen.[17] Neale begreift Genres als Prozesse, die, abhängig von Erwartungshaltung und Rezeption der Zuschauer und Kritiker auf der einen sowie «cinema's intertextual relay» (Film-Marketing, Poster und Stills, Trailer, Genre-Namen und -Begriffe)[18] auf der anderen Seite, in ständiger Transformation und Entwicklung begriffen sind: «[T]he repertoire of generic conventions [...] is always *in* play rather than simply being *re*-played.»[19]

Präzisiert haben Claudia Liebrand und Ines Steiner, deren Argumentation ich im Weiteren folge, diesen prozesshaften Charakter von Genre-Texten. Liebrand und Steiner zufolge «haben wir es bei Genres eben nicht mit ‹Urtypen› zu tun, die uns ‹rein› entgegentreten: Vielmehr ist einerseits die konstitutive Historizität von Genres und andererseits ihre konstitutive Hybridität zu konstatieren. Genres wandeln sich in und mit der Zeit, figurieren nicht als transhistorische Größen».[20] Denn Genres, so die Argumentation, begegnen uns nicht «an sich», sondern sind nur in je einzelnen Filmen greifbar, die sich auf Genre-Konventionen beziehen, sie aber gleichzeitig umschreiben, sie modifizieren und eben auch konstruieren:

> Das Genre (von dem wir doch eigentlich annehmen, dass es dem Film vorgängig ist), ist also immer ein *Effekt* jener Filme, in denen es sich ausdrückt/konkretisiert/dokumentiert. Wir haben es also mit der Schwierigkeit zu tun, dass das Genre nicht Film ist, aber uns nur im Film begegnet:

---

16 Gunther Kress/Terry Threadgold: «Towards a Social Theory of Genre», in: *Southern Review* 21/3 (1988), S. 215-243, hier S. 219f.
17 Vgl. z.B. Steve Neale: *Genre*, London 1980; ders.: «Questions of Genre», in: *Screen* 31/1 (1990), S. 45-66; ders.: Genre and Hollywood, S. 17ff., S. 210 und passim.
18 Neale: Genre and Hollywood, S. 39.
19 Ebd., S. 219. Zusammengefasst hat Susan Hayward diese Argumentation: «[G]enre does not refer just to film type but to spectator expectation and hypothesis (speculation as to how the film will end). It also refers to the role of specific institutional discourses that feed into and form generic structures. In other words, genre must be seen as part of a tripartite process of production, marketing (including distribution and exhibition) and consumption» (Susan Hayward: *Cinema Studies. The Key Concepts*, London/New York 2000, S. 166).
20 Claudia Liebrand/Ines Steiner: «Einleitung», in diesem Band.

Das Genre geht dem Film (logisch) voraus und ist doch (faktisch) sein Effekt.[21]

Diese Perspektive einzunehmen bedeutet nicht, zu behaupten, dass es Genres nicht gäbe, sie werden lediglich nicht als den Filmen *vorgängig*, nicht als statische Gussformen betrachtet, anhand derer Filme dann reproduziert («re-played») werden. Genres figurieren vielmehr als Lesevorgaben, die an Filme gestellt werden, als simplifizierende Lektüren komplexer Strukturen. (Im Folgenden wird also weiterhin von Genres respektive von Genre-Filmen und ihren Konventionen die Rede sein – nur so lassen sich auch Veränderungen, Verschiebungen, Neukonfigurationen beschreiben und eben die Hybridisierungsbewegungen nachzeichnen.)

Eine ähnliche Überlegung lässt sich für Remakes anstellen: Auch der «Original»-Film geht dem Remake (logisch) voraus und ist doch (faktisch) sein Effekt. Erst das Remake verleiht einem Film den «Original»-Status, ein «Original» gibt es nur durch sein Remake.[22] Die eingangs überspitzt formulierte defizittheoretische Einschätzung vieler Kritiker, Genre-Filme seien «immer schon» Remakes, und Remakes das Konzentrat dessen, was an Genre-Filmen ohnehin schon kritisiert werde, lässt sich unter diesen Prämissen also positiv wenden: *Genres* sind «immer schon» Remakes in dem Sinne, dass sie, wie diese, komplexe kulturelle Verhandlungs- und Rückkopplungsprozesse mit ihren Vorgängerfilmen eingehen, dass sie, wie diese, einem permanenten historisch-kulturellen Wandel unterworfen sind, den sie dokumentieren *und* reflektiv verarbeiten. *Remakes* transportieren wie Genre-Filme bekannte kulturelle Paradigmen, und das Verhältnis zwischen «Original» und Remake lässt sich als Konzentrat der vielen Verhältnisse von Genre-Filmen untereinander bezeichnen.

Zu den kulturellen Paradigmen, die sowohl Genre-Filme als auch Remakes verhandeln, gehören zum Beispiel die Gender-Konfigurationen eines Films. So ist etwa für das Westerngenre gezeigt worden, dass die Weite der Prärie, in die der «lonesome cowboy» reitet, den Körper der

---

21 Ebd.
22 Eine solche Konzeption von Remake und Genre lässt qualitative Wertungen von «Original» und Remake, von «vorgängig» und «nachgängig» hinter sich. Natürlich sind Remakes ihren «Originalen» zeitlich gesehen *nach*gängig. Dem Begriff haftet aber gleichzeitig die Negativ-Konnotation des Zweitrangigen, des Plagiats an, vom dem es Abstand zu nehmen gilt. So wie erst der Tonfilm den frühen Film zum «Stummfilm» machte, erzeugt das Remake in seiner *Nachträglichkeit* den «Original»-Status des früheren Films. Da es mir nicht um Rezeptionsforschung oder Autor-/Regisseurintention geht, sondern darum, Lesarten für spezifische Filme zu entwickeln, lassen sich also auch «Original»-Filme auf der Folie ihrer Remakes lesen.

Frau, die sonst in diesem Genre nur selten anzutreffen ist, substituiert. Dem Film Noir hingegen liegt ein Ödipus-Sphinx-Muster zugrunde. Stets sieht sich der männliche Protagonist einer gefährlichen und mysteriösen Frau, der Femme fatale, gegenüber, deren «Rätsel» er im Laufe des Films lösen muss respektive in der er den Schlüssel zur Rätsellösung vermutet.[23] Genres geben bestimmte filmische Gender-Konstellationen vor, und diese wiederum sind Teil der Konventionen und Muster, die das Genre eines Films bedingen. Genres und Gender rekurrieren also aufeinander, bringen sich gegenseitig hervor. Sowohl Genre-Filme als auch Remakes übernehmen nun diese Gender-Vorgaben nicht eins zu eins, sondern verschieben, verändern, durchkreuzen oder forcieren sie. Während Genre-Filme an die – in filmhistorischer Entwicklung begriffenen – Konventionen des Genres (Themen, Motive, Topiken, Figurenkonstellation, Setting, Ikonographie, Beleuchtung, Atmosphäre) anknüpfen, die Story des Films aber mehr oder weniger stark verändern (je nachdem wie wichtig die Narration für die Konstitution des spezifischen Genres ist), übernehmen Remakes vor allem die Story eines Films.[24] Dadurch können sie mit den Genre-Konventionen der Vorlage freier verfahren. Solche remakebedingten (Sub-)*Genre*-Wechsel können dann – behält man die gegenseitige Verschränkung im Auge – die *Gender*-Konstellation einer Story erheblich in Bewegung versetzen.

An diesem Schnittpunkt von Genre- und Remake-Theorie möchte ich ansetzen. Eine Betrachtung verschiedener Romeo-und-Julia-Remakes eröffnet sowohl einer gender- als auch einer genreorientierten Lektüre[25] fruchtbare Kontrastfolien. Statt die Gender-Genre-Implikationen innerhalb eines Filmgenres zu untersuchen, lässt sich am Beispiel solch einer Remake-

---

23 Vgl. Claudia Liebrand: *Gender-Topographien. Kulturwissenschaftliche Lektüren von Hollywoodfilmen der Jahrhundertwende*, Köln 2003, S. 7; vgl. auch Liebrand/Steiner: Einleitung; Blaseio: Zur Interdependenz zweier Leitkonzepte der Filmwissenschaft.

24 Auch Genre-Filme übernehmen natürlich grundlegende narrative Elemente ihrer Genre-Vorgänger, bekannte Plot-Strukturen, wie etwa das erwähnte Ödipus-Sphinx-Muster des Film Noir. Und auch Remakes verändern die Story des «Originals» mehr oder weniger stark. Die Grenzen zwischen Remake- und Genre-Konzeptionen sind oft, das zeigt schon das eingangs erwähnte Beispiel ONLY ANGELS HAVE WINGS – FLYING TIGERS, durchlässig. Wenn Genre-Filme sich auch manchmal als Remakes kategorisieren lassen (v.a. dann, wenn sie sich eng an bestimmte Story-Muster halten), sind jedoch bei weitem nicht alle Remakes dem Genre ihres Vorgängers verpflichtet. So lassen sich WEST SIDE STORY, ROMEO + JULIET und ROMEO MUST DIE als Premakes/Remakes konzeptualisieren, da sie auf die gleiche Story zurückgehen, nicht aber als Beispiele *eines* Genres. Wie das Genre des «Originals» denoch auf den neuen Film einwirkt, darum wird es im Folgenden gehen.

25 Wenn hier und im Folgenden von (Film-)Lektüren die Rede ist, geschieht das mit Bezug auf das Axiom der Cultural Studies, das alle kulturellen Objektivationen als Texte begreift, die sich einer Lektüre unterziehen lassen.

Kette beobachten, wie die Gender-Konstellationen *einer* Story verschiedene Genres (Musical, Martial-Arts-Film et cetera) durchlaufen, wie in diesem Prozess Genre auf Gender und Gender auf Genre zurückwirkt. Ausgangsthese dabei ist, dass Remakes nicht ausschließlich auf *einen* «Urtext» (hier Shakespeares Tragödie) zurückgehen, sondern einen Text verarbeiten, der als «unfinished cultural business»[26] auch in der Form von Filmen im kollektiven Gedächtnis gespeichert ist.[27] An diese *filmischen* Vorgänger (etwa WEST SIDE STORY und ROMEO + JULIET) schließen Remakes an – auch auf generischer Ebene: Es wird sich nämlich zeigen, dass der Remake-Status der filmischen Neuauflagen – Genre-Wechsel hin oder her – Auswirkungen auf die Herstellung des jeweiligen Genres hat. Im Zentrum der Lektüre stehen daher nicht die verschiedenen filmischen Adaptionen des einen literarischen Textes (oder dessen langjährige Aufführungspraxis und Adaptionsgeschichte in anderen Medien), sondern die generischen Rückkopplungs- und Verschaltungsprozesse zwischen den ausgewählten Remakes und Premakes.[28]

Genre-Spur und Rückkopplung

Die drei Filme, um die es im Folgenden gehen wird, WEST SIDE STORY[29], WILLIAM SHAKESPEARE'S ROMEO + JULIET[30] und ROMEO MUST DIE[31], sind

---

26 Vgl. Leo Braudy: «Afterword. Rethinking Remakes», in: Andrew Horton/Stuart Y. McDougal (Hg.): *Play It Again, Sam. Retakes on Remakes*, Berkeley 1998, S. 327-334, hier S. 331.
27 Auch wenn ein Film auf einer literarischen Vorlage basiert, lassen sich solche früheren Verfilmungen nicht ausblenden. Manchmal wird allerdings das offensiv versucht: Luhrmann nennt seinen Film demonstrativ WILLIAM SHAKESPEARE'S ROMEO + JULIET. Vgl. auch Wolfgang Arend: *Auf der Jagd nach Hexen und Zuschauern. Mediensoziologische Bausteine zu einer Theorie des Remakes am Beispiel von Hexenfilmen*, Mainz 2002, S. 62f.
28 Solch eine Lektüre ließe sich selbstverständlich auch für die Beziehungen zwischen WEST SIDE STORY, CHINA GIRL (USA 1987, R: Abel Ferrara), Franco Zeffirellis ROMEO AND JULIET (I/GB 1968) und George Cukors Version (USA 1936) anstellen. Wegen der zahlreichen Verfilmungen von *Romeo and Juliet* spreche ich im Folgenden vermehrt von Premake und Vorgängerfilm, statt von einem «Original»-Film.
29 WEST SIDE STORY, USA 1961; Regie: Jerome Robbins, Robert Wise; Drehbuch: Ernest Lehman, nach dem Bühnenstück von Robert E. Griffith, Harold S. Prince; DarstellerInnen: Natalie Wood, Richard Beymer, Russ Tamblyn, Rita Moreno, George Chakiris; Musik: Leonard Bernstein, Saul Chaplin; Texte: Stephen Sondheim; Choreographie: Jerome Robbins; Kamera: Daniel L. Fapp; Schnitt: Thomas Stanford; Produktionsdesign: Boris Leven; Kostüme: Irene Sharaff; Beta Productions, Mirisch Films, Seven Arts Productions.
30 WILLIAM SHAKESPEARE'S ROMEO + JULIET, USA 1996; Regie: Baz Luhrmann; Drehbuch: Craig Pearce, Baz Luhrmann, nach der Tragödie von William Shakespeare; DarstellerInnen: Leonardo DiCaprio, Claire Danes, John Leguizamo, Harold Perrineau Jr., Pete Postlethwaite, Miriam Margoyles, Dash Mihok, Vondie Curtis-Hall, Paul Sor-

durch eine solche Remake-Premake-Struktur miteinander verschaltet. Alle drei präsentieren eine Romeo-und-Julia-Story in modernem Gewand. Diese Story lässt das Musical WEST SIDE STORY Genre-Grenzen überschreiten. ROMEO + JULIET knüpft an die Transgressionen an, buchstabiert sie aus und inszeniert so seine Genre-Hybridität. Bartkowiaks ROMEO MUST DIE gestaltet die Geschichte als Martial-Arts-Film aus, dessen Kampfchoreographien wie die Production-Numbers eines Musicals in Szene gesetzt sind. Die folgenden Gender-Genre-Lektüren beruhen auf drei Vorannahmen. *Erstens*: Die Gender-Konstellationen des Plots, der Story haben Auswirkungen auf die Ausprägung des jeweiligen Filmgenres, sei es Musical (WEST SIDE STORY), Action/Romantic Drama (ROMEO + JULIET) oder Action-/Martial-Arts-Film (ROMEO MUST DIE). *Zweitens*: Das jeweilige Genre, dem eine Filmproduktion sich anzunähern sucht, beeinflusst und verändert die Gender-Vorgaben des Plots. *Drittens*: In einer Film- oder Remake-Kette wie der vorliegenden finden sich Genre-Spuren der Vorgängerfilme, die sowohl die Genre-Zugehörigkeit der Filme als auch deren Gender-Konfigurationen nachhaltig hybridisieren. *Diese Genre-Spuren, die mit dem Remake-Status der Produktionen einhergehen, sowie die Verschaltung ihrer Gender-Genre-Dynamiken bilden den Gegenstand der folgenden Lektüren.*

Alle drei Filme verfügen über so genannte Showstopper, (vom Musical bekannte) Figuren, die die Narration eines Filmes zeitweise stillzustellen scheinen. In ROMEO MUST DIE sind das die aufwändig inszenierten und choreographierten Kampfszenen, in ROMEO + JULIET das ausschweifende Ton-, Schnitt- und Set-Design,[32] in WEST SIDE STORY die Sing- und Tanznummern. Alle drei Filme eröffnen also außerhalb ihres diegetischen Raums einen nicht-narrativen «Spektakelraum», erzeugen eine Spannung zwischen integrativen und nicht-integrativen Elementen.[33] 1961 wie 1996 und 2000 geht es um «the pleasures of spectacle»

vino, Brian Dennehy; Kamera: Donald McAlpine; Schnitt: Jill Bilcock; Produktionsdesign: Catherine Martin; Kostüme: Kym Barrett; 20th Century Fox, Bazmark Films.

31   ROMEO MUST DIE, USA 2000; Regie: Andrzej Bartkowiak; Drehbuch: Eric Bent, John Jarrell; DarstellerInnen: Jet Li, Aaliyah, Isaiah Washington, Russell Wong, DMX, Delroy Lindo, D. B. Woodside, Henry O; Kamera: Glen MacPherson; Schnitt: Derek Brechin; Produktionsdesign: Michael Bolton; Kostüme: Sandra J. Blackie; Warner Bros., Silver Pictures.

32   Spektakel, die die Show stoppen, müssen nicht immer in Gestalt von Production-Numbers daherkommen, das bestätigt auch Martin Rubin: «[...] [T]he concept of ‹spectacle› need not be limited to the large-scale but may include anything that sets itself apart from the dominant narrative flow and calls attention to itself as an object of display» (Martin Rubin: *Showstoppers. Busby Berkeley and the Tradition of Spectacle*, New York 1993, S. 18).

33   Dass es solch einen nicht-narrativen Raum im Musical trotz aller Integrationsversuche immer gegeben hat, haben auch Ines Steiner und Christoph Brecht gezeigt: «Berkeley

und «the pleasures of looking and listening», Elemente, die Neale als konstitutiv für das Musicalgenre erachtet.[34] *Es lässt sich also konstatieren – und dies ist die leitende These der folgenden Seiten –, dass sowohl Baz Luhrmanns als Action/Romantic Drama rubrizierter* ROMEO + JULIET *als auch der als Martial-Arts-Film beworbene* ROMEO MUST DIE *in Anlehnung an das Genre ihres Vorgängerfilms* WEST SIDE STORY *als Musicals funktionieren.* In Anlehnung an ein hybrides Genre also, das sich – beeinflusst von europäischer Operette, amerikanischen Wild West Shows, Vaudeville und Music Hall – von einer Tradition herleitet, die sich eindimensionalen Integrations- und Systematisierungsversuchen von jeher verweigert hat:[35] «The musical makes mischief with dominant values of realism, consistency, and narrativity, dancing giddily close to their counterparts – contradiction, inconsistency, and showstopping spectacle.»[36]

---

hat ein für alle Mal gezeigt, dass der Raum, in dem Musik und Tanz stattfinden, nicht der Raum der Diegese sein kann. Alle folgenden Versionen einer *Integration* von ‹number› und Plot stellen Versuche dar, die Radikalität dieser Einsicht durch Kompromisse wieder einzuhegen. Der Verzicht auf jeden Realismus, auch auf jene Spielart von Realismus-Effekten, wie sie der Hollywood-Kodex bevorzugt, ist damit festgeschrieben. Was dem Film-Musical bleibt, ist nichts anderes als die Ausarbeitung jener Kunst der Übergänge, der Berkeley selbst in seinen Production-Numbers bereits vorgearbeitet hat» (Ines Steiner/Christoph Brecht: «‹Dames Are Necessary To[ols of] Show Business›. Busby Berkeleys Production-Numbers in der Multimedialität des Film-Musicals», in: Claudia Liebrand/Irmela Schneider [Hg]: *Medien in Medien*, Köln 2002, S. 218-250, hier S. 229). Als «nicht-integriert» wurden Produktionen wie etwa die Astaire-Roger-RKO-Filme bezeichnet, in denen die Sing- und Tanznummern deutlich markierte musikalische Spektakeleinlagen darstellten, die Stars verkörperten in der Diegese häufig Sänger oder Tänzer. «Integrierte» Musicals bedeuteten nicht zwangsweise die Lösung des Plots durch die Production-Number. Vielmehr ging es darum, den Übergang zwischen Narration und Nummer möglichst fließend zu halten, indem etwa die Melodie einer Tanzeinlage zunächst leise über den «music track» eingespielt oder der Takt eines Stücks durch den rhythmischen Gang des Protagonisten/der Protagonistin eingeleitet wurde (vgl. Steven Cohan: «‹Feminizing› the Song-and-Dance Man. Fred Astaire and the Spectacle of Masculinity in the Hollywood Musical», in: Steven Cohan/Ina Rae Hark [Hg.]: *Screening the Male. Exploring Masculinities in Hollywood Cinema*, London/New York 1993, S. 46-69, hier S. 64f.).

34 Neale: Genre and Hollywood, S. 227.
35 Baz Luhrmanns Musical MOULIN ROUGE! (USA/AUS 2001) versammelt all diese Einflüsse um/in sich, führt das Genre praktisch zu seinen «Ursprüngen» zurück.
36 Rubin: Showstoppers, S. 2.

Gender und Genre in WEST SIDE STORY und ROMEO + JULIET

«Genres have codes and conventions with which the audience is as familiar as the director (if not more so)», schreibt Susan Hayward in Anlehnung an Leo Braudy.[37] In ihrer Existenz unbestritten sind diese Kodes und Konventionen – darauf weist eben auch Steve Neale immer wieder hin – keineswegs statisch und unverrückbar. Zwar kommt es vor, dass Filme «floppen», wenn sie die Erwartungen ihres Publikums nicht erfüllen. Filme können aber auch erfolgreich mit den Konventionen und Zuschauererwartungen spielen (durch Code-Bending und -Blending, Genre-Crossing, Genre-Travestie), oder sie können von ihren Zuschauern gegen den Strich («against the grain»)[38] gelesen werden. WEST SIDE STORY etwa entspricht in einigen Teilen den traditionellen Vorgaben des Musicalgenres. So weist der Film den von Rick Altman beschriebenen «dual focus» auf.[39] Basierend auf der für das Musical grundlegenden Dichotomie von Weiblichkeit und Männlichkeit («the male-female-duality»), so Altman, organisiere dieser Gender-Doppelfokus alle Bereiche des Films (Setting, Kamera-Einstellungen, Musik, Tanz, persönlicher Stil) binär und fungiere häufig als Platzhalter einer zweiten, thematischen Opposition, zum Beispiel «Entertainment» versus «Business» in SILK STOCKINGS[40] oder «PUERTO-RICANER» VERSUS «AMERIKANER» IN WEST SIDE STORY.

In anderen Bereichen bricht Robbins' und Wises Film aber auch mit den Genre-Vorgaben. Die drei genrekonstitutiven Elemente, ohne die – so sind sich Filmkritiker zumeist einig – ein Musical kein Musical ist: «boy meets girl, boy dances with girl, boy gets girl»,[41] sind in WEST SIDE STORY nur zum Teil erfüllt. Der Film endet mit dem Tod eines der Liebenden, nicht mit der Hochzeit des Paares. Anders als im Musical üblich, werden auftretende Probleme in WEST SIDE STORY zudem nicht gewaltfrei gelöst.[42] Im Gegenteil: Die Kampf- und Actionelemente sind von derart zentralem Status, dass sie in die Tanz- und Singszenen hinüberreichen, Tänze zu Kämpfen werden lassen. Ausgelöst werden diese Genre-Transgressionen durch den Romeo-und-Julia-Plot, der den Gender-

---

37 Hayward: Cinema Studies, S. 168.
38 Ebd.
39 Rick Altmann: *The American Film Musical*, Bloomington 1987, 32ff.
40 SILK STOCKINGS, USA 1957, R: Rouben Mamoulian.
41 Rick Altmann: *Film/Genre*, London 1999, S. 147.
42 Vgl. Edward Buscombe: «The Idea of Genre in the American Film», in: *Screen* 11/2 (1970), S. 33-45, hier S. 44f. Wegen seiner Thematisierung von Großstadtproblematik, Gewalt und Rassismus gilt WEST SIDE STORY als erstes «Social Conscience Musical».

und Narrationskonventionen des Film-Musicals zuwiderläuft und WEST SIDE STORY zu einem Musical Drama[43] mit Elementen aus Actionfilm (der sich freilich erst später etablierte), Teenpic, Melo- oder Romantic Drama und Social-Problem-Film macht.

Gerade auch vor diesem hybriden generischen Hintergrund ist Luhrmanns ROMEO + JULIET als Remake von WEST SIDE STORY zu konzeptualisieren, stellt der Film von 1996 sich doch bekanntlich ebenfalls als Bricolage zahlreicher Genres und Filmstile dar. Keine Filmkritik, die nicht eine dem Film zugrunde liegende MTV-Ästhetik konstatiert, kein Aufsatz, der nicht auf die hohe Frequenz von Intertexten und filmischen Zitaten verweist. Und auch Regisseur und Produktionsfirma zählen Busby Berkeley und Fellini, REBEL WITHOUT A CAUSE und DIRTY HARRY, den Naturalismus des 70er-Jahre-Films sowie den europäischen Expressionismus, Western, Melodrama und Teenpic[44] zu den «Inspirationsquellen»

---

43 Ein Musical Drama zeichnet sich aus, so Neale, durch «the importance of its storyline (one which could accommodate pathos, dramatic conflict, and even on occasion an unhappy ending), its attention to situation and character, and the ‹sharply integrative› organization of its music, its singing and its dancing» (Neale: Genre and Hollywood, S. 106). Andere Musical Dramas (sowohl am Broadway als auch als Filmversion) sind SHOW BOAT (USA 1929, R: Harry Pollard; USA 1936, R: James Whale; USA 1951, R: George Sidney), OKLAHOMA! (USA 1955, R: Fred Zinnemann) und MY FAIR LADY (USA 1964, R: George Cukor).

44 Als Teenpic wurde ROMEO + JULIET immer wieder eingestuft vor allem wegen seiner Videoclip-Ästhetik, dem Popmusik-Soundtrack und dem Casting der sehr jungen Schauspieler Leonardo DiCaprio und Claire Danes (beide bekannt aus typischen Generation-X-Produktionen wie THE BASKETBALL DIARIES [USA 1995, R: Scott Kalvert] und der Fernsehserie MY SO-CALLED LIFE [USA 1994-95, ABC]). Vgl. Robert F. Willson: «Star-Crossed Generations. Three Film Versions of *Romeo and Juliet*», in: Maurice Hunt (Hg.): *Approaches to Teaching Shakespeare's ‹Romeo and Juliet›*, New York 2000, S. 180-185, hier S. 183; James N. Loehlin: «‹These Violent Delights Have Violent Ends›. Baz Luhrmann's Millenial Shakespeare», in: Mark Thornton Burnett/Ramona Wray (Hg.): *Shakespeare, Film, Fin de Siècle*, London 2000, S. 121-136, hier S. 121ff. In seiner Thematisierung der «generation gap», der «young love crossed by parental opposition» (Loehlin: These Violent Delights Have Violent Ends, S. 122) knüpft ROMEO + JULIET an die Serie von Teenagerfilmen seit den 1950er-Jahren an. Verglichen wird v.a. DiCaprios Äußeres und sein Schauspiel mit James Deans Paraderolle als Jim Stark in einem der einflussreichsten Teenpics REBEL WITHOUT A CAUSE (USA 1955, R: Nicholas Ray): «The first shots of DiCaprio in the film, wandering the beach to avoid his parents, replicate the tilted head, hanging forelock and the introspective squint of Dean's Jim Stark. DiCaprio's anguished cry – ‹Then I defy you, stars!› – [...] exactly matches the tone and cadences of Dean's trademark outburst, ‹You're tearing me apart!›» (ebd., S. 123). Auch WEST SIDE STORY und ROMEO MUST DIE sind auf ein jugendliches Publikum ausgerichtet, was sich u.a. im Casting bemerkbar macht. Natalie Wood in der Rolle der Maria (WEST SIDE STORY) war dem Publikum als Judy in REBEL WITHOUT A CAUSE und als Wilma in SPLENDOUR IN THE GRASS (USA 1961, R: Elia Kazan) bekannt. In der Rolle der Trish O'Day (ROMEO MUST DIE) debütierte die junge R&B-Sängerin Aaliyah. Zuvor waren Romeo und Julia häufig mit erwachsenen Schauspielern besetzt worden (etwa Norma Shearer und Leslie Howard in George Cukors 1936er-Version).

von WILLIAM SHAKESPEARE's ROMEO + JULIET.[45] WEST SIDE STORY (und damit das Musicalgenre) ist hingegen mehr als bloß ein Teilchen dieses «postmodernen» Intertextualitätspuzzles, ROMEO + JULIET mehr als bloß ein Musikvideoclip. Luhrmanns Film stellt eine Umschrift des Musicals WEST SIDE STORY auf der Grundlage der Romeo-und-Julia-Story dar. Ausgehend von den Genre-Vorgaben[46] seines Premakes entwickelt sich ROMEO + JULIET vom Film-Musical zum Actionfilm. Als Genre-Hybride par excellence steht er zwischen WEST SIDE STORY und ROMEO MUST DIE und verweist damit sowohl auf die enge strukturelle Beziehung der Genres Musical und Martial Arts als auch auf seinen eigenen Remake-Status.[47]

Seine ersten Sequenzen schon setzen ROMEO + JULIET in Beziehung zu WEST SIDE STORY.[48] Beide Filme stellen dem Geschehen einen Prolog

45 Vgl. Baz Luhrmanns Ausführungen hierzu unter: http://www.clairedanes.com/rjintro.html (letzte Abfrage 20.02.2003); außerdem: Loehlin: These Violent Delights Have Violent Ends, S. 121-136; Jose Arroyo: «Kiss Kiss Bang Bang», in: *Sight and Sound* 7/3 (1997), S. 6-9; Jim Welsh: «Postmodern Shakespeare, Strictly Romeo», in: *Literature/Film Quarterly* 25/2 (1997), S. 152-153; Roger Ebert: «Rezension zu ROMEO + JULIET», unter: http://www.suntimes.com/ebert/ebert_reviews/1996/11/110104.html (letzte Abfrage 20.02.2003).
46 So gehörte zur Crew der ROMEO + JULIET-Produktion auch ein Choreograph namens John «Cha Cha» O'Connell. Vor und nach ROMEO + JULIET drehte Luhrmann «echte» Musicals: STRICTLY BALLROOM (AUS 1992) und MOULIN ROUGE! (USA/AUS 2001) (beide wieder mit John O'Connell). MOULIN ROUGE! schließt mit seinem Spiel im Spiel (auf der Theaterbühne werden wiederum Verse aufgesagt), mit seiner deutlich ausgestellten Kulissenhaftigkeit, mit seiner Vermischung von Vergangenheit und Gegenwart an ROMEO + JULIET an, in gewisser Weise wird vervollständigt und ausbuchstabiert, was im 1996er-Film schon angelegt ist. Der in MOULIN ROUGE! vorgenommenen Kontrastierung von Soundtrack (Popmusik des späten 20. Jahrhunderts) und Imagetrack (Paris um 1900) korrespondieren in ROMEO + JULIET die Shakespeare'schen Verse gegenüber der modernen US-amerikanischen Kulisse.
47 Seinen Remake-Status verhandelt ROMEO + JULIET in einer Diegese, die selbst zahlreiche iterative Momente aufweist, die sich immerfort selbst wiederholt. So wird der Prolog zweimal gesprochen, einmal von der Nachrichtensprecherin, zum zweiten Mal von einer Off-Screen-Stimme, die die ersten Bilder von Verona kommentiert. An der Tankstelle zertritt Tybalt zweimal einen Streichholz mit dem silbernen Absatz seines Stiefels. Auch Romeo kopiert sich selbst, indem er die Sätze «Why then, O brawling love! O loving hate! O any thing, of nothing first create!», zunächst in sein Tagebuch notiert, um sie dann einem beeindruckten Benvolio als spontane Eingebung vorzutragen.
48 Der Fokus der folgenden Lektüre liegt auf den Gender-Genre-Dynamiken in WEST SIDE STORY und ROMEO + JULIET in Verbindung mit dem Remake-Charakter von Luhrmanns Film. Natürlich lässt sich die enge Bezugnahme von ROMEO + JULIET auf WEST SIDE STORY an zahlreichen weiteren Details zeigen. Als Maria und Tony sich etwa auf dem Schulball zum ersten Mal begegnen, scheint die Zeit stillzustehen, versinkt alles andere um sie herum, d.h., die anderen Tanzpaare bewegen sich literal in Zeitlupe, sind nur noch schemenhaft, wie durch Milchglas zu erkennen. Eben dieses Milchglas wird in Luhrmanns Film im dicken Glas des Aquariums wieder aufgenommen, durch dessen Scheiben sich Romeo und Juliet zum ersten Mal erblicken. Anstelle der Tänzer bewegen sich zwischen ihnen – in derselben traumhaften Langsamkeit – bunte, exoti-

Abb. 1-2: Ikonographie des Musicals

vorweg. In Luhrmanns Film verliest eine Fernsehnachrichtensprecherin, die in einem kleinen Fernsehgerät auf der Leinwand erscheint, Shakespeares Prolog, in WEST SIDE STORY ist dieser musikalisch realisiert: In einer Ouvertüre werden alle Themenstücke des Films einmal angespielt, danach ent-deckt sich die schwarz-rot chiffrierte Leinwand als New Yorker Skyline, die Kamera geht in Obersicht. Die folgenden Einstellungen sind aus einem Hubschrauber oder einem Flugzeug gefilmt, nehmen die Stadt New York aus der Luft in den Blick. ROMEO + JULIET übernimmt diese Vogelperspektive, beendet den Prolog durch einen plötzlichen Schnitt auf rasch montierte Luftaufnahmen von Verona Beach, dem Ort des gewaltreichen Geschehens, offensichtlich aus einem Polizei-Helikopter gefilmt. Im Folgenden stellen beide Filme, wie bei Shakespeare, die streitenden Lager vor. Die Namen der beiden Gangs, sind als «Sharks»- und «Jets»-Graffitis auf das Straßenpflaster gesprüht, prangen als «Cap 005» und «Mon 005» auf den Nummernschildern der Autos von Benvolio und Tybalt. In WEST SIDE STORY legen die Jets und die Sharks einen Kampftanz vor, in ROMEO + JULIET kommt es zwischen Montagues und Capulets zu einem gewaltsamen Aufeinandertreffen an einer Tankstelle. Während dieser Sequenz nimmt die Kamera mehrmals schwarze Schuhe und Beine in den Blick, eine Referenz auf Ikonographie, Kamera- und Schnittkonventionen des Musicals.

Übernommen wird die Tendenz des Genres «to cut up the shooting with close-ups on feet, hands and faces»[49] während der gesamten folgen-

---

sche Fische, die in ihren leuchtenden Farben das Grün, Blau und Rot der Scheinwerfer und Lichter zu reflektieren scheinen, die hinter Maria und Tony an der Turnhallenwand blinken.

49 Vgl. Hayward: Cinema Studies, S. 253. Natürlich verweisen die einzeln angeschlagenen Gitarrentöne, die Zeitlupen-Close-ups und «freeze frames» von Tybalt, der sich einen Zigarillo anzündet und den Streichholz dann langsam und nachdrücklich mit dem silbernen Absatz seiner Cowboyboots zertritt, auf das Westerngenre, auf Clint Eastwood in PER UN PUGNO DI DOLLARI/A FISTFUL OF DOLLARS (I 1964, R: Sergio Leone) oder Charles Bronson in C'ERA UNA VOLTA IL WEST/ONCE UPON A TIME IN THE WEST (I/USA 1968, R: Sergio Leone), darauf hat etwa James N. Loehlin hingewiesen (Loehlin: These Violent Delights Have Violent Ends, S. 126). Genauso lassen sich aber die schwarz beschuhten Füße der Nonnen auf THE SOUND OF MUSIC (USA 1965, R: Robert Wise) beziehen oder auf die Eingangssequenzen zahlreicher Musicals, z.B. TOP

den Szene. Eingeleitet und musikalisch kommentiert wird das Geschehen durch den aus dem Autoradio der Montagues dröhnenden Hardcore-Song «Pretty Piece of Flesh» von One Inch Punch, den Benvolio und seine Freunde krakeelend begleiten. Musik (sowohl Popmusik als auch ein klassischer, gewissermaßen «antiker Chor») wie in einem Musical kommentierend, leitmotivisch einzusetzen, davon macht Luhrmanns Film wieder und wieder Gebrauch:[50] Einer im Engelskostüm auf ihrem Balkon träumenden Juliet wird Gavin Fridays «Angel» zur Seite gestellt, ihr Wunsch, «to take Romeo and cut him out in little stars», wird aufgenommen durch Stina Nordenstams «Little Star». Als Romeo frühmorgendlich, berauscht und schlaflos vor Liebe, mit dem Auto durch die Straßen von Verona Beach rast, spiegelt der Soundtrack seine Gefühlswelt: «You and me always and forever». Während Romeo mit Juliets Amme die (heimliche) Hochzeit der jungen Liebenden plant, verweisen die Cardigans mit «Love Fool» auf die Vergänglichkeit von Liebe (die hier ohnehin als Drogenrausch inszeniert wird). Der Tod des aquaphilen Liebespaares wird schließlich mit den letzten Sätzen des «Liebestodes» aus Wagners «Tristan und Isolde» unterlegt («ertrinken, versinken – unbewußt – höchste Lust!»).[51]

Dabei ist diese Musik sowohl extradiegetischen als auch diegetischen Ursprungs. Sie ertönt aus den Autoradios der Gangs, wird bei Romeo und Julias Hochzeit von einem Kirchenchor gesungen oder von einer Sängerin, die mit Begleitorchester auf dem Maskenball der Capulets

---

Hat (USA 1935, R: Mark Sandrich), The Barkleys of Broadway (USA 1949, R: Charles Walters) und Silk Stockings (USA 1957, R: Rouben Mamoulian). Es ist genau dieses Genre-Crossover/-Blending, das für meine Lektüre von Interesse ist. Die Szene zitiert präzise jene Genres: Musical, Western und auch den Actionfilm John Woos, die eine enge strukturelle oder semantische Verwandschaft mit dem Martial-Arts-Genre aufweisen, dem Genre des vier Jahre später realisierten Romeo Must Die. Vgl. auch David Desser: «The Martial Arts Film in the 1990s», in: Wheeler Winston Dixon (Hg.): *Film Genre 2000. New Critical Essays*, Albany 2000, S. 77-109, hier S. 93f.

50   Viele der Stücke, die auf zwei Soundtrack-CDs veröffentlicht wurden, wurden eigens für den Film produziert, das Wort «pretty piece of flesh» entstammt direkt dem Shakespeare'schen Text (I,1) (vgl. Loehlin: These Violent Delights Have Violent Ends, S. 123). Die zweite CD wird von Luhrmann als «modern opera» bezeichnet: «It's a complete piece of music that seamlessly tells a story so the listener can reexperience the story from start to its tragic finish» (Baz Luhrmann in: «Romeo and Juliet Volume II», unter: http:// capitolrecords.com/romeoandjuliet/rj2.html [letzte Abfrage 02.02.2003]).

51   Auch Loehlin weist auf die enge Verbindung zwischen Narration und Musik hin: «As the camera floats over the entwined lovers, the film cuts to a brief montage of their happy moments together, concluding with a slow-motion shot of them kissing under water. As the Wagner fades from the soundtrack, the screen whites out, then resolves to a bleak image of two shrouded corpses on hospital gurneys being loaded into an ambulance» (Loehlin: These Violent Delights Have Violent Ends, S. 130).

Abb. 3-4: «Schauplätze» – in WEST SIDE STORY... und in ROMEO + JULIET

auftritt. Einmal wird zudem eine veritable Musicalnummer gegeben, eine Sing- und Tanzeinlage, die die Narration anhält: Mercutios «Young-Hearts-Run-Free»-Performance, die in seinen Drag-Auftritt auf dem Ball der Capulets mündet. Auch Juliets Vater singt und tanzt auf diesem Fest. Überhaupt weist der Film die Tendenz auf, die Ebenen der extradiegetischen und der diegetischen Musik zu vermischen. So wird «Kissing You», das Lied, das bei Romeo und Juliets erster Begegnung auf dem Ball «live» gesungen wird (ein Cameo der Sängerin Des'ree), später wiederholt extradiegetisch eingespielt, leitmotivisch als Liebesthema eingesetzt. «Pretty Piece of Flesh» wird zum «gang theme», Quin Tarvers Adaption des Prince-Titels «When Doves Cry» zum «drama theme».[52]

Die starke Kulissenhaftigkeit von WEST SIDE STORY greift Luhrmanns Film auf, indem er große Teile der Handlung zwischen den halbverfallenen Bauten des Vergnügungsparks «Sycamore Grove» am Strand von Verona Beach inszeniert. An die Stelle der Basketball-*Courts*, auf denen in WEST SIDE STORY Verhandlungen und Prozesse abgehalten, Urteile gefällt und Todesurteile vollstreckt werden, tritt in Luhrmanns Film eine Freiluftbühne. Die Leuchtreklamen, Aufschriften und Baugerüste aus WEST SIDE STORY finden ihre Entsprechung in den Werbewänden und -plakaten des Sycamore Grove. Selbst die allgegenwärtigen Maschendrahtzäune des Films von 1961 tauchen in ROMEO + JULIET gelegentlich auf.

Neben einer Referenz auf das Shakespeare'sche Theater[53] verweist die große, verlassene Freiluftbühne am Strand sowohl auf die Broadwaybühne als «Ursprung» des Musicalfilms, als auch auf die «Bühne auf der

---

52 Es ist ohnehin eine Fehlannahme, davon auszugehen, Musik in Musicals sei immerzu diegetisch motiviert, darauf hat auch Steve Neale hingewiesen: «[M]usic in the musical [is] by no means […] [always] diegetic, as a glance at any number of dance sequences in 1940s and 1950s musicals will confirm» (Neale: Genre and Hollywood, S. 216). Auch in WEST SIDE STORY fehlte ja schon das Orchester.

53 Die Billardhalle unweit dieses Parks heißt entsprechend «Globe Theatre». ROMEO + JULIET weist unzählige solcher Referenzen auf. Die Werbewände und Leuchtreklamen etwa sind mit Zitaten aus Shakespeares Texten bestückt.

Leinwand», die – für Musicals topische – Inszenierung eines Spektakels innerhalb der Filmhandlung.[54] Dieser Bruch der filmischen Narration und Kontinuität durch mehr oder weniger vermittelte Sing- und Tanznummern wird zu Recht als Showstopper bezeichnet, verhindert er doch das selbstvergessene Versinken in der filmischen Fiktion[55] und verweigert sich (wie etwa das Science-Fiction-Genre auch) Mimesisanforderung und Realitätskonzepten des Hollywoodkinos. Das Remake ROMEO + JULIET rekurriert auf diese Genre-Vorgabe von WEST SIDE STORY, auf das Spektakuläre, Exzessive des Genres Musical, nicht dadurch, dass es diese (Tanz-)Production-Numbers übernimmt (ROMEO MUST DIE hingegen ersetzt sie durch Kampfchoreographien, die die Spektakel-Funktionsstelle füllen). Mit Ausnahme der groß angelegten berkeleyesken Drag-Performance Mercutios werden die vielen diegetischen Songs nicht als wirkliche Showstopper inszeniert. Die fehlenden Tanznummern im Remake ROMEO + JULIET haben daher eine Art Vakuumeffekt; den «Druckausgleich» nimmt Luhrmanns Film in seiner *Mise en Scène* vor: Die übersättigten Farben, das frenetische Musik- und Tondesign,[56] die rasante Kameraführung- und Stakkato-Schnitt-Technik,[57] die unzähligen intertextuellen und intermedialen Zitate, nicht zuletzt die altenglischen Verse in moderner US-amerikanischer Kulisse stellen den Versuch dar, den «narrationsleeren» Raum zu füllen und der Spektakelvorgabe des

---

54 Nicht immer handelt es sich freilich um eine «echte» Bühne. Doch auch jenseits des Show-Business- und Backstage-Musicals wird der diegetische Raum durch das Singen und Tanzen zur Spektakel-Bühne erhoben.

55 Dass sich das Filmpublikum von diesen unvermittelten Sing- und Tanzeinlagen *keineswegs* so irritiert zeigt, im Gegenteil: von einem Musical keine ungebrochene, einer «realistischen» Rezeptionshaltung entsprechende Diegese erwartet, wie bislang weithin angenommen und als Grundproblem des Genres diagnostiziert, davon gehen Teile der neueren Forschung zum Film-Musical mittlerweile aus. Vgl. Brecht/Steiner: Dames Are Necessary To(ols of) Show Business; vgl. auch Anmerkung 33 zum (nicht-)integrierten Musical.

56 «The film features an elaborate sound design with sophisticated layering and sampling, amplified sound effects and a wide range of musical styles, including many alternative pop songs commissioned especially for the film and incorporating lines from the play, such as the pounding hardcore rap of ‹Pretty Piece of Flesh› by One Inch Punch» (Loehlin: These Violent Delights Have Violent Ends, S. 123).

57 Vgl. ebd. Diese Schnitt-Technik ist bereits in WEST SIDE STORY angelegt. Als die Sharks und die Jets in den Kampf ziehen, lässt sich eine ähnlich sprunghafte, wenngleich natürlich nicht computergenerierte – Cross-Cutting-Technik beobachten. Bilder der Jets und der Sharks, von Tony, von Maria und Anita werden zum Takt der Musik in schneller Folge gegeneinander geschnitten. Auch die Farben sind schon in WEST SIDE STORY übersättigt und extrem bunt gehalten, die Überblendtechniken experimentell, etwa die Überblendung von Maria, die im Brautmodengeschäft ihr Kleid anprobiert, zum Ball in der Schulturnhalle. Die Kamera fokussiert Maria, die sich mit erhobenen Armen immer schneller um sich selbst dreht, bis ihre verschwimmende Silhouette durch einen Rotoskopie-Effekt zum Körper einer der Tänzerinnen auf dem Ball wird.

Musicals gerecht zu werden. Exemplarisch dafür ist wieder die Tankstellenszene zu Anfang des Films:

> The brawl at the beginning of the play, which ends with the threat of a duel between Benvolio and Tybalt is filmed at a hysterical pitch. The audience seems to be assaulted by every cinematic trick in the book: impossible point-of-view shots (a huge close-up of Tybalt's silver-heeled boots); quick cutting of pans, zooms, wipes. The scene culminates in the most characteristic device in the contemporary action/spectacle genre: the moment when something potentially destructive, moving at great speed, is shown in slow motion, to evoke the beauty of anticipating the horror to come. Here, that moment is when Tybalt draws his weapon on Benvolio.[58]

Die Extravaganzen und Attraktionen, die das Genre des Vorgängerfilms verlangt, werden hier auf einer anderen Ebene nachgereicht. Die Kontrastierung[59] von High Culture und Pop Culture, Kitsch und Kunst, «Realität» und Fiktion, Tradition und (Post-)Moderne, Diegese und Extradiegese,[60] die der Film in seiner Mise en Scène vornimmt, ist als Verweis gesetzt auf die Spannung zwischen Narration und (diesen) Spektakel(-elementen), die die Spezifizität des Musicalgenres ausmacht.[61]

---

58 Arroyo: Kiss Kiss Bang Bang, S. 8.
59 Diese konfligierenden, kollidierenden «Welten» aus Sprache, Bild und Ton werden in der Kritik unterschiedlich bewertet: «The film's spectacle constantly overpowers and overwhelms the poetry», schreibt etwa Jim Welsh (Welsh: Postmodern Shakespeare, S. 152). James N. Loehlin zufolge ist der Film hingegen «able to assimilate and exploit the materials of contemporary culture, while keeping them in a relationship of provocative tension with the Shakespearean source» (Loehlin: These Violent Delights Have Violent Ends, S. 132).
60 Etwa durch die Starpersonae Danes', DiCaprios, Des'rees oder die MTV-Ästhetik des Films.
61 Vgl. Rubin: Showstoppers, S. 13. Die Kamera- und Schnitt-Technik in ROMEO + JULIET entspricht einer Film-Welt, die Mimesiskonzepten eine Absage erteilt, der Ort des Geschehens, die (fiktive) Stadt Verona Beach, scheint teils in der Zukunft, teils in der Vergangenheit angesiedelt zu sein. Arroyo bezeichnet das Setting als «constructed world», die typisch sei für die Genres Science Fiction, Horror, Fantasy und – das Musical (Arroyo: Kiss Kiss Bang Bang, S. 6). Luhrmann selbst spricht von einer «created world», einer Collage aus moderner und klassischer Ikonographie, die von Religion, Theater, Folklore, Technologie und Popkultur hergeleitet seien: «In fact, what we've done was set the film in the world of the movies» («Production Notes – Romeo and Juliet», unter: http://www.clairedanes.com/rjintro.html [letzte Abfrage 20.02.2003]).

Vom Tanzen und Kämpfen: Spektakel «Männlichkeit»

Dieses *Mehr* an Farbe, an Schnitt und Kamerarepertoire, an Sprache verweist auf einen weiteren Ort des Exzesses in ROMEO + JULIET. So wie in WEST SIDE STORY die Tanzszenen und in ROMEO MUST DIE die Martial-Arts-Choreographien als ausschweifend, als «Extra» zur Filmhandlung zu bezeichnen sind, so sind in ROMEO + JULIET die Inszenierungen von Männlichkeit (und manchmal auch die von Weiblichkeit) exzessiv zu nennen. Männlichkeit wird schon in WEST SIDE STORY, vor allem aber in ROMEO + JULIET mit beträchtlichem choreographischem und technischem Aufwand in den vielen Kämpfen, den Hetzjagden, den Ausbrüchen an Gewalt und Chaos, dem Gebrüll und Geschrei, dem strengen Ehrenkodex und der Ausgrenzung von Weiblichkeit durch Misogynität verhandelt und ausgestellt.

Eine Darstellung, die durch ihre Hypertrophierung stets zu kippen, in ihr Gegenteil umzuschlagen droht. Während Juliets Mutter, Gloria Capulet, ebenfalls eine hysterisierte Weiblichkeitsperformanz darlegt, sich zum Männlichkeitsspektakel in Konkurrenz stellt, ist Claire Danes' Juliet wenig auffällig angelegt, im Vergleich zu Romeo wirkt sie (bis auf wenige Ausnahmen) nachgerade besonnen. So gerät auch ihr

Gender und Genre im Hollywood-Remake 155

Abb. 5-18: Spektakel «Männlichkeit»

Tod unspektakulär, steht in scharfem Kontrast zum überspannten, «hysterischen» Set-Design der Szene, das den Rahmen zu Romeos großem letzten Auftritt liefert. Indem Luhrmann Juliet aus ihrem todesähnlichen Schlaf erwachen lässt, *bevor* Romeo stirbt (anders als bei Shakespeare),[62] überbietet sein dramatischer Todeskampf ihren Schlussmonolog und ihren Tod. Kein Blut, kein Close-up, kein Drama: Zwei, drei Mal schluchzt Juliet auf, dann erschießt sie sich und sinkt still neben Romeo nieder.

«Male bonding» und homosoziale Relationen unter Ausschluss der Frauen (und Anybodys') spielen bereits im Film von 1961 eine entscheidende Rolle. Wenn mit Frauen getanzt wird – wie etwa auf dem Schulball – wird der Tanz zum Wett*kampf* zwischen den Gangs, die Freundinnen der Jets und der Sharks nehmen hier eine Kopula-Funktion zwischen den Sich-Messenden ein. Die «wahren» Kämpfe finden dann auf der Straße statt, sie sind keine Paartänze, sondern Gruppenchoreographien. Frauenfiguren sind hier obsolet, ist doch die weibliche Position durch die Sharks (die für das «Andere», das «Fremde» stehen) bereits besetzt.

Der Ausschluss des Tomboys Anybodys aus der Gruppe der Jets ist in diesem Licht besehen vielsagend. Der Gemeinschaftskörper «Jets»

---

62   Typisch ist dies allerdings für Produktionen des 18. Jahrhunderts; mit dem Ende des Stückes wurde je nach Gattung und Medium viel experimentiert. Vgl. R. Alan Kimbrough: «Teaching Musical and Balletic Adaptations of *Romeo and Juliet*; or, Romeo and Juliet, Thou Art Translated!», in: Maurice Hunt (Hg.): *Approaches to Teaching Shakespeare's ‹Romeo and Juliet›*, New York 2000, S. 186-190.

Abb. 19-20: Tanzen und Kämpfen

setzt sich nicht aus irgendwelchen Körpern («any bodies») zusammen, sondern aus männlich kodierten, aus «Männerkörpern».[63] So verorten Tony und Riff ihre verschworene Gemeinschaft in einer Sphäre jenseits des Weiblichen, *zwischen* den weiblich dominierten Räumen «Geburt» und «Tod»: «Womb to tomb», verspricht Riff. «Birth to earth», antwortet Tony. Der Männlichkeitspakt ist besiegelt. Auch in Luhrmanns Film geht es darum, sich die Weiblichkeit «vom Leibe» zu halten, sei es durch misogyne Reden, sei es durch eine hypertrophierte Drag-Inszenierung, mit der sich Mercutio die Geister der Weiblichkeit in einer nachgerade karnevalesken Praktik austreibt.

Was verursacht diese angestrengten «male performances» in WEST SIDE STORY und ROMEO + JULIET? In beiden Filmen sind die Beziehungen zwischen Männern inniger als zwischen Männern und Frauen. Sowohl Riff in WEST SIDE STORY als auch Mercutio in ROMEO + JULIET ist eifersüchtig auf Maria/Juliet, möchte Tony/Romeo zurückgewinnen. In ROMEO + JULIET wird das besonders deutlich, dort versucht Mercutio fortwährend, Romeo von Juliet fern zu halten. Er zerrt ihn nach dem Maskenball mit sich, versucht seine Unterredung mit Juliets Amme zu stören. Weil Romeo ihn ignoriert, schießt Mercutio schließlich wütend in die Luft. Zwischen die Einstellungen mit Romeo und der Amme sind immer wieder Großaufnahmen geschnitten, die Mercutios enttäuschtes Gesicht zeigen. Aber auch die Figur Bernardos/Tybalts ist geradezu obsessiv mit Tony/Romeo befasst. Den Filmen ist also «gender trouble» eingeschrieben, präziser: «male trouble». Paradigmatisch für diesen «trouble» in WEST SIDE STORY ist die Figur Anybodys'. Angelegt als klassische Tomboy-Figur, als Mädchen, das sich verhält wie ein Junge,[64] das lieber ein Junge wäre («an American tragedy», kommen-

---

63 Die Sharks repräsentieren also den Anteil von «Weiblichkeit», der als «das ganz ‹Andere›» der Gemeinschaft» wahrgenommen wird. Die «Ganzheitlichkeit» und «Einheitlichkeit» symbolisierende Seite von Weiblichkeit stellt der «Gemeinschaftskörper» der Jets dar, auch (und gerade) wenn dieser sich aus «männlichen» Körpern zusammensetzt (vgl. Christina von Braun: «Gender, Geschlecht und Geschichte», in: Christina von Braun/Inge Stephan [Hg.]: *Gender Studien. Eine Einführung*, Stuttgart 2000, S. 16-57, hier S. 28).

64 Übrigens im Gegensatz zu Baby John, der sich verhält wie ein ängstliches Mädchen.

tiert Graziella, eine der Jet-Freundinnen), ist für Anybodys letzlich nicht zu entscheiden, ob es sich um einen mädchenhaften Jungen oder ein jungenhaftes Mädchen handelt. Anybodys ist «any *body*». Zudem impliziert der Name, dass sie «anybody's girl» oder eben auch «boy» sei – festlegen lässt sich das nicht. Sowohl den Jets als auch deren Freundinnen ist sie/er ein Dorn im Auge, stört ihre hart ertanzten Gender-Identitäten. Der «male trouble» zwischen den Jets und den Sharks, der WEST SIDE STORY narrativ, optisch und akustisch organisiert, wird so auf die Figur Anybodys' projiziert.

Weil Männer sich also nicht lieben dürfen, so hassen sie sich, umarmen sich im Kampf. In WEST SIDE STORY ist diese Männerliebe noch weniger verdeckt, immerhin tanzen die Jets und die Sharks miteinander[65] – auch wenn diese Tänze als Kämpfe getarnt sind. Die «number» des Musicalgenres scheint einen Raum der Ausschreitung und Ausschweifung bereitzustellen, in dem sich der «trouble» leben und ausagieren lässt. In ROMEO + JULIET hingegen gibt es diesen strukturell geregelten Raum jenseits der Narration nicht, deshalb durchbricht das Männlichkeits-Spektakel immerzu unkontrolliert die Narrative. Wie bereits erwähnt verzichtet das WEST-SIDE-STORY-Remake auf die Tanzeinlagen des Premakes (mit Hilfe derer «gender trouble» zu «Leibe» gerückt und Gender-Konstellationen verhandelt werden können)[66]; für Baz Luhrmanns Film von 1996 gilt: «Real men don't dance». Als Juliet etwa auf dem Ball von Paris aufgefordert wird, macht sie gegenüber Romeo, der sie beim Tanzen beobachtet und mit dem sie beständig Blickkontakt hält, hinreichend deutlich, wie lächerlich und antiquiert ihr dieses ritualisierte Rollenverhalten zu sein scheint. Getanzt werden kann nur noch in der Form der Parodie und der Hyperbel, erinnert sei an Mercutios Drag-Performance, die den Konstruktionscharakter von Geschlecht ausstellt,[67] oder an seine Tybalt-Mimikry für Benvolio am Strand von Verona Beach. Tanzen ist in ROMEO + JULIET tendenziell homosexuell, «schwuchtelig» konnotiert.

Der Film ist nicht mehr «naiv», «unschuldig» genug, behaupten zu wollen, Männer könnten zusammen tanzen und singen und kämpften doch

---

65 Wenn auch nicht zu offensichtlich. So war die Production-Number «America» eigentlich als Tanz zwischen den rivalisierenden Gangs konzipiert.
66 Vgl. die Ausführungen zum «doing tango» von Paula-Irene Villa: *Sexy Bodies. Eine soziologische Reise durch den Geschlechtskörper*, Opladen 2000, S. 239-263.
67 Mercutios Camp-Performance auf dem Fest der Capulets parodiert nicht nur Gender-Klischees (etwa das der Frau als Spektakel und Blickobjekt), sondern buchstabiert auch die Grundlagen ethnischer Zugehörigkeit aus (beispielsweise das Stereotyp, alle «Schwarzen» hätten Rhythmus im Blut und könnten singen). Ohnehin sind die Konzepte Gender und Race sowohl in WEST SIDE STORY als auch in ROMEO + JULIET eng miteinander verschaltet.

Abb. 21-22: Real men don't dance

bloß. Deshalb müssen die Montagues und Capulets kontinuierlich ihre heterosexuelle Männlichkeit unter Beweis stellen; die *Genre-Vorgabe, die Genre-Spuren des Vorgängerfilms – hier kommt der Remake-Status der Produktion zum Tragen – stürzt die Protagonisten in* ROMEO + JULIET *also durchaus in Gender-Turbulenzen.* Denn im Gegensatz zu den meisten anderen Hollywoodgenres stellt das Musical auch männliche Protagonisten als Attraktion aus, inszeniert sie als (möglicherweise erotisierte) Blickobjekte und rückt sie dadurch in eine «weibliche» Position, was nicht zwangsläufig ihre Effeminierung bedeutet, diese aber auch nicht zweifelsfrei ausschließt:[68]

> This Hollywood genre actually differs from others because it features men in showstopping numbers as well as women. In making such a blatant spectacle of men, the musical thus challenges the very gendered division of labor which it keeps reproducing in its generic plots. [...] Astaire's numbers [...] oftentimes exceed both linear narrativity and the heterosexual (that is, «straight» in the cultural as well as the narrative sense) male desire that fuels it.[69]

In der forcierten, überschüssigen Inszenierung von «Männlichkeit» reagiert Luhrmanns ROMEO + JULIET (als Remake) also auf das Genre (und die Story) des Vorgängers. Die Hypervirilitäts-Performanz in ROMEO + JULIET ist so auch als Abwehr einer drohenden Effeminierung, als «male hysteria» zu lesen.[70] Hysterisch ist demnach nicht nur das Set-Design (etwa in der Kirche), der Filmschnitt, die Kameraführung, hysterisch

---

68 Vgl. Steve Neale: «Masculinity as Spectacle. Reflections on Men and Mainstream Cinema» [1983], in: Cohan/Hark: Screening the Male, S. 9-20; Yvonne Tasker: *Spectacular Bodies. Gender, Genre and the Action Cinema*, London/New York 1993, v.a. S. 114-118.
69 Cohan: ‹Feminizing› the Song-and-Dance Man, S. 46f. Auch für Steve Neale ist das Musical «the only genre in which the male body has been unashamedly put on display in mainstream cinema in any consistent way» (Neale: Masculinity as Spectacle, S. 18).
70 Das Konzept der «male hysteria» bezeichnet filmwissenschaftlich gleichzeitig Inszenierungsformen von Effeminierung (weil Krankheit im Allgemeinen und Hysterie im Besonderen weiblich konnotiert sind) wie auch die Darstellung von Hypervirilität, mit der männliche Protagonisten auf ihre Effeminierung (schon allein durch die Positionierung als Blickobjekt) reagieren. Vgl. hierzu auch Gereon Blaseio: «Heaven and Earth. Vietnamfilm zwischen Male Melodrama und Women's Film», in diesem Band.

sind auch die Männlichkeitsperformanzen, die so ebenfalls den Effekt von Showstoppers haben.

Dabei funktioniert die (versuchte) Herstellung von Männlichkeit über Nachstellung und Imitation. Kopiert werden die Inszenierungsformen einer Hypervirilität, die man aus dem Kino kennt, die ihrerseits Kennzeichen spezifischer Hollywoodgenres sind. Während der Auseinandersetzung an der Tankstelle etwa werden verschiedene Genres, namentlich Western- und Actionfilm, aufgerufen, die die Konstitution von Männlichkeit zum Thema haben:

> The Capulet/Montague feud is rendered in the style of action-film *auteurs*, Sergio Leone and John Woo. Guitar chords and eerie whistlings evoke Ennio Morricone's trademark western scores, while close-up slow-motion and freeze-frame shots of Tybalt lighting a cheroot, then crushing out the match with the silver heel of his cowboy boot, quote shots of Clint Eastwood in *A Fistful of Dollars* and Charles Bronson in *Once Upon a Time in the West*. [...] Once the showdown starts, the fast editing, changing camera speeds, and especially the slow-motion shots of the leaping Tybalt firing two guns at once, are clearly a parody of, or homage to, the Hong Kong director, John Woo.[71]

Die Herstellung von Geschlecht wird als Konstruktion, als Theatralik markiert. Loehlins Worte machen den prekären Status von Männlichkeit (nicht nur) im Film, ganz deutlich: «clearly [!] a parody, or homage». Die Paradoxie dieser Feststellung ist symptomatisch für ein Dilemma. Das parodistische, komische Potenzial, das der Konstruktion von Gender-Identitäten immer schon eingeschrieben ist, macht ihre Repräsentation zur Kippfigur, avanciert hier zum Störfaktor. Denn Romeos Mannen sind dicklich, schwächlich und ängstlich. Beim Sprechen lispeln sie, und die leuchtend violetten Blessuren in ihren Gesichtern zeugen von wenig glorreichen Kämpfen. Romeo einmal ausgenommen sind die Montagues keine furchtlosen Helden, sondern hysterisch-kreischige Lachnummern, die über ihre eigenen Füße stolpern, auf Benzinlachen ausrutschen, von älteren Damen mit Handtaschen malträtiert werden. Durch ihre Hysterisierung und Hypertrophierung, aber auch durch die Slapstick- und Cartoon-Elemente der Szene (so sind zum Beispiel keine Wunden, ist kein Blut zu sehen, obwohl «scharf» geschossen wird, die Farben sind übersättigt und leuchtend-bunt) wird die Männlichkeit, die die Montagues und die Capulets auf die Bühne bringen zur Farce.[72]

---

71 Loehlin: These Violent Delights Have Violent Ends, S. 126.
72 Nicht zufällig bezeichnet man im Amerikanischen etwas sehr komisches als «hysterical». Zum prekären Status einer exzessiv-inszenierten Männlichkeit vgl. Chris Holm-

Abb. 23-26: Action/western meets slapstick

Der (den Klischees des Western- und Actionfilms zufolge) einzig überzeugende Mann, derjenige, der furchtlos und kämpferisch keinem Streit aus dem Weg geht, ist gleichzeitig derjenige, der seine Effeminierung konsequent «zur Schau» stellt. In seiner Drag-Performance ist Mercutio schwarzer Mann und weiße Diva, er sprüht vor Lebenslust, doch ist er totgeweiht, er spricht tiefgründige Verse, schwingt sich mithilfe von Drogen in transzendente Höhen und ist gleich darauf ganz Körper und Attraktion.[73] Ins Riesenhafte verzogen, zer(r)-spiegelt Mercutio so den prekären Gender-Status der Capulets und Montagues.

Martial arts goes musical: ROMEO MUST DIE

Eine der berühmten Szenen von SATURDAY NIGHT FEVER[74] zeigt John Travolta (als Tony Manero), der sich – in Unterhosen vor dem Spiegel tanzend – für den nächtlichen Discobesuch zurechtmacht. Links und rechts neben dem Spiegel sind Poster von Sylvester Stallone und Bruce Lee auf-

> lund: «Masculinity as Multiple Masquerade. The ‹Mature› Stallone and the Stallone Clone», in: Cohan/Hark: Screening the Male, S. 213-229; Yvonne Tasker: «Dumb Movies for Dumb People. Masculinity, the Body, and the Voice in Contemporary Action Cinema», in: Cohan/Hark: Screening the Male, S. 230-244. Vgl. im Kontrast hierzu die fatale Duellszene zwischen Tybalt und Mercutio, die nicht als lustiges Riesenspektakel inszeniert ist: Die mit Steadycam und in Nah- und Großaufnahmen gefilmten taumelnden, blutigen Körpern wirken tragisch-real und keineswegs komisch, die Farben, überwiegend Gelb-Grau-Töne, sind verschleiert (ausgenommen das Rot des Bluts), das Licht diesig.

73 Zur oppositionellen Semantisierung der Geschlechter vgl. Cornelia Klinger: «Beredtes Schweigen und verschwiegenes Sprechen. Genus im Diskurs der Philosophie», in: Hadumod Bußmann/Renate Hof (Hg.): *Genus. Zur Geschlechterdifferenz in den Kulturwissenschaften*, Stuttgart 1995, S. 34-59.
74 SATURDAY NIGHT FEVER, USA 1977, R: John Badham.

gehängt, deren männliche Posen Tony im Spiegel nachzustellen versucht.[75]

Die hier inszenierte Identifizierung des leidenschaftlichen Tänzers Tony Manero mit Stallone als Boxer Rocky und der Martial-Arts-Ikone Lee stellt die Tätigkeiten des Tanzens und des Kämpfens nebeneinander[76] und knüpft eine Verbindung zwischen dem Tanz- und Kampffilmgenre.[77] Neben der auffälligen Strukturanalogie der Showstopper, dem Einsatz von Tanz/Kampf- oder Trainingsnummern,[78] weisen beide Genres auch die Tendenz auf, (männliche) Körper als Attraktion auszustellen, sie dem Blick des (vor allem im Martial-Arts-Genre männlichen) Betrachters preiszugeben. Anders als beim Tanzen darf der männliche Körper beim Kämpfen gefilmt respektive angeschaut werden: «[...] [T]he martial arts film has evolved as a cinematic form that allows men to look at men. In this the films legitimate a taboo look.»[79] Das WEST-SIDE-STORY-Remake ROMEO MUST DIE weist also den Vorgaben des Musicals entsprechend einen nicht-narrativen und sogar kulturell sanktionierten Raum auf, in dem Männerkörper sich begegnen können. Die Steilvorlage für die Umschrift der Story als Martial-Arts-Film liefert der direkte Vorgängerfilm ROMEO + JULIET, der mit Elementen aus Musical, Western und Actionfilm eben die Genres in sich vereint, die eine Verwandschaft oder (strukturelle) Ähnlichkeit mit dem Martial-Arts-Film aufweisen. Der «male trouble», den die Romeo-und-Julia-Story evoziert, scheint im Vergleich zu den beiden anderen Filmen jedoch vor allem dadurch entschärft, das die Gender-Konfiguration zugunsten eines anti-patriar-

---

75 Vgl. auch Yvonne Tasker: «Fists of Fury. Discourses of Race and Masculinity in the Martial Arts Cinema», in: Harry Stecopoulos/Michael Uebel (Hg.): *Race and the Subject of Masculinities*, Durham/London 1997, S. 315-336, hier S. 321.
76 Diese Verbindung wird in ROCKY (USA 1976, R: John G. Avildsen) auch diegetisch verhandelt: «Why are you doing this?», fragt Adrian Rocky, der sich mit schlecht bezahlten Boxkämpfen über Wasser hält. «Because I can't sing and dance», antwortet der. Zuvor schon hatte er im Gespräch mit seinen beiden Schildkröten auf diese «Alternative» hingewiesen: «If you guys could sing and dance I wouldn't be doing this.» Singen *und* Kämpfen, das konnte hingegen Jackie Chan (der als Kind eine klassische Peking-Oper-Ausbildung absolvierte): Die Verwandschaft von Martial Arts und Musical inszenierte er schon in den 80er-Jahren in seinen Filmen.
77 Als Regisseur für SATURDAY NIGHT FEVER war übrigens zunächst ROCKY-Regisseur John G. Avildsen vorgesehen. Die Regiearbeit der Fortsetzung STAYING ALIVE (USA 1983) übernahm dann ROCKY-Darsteller Sylvester Stallone.
78 Eine ähnliche Strukturanalogie konstatiert Linda Williams zwischen den Production-Numbers eines Musicals und den «sexual numbers» eines Pornofilms (Linda Williams: *Hard Core. Power, Pleasure and the ‹Frenzy of the Visible›*, Berkeley 1989, S. 124).
79 Tasker: Fists of Fury, S. 320. Vgl auch Richard Dyer: «Don't Look Now. The Male Pin-Up», in: John Caughie/Annette Kuhn (Hg.): *The Sexual Subject. A Screen Reader in Sexuality*, London/New York 1992, S. 265-276; Neale: Masculinity as Spectacle; Tasker: Spectacular Bodies, S. 118ff.

chischen Familienmodells umgeschrieben wird, weil es weniger um homosoziale Strukturen, um Liebe zwischen jungen Männern, als um Vater-Sohn-Beziehungen geht (die im kulturellen Repräsentationssystem weniger ostentativ das Homosexualitätssujet evozieren).

Wir haben es mit einer Story zu tun, die eine sehr lose Adaption der Shakespeare'schen Tragödie darstellt. Umso enger – und deshalb lässt sich ROMEO MUST DIE als Remake konzeptualisieren – sind dagegen die Beziehungen zu seinen Vorgängerfilmen geraten. Auch hier finden sich wieder die streitenden ethnischen Gruppen. Im Konflikt zwischen dem chinesischen und dem afroamerikanischen Verbrechersyndikat Oaklands wird zuerst der Sohn des chinesischen Mafiabosses Ch'u Sing (Henry O) ermordet, dann wird auch der Sohn Isaak O'Days (Delroy Lindo), Kopf der gegnerischen Seite, tot aufgefunden. Die Geschwister der Opfer, Han Sing (Jet Li) und Trish O'Day (Aaliyah), die sich gegen den Willen ihrer Väter zu einer Art Ersatz-Familie geworden sind, beschließen, den Machenschaften ihrer Väter ein Ende zu bereiten. Wie beide Vorgängerfilme ist ROMEO MUST DIE auf ein junges Publikum zugeschnitten. Kamera- und schnitttechnisch knüpft Andrzej Bartkowiaks Actionspektakel an die MTV-Ästhetik von ROMEO + JULIET an, setzt Popmusik ein, um kulturelles Ambiente, ethnischen Hintergrund, Gender-Markierung zu generieren.[80] Den Soundtrack/Score bestreiten Stars der Hip-Hop- und R&B-Szene (DMX, Destiny's Child, Aaliyah, Confidential), für die Rolle der Trish wurde die Sängerin Aaliyah gecastet. «There are a lot of rap songs on the soundtrack, which distract from the action because their lyrics occupy the foreground and replace dialogue», wiederholt Roger Ebert einen Kritikpunkt, der ganz ähnlich für Luhrmanns

---

80   Auch der US-Trailer für ROMEO MUST DIE schließt direkt an die Eingangssequenzen von ROMEO + JULIET an. Eine der ersten Einstellungen zeigt die Skyline von Oakland, dann folgen Close-ups auf Gesichter, Kampfszenen, Explosionen. Unterlegt sind die mit schwarz-weißen Highspeed-Aufblenden rasant geschnittenen Bilder wie in Luhrmanns Film mit einem «klassischen» Chor, der zeitweise von Popmusik-Rhythmen abgelöst wird. Stark gemacht wird die Romeo-und-Julia-Geschichte: «Two families, bound by tradition» lautet der erste Satz des Sprechers, bei Shakespeare (und Luhrmann) heißt es: «Two households, both alike in dignity». Gänzlich anders geht übrigens der internationale Trailer vor, der die Romeo-und-Julia-Geschichte mit keinem Wort erwähnt. Lesevorgabe ist hier das Action- und Martial-Arts-Genre: «In a city ruled by criminals two families have forgotten their fear of the law – but he [es erfolgt ein Schnitt zu einer Nahaufnahme von Han] will make them remember.» Kein Wort/Bild von Trish/Juliet. Gezeigt werden im Stakkato-Takt die spektakulärsten Stunts, Explosionen, Kämpfe (und Frauen), unterlegt mit einem monoton-bedrohlichen Sony-Playstation-Rhythmus. Der Zusatz «From the Producer of The Matrix» lässt zudem anspruchsvolle Special Effects erwarten. Barry und Sargent wiesen schon 1927 darauf hin, dass jeder Film durch die Hervorhebung bestimmter Aspekte an verschiedene Zielgruppen adressiert werden könne, eine These, die sich in den verschiedenen Trailers zu ROMEO MUST DIE bestätigt (John Francis Barry/Epes Winthrop Sargent: *Building Theatre Patronage. Management and Merchandising*, New York 1927, S. 90).

Romeo + Juliet geäußert wurde.[81] Anstatt von der Handlung abzulenken, scheint die Musik die Diegese jedoch vielmehr – ähnlich wie im Film von 1996 – voranzutreiben und zu kommentieren. «You all gotta learn how to respect your father», heißt es zum Beispiel in Confidentials «It Really Don't Matter», das die Casino-Szene zu Anfang des Films begleitet. Und um Väter, die nicht zu respektieren sind, um ihre Kinder, die nicht so werden wollen wie ihre Väter, dreht sich der Film. Musik, Schnitt und Beleuchtung sind dabei präzise aufeinander abgestimmt. Als Han seinen toten Vater verlässt, blinken die blauen und roten Lichter der Polizeiwagen im Takt zur einsetzenden Musik von Aaliyahs «Try Again». Auch in der Filmpromotion wird dieser Aspekt mit Nachdruck – fast wie bei einem Film-Musical – verhandelt: «The score is just as important as the rest of the movie [...]. It's a very integral part of the whole project».[82]

Wie in WEST SIDE STORY wird in ROMEO MUST DIE getanzt, respektive das Kämpfen wird als Tanz inszeniert, die Tänze als Kampf: Kung Fu und Tanzen sind ein und dasselbe in Bartkowiaks Film.[83] Zudem gibt es einige «echte» Tanzszenen. So tanzt Maurice im Plattenladen zur Musik, die aus seinem Kopfhörer ertönt, Trish, die in ihrer Boutique einen DJ beschäftigt und eine kleine Tanzfläche eingerichtet hat, legt mit ein paar Kindern spontan einen Tanz hin. Selbst eine «Tanznummer vor Publikum» weist Bartkowiaks Film auf. Als Trish (die zudem dabei singt) einen unwilligen Han im Casino auf die Tanzfläche zieht, sind sie wie die Stars einer Musicalshow von anderen Tanzpaaren umgeben, bilden das visuelle Zentrum der Szene. Die Situation kennen wir genderinvertiert. Auch Fred Astaire musste seine Partnerinnen oftmals dazu überreden, mit ihm zu tanzen, Cyd Charisse in SILK STOCKINGS etwa oder Ginger Rogers in TOP HAT[84]. Ihre Vollendung erfährt die Amalgamierung von Tanz- und Kampfnummer als Han im Konflikt mit einer maskierten Motorradfahrerin Trish als Hebel und Schlagstock einsetzt. Die Hebe- und

---

81 Roger Ebert: «Rezension zu ROMEO MUST DIE», unter: http://www.suntimes.com (letzte Abfrage 20.02.2003).
82 Aaliyah in einem Interview im Special Feature «Making Romeo Must Die», das auf der deutschen DVD enthalten ist.
83 Deutlich wird das noch einmal im Making-of von ROMEO MUST DIE. Obwohl die Narration des Films doch so offensichtlich dem «Spektakel» untergeordnet ist, nicht die Kampfsequenzen die Narration vorantreiben, sondern umgekehrt die Narration die nächste Actionszene einleitet, debatieren sowohl Jet Li als auch Produzent Joel Silver vor der Kamera ausführlich über die Wichtigkeit, die Actionnummern in die Narration zu integrieren («Like an organic whole, not just dialogue, action, dialogue»), eine Argumentation, die jahrzehntelang auch die Musicalforschung geprägt hat. Silver verweist zudem auf die ballettartige, graziöse Inszenierung der Kampfszenen, stellt Jet Li explizit in die Ahnenreihe großer Musical-Stars: «It's watching a sequence almost like a dance number. [...] Essentially Jet is like Gene Kelly.»
84 TOP HAT, USA 1935, R: Mark Sandrich.

Abb. 27-30: Tanzen und Kämpfen II

Drehbewegungen scheinen einer Mischung aus Latein-Paartanz und klassischem Ballett entlehnt. Wie im Classical Hollywood Musical werden hier Geschlechterrollen (die Frau als Kopula, als «tool») einstudiert.

ROMEO MUST DIE bezieht sich also sowohl auf die Genre-Vorgabe «Musical» als auch auf den Teenpic und – vor allem indem er das große Spektakelpotenzial von ROMEO + JULIET in die legitimierten Bahnen des Martial-Arts-Genres lenkt – auf den Actionfilm. So übernimmt ROMEO MUST DIE Actionelemente, die ROMEO + JULIET im Anschluss an WEST SIDE STORY bereits forcierter inszenierte, und differenziert sie aus, macht aus dem Action-Film-Musical ROMEO + JULIET einen Musical-Action-Film, so wie schon das Musical WEST SIDE STORY Elemente des Kampf- und Actionfilms in sich trug, ein «Musical mit Actionelementen» war. Indem der Film diese Entwicklung zum Martial-Arts-Film vollzieht, entgeht er dem «genre trouble» zwischen WEST SIDE STORY und ROMEO + JULIET, der die Gender-Performanzen in Luhrmanns Film eskalieren lässt.

«I thought you two were related!» – Familiengründungen in ROMEO MUST DIE

Doch ROMEO MUST DIE entschärft den «male trouble» auch auf der Story-Ebene. Noch einmal zurückgekommen sei auf das Geschwister-Verhältnis zwischen Han und Trish, das nicht nur eine deutliche Umschrift der großen tragischen Liebesgeschichte, sondern auch einen Sonderfall im Musical- respektive (Hollywood-)Actionfilm[85] darstellt. Wäh-

---

85   Nicht allerdings im (Hongkong-)Martial-Arts-Kino.

rend in Filmen letzteren Genres Liebesszenen – ähnlich dem «comic relief» – als Ausgleich zu den Kampfszenen Verwendung finden, ist das Musical ein berühmter «matchmaker», konstituiert sich durch eine teleologische Ausrichtung auf Paarbildung und Heirat.[86] Der fehlende romantische Fokus in ROMEO MUST DIE hat allerdings auch im Musicalgenre berühmte Vorgänger:

> [...] *Royal Wedding* is an especially un-characteristic Astaire musical since it does not have him romance his sexual partner through dance. The show numbers amplify a brother-sister relationship, placing teamwork over romance as the objective of male-female pairing. As the film ends, Alan Jay Lerner's script even implies, albeit very discreetly, that this musical teaming is indeed standing in for some other kind of sexual relation: when Astaire and Powell rush to tell their London agent that they want to get married, he exclaims, «But I thought you two were related!»[87]

Auch in Trish und Hans Beziehung nimmt Teamwork einen höheren Stellenwert ein als romantische Liebe. Beiden geht es um die Aufklärung der Morde, um den Ausbruch aus paternalistischen Strukturen. Eine sexuelle Beziehung wird zwar nicht gänzlich ausgeschlossen, inszeniert wird sie jedoch nicht. Zwischen den Akteuren kommt keinerlei erotische Spannung auf, noch nicht einmal einen Filmkuss gibt es. Eher wird der Romeo-und-Julia-Topos scherzhaft zitiert: Die berühmte Balkonszene gerät zum kindlich-lustigen Versteckspiel. Während in ROYAL WEDDING[88] zwar die *Tanzpartner* nicht zu Lebenspartnern werden, sowohl Tom (Fred Astaire) als auch Ellen Bowen (Jane Powell) sich jedoch gegen Ende der Filmhandlung am Traualtar einfinden, wird in ROMEO MUST DIE auf romantische Paarbildung zugunsten einer anti-parentalen Familienbildungsgeschichte, die der Film erzählt, verzichtet. Als Lesevorgabe sind schon die Ermordeten Po Sing und Colin O'Day nicht als Freunde oder Cousins von Han und Trish, sondern als deren einzige Geschwister konzipiert. Die beiden Kinder der verfeindeten Familien werden daraufhin nicht zu Liebenden, sondern zu Ersatz-Geschwistern. Durch diese Re-

---

86 Diese Ansicht vertritt u.a. Rick Altmann: The American Film Musical. Altman geht von einer dem Genre zugrundeliegenden sexuellen Dichotomie aus, einem «dual focus», der den Musicalfilm organisiert, bis die Gegensätze schließlich durch die Heirat der beiden Protagonisten aufgelöst werden. Wenigstens vermerkt sei hier, dass u.a. Steve Neale diesen Ansatz als verallgemeinernd und zu wenig präzise kritisiert. Neale zufolge ist der Plot des Musicals weder stets um eine Liebesgeschichte zentriert, noch werden die durch den «dual focus» eingeführen Gegensätze gegen Ende des Films immer suspendiert (Neale: Genre and Hollywood, S. 112).
87 Cohan: ‹Feminizing› the Song-and-Dance Man, S. 51.
88 ROYAL WEDDING, USA 1951, R: Stanley Donen.

gressionsbewegung bleiben sie ewige Kinder, für immer außerhalb der korrupten Welt ihrer Väter. Eine Umschrift der Story, die dem Genre-Wechsel geschuldet ist: «The regression at stake in the films can be seen as a resistance to (becoming) the father [...]. This resistance relates to the hero's location within a fantasy of omnipotence that is to some extent ‹outside› the institutions that represent power», konstatiert Yvonne Tasker für das Martial-Arts-Genre.[89] Tasker hat am Beispiel von Bruce Lee beschrieben, wie die westliche Redefinition seiner Starpersona in ENTER THE DRAGON[90] seine De-Sexualisierung einschließt.[91] Diese De-Sexualisierung, die sich neben der im westlichen Repräsentationsrepertoire geläufigen Effeminierung asiatischer Männer[92] findet, ist auch an der Figur Han zu beobachten. Um Eintritt in Silks Casino zu erhalten, trimmt Trish Han auf «Hip-Hop», indem sie ihm eine Baseball-Mütze verkehrt herum aufsetzt. «Now you're giving me some B-boy flavor. [...] Hip-Hop», mustert sie ihn zufrieden. «I know Hip-Hop», insistiert Han, zieht seine Hose ein Stück tiefer, kaut Kaugummi und wippt beim Gehen rhythmisch im Takt. Mehr als zum Hip-Hopper macht diese Performanz Han allerdings zum Kind, präziser: zu Trishs kleinem Bruder. Entsprechend werden beide erst dann eingelassen, als der Türsteher Trish als *Tochter* Isaac O'Days erkennt: «Ain't you O'Day's girl?» Im Folgenden bemüht sich die große Schwester ihrem unbeholfenen und verlegenen Brüderchen das Tanzen näher zu bringen. Auch an anderer Stelle wird diese Infantilisierung vorgenommen. Als Trishs Leibwächter Han in ihrer Wohnung vorfinden, gibt er sich als «delivery boy» aus. Erwähnt wurde ja bereits die Inszenierung der Balkonszene als Kinderspiel.

Letzlich bewegt sich der Film vom Verlust der leiblichen Geschwister über die Ablehnung der Väter zur Bildung einer Ersatzfamilie, die ein wenig an Butlers Ausführungen zu den sozial und diskursiv aufgebauten Familien- und Verwandschaftsstrukturen in der Drag-Szene von Harlem, New York erinnert.[93] Hier wie dort wird der Konstruktions- und Nachstellungscharakter familiärer Verbindungen kenntlich gemacht, wird eine Umschrift traditioneller Familienkonzepte vorgenommen. ROMEO MUST DIE hat aus seinen Vorgängerfilmen gelernt. Nachdem allein Maria in WEST SIDE STORY

---

89 Tasker: Fists of Fury, S. 321.
90 ENTER THE DRAGON/LONG ZHENG HU DOU, USA/HK 1973, R: Robert Clouse.
91 Tasker: Spectacular Bodies, S. 23f; dies.: Fists of Fury, passim.
92 Vgl. Edward W. Said: *Orientalism*, New York 1978.
93 «These men ‹mother› one another, ‹house› one another, ‹rear› one another, and the re-signification of the family through these terms is not a vain or useless imitation, but the social and discursive building of a community, a community that binds, cares, and teaches, that shelters and enables» (Judith Butler: *Bodies that Matter. On the Discursive Limits of «Sex»*, London/New York 1993, S. 124ff., hier S. 137).

überlebt, die beiden Liebenden in WILLIAM SHAKESPEARE'S ROMEO + JULIET wieder gemeinsam sterben, bietet Bartkowiaks Film einen Ausweg aus «love»-, «gender»- und «race trouble», der im Titel des Films ganz unverbrämt angekündigt wird. «Romeo must die» bedeutet genau das: Der romantische Liebhaber muss sterben, die romantische Liebeskonfiguration wird gänzlich verabschiedet.[94] Die durch den Film vorgenommene De-Sexualisierung Hans wird gewissermaßen produktiv umgewertet. Dadurch ist das Problem der «interracial love», das alle drei Filme thematisieren (und das – erstmals in WEST SIDE STORY – als Deckfigur für den der Story inhärenten «male trouble» fungiert), in ROMEO MUST DIE «gelöst». Die sexuelle Beziehung findet gar nicht erst statt. ROMEO + JULIET und WEST SIDE STORY lassen zwar die Liebesbeziehung zwischen den Ethnien zu, setzen für diese Grenzüberschreitung aber die Todesstrafe an. Gleichzeitig ziehen beide Filme die ethnische Differenz zwischen den Liebenden ein. Sowohl Natalie Wood und Richard Beymer als auch Claire Danes und Leonardo DiCaprio sehen sich stupend ähnlich, könnten Geschwister sein. ROMEO MUST DIE nun nimmt diesen Befund ernst – dass Bruder-und-Schwester-Gespanne teamfähig sind, weiß der Film durch sein Vorbild ROYAL WEDDING – und denkt ihn konsequent zu Ende: Romeo und Julia, das berühmteste aller tragischen Liebespaare, werden zum Geschwisterpaar.

«He just a little guy» – ROMEO MUST DIE und ROYAL WEDDING

ROMEO MUST DIE weist neben dem geschwisterlichen Verhältnis der beiden Hauptfiguren weitere Parallelen zu ROYAL WEDDING (und dem Musicalgenre) auf. Viele der Martial-Arts-Szenen scheinen den Production-Numbers des Film-Musicals direkt nachempfunden. Hans/Jet Lis Kampfnummern entsprechen ziemlich genau den Beobachtungen, die Steven Cohan zu «Sunday Jumps» anstellt: «Deriving [...] its choreography from Astaire's *spontaneous interaction* with the physical objects that surround him in the ship's gym, the number turns his dancing into *pure physical* play.»[95] Tanzt Astaire in der Nummer mit einem Garderobenständer, setzt Li – fast ebenso akrobatisch und kunstvoll – seine Gegner mit Hilfe eines Wasserschlauchs außer Gefecht.[96]

---

94 Für diesen Hinweis danke ich Claudia Liebrand.
95 Cohan: ‹Feminizing› the Song-and-Dance Man, S. 54, Kursivierung von mir.
96 Dies ist keine zufällige Übereinkunft: Sowohl im Musical als auch im Martial-Arts-Film bedienen sich die Protagonisten regelmäßig der sie umgebenden Requisiten: die Kämpfer um ihre Gegner abzuwehren, die Tänzer wenn gerade kein Partner zur Hand ist. Berühmt sind vor allem Astaire und Kelly (und eben auch Jackie Chan)

Abb. 31-32: Prop-Dance: Fred Astaire ... und Jet Li

Wie ein Tänzer verweilt Li für Sekundenbruchteile in seinen Posen, die so literal zum Show*stopper* werden. Karikiert Astaire tanzend Muskelmänner, die im Fitnessraum schwitzend ihre Körper trainieren, macht Li die muskelbepackten Bodyguards, die ihn von Trish/Aaliyah fern halten sollen, mit wenigen Griffen kampfunfähig. Verhandelt werden in beiden Genres Konzepte von Männlichkeit, die der Hypervirilität des Actionfilms und des Westerns (Genres, denen ROMEO + JULIET sich in seinen Männlichkeitsperformanzen anzunähern sucht) Alternativen bieten. Wie die Tänzer und Sänger des Film-Musicals, Dan Dailey etwa oder Donald O'Connor und Fred Astaire, sind die Stars des Martial-Arts-Genres[97] keine Actionhelden im Schwarzenegger-Stil.[98] Oft sind sie klein und leicht-

    für diesen so genannten «prop dance» (vgl. Jane Feuer: *The Hollywood Musical*, London 1982, S. 3ff.).

97 Die Rede ist hier nicht von westlichen Martial-Arts-Stars wie Chuck Norris oder Jean-Claude Van Damme, deren Filme als Untergruppe des «big-budget action picture» anzusehen sind und deren Körper eine sehr konventionelle Männlichkeit ausstellen, sondern von Darstellern in der *Tradition* des Hongkong-Martial-Arts-Kinos jenseits von Bruce Lee (vgl. Tasker: Fists of Fury, S. 328). Zu den Unterschieden zwischen US- und Hongkong-Produktionen vgl. auch David Desser: The Martial Arts Film in the 1990s. Überhaupt sind die Gender-Grenzen und narrativen Konventionen im Hongkong-Martial-Arts-Film deutlich flexibler als im Hollywood-Actionfilm. Im Blick zu behalten ist jedoch die hohe gegenseitige Beeinflussung und der rege Austausch der beiden Film-Kulturen bezüglich dieser Genres, die zu einer starken Hybridisierung führen (vgl. Lenuta Giukin: «Boy-Girls. Gender, Body, and Popular Culture in Hong Kong Action Movies», in: Murray Pomerance [Hg.]: *Ladies and Gentlemen, Boys and Girls. Gender in Film at the End of the Twentieth Century*, Albany 2001, S. 55-69, hier S. 56). In ROMEO MUST DIE etwa koordinierte der in westlicher Actionkino-Ästhetik bewanderte Connie Palmisano die Stunts, verantwortlich für die Choreographie der Kämpfe war der chinesische Martial-Arts-Experte und Regisseur zahlreicher Hongkong-Martial-Arts-Produktionen Corey Yuen. ROMEO MUST DIE ist also eine Hongkong-Hollywood-Action-Hybride.

98 Solche Schwarzenegger-Typen nehmen im (Hongkong-)Martial-Arts-Film eher die Rolle der Widersacher ein (Chuck Norris etwa als Gegner von Bruce Lee in MENG LONG GUO JIANG [HK 1972, R: Bruce Lee, US-Titel: RETURN OF THE DRAGON]), oder sie gewähren «comic relief» (wie Maurice in ROMEO MUST DIE, der die Parodie eines Muskelhelden darstellt und mehr als einmal in äußerst schmerzhaft-peinliche Situationen gerät), die konsequente Weiterführung einer Entwicklung, die Tasker im

gewichtig: «He a lot shorter than I thought», kommentiert Isaac O'Day, Trishs Vater, Hans Körpermaße. «He just a little guy.» Die Stars im Musical und im Martial-Arts-Film verfügen anstelle männlich-stählerner Körper über Technik, Koordination und Köpfchen.[99] Wie in der Musical Comedy integrieren auch die Spektakelszenen von Martial-Arts-Produktionen komische Elemente, wie etwa die Kombination von Slapstick Comedy und Kung Fu in den Filmen Jackie Chans, die auch in ROMEO MUST DIE zu finden ist (und Slapstick in Verbindung mit Actionszenen gibt es ja auch in ROMEO + JULIET). Yvonne Tasker zufolge ist dieser Wille zur Komik nicht auf mangelhafte Martial-Arts-Technik zurückzuführen, sondern steht für ein «[...] refusal either to take the male body too seriously or to play the part of Oriental other».[100] Die Protagonisten beider Genres besitzen oft «überirdische» Kräfte, werden zu einer anderen Art von «spectacular bodies». Sorgte in ROYAL WEDDING vor allem die Production-Number «You're All the World to Me» für Furore, in der Astaire Mimesis und Schwerkraft hinter sich lassend die Wände und Decken des Zimmers betanzt, scheinen auch die Martial-Artisten während der mit modernster Special-Effects-Technologie inszenierten Kampfsequenzen in ROMEO MUST DIE des Fliegens mächtig.[101] «If the first solo number makes an audience think, ‹wow, look at what he can do!›, the second makes them wonder, ‹wow, how did they do that?›», schreibt Cohan über «Sunday Jumps» und «You're All the World to Me».[102]

Solche Showstopper stellen nicht nur strukturell eine enge Verbindung zwischen den Genres Film-Musical und Martial-Arts-Film her. Wie sich gezeigt hat, tanzen Männer miteinander, wenn sie kämpfen. Wenn Männer mit Frauen tanzen, wird eigentlich gekämpft. Die Verwandschaft der Genres ist also auch eine, die für eine genderorientierte Lektü-

Actionfilm der späten 80er-Jahre beobachtet hat. Die «ausgedienten» Muskel-Körper würden, so Tasker, vermehrt der Folter/Versehrung oder der Veralberung ausgesetzt: «[T]he body of the hero, his excessive ‹musculinity›, is subjected to humiliation and mockery at some level» (Tasker: Dumb Movies for Dumb People, S. 237).

99   Vgl. Cohan: ‹Feminizing› the Song-and-Dance Man, S. 62; Giukin: Boy-Girls, S. 57, 64. Entsprechend selten wird der unbekleidete (Ober-)Körper des Stars ausgestellt – anders als im westlichen Actionkino üblich.

100 Tasker: Fists of Fury, S. 334. Thematisiert/Ironisiert wird diese Art von «othering» und Stereotypisierung verschiedentlich. So fragt Trish Han, ob alle Einwohner Hongkongs Kung Fu könnten. «Of course», antwortet er. «State law». Als Trish unter Kindern Eis verteilt, möchte Han das gelbe: «I want the yellow one.»

101 Im Musikvideo zu Aaliyahs «Try Again», das sie zum Soundtrack der Produktion beisteuerte (anzusehen auf der deutschen DVD-Version), wird diese Engführung von Musical und Martial-Arts-Film weitergetragen. Wie Fred Astaire tanzen sowohl Aaliyah als auch Han die Wände entlang, Martial-Arts-Choreographie und Tanzschritte werden ineinander überführt.

102 Cohan: ‹Feminizing› the Song-and-Dance Man, S. 54.

Abb. 33-34: Die Überwindung der Schwerkraft in ROYAL WEDDING und in ROMEO MUST DIE

re dieser Filme von Interesse ist. Im Mittelpunkt meiner Gender-Genre-Lektüre standen die Rückkopplungs- und Verschaltungsprozesse, die die Filme WEST SIDE STORY, ROMEO + JULIET und ROMEO MUST DIE aufgrund ihrer Premake-Remake-Struktur miteinander eingehen. So herrscht in WEST SIDE STORY ein Konflikt zwischen Genre (dem Musical, das auf «marriage», auf ein «happy ending» angelegt ist) und Gender-Konstellation (die Geschichte eines tragischen Liebespaares, von denen mindestens einer – sonst wäre die Liebe nicht tragisch – sterben muss), der schon hier zum Genre-Crossing und zur Genre-Hybridisierung führt: WEST SIDE STORY wird zum Musical Drama. Durch seinen Remake-Status kommt in ROMEO + JULIET zum «gender trouble» der «genre trouble» hinzu: Auf die Erbschaft «Musical» reagiert Luhrmanns Film ausgesprochen hysterisch, das Dilemma des Spektakels «Männlichkeit» wird quer durch alle Genres ausgetragen. Gleichzeitig bereitet ROMEO + JULIET durch seine Anleihen im Musical-, Western- und Actionfilm den Boden für die Genre-Ausformung von ROMEO MUST DIE. ROMEO MUST DIE schließlich, der nicht durch eine Liebesgeschichte zentriert wird (auch das weist ihn eben als Martial-Arts-Film aus),[103] verschiebt die Gender-Konstellation von der tragischen Liebe zur alternativen Familiengründungsgeschichte und stellt so den «gender trouble» still. Sowohl die Story- als auch die Genre-Vorgabe von WEST SIDE STORY (beide beinhalten in diesem Fall «male trouble») wirken also – das galt es hier zu zeigen – durch den Remake-Status auf die Gender-Repräsentation von ROMEO + JULIET und ROMEO MUST DIE.

---

103 Vgl. Desser: The Martial Arts Film in the 1990s, S. 93.

Claudia Liebrand

Melodrama goes gay. Jonathan Demmes PHILADELPHIA

In der intensivsten, anrührendsten, emotional ergreifendsten (und deshalb auch unerträglichsten) Szene von Jonathan Demmes Film PHILADELPHIA[1] sehen wir zusammen mit Joe Miller (Denzel Washington) dem von seiner Krankheit Aids gezeichneten Andrew Beckett (Tom Hanks) beim Hören der Arie «La Mamma Morte» aus Umberto Giordanos «André Chénier» zu. Rechtsanwalt Miller (mit dem wir Zuschauer nicht nur Beckett beobachten, sondern den wir auch beim Beobachten beobachten) sitzt; sein Klient, der moribunde, auf ein Infusionsgestell angewiesene Opernenthusiast Beckett, bewegt sich durch den Raum, der mit der Stimme von Maria Callas gefüllt ist. Beckett ist ganz der «Gewalt der Musik» hingegeben; er kommentiert und übersetzt, zunächst noch sprachmächtig (aber zunehmend stammelnder, seine Sprache ist der Macht seiner Emotionen immer weniger gewachsen), dem «all-American boy» Miller,[2] der mit den exquisiten Finessen europäischer Hochkultur wenig vertraut ist – und dem Becketts Verehrung der Diva Callas[3] ein wenig unheimlich anmutet –, die italienische Arie.

> This is Madeleine. She's telling how, during the French revolution, a mob set fire to her house ... And her mother died, saving her. She ... Look! «The place that cradled me is burning! I'm alone.» ... Do you hear the heartache in her voice? Can you feel it, Joe? ... Now, here come the strings and it changes everything. The music fills with a hope. Madeleine changes again, listen ... listen. «I bring sorrow to those who love me.» ... Oh, that single

---

1   PHILADELPHIA, USA 1993; Regie: Jonathan Demme; Drehbuch: Ron Nyswaner; DarstellerInnen: Tom Hanks, Denzel Washington, Antonio Banderas, Jason Robards, Mary Steenburgen; Kamera: Tak Fujimoto; Schnitt: Craig McKay; Musik: Howard Shore; Kostüme: Collen Atwood; Tristar Pictures, Clinica Estetico Ltd.
    Vgl. Stella Bruzzi: «Philadelphia», in: *Sight and Sound* 4/3 (März 1994), S. 45-46; Roy Grundman/Peter Sacks: «Philadelphia», in: *Cinéaste* 20/3 (1994), S. 51-54; Kyle William Mechar: «Every Problem Has a Solution. AIDS and the Cultural Recuperation of the American Nuclear Family in Jonathan Demme's *Philadelphia*», in: *Spectator* 15/1 (1994).
    Für zahlreiche Anregungen bedanke ich mich bei Sandra Rausch, Gereon Blaseio und Katrin Oltmann.
2   Denzel Washington als Joe Miller figurierte – so die übereinstimmende Meinung der Filmkritikerinnen und -kritiker – als erster Schwarzer, der im Hollywoodfilm Mainstream-Amerika verkörpern durfte. Dass in PHILADELPHIA dieser Anwalt Mainstream-Amerika repräsentiert, macht schon sein «all-American name», Joe Miller, deutlich.

cello! ... «It was during this sorrow that love came to me! A voice filled with harmony, that said: Live still, I am Life! Heaven is in your eyes ... Is eyerything around you just the blood and the mud? I am divine. I am oblivion. I am the god that comes down from the heavens to the earth to make of the earth a heaven! I am love! I am love.»

Wir erleben Beckett als identifikatorisch mit *seiner* Heldin verschmolzen, die den Tod besingt und die Kraft der Liebe feiert; sogar beleuchtungstechnisch wird er als Doppel der Opernprotagonistin in Szene gesetzt: Er erscheint wie von Flammen beschienen – in rötliches Licht getaucht. Die entfesselte Kamera nimmt Hanks schräg von oben[4] (mit einem den Bildrand zum Verschwimmen bringenden Weitwinkelobjektiv) auf.

Bedeutsam ist diese Szene deshalb, weil sie zeigt «was das Melos mit dem Drama macht».[5] Miller hatte Beckett aufgesucht, um mit ihm das (möglicherweise prozessentscheidende) Kreuzverhör für den nächsten Tag durchzugehen: Dreimal stellt er seinem Klienten die Frage, mit der er dieses Kreuzverhör eröffnen möchte: «Can you describe the circumstances in which you joined the firm Wyant, Wheeler, Hellerman, Tertlow and Brown?» Dreimal antwortet Beckett seinem Rechtsvertreter nicht. Er fragt ihn stattdessen, ob er, Miller, manchmal bete, bittet ihn, seinem Freund Miguel einen Anwalt für Erbrecht zu vermitteln (dieser werde einen solchen brauchen ...[6]), und er spielt Miller die Callas-Arie

3   Die Callas ist – Wayne Koestenbaum hat das in seinem Buch *The Queen's Throat. Opera, Homosexuality and the Mystery of Desire* einlässlich beschrieben – unter den zahlreichen Diven, die die Oper zu bieten hat, «die» Diva; und in besonderem Maße schwule Ikone: «Die Callas wurde in den fünfziger Jahren zum internationalen Star, zu einer Zeit, als die Schwulen – obwohl stumm und gut getarnt und auf der Suche nach Assimilation und Akzeptanz und nicht nach radikaler Aktion – eine reichhaltige Kultur entwickelten. Die Callas bleibt die Operndiva, die am engsten (wenn das auch unausgesprochen bleibt) mit den schwulen Fans in Verbindung gebracht wird» (Wayne Koestenbaum: *The Queen's Throat. Opera, Homosexuality and the Mystery of Desire*, New York 1993, hier zit. nach der dt. Ausgabe: *Königin der Nacht. Oper, Homosexualität und Begehren*, Stuttgart 1996, S. 180).
4   Diese verkantete Einstellung, mithin eine Quer-Lage der Kamera, findet sich auch in der zentralen Gerichtsszene, auf die ich später noch ausführlicher zu sprechen komme: Andrews Subjektive auf die gegnerische Anwältin erscheint in einer schrägen Perspektive und markiert damit nicht nur seinen physischen Verfall, sondern ebenfalls sein Anders-, nämlich Queer-Sein.
5   Michael Palm: «Was das Melos mit dem Drama macht. Ein musikalisches Kino», in: Christian Cargnelli/Michael Palm (Hg.): *Und immer wieder geht die Sonne auf. Texte zum Melodramatischen im Film*, Wien 1994, S. 211-234.
6   Beckett spielt hier natürlich auf Miguels prekäre erbrechtliche Position an. Weil er nicht mit Andrew verheiratet ist, wird er erbrechtlich nicht wie ein Witwer oder eine Witwe behandelt werden; er könnte Schwierigkeiten bekommen, das Erbe, das Beckett für ihn vorgesehen hat, auch tatsächlich anzutreten. Becketts Bemerkung wirkt dennoch eigenartig. Kämen doch nur seine Familienmitglieder als diejenigen in Frage, die Miguel das Erbe streitig machen könnten. In dieser Perspektive wäre das Idealbild

vor. Statt das Frage-Antwort-Spiel vor Gericht zu proben, bringt Beckett also Gott, seinen eigenen Tod und die Musik ins Spiel – drei Sujets mithin, denen gemeinsam ist, dass sie – so jedenfalls der kulturelle Topos – Vernunft, Diskurs, symbolische und rechtliche Ordnung transgredieren, für etwas «Anderes» jenseits des gesellschaftlichen Repräsentationssystems stehen.[7] Beim Hören der Callas-Arie wird Becketts Körper, der auch Medium der «Krankheit zum Tode» ist, zum Medium der Musik. Auch sein taumelndes, sein stockendes Rezitieren der Arie ist weniger ein Sprechen, das ihn als Subjekt konstituiert, als ein von der Oper «Gesprochenwerden».

> Die Musik muß sich ihren Weg in den Körper erst durch die Schutzschichten der Vernunft hindurch bahnen; dies geschieht immer gewaltsam. Wahrhaft dionysische Musik ist eine, an der man zerbricht. [...] Spannung resultiert [...] nicht mehr aus einer indirekten, narrativen Codierung, sondern aus dem melodramatischen Wärmebild: Sie ist eine «unsagbare» und direkte Spannung des Körpers geworden.[8]

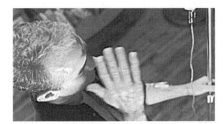

Abb.1-2: Die entfesselte Kamera setzt Beckett in Szene

Erklärt man die «La-Mamma-Morte»-Szene zur Schlüsselszene des Films, haben wir es also mit einem Melodrama zu tun: Die Callas-Arie setzt jenes «Unsägliche», jenes «Zuviel», jenen «Exzess» in Szene, der für die psychoanalytische Melodrama-Theorie so entscheidend ist – eine Theorie, die davon ausgeht,

> daß sämtliche nicht von der Zwangsjacke symbolischer Ordnung eingeschnürte Elemente des Plots (vor allem unterdrückte emotionale Energien)

---

der amerikanischen Upper-Middle-Class-Familie, das der Film zeichnet, weitaus «weniger» heil, als vom Film suggeriert.

7   Zum Diskurs über die Musik als dasjenige, was das gesellschaftliche Repräsentationssystem transgrediert, vgl. z.B. Christine Lubkoll: *Mythos Musik. Poetische Entwürfe des Musikalischen in der Literatur um 1800*, Frankfurt am Main 1995.
8   Palm: Melos, S. 227. Palm spricht metaphorisch von jenem Wärmebild, das die besprochene Filmepisode etwa durch die Ausleuchtung mit rotem Licht in Szene zu setzen scheint.

vom Lauf der Geschichte verschoben werden. Zumal das Unterdrückte nicht ausgesprochen werden kann oder darf, erfährt es eine Konversion und setzt sich als Symptom auf den Körper des Films. Gemeint ist damit also nicht nur eine temporär begrenzte Eruption innerhalb des Erzählflusses, sondern generell ein spezifischer Modus der filmischen *Äußerung* im Melodram: Sämtliche Folgen ideologischer, gesellschaftlicher oder familiärer Repression können/dürfen sich nicht über die gesprochene Sprache oder den Plot Gehör verschaffen, sondern verschieben sich in den diskursiven Filmkörper und verdichten sich dort als Symptom in *mise en scène*, überfetteter Farbgebung und Musik.[9]

Die Entscheidung, den Film PHILADELPHIA unter das Genre Melodrama[10] zu subsumieren, ist eine gut begründbare, ähnlich gut begründbar wären aber auch andere Genre-Zuschreibungen. Gibt es Genres doch nicht «an sich». Wir haben es vielmehr in Gestalt von Filmen mit ihnen zu tun: mit Filmen, die sich Genres zwar zuordnen lassen, aber nicht diese Genres «sind». Jeder Film bezieht sich auf Genre-Konventionen, schreibt sie aber gleichzeitig um.[11] Er modifiziert sie, aber konstruiert sie so eben auch. Das Genre (von dem wir gerne annehmen, dass es dem Film vorgängig ist), ist also Effekt jener Filme, in denen es sich anscheinend ausdrückt/konkretisiert/dokumentiert. Das Genre ist nicht Film, begegnet uns aber im Film, es geht dem Film (logisch) voraus und ist doch (faktisch) sein Effekt. PHILADELPHIA lässt sich also auf Genre-Konventionen des Melodramas beziehen – und er schreibt an eben diesen Genre-Konventionen (das wird zu zeigen sein) weiter, schreibt sie um. PHILADELPHIA verweist aber auch auf andere Genres: etwa auf den Social-Problem-Film (heimste Jonathan Demme doch Lorbeeren vor allem ein, weil sich sein Film als erster Mainstream-Film an das «heiße Eisen» Aids wagte[12]) oder, um noch ein weiteres Genre zu nennen, auf den Gerichtsfilm. Von der Internet Movie Database wird PHILADELPHIA als «Drama» geführt (und gehört damit in dieselbe Rubrik wie CASABLANCA[13], THE GODFATHER[14] und SCHINDLER'S LIST[15]).[16] Wir haben es also bei Demmes

---

9   Ebd., S. 212. Palms Hinweis auf die «überfetteten Farben» verweist auf das Technicolor-Farbgebungsverfahren, das für die Melodramen der Studiozeit kennzeichnend ist. Berühmt für seine spezielle Farbdramaturgie ist v.a. Douglas Sirk (vgl. Elisabeth Läufer: *Skeptiker des Lichts. Douglas Sirk und seine Filme*, Frankfurt am Main 1987).

10 Neben seiner Thematisierung als Genre wird das Melodrama auch als Modus der Repräsentation diskutiert (vgl. z.B. Linda Williams: *Playing the Race Card. Melodramas of Black and White from Uncle Tom to O.J. Simpson*, Princeton/Oxford 2001).

11 Steve Neale: «[C]onventions of a genre are always *in* play rather than being simply *re*played» (Steve Neale: «Questions of Genre» [1990], in: Barry Keith Grant (Hg.): *Film Genre Reader II*, Austin 1995, S. 159-183, hier S. 170).

12 Bei PHILADELPHIA handelt es sich nur um den ersten *Mainstream*-Film, der sich des Themas annahm. Bereits 1990 kam die Independent-Produktion LONGTIME COMPAN-

Film (wie bei allen anderen Filmen auch) mit einer Genre-Hybride zu tun – einer Genre-Hybride, die ich im Folgenden als Melodrama fokussieren werde. Damit folge ich der Melodrama-Konzeption, an der sich die filmtheoretische Debatte orientiert. Diese Debatte wurde vor allem mit Blick auf Filme von D. W. Griffith, Josef von Sternberg, Douglas Sirk, Vincente Minelli und Nicholas Ray geführt und ist ausgerichtet auf «gesteigerte[n] Emotionalismus, Sentimentalität, Tränen, also Familienmelodramen, Weepie, Woman's Film [...]».[17] Was die Filmwissenschaft als Melodrama verhandelt, deckt sich, das haben Ben Singer[18] und Steve Neale überzeugend herausgearbeitet, nicht mit dem, was die Filmindustrie und die Filmpromotion bis in die 50er-Jahre unter die Genre-Rubrik Melodrama fasste: actionorientierte Filme, zum Beispiel Thriller. Neale konstatiert: «[...] [T]he film industry and most contemporary reviewers tended to equate melodrama with the genres of action rather than passion, probably because they contain more of melodrama's traditional – and ‹popular› – ingredients.»[19] Neale betont die «multi-generische» Verfasstheit des im 19. Jahrhundert beliebten Theatergenres «Melodrama»:

> [W]hile lip service has from time to time been paid within Film Studies to the multi-generic nature of nineteenth-century melodrama and to the multi-generic nature of its cinematic heritage, the standard account has tended to founder on the assumption that the woman's film embodies their quintessence. Walker's is one of the few accounts to have taken on board the nature of some of melodrama's basic conventions – its Manichaean structures, for instance, and its dedication to thrills and suspense. It is therefore one of the few accounts to have acknowledged the extent to which the woman's film – and other melodramas of passion – are related to modified and secondary rather than basic and primary nineteenth-century

---

ION in die Kinos (USA 1990, R: Norman René). Im selben Jahr wie PHILADELPHIA lief AND THE BAND PLAYED ON (USA 1993, R: Roger Spottiswoode) mit Richard Gere in einer Nebenrolle im US-Fernsehen (der TV-Film wurde in Deutschland in den Kinos gezeigt).

13   CASABLANCA, USA 1942, R: Michael Curtiz.
14   THE GODFATHER, USA 1972, R: Francis Ford Coppola.
15   SCHINDLER'S LIST, USA 1993, R: Steven Spielberg.
16   Darauf hinzuweisen ist allerdings, dass die IMDB nahezu jeden Film als «Drama» bezeichnet («Film» und «Drama» werden fast zu Synonymen). Gerade die Kategorisierung «Drama» wird gerne mit anderen Kategorisierungen gekoppelt: z.B. «Western/Drama».
17   Christian Cargnelli: «Sirk, Freud, Marx und die Frauen. Überlegungen zum Melodrama. Ein Überblick», in: Cargnelli/Palm (Hg.): Und immer wieder geht die Sonne auf, S. 11-33, hier S. 28.
18   Vgl. dazu Ben Singer: «Female Power in the Serial-Queen Melodrama. The Etiology of an Anomaly», in: *Camera Obscura* 22 (Januar 1990), S. 90-129.
19   Steve Neale: *Genre and Hollywood*, London/New York 2002, S. 202.

conventions and forms. Most important of all, it is one of the few accounts to have acknowledged the extent to which nineteenth-century melodrama, in all its guises, was both a fundamental progenitor of nearly all of Hollywood's non-comic genres, and a fundamental source of many of its cross-generic features, devices and conventions.[20]

Walker, auf den Neale ja verweist, hatte bereits 1982 vorgeschlagen, Melodrama nicht mehr ausschließlich im Sinne von Weepie zu konzeptualisieren, sondern zwischen «männlich semantisierten» Action-Melodramas (Swashbucklers, War Stories, Westerns, Crime Thrillers, Adventure Stories: Walker konzeptualisiert damit das Melodrama als «Supragenre», das verschiedene Genres umfasst) und eher weiblich semantisierten «Melodramas of passion, in which the concern is not with the external dynamic of action but with the internal traumas of passion»[21], zu unterscheiden.

PHILADELPHIA als Melodrama, so ließe sich im Anschluss an Walker nun argumentieren, schreibt das «weibliche» Melodrama in ein männliches, genauer in ein schwules «melodrama of passion» um. In dieser Perspektive beerbt der – nennen wir ihn einmal so[22] – «Gays' Film» den «Woman's Film».[23] Ist letzterer zentriert – so Jeanine Basingers Definitionsversuch – durch eine Frau («a woman's film is a movie that places at the center of its universe a female who is trying to deal with emotional, social, and psychological problems that are specially connected to the fact that she is a woman»)[24], so setzt Demme *at the center of its [the film's] universe a homosexual who is trying to deal with emotional, social, and psychological problems that are specially connected to the fact that he is a homosexual.*[25]

---

20 Ebd.
21 Zit. nach Neale: Genre and Hollywood, ebd.
22 Natürlich ist die Bezeichnung «Gays' Film» mindestens ebenso problematisch wie das Etikett «Woman's Film» (in der Forschung auch als *Women's* Film bezeichnet). Handelt es sich um einen Film von Schwulen für Schwule, einen Film über Schwule, einen Film, der schwulenrelevante Themen verhandelt? Auch die Theoretiker und Theoretikerinnen des Woman's Film haben Probleme damit, festzulegen, was genau das Label *meint*: einen Film für Frauen, einen Film mit «Frauenthemen» etc.
23 Damit ist selbstverständlich nicht impliziert, dass der Woman's Film generell vom Gays' Film «abgelöst» werde: Meine Ausführungen fokussieren den *einen* Film PHILADELPHIA, bei dem die Konfiguration «Melodrama goes gay» zu beobachten ist.
24 Jeanine Basinger: *A Woman's View. How Hollywood Spoke to Women 1930-1960*, London 1993, S. 20. Basinger weist auf das Problem hin, das sich ergibt, wenn man Melodrama und Woman's Film gleichsetzt: «[This view] eliminate[s] more than half of the films that are concerned with women and their fates, among them Rosalind Russell's career comedies, musical biographies of real-life women, combat films featuring brave nurses on Bataan, and westerns in which women drive cattle west and men over the brink» (ebd., S. 7).

Die Genre-Negotiationen, die PHILADELPHIA vornimmt, lassen sich aber noch nicht hinreichend durch die Argumentationsfigur beschreiben, die Verrückung des homosexuellen Protagonisten Beckett aus der Position aktiver und souveräner Männlichkeit in die des leidenden, passiven Opfers transponiere das Melodrama als Woman's Film in ein schwules Melo. Wird die Story, die der Film vom Leiden und Sterben Andrew Becketts erzählt, doch komplettiert durch die Geschichte seines Anwalts, der im Auftrag und im Namen des von der Krankheit Gezeichneten und zunehmend Zerstörten, den Kampf mit dem «System», der gesellschaftlichen und juristischen Ordnung aufnimmt (und so lautet die Tagline des Films denn auch: «No one would take on his case ... until one man was willing to take on the system»). Die Passion, das Leiden Becketts wird also «ausbalanciert» durch Joe Millers anwaltliche Aktionen, seine kalkulierten, mit Spannung, mit Finten und Überraschungsangriffen gespickten Performanzen vor Gericht. Der Gerichtsfilm, das Courtroom Drama nun, in dessen Tradition PHILADELPHIA so zweifellos – wie in der des Melodramas – steht, gehört zu den «männlich semantisierten» Action-Melodramas, wie Walker sie definiert.[26] In Demmes Film wohnen wir dem physischen Verfall, dem Verschwinden Becketts bei, erleben *sein* «melodrama of passion». Dieses «Passionsmelo» wird komplettiert und konterkariert vom – in diesem Fall auf Thrill und Suspense setzenden – «melodrama of action», als dessen Protagonist sein Anwalt Joe Miller figuriert: Dieser demonstriert als Rächer aller Diskriminierten Handlungsfähigkeit und eröffnet sich souverän immer größere Spielräume. PHILADELPHIA inszeniert insofern eine fast unheimliche Hybridisierung von «weiblich» und «männlich» kodierten Genres; er überblendet das «melodrama of passion» mit dem «melodrama of action». Überdies verschiebt er das «melodrama of passion», das in der Tradition (tendenziell) ein «melodrama of *women*» ist, in ein «melodrama of *males*» – genauer: in ein

---

25 Diese Ersetzung folgt insofern einer kulturellen Topik, als der schwule Mann – so der Gemeinplatz – als ohnehin effeminiert gilt. Die prominente Positionierung eines homosexuellen Protagonisten im «Herzen des Melodramas» verhandelt mit dem schwulen Mann sicherlich den «problematischsten» Mann für das Hollywoodkino: «[T]he standard account [...] has not just associated melodrama with women and femininity, it has also seen melodrama as one of the few generic areas in Hollywood in which masculinity in general, and ‹virile› masculinity in particular, has been consistently qualified, questioned, impaired or castrated – unable to realize or express itself in action» (Neale: Genre and Hollywood, S. 186).

26 Wir haben es zwar nicht mit körperbetonter Aktion zu tun, aber auch die Auseinandersetzung vor Gericht ist agonal (wie etwa die Duell-Auseinandersetzung). Dass das Courtroom Drama als «männlich konnotiertes» Genre wahrgenommen wird, lässt sich auch etwa durch die Beobachtung stützen, dass Gerichtsfilme in Deutschland in der Regel als Thriller promotet werden.

«melodrama of *queer, of homosexual males*». PHILADELPHIA verhandelt das Melodrama-Problem also in doppelter Perspektivierung – das sei noch einmal herausgestellt. *Einerseits* etabliert er eine Konstellation, in der wir es sowohl mit einem «melodrama of action» (Protagonist: Joe Miller) zu tun haben als auch mit einem «melodrama of passion» (Protagonist: Andrew Beckett).[27] Das Melodrama präsentiert sich uns mithin als komplizierte Doppel-, als hybride Zwitterkonfiguration. *Andererseits* schreibt PHILADELPHIA das «melodrama of passion» insofern um, als der Film aus dessen Held*in* einen schwulen Held*en* macht.

Die Genre-Amalgamierung von Melodrama und Gerichtsfilm, von der schon die Rede war, verweist auf den Exzess – die Überschreitung, das Zuviel, das Verbotene –, der auf unterschiedliche Weise beide Genres organisiert: In Courtroom Dramas geht es um Transgressionen des gesellschaftlich und juridisch Erlaubten, um sexuelle Perversionen, um Mord, um Sadismus, um Hysterie. All das kann, in der Rahmenfiktion eines Gerichts, das das Verbotene als verboten markiert und bestraft, thematisiert, diskursiviert, in Narration überführt werden. Insofern ist der Gerichtsfilm prädestiniert zum Aufgreifen von Tabuthemen, ist das gesellschaftlich Skandalisierte sein Terrain.[28] Dieses Penchant zum Verbote-

---

27 Beschreiben lässt sich diese Überlagerung von «melodrama of action» und «melodrama of passion» auch als Gegeneinanderführung der zunehmenden Effeminierung Becketts (der immer versehrter, leidender, mithin «weiblicher» wird) und der zunehmenden Virilisierung Joe Millers (der immer souveräner, selbstbewusster, «männlicher» agiert).

28 Zu den Courtroom Dramas, die kontrovers diskutiert und von publicityträchtigen Skandalen begleitet wurden, gehören beispielsweise die Vergewaltigungsfilme ANATOMY OF A MURDER (USA 1959, R: Otto Preminger) und THE ACCUSED (USA 1988, R: Jonathan Kaplan), die rassismuskritischen historischen Gerichtsfilme TO KILL A MOCKINGBIRD (USA 1962, R: Robert Mulligan), AMISTAD (USA 1997, R: Steven Spielberg) und SNOW FALLING ON CEDARS (USA 1999, R: Scott Hicks) sowie COMPULSION (USA 1959, R: Richard Fleischer), eine Verfilmung des Gerichtsprozesses um das homosexuelle Mörderpaar Leopold und Loeb. Was das Homosexualitätssujet angeht, ließen sich viele Beispiel-Gerichtsfilme anführen: Genannt sei etwa der britische Film THE TRIALS OF OSCAR WILDE (GB 1960, R: Ken Hughes), der die Homosexualität des Autors offen anspricht (und der es damit in seinem Herkunftsland Großbritannien, in dem 1960 Homosexualität noch als Straftatsbestand geführt wurde, schwer hatte, überhaupt eine Aufführungsgenehmigung zu erhalten). Wie ungewöhnlich die relativ offene Verhandlung von Homosexualität in THE TRIALS OF OSCAR WILDE ist, zeigt sich vor allem im Vergleich mit zeitgenössischen, thematisch verwandten Produktionen wie TEA AND SYMPATHY (USA 1956, R: Vincente Minelli) oder SUDDENLY LAST SUMMER (USA 1959, R: Joseph L. Mankiewicz), in denen die im narrativen Zentrum stehende Homosexualität eines der Protagonisten nie direkt angesprochen wird. Dass THE TRIALS OF OSCAR WILDE zu seiner Zeit skandalträchtig war, reflektiert aber auch die deutsche Rezeptionsgeschichte: Die FSK lehnte die Erstellung einer Synchronisationsfassung ab, der Film durfte nur in der englischsprachigen Fassung vor Erwachsenenpublikum aufgeführt werden (SUDDENLY LAST SUMMER hingegen erreichte das

nen, zur Übertretung nun rückt das Courtroom Drama in die unmittelbare Nähe des Melodramas als Genre des Exzesses, wie es Geoffrey Nowell-Smith konzipiert – als Genre, dessen Protagonisten an ihren psychischen, an ihren sexuellen, an ihren gesellschaftlichen Rahmenbedingungen verzweifeln (und gelegentlich auch einen Ausbruch aus diesen Vorgaben versuchen). Das Melorama produziert einen «Überschuss» an Emotionen, es sprengt die «klassisch realistische Narration» mit dem Zuviel an Liebe, Passion, an hysterischer Energie.[29]

In Demmes PHILADELPHIA geschieht dem schwulen Protagonisten des «melodrama of homosexual males» (das das «melodrama of women» beerbt), was Mary Ann Doane in ihrer Konzeptualierung des Woman's Film konstatiert: Doane beschreibt, wie die Gefahr, die durch die Erotik der Protagonistin entsteht, entschärft wird, indem eine männliche Figur einen medizinischen (oder juristischen) Blick auf die weibliche Figur wirft. Der erotische Blick (der Frau) werde im Woman's Film zum medizinischen Blick (des Mannes):

> In the films which mobilize a medical discourse, where blindness and muteness are habitually attributed to the woman, she can only passively give witness as the signs of her own body are transformed by the purportedly desexualized medical gaze, the «speaking eye» into elements of discourse. The dominance of the bed in the *mise-en-scène* of these films is the explicit mark of the displacement/replacement of sexuality by illness.[30]

Auch hier gilt: Ersetzt man «woman» durch «homosexual», beschreibt Doanes Analyse präzise die Mechanismen, die für PHILADELPHIA konstitutiv sind: Homosexuelle Erotik wird zum Sujet der Gerichtsverhandlung; Becketts Ärzte, alle die mit Beckett zu tun haben – auch die Zuschauer – werfen einen zunehmend «medizinischen» Blick auf den Protagonisten, der im Laufe des Films nicht nur seine Sprache nahezu verliert, sondern auch noch auf dem rechten Auge erblindet.[31] An Beckett wird also exekutiert, was Doane an ihren Heldinnen im Woman's Film

---

Publikum nur in einer sinnentstellten und gekürzten Version, in der sämtlichen visuellen Verweise, die die Nicht-Thematisierung im Dialog einholten, eliminiert wurden).

29 Vgl. Geoffrey Nowell-Smith: «Minelli and Melodrama», in: Christine Gledhill (Hg.): *Home Is Where the Heart Is*, London 1987, S. 70-74. Kennzeichnend für das Melodrama ist auch die in PHILADELPHIA zu beobachtende Diskrepanz zwischen Wirkung und Ursache. Nur zwei-, dreimal war Andrew Beckett im Pornokino, nur einmal hatte er dort Sex. Abgegolten wird dieses einmalige Fehlverhalten mit der «Todesstrafe». *Ein Fehler führt zu lebenslanger Tragödie.*

30 Mary Ann Doane: «The ‹Woman's Film›. Possession and Address», in: Mary Ann Doane/Patricia Mellencamp/Linda Williams (Hg.): *Re-Vision. Essays in Feminist Film Criticism*, Los Angeles 1984, S. 67-82, hier S. 79.

beobachtet: Er wird zum Objekt gesellschaftlicher Ordnungsdiskurse – der Medizin (und der Justiz). Andrew Beckett, der smarte Anwalt, der die Sozii seiner Kanzlei, die gegnerischen Parteien vor Gericht, die Kinozuschauerinnen und -zuschauer zu Beginn des Films mit seiner überwältigenden Eloquenz beeindruckt, verliert mehr und mehr seine Sprachmächtigkeit.[32] Im Prozess (der auch ein Prozess des sichtbar «Aussätzig-Werdens» ist) sitzt er schweigend neben seinem Anwalt; das Sprechen fällt ihm aufgrund seiner Krankheit zunehmend schwerer, er vermag kaum mehr zu flüstern, zum Schluss ist ihm gar mit einer Atemmaske der Mund verschlossen. Anwalt Miller, zu Beginn des Films noch Becketts Gegner in juristischen Wortgefechten, übernimmt nach und nach die verbale Artikulation für seinen Klienten, bis er schließlich nach Becketts Zusammenbruch im Gerichtssaal für einen leeren Stuhl spricht – eine Konstellation, die ein wichtiges Melodrama-Dispositiv in Szene setzt. Für Andrew kommt der Sieg vor Gericht *zu spät*[33], Miller erzielt die Satisfaktion nur noch für einen Sterbenden.[34] Beckett verliert aber nicht nur seine Sprache; er verliert kurz vor seinem Tod – davon war bereits die Rede – auch noch die Sehfähigkeit auf einem Auge: Der souverän agierende Anwalt hat sich in eine stumme und (halb)blinde leidende Kreatur verwandelt. Wie sehr diese leidende Kreatur dem Kamera- und Zuschauerblick ausgesetzt wird, macht eine der Schlüsselszenen während der Gerichtsverhandlung deutlich, in der Miller seinen Klienten auffordert, den Oberkörper zu entblößen, damit sich die Jury einen Eindruck von Becketts Läsionen verschaffen könne. Beckett zieht sich quälend langsam aus (die Blicke aller im Gericht Anwesenden sind gebannt auf ihn gerichtet) und zeigt seinen von Kaposi-Malen befleckten und entstellten Oberkörper. Aufgerufen wird hier die Ikonographie des christlichen Schmerzensmannes, auf dessen Wund-/Kaposi-Male wir andächtig blicken; die Episode ist aber auch deshalb von so großem In-

---

31 Der Kinozuschauer wohnt der sukzessiven Entmächtigung Andrew Becketts bei: In seinem Prozess vertritt er sich nicht selbst; der physische Verfall wird sichtbarer und sichtbarer.
32 Solange Beckett als heterosexueller Mann «durchgeht», bewegt er sich erfolgreich in der symbolischen Ordnung. Als die Krankheit ihn dann an den Rand des gesellschaftlichen Repräsentationssystems drängt, wird ihm die Stimme, die Artikulationsfähigkeit genommen.
33 Vgl. Steve Neale: «Melodram und Tränen», in: Cargnelli/Palm (Hg.): Und immer wieder geht die Sonne auf, S. 147-166. Diese Konfiguration des «Zu-spät» wird vom Film wiederholt inszeniert. Auch Seidman führt in seiner Zeugenaussage vor Gericht aus, dass er sich ewig vorwerfen werde, dass er Andrew nicht die Chance gegeben habe, sich auszusprechen. Nun sei es zu spät dazu.
34 Dieses faktische Sterben Becketts macht nur das real, was sozial und symbolisch schon vollzogen ist: Der Verlust des Jobs, der Ausschluss aus der Kanzlei figurierten bereits als sozialer, als symbolischer Tod.

teresse, weil sie eine kulturelle Konfiguration zitiert, die in hohem Maße genderspezifiziert ist: den Striptease – jene Veranstaltung, in der sich, so die Vorgabe, eine Frau ihrer Kleidung entledigt und Männer ihr dabei zuschauen.[35] Die Stripperin entkleidet sich in Spannung und Lust anheizender Langsamkeit und auch Beckett vermag sein Oberhemd nur quälend langsam zu öffnen: Die Krankheit hat ihn bereits so geschwächt, dass ihm jede Bewegung zum Martyrium wird. Als er endlich seinen Oberkörper entblößt hat, ermöglicht ihm sein Anwalt Miller, indem er ihm einen Spiegel entgegenhält, den Blick auf den eigenen todgeweihten Körper, auf den der gesamte Gerichtssaal mit Entsetzen starrt. Die zitierte kulturelle Konfiguration, der Erotik zelebrierende und inszenierende Striptease, ist also umgeschrieben in die Autopsie des Moribunden. Und natürlich setzt dieser grauenhafte literale Striptease vor Gericht *auch* drastisch die Funktionsmechanismen des Prozesses, den der Film uns vor Augen führt, in Szene: Es geht um «Entblätterung», um Enthüllung der Wahrheit – einer Wahrheit, die bezogen ist auf den von Läsionen, eigentlich aber von seiner Homosexualität «gezeichneten» Körper Andrew Becketts. Dem todkranken Protagonisten wird der Spiegel vorgehalten, er wird gezwungen, sich als «befleckt» wahrzunehmen. Beckett blickt in den Spiegel, wir sehen ihm bei seinem Spiegelblick zu

---

35 Claudia Öhlschläger beschäftigt sich im Kontext von Voyeurismuskonzepten mit dem Striptease und zitiert Lo Duca (Hg.): *Das Moderne Lexikon der Erotik von A-Z. Eine reich illustrierte aktuelle Enzyklopädie in zehn Bänden*, München/Wien/Basel 1963. Das bezeichnet – so Öhlschläger – den Striptease als ein «‹[...] Schauspiel, das die Entkleidung einer Frau bis zur völligen Nacktheit, im Rhythmus einer bestimmten Musik [...], zum Gegenstand hat.› ‹Das Striptease› [...] wolle ‹das erotische Begehren des Mannes im Rahmen einer visuellen Darbietung wecken›, dieses ‹Schauspiel› basiere ‹auf der beim Anblick des weiblichen Körpers gewöhnlich eintretenden starken erotischen Erregung›. [...] Eines [so konstatiert Öhlschläger] ist hier zunächst auffällig: Der Striptease ist insofern eine geschlechtsspezifische Angelegenheit, als den Geschlechtern, Mann und Frau, bestimmte, voneinander abweichende Verhaltensmodi zugeschrieben werden. Es ist der Mann, der, als aktiver Part gedacht, seinen Blick auf den ihn erregenden weiblichen Körper richtet, und es ist die Frau, die sich zwar bewegt, jedoch ihren Körper zur Schau stellt, ihn den Blicken des Zuschauers darbietet [...]. [...] Die Positionen ‹Sehendes Subjekt› und ‹Gesehenes Objekt› sind zwar umkehrbar, jedoch ändert dies nichts an der ‹vergeschlechtlichten› Struktur der Dialektik von Sehen und Gesehen-Werden. Der voyeuristische Blick ist, weil er der Verleugnung und Verschleierung einer Bedrohung dient, immer schon ein phallischer Blick, ein Blick, der jenen Mangel symbolisiert, den nur die Frau repräsentieren kann, da ihr in der symbolischen Ordnung die Funktion zukommt, Spiegel und Objekt des männlichen Begehrens zu sein. Der Voyeur besetzt damit die männliche Position des *Phallus-Habens*, die nur dann stabilisiert werden kann, wenn der Phallus als schon immer verlorenes Objekt am *Anderen* gleichermaßen gefunden und verleugnet werden kann. Unter dieser theoretischen Vorgabe schließt sich eine geschlechtliche Umkehrung der Positionen ‹männlicher› Voyeur und ‹weibliches› Objekt aus» (Claudia Öhlschläger: *Die unsägliche Lust des Schauens. Die Konstruktion der Geschlechter im voyeuristischen Text*, Freiburg im Breisgau 1996, S. 136f.).

(und auch die Kamera nimmt auf, was Beckett sieht – das Bild, das der Spiegel zurückwirft). Überdies beobachten wir Joe Miller und das Publikum im Gerichtssaal dabei, wie sie Becketts Spiegelblick zusehen, einer «klassischen» Subjektkonstituierungsformation beiwohnen: Derjenige, der hier Reflexion sucht, erlebt nicht den von Lacan beschriebenen jubilatorischen Moment der Verschmelzung mit dem Spiegelbild,[36] sondern muss sich als versehrt, als mit Schandmalen gekennzeichnet begreifen: Der Film bedient hier die Topik des Spiegels als Wahrheitsmediums.

Abb. 3: Beckett «befleckt»: Inversion des Striptease

Dass diese «Wahrheit» etwas mit «Geschlechtlichkeit» zu tun hat, dass Becketts im hegemonialen Diskurs als deviant markierte Sexualität das Sujet ist, das den Prozess zentriert und so etwas wie dessen obszöne Kehrseite[37] darstellt, wird im Film immer wieder formuliert, vor allem von Becketts Anwalt Miller: «[...] Everybody in this courtroom is thinking about sexual orientation, sexual preference, whatever you call it. [...] Let's talk about what this case is really all about: the general public's hatred, our loathing, our fear of homosexuals.» Das Bemerkenswerte nun ist, dass das, was PHILADELPHIA so eloquent in Worte zu fassen vermag, vom Film nicht in Bilder zu überführen ist.[38] Joe Millers Einlassung ist ei-

36   Jacques Lacan: «Das Spiegelstadium als Bildner der Ich-Funktion, wie sie uns in der psychoanalytischen Erfahrung erscheint» [1949], in: ders.: *Schriften I*, hrsg. von Norbert Haas, Weinheim/Basel 1991, S. 61-70.
37   Slavoj Žižek: «Das genießerische Gesetz», in: ders.: *Die Metastasen des Genießens. Sechs erotisch-politische Versuche*, Wien 1996, S. 145-166. Wie prinzipiell Sexualität, «Geschlechtsverbrechen» mit der Instanz der Justiz verkoppelt sind, hat Michel Foucault gezeigt (Michel Foucault: *Der Wille zum Wissen. Sexualität und Wahrheit I*, Frankfurt am Main 1983, S. 37f.).

nem politisch korrekten Blick auf Homosexualität verpflichtet, Diskriminierung Homosexueller wird als ungesetzlich gebrandmarkt, der Film will verstanden werden als Plädoyer für die Akzeptanz von Schwulen. Dennoch verzichtet PHILADELPHIA darauf, Homosexualität, homosexuelle Erotik, zu *visualisieren*.[39] Homosexualität «materialisiert» sich im Film als «Effekt» juristischer Negotiationen: Als gelebte erotische Beziehung kommt sie im Film nicht vor. Die sexuelle Beziehung zwischen Andrew und seinem Freund Miguel, einem Latino, der von Antonio Banderas gegeben wird, ist nicht «bebildert»: Miguels Verhältnis zu seinem Freund erscheint als das einer Krankenschwester oder als das eines «brüderlichen Freundes» (in Philadelphia, der Stadt der «brüderlichen Liebe»[40]). Die Filmkritik (insbesondere die schwule Filmkritik) hat mit Recht darauf verwiesen, dass PHILADELPHIA eine Liebesgeschichte zwischen Miguel und Andrew nur behauptet: es gibt keine Bettszenen,[41] es gibt keine Kussszenen,[42] es gibt keinen Körperkontakt. Einmal tanzt das Paar miteinander.

38   Selbst wenn man es für «selbstverständlich» halten mag, dass keine «harten» Männerliebesszenen gezeigt werden, muss doch als überaus auffällig konstatiert werden, dass Andrew und Miguel praktisch kein Körperkontakt zugestanden wird.
39   Bärbel Tischleder schreibt: «Die Beziehung der beiden Männer ist völlig entsexualisiert. Dazu trägt bei, daß Tom Hanks für die Rolle Becketts ausgewählt wurde: ‹Enter Tom Hanks, whose innocuous, straight-boy-next-door image enables him to make Beckett palatable to middle America. [...] Hanks' stable identity assures audiences that, underneath it all, Beckett's gayness does not extend beyond the limits of the film.› Selbst im Film erscheint seine Homosexualität meist als aufgeklebtes Etikett; gleich mehrmals führt Beckett das Wort ‹Liebe› im Munde, aber kein einziges Mal, um seinen Partner Miguel zu adressieren. Ein herzergreifendes ‹Gee, I love you guys›, richtet er – einen Säugling im Arm – an seine Familie, die am 40. Hochzeitsjubiläum der Eltern versammelt ist und ihm ihre uneingeschränkte Unterstützung zugesagt hat. Analog dazu ergibt sich eine mehr oder weniger subtile Sexualisierung Miguels aus dem Umstand, daß Antonio Banderas ihn verkörpert. Er ist ein Schauspieler, der in Hollywood vor allem als feuriger *latin lover* gebucht ist und von Frauenzeitschriften als Sexsymbol gefeiert wird. Im Gegensatz zu Hanks ist sein Image sexuell ambivalent, denn er spielte sowohl gewaltsame Machos und Patriarchen (FOUR ROOMS) als auch schwule Rollen in den Filmen des Spaniers Pedro Almodovar, in denen sadomasochistischer Sex, Besessenheit und Leidenschaft unverblümt in Szene gesetzt werden» (Bärbel Tischleder: *Body Trouble. Entkörperlichung, Whiteness und das amerikanische Gegenwartskino*, Frankfurt am Main/Basel 2001, S. 160, Zitat im Zitat: Grundman/Sacks: Philadelphia, S. 54).
40   Philadelphia, auf diesen historischen Zusammenhang verweist der Film ja offensichtlich bereits in seinem Titel, wurde von dem Quäker William Penn gegründet (davon singt auch Neal Young im Soundtrack). «Schon zu Kolonialzeiten war sie [die Stadt] ein Zufluchtsort für religiös Verfolgte, noch bevor 1776 die Unabhängigkeitserklärung hier unterschrieben wurde und die Gründerväter die amerikanische Verfassung besiegelten. In Philadelphia, der Wiege der amerikanischen Demokratie, ist der Mythos Amerika in Stein gemeißelt und in Bronze gegossen, und Jonathan Demmes Film zeichnet diese Historiographie der Demokratie und Brüderlichkeit nach, wenn die Kamera über die Denkmäler streift» (Tischleder: Body Trouble, S. 147).
41   Betten kommen nur als *Kranken*betten ins Spiel.

Jedoch wird das Bild der körperlichen Nähe zweier Männer durch ihre Maskerade konterkariert. Beide stecken von Kopf bis Fuß in einer weißen Navy-Uniform, und weiße Handschuhe verhindern selbst den geringsten Hautkontakt. Das Bild der tanzenden Männer ist sinnbildlich für das Portrait des Paares insgesamt: Die narrative Behauptung eines Liebesverhältnisses zwischen den beiden Männern wird auf ikonographischer Ebene zurückgenommen. Das die Körper bis auf das Gesicht vollständig bedeckende Weiß als Farbe von Reinheit und Unschuld stellt analog zur Narration – so zumindest suggerieren die Bilder – eine ikonographische «Problemlösung» dar: *Whiteness* fungiert als sterile Ganzkörperprophylaxe.[43]

Die *Enttabuierung* von Homosexualität, die sich PHILADELPHIA vorgenommen hat, kulminiert in der (Re-)Etablierung eines überaus wirkmächtigen *Visualisierungstabus*: Der Film darf über sein Sujet reden, *zeigen* darf er schwule Sexualität nicht. «Die Homosexualität» wird «freigesprochen», «der Homosexuelle» ist dennoch (oder gerade deshalb) zum Tode verurteilt.[44] Um die aporetische Grundfigur noch einmal zu formulieren: Der Film stellt als seine Intention heraus, einen vorurteilsfreien Umgang mit Aids und Homosexualität zu propagieren und in PHILADELPHIA wird über Homosexualität auch gelegentlich auf eine Weise gesprochen, die als «pc» begriffen werden kann; häufiger aber wird über Schwule und Aids pejorativ geredet – von den «bösen» Homophoben, aber auch immer wieder vom «guten» Joe Miller. Zwar «weiß» der Zuschauer, die Zuschauerin, dass etwa die anti-homosexuellen Ausfälle Millers vor Gericht strategisch «gemeint» sind: Was immer Joe aber auch «meinen» mag, das, was er sagt (wenn er etwa Schwule als «Tunten» bezeichnet), wiederholt, auch wenn Miller seine Äußerungen als «Zitate» markiert, den schwulenfeindlichen gesellschaftlichen Diskurs. «Verlogen» wirkt PHILDADELPHIA, weil der Film vorgibt, er streite für die Rechte von Homosexuellen, aber hinter dem Screen der Political Correctness anti-homosexuelle Ressentiments bedient. Insofern inszeniert Demmes Film auch eine Konstellation, die für das Melodrama konstitutiv ist. Das Genre fokussiert Held(inn)en, die am gesellschaftlichen Ordnungssystem und dessen ideologischen Vorgaben

---

42   Jedenfalls gibt es keine «echten» Kussszenen. *Einmal* küsst Miguel den Freund flüchtig auf den Mund; dem Sterbenden dann küsst er die Hand.
43   Tischleder: Body Trouble, S. 161.
44   Vgl. dazu auch ebd., S. 145. Tischleder konstatiert, der Film hinterlasse einen «ambivalenten Eindruck»: «Es war der Eindruck, daß Proklamationen und Bilder nicht stimmig sind, daß Aufklärungsanspruch und Parteinahme für eine diskriminierte ‹Minderheit› einerseits und die Illustration traditioneller *familiy values* andererseits in PHILADEPHIA eine augenfällige Diskrepanz bilden.»

zugrunde gehen; das Melodrama restituiert aber gerade durch diese Übertretungsfigur – insofern bilden Melodrama und Ideologie eine Doppelfigur – die ideologische Matrix, die es zu kritisieren vorgibt. In PHILADELPHIA jedenfalls bleibt schwule Sexualität Anathema, wird schlicht nicht gezeigt – damit verzichtet das Medium auf das, was seine genuine Ausdrucksmöglichkeit ist: etwas in Bilder zu setzen.

Wie massiv das Visualisierungstabu wirksam ist, macht auch ein Blick auf die Draft-Version des Drehbuches deutlich. Auch in dieser sind Sexszenen ausgespart; auch in ihr wird Becketts Homosexualität nicht in ihrer erotischen Dimension, sondern nur als Krankheit zum Tode (insofern identifiziert der Film Homosexualität und Aids) fassbar, immerhin gesteht ein Drehbuchentwurf dem Paar Andrew und Miguel zumindest intime Gespräche zu, in denen sie die Krankheit verhandeln, ihrer wechselseitigen Liebe und ihren Ängsten Ausdruck geben. Im gemeinsamen Schlafzimmer tröstet Andrew den Geliebten:

> «I'm not going to die.» *Miguel:* «That's right. We're on the Positive Plan. You don't have a Fatal Disease, you have Manageable Illness.» *Andrew:* «You want me to give up? Let the thing turn us into *victims*?» *Miguel:* «Then, what *are* we, Drew?! The *winners*? ‹Ladies and gentlemen, the first prize of AIDS goes to Andrew Beckett and his lover Miguel ...› Excuse me, I'm not your lover. Im your Care Partner. FUCK!» *Andrew:* «I'm not ready to die.» *Miguel:* «Do you think I'm ready for it?! I hate this shit. I'm not a fucking martyr! I hate every goddamn part of it!» Miguel slides down the wall, sitting in a heap. Andrew goes to him. They hug. Miguel holds him tight. *Miguel:* «Please don't leave me. I love you so much. Don't die, don't leave me, please ...» Miguel rocks in Andrew's arms. Andrew kisses the top of his head, holding tight. *Miguel:* «I am so scared. I am so fucking, incredibly, fucking scared.» A MOMENT. Andrew stroking Miguel's hair, as he calms down.[45]

Im Final Cut des Filmes fehlt (neben anderen) diese Szene.[46] Eine Schlafzimmerszene mit zwei Männern, auch eine Schlafzimmerszene ohne offensive Erotik, wollte man dem heterosexuellen Mainstream-Publikum offensichtlich nicht zumuten.[47] Diegetisch (und extradiegetisch) heizt die

---

45 Ron Nyswaner: PHILADELPHIA *Screenplay (Draft)*, unter: http://sfy.iv.ru/sfy.html?script=philadelphia (letzte Abfrage 21.07.2003).
46 Möglicherweise wurde sie gedreht, vom Testpublikum aber verworfen. Vielleicht fehlte sie aber bereits im Shooting Script. Dass eine Reihe von «intimeren» Szenen gedreht wurde, die dann im Final Cut des Films eliminiert wurden, lässt eine seit Jahren angekündigte DVD, die «deleted sex scenes» in Aussicht stellt, vermuten.
47 Auch Tischleder konstatiert (mit Verweis auf Mechar: Every Problem Has a Solution, S. 86), «daß das dämonisierende Stereotyp schwuler Sexualität in PHILADELPHIA [...]

Gerichtsverhandlung, heizt Joe Miller die Phantasien des Publikums auf der Leinwand und vor der Leinwand über das «dreckige» Thema Homosexualität an. Diese Phantasien treffen aber nicht auf Bilder gezeigter Homosexualität, die Phantasmagorien beschneiden und dimensionieren könnten, die der wuchernden Imagination die Banalität des Alltäglichen und Gelebten entgegenstellen würden.

Auf solche nicht-bebilderten Phantasien ist die Angst zu beziehen, die im Gerichtssaal immer wieder formuliert wird, der Einzelne, die Kanzlei, die Gesellschaft sei durch «Ansteckung» gefährdet. Nicht nur Aids, auch Homosexualität, die der Film als Synonym der tödlichen Krankheit phantasiert, scheint etwas zu sein, was infiziert und infiltriert: Homosexuelle sind Invasoren. Sie dringen – so Wheeler, Becketts Kanzleichef – in die «men's rooms» ein. Wheeler rekurriert mit seiner Warnung auf den Topos, Schwule nutzten Herren-WCs für ihre sexuellen Abenteuer. Die Formulierung ist aber auch deshalb signifikant, weil sie die homosexuelle «Gefährdung» so klar als bedrohliche obszöne Kehrseite der (in den «men's rooms» beheimateten) homosozialen Männerbünde konzeptualisiert. Gefährlich an Homosexualität ist also ihre homosoziale «Mimikry»; gefährlich an Homosexuellen ist, dass man nicht *sieht*, dass sie homosexuell sind. Geben sie sich nicht selbst als deviant zu erkennen, bleiben sie unerkannt, vermögen sie, ihre sexuelle Orientierung zu maskieren. Entrüstet ist die Kanzlei Wyant, Wheeler, Hellerman, Tetlow and Brown mindestens ebenso wie über das Faktum Homosexualität und HIV-Infizierung des Anwalts in den eigenen Reihen über Becketts erfolgreiche «Vertuschung» dieses Faktums. Immer wieder zielen die Ausführungen der Anwältin,[48] die die Kanzlei vertritt, auf die Täuschung, die Maskerade, das «So-tun-als-ob», dessen sich Beckett schuldig gemacht habe.[49] Der zentrale Vorwurf, der gegen ihn erhoben wird, lautet:

---

nicht beschädigt wird». Im Konsens mit Mechar argumentiert sie, dass der Film «unter dem Deckmantel einer kritischen Distanznahme populäre Klischees» zementiere (Tischleder: Body Trouble, S. 162).

48   Dass eine Anwältin, assistiert von einem afroamerikanischen Kollegen, Wyant, Wheeler, Hellerman, Tetlow and Brown vertritt, wird als strategischer Schachzug der Kanzlei inszeniert, die vor Gericht ihre Political Correctness demonstriert.

49   Auch qua *Maskerade* wird Beckett effeminiert, spielen doch Maskerade-Konzepte eine prononcierte Rolle im – literarisch und philosophisch geführten – Geschlechterdiskurs. Schon bei Rousseau wie (sehr viel später) bei Nietzsche und Weininger, aber auch bei Simmel (um nur wenige zentrale Autoren zu nennen) ist nachzulesen, dass – so wird es besonders prägnant in Weiningers *Geschlecht und Charakter* von 1903 formuliert – *Weiblichkeit* und Maskerade sich aufeinander bezögen, insofern das Weib Lüge und Fälschung sei, ganz der Immanenz verfallen, ohne Bezug zur Wahrheit (vgl. Otto Weininger: *Geschlecht und Charakter. Eine prinzipielle Untersuchung*, Wien/Leipzig 1903). Entwickelt wird mithin ein Zuschreibungssystem, in dem «der Mann» für Eigentlichkeit, Wahrheit und Transzendenz, «die Frau» für Uneigentlichkeit, Lüge und Immanenz einsteht. Letztere «maskiere» sich im ganz literalen Sinne des Wortes

«It was Andrew Beckett who lied, going to great efforts to conceal his disease from his employers. [...] He was successful in his duplicity.» Dem Anwalt wird also sein erfolgreiches «passing» vorgeworfen. Dass Beckett solches gelungen ist, scheint die Kanzleikollegen vor allem zu erbosen, Aggressionen auszulösen.[50] Ihm wird vorgehalten, er, homosexuell und aidskrank,

> (durch Schminke, durch Mode, durch [Ver-]Kleidung); sie reduziere sich mithin auf eine «leere Hülle», setze auf bloßen Schein, auf Spiel und Koketterie. Die Gender Studies der 90er-Jahre rekurrierten auf dieses Konzept der Maskerade und machten es zu einem zentralen theoretischen Paradigma. Sie rekonstruierten sein genderspezifiziertes Zuschreibungssystem und stellten den anti-essenzialistischen Impetus der Maskerade-Konzeption heraus, die auf die Ebene der Repräsentation, auf den kulturellen Akt der Herstellung und Darstellung von Gender verweise, Geschlecht als Diskursprodukt profiliere. Der Rekurs auf die überkommene Maskerade-Konzeption wurde entscheidend befruchtet durch die Wiederentdeckung eines 1929 im *International Journal of Psychoanalysis* veröffentlichten Aufsatzes der englischen Psychoanalytikerin Joan Riviere, der den Titel trägt «Womanliness as a Masquerade». In diesem Text stellt Riviere eine ihrer Patientinnen vor, die, obgleich beruflich sehr erfolgreich und im Licht der Öffentlichkeit stehend, dem Zwang unterliegt, mit Männern flirten und kokettes Verhalten an den Tag legen zu müssen (als unbewussten Versuch, den Zorn der Männer zu besänftigen, die sie durch ihre «Phallizität», ihre Usurpation des Phallus, bedroht zu haben glaubte). Riviere folgert: «Weiblichkeit [die kokette, weibchenhaftes Verhalten inszenierende Strategie] war daher etwas, was sie vortäuschen und wie eine Maske tragen konnte, sowohl um den Besitz von Männlichkeit zu verbergen, als auch um der Vergeltung zu entgehen, die sie nach der Entdeckung erwartete. [...] Der Leser mag sich nun fragen, wie ich Weiblichkeit definiere und wo ich die Grenze zwischen echter Weiblichkeit und der ‹Maskerade› ziehe. Ich behaupte gar nicht, daß es diesen Unterschied gibt; ob natürlich oder aufgesetzt, eigentlich handelt es sich um dasselbe» (Joan Riviere: «Weiblichkeit als Maskerade» [1929], in: Liliane Weissberg [Hg.]: *Weiblichkeit als Maskerade*, Frankfurt am Main 1994, S. 34-47, hier S. 38f.). Riviere verabschiedet in ihrem Text, der Lacans Theorie des Phallus entscheidend befruchtete (wenn nicht vorwegnahm), sehr prononciert Zentralaxiome der Freud'schen Psychoanalyse, wie das von der Schicksalhaftigkeit der Anatomie, aber auch das vom «Rätsel Weiblichkeit»; sie sucht Weiblichkeit nicht hinter einer Maske oder Verhüllung, sondern findet sie in derselben. Damit entnaturalisiert und essenzialisiert sie die Position «Weiblichkeit», erklärt «Weiblichkeit» zu einer Performanz, in der die Positionen von «Natur» und «Spiel» ununterscheidbar geworden sind. Folgenreich war diese Ent-Essenzialisierung und Ent-Naturalisierung nicht nur für neue Definitionsversuche von Weiblichkeit, sondern für Definition von Gender generell. So entwickelt Judith Butler in *Gender Trouble* und *Bodies that Matter* eine strikt performative Theorie des Geschlechts, das nicht etwas sei, was man habe, sondern etwas, was man tue (vgl. Judith Butler: *Gender Trouble. Feminism and the Subversion of Identity*, New York 1990; dies.: *Bodies that Matter. On the Discursive Limits of ‹Sex›*, New York 1993). Butler argumentiert, dass Weiblichkeit und Männlichkeit Effekte von Inszenierung und Performanz seien, generiert würden durch Kleidung, Gesten und performative Akte. Marjorie Garber geht es in *Vested Interests* um eine spezifische Form der Maskerade, um Cross-Dressing, um Travestie/Transvestieren, das nach Garber konstitutiv für Kultur überhaupt ist, insofern Travestie (Maskerade, Cross-Dressing) jene prekären Prozesse der Symbolisierung, jene Bedeutungssetzungen, die das kulturelle Repräsentationssystem konstituieren, vestimentär in Szene setzt (vgl. Marjorie Garber: *Vested Interests. Cross-Dressing and Cultural Anxiety*, New York/London 1992).

50 Welches Ausmaß an Aggression Passing-Figuren auslösen können, wird besonders eindrücklich etwa in BOYS DON'T CRY (USA 1999, R: Kimberly Peirce) oder in DEVIL IN A BLUE DRESS (USA 1995, R: Carl Franklin) thematisiert.

habe erfolgreich prätendiert, er sei heterosexuell und gesund. Diese Figur des «passing», des «Durchgehens-als», die in den Cultural Studies der letzten Jahre sowohl in Bezug auf Gender, aber auch in Bezug auf Race diskutiert wurde,[51] verbindet das Melodrama PHILADELPHIA nun mit einem der «Muster-Melos» der 50er-Jahre, das in der filmwissenschaftlichen und filmtheoretischen Debatte um das Melodrama ausführlich besprochen wurde: Douglas Sirks IMITATION OF LIFE.[52] Eine Geschichte, die Sirks Film von 1959, neben anderen, erzählt, ist die des jungen Mädchens Mary Jane, die, obgleich Afroamerikanerin, so hellhäutig ist, dass sie als Weiße «durchgeht» («to pass for white»). Gegenüber Jon Halliday hat Sirk von der Romanvorlage, nach der er seinen Film drehte, behauptet:

> Das einzig Interessante ist der Handlungsstrang, der die Frage der Schwarzen berührt (*the Negro angle*): die junge schwarze Frau, die versucht, ihren realen Umständen zu entkommen, die bereit ist, ihre freundschaftlichen und familiären Zugehörigkeiten für gesellschaftliche Anerkennung zu opfern, und die versucht, in der auf Imitation ausgerichteten Welt des Vaudeville zu verschwinden. Die Imitation des Lebens ist nicht das reale Leben. [...] Die junge Frau (Susan Kohner) wählt eine Imitation des Lebens anstelle ihrer schwarzen Identität. Der Film ist ein Stück Sozialkritik. Du kannst vor dem, was du bist, nicht fliehen. [...] Ich wollte daraus einen Film über gesellschaftliches Bewußtsein machen – nicht nur über ein weißes Bewußtsein, sondern auch über ein schwarzes. Sowohl die Weißen als auch die Schwarzen leben imitierte Leben.[53]

Zwar ist auch hier der Regisseur nicht der beste Interpret seines Œuvres. Sirks IMITATION OF LIFE führt präzise das vor, was Sirk leugnet, dass «racial identities» performativ verfasst sind, dass man durchaus vor dem, was man vorgeblich «ist», fliehen kann; dass die Trennlinie zwischen dem Leben und dessen «Imitation» sich als eine präsentiert, die gerade nicht gezogen werden kann. In unserem Zusammenhang wichtig bleibt aber, dass Sirk die Konfiguration des «passing» als energetisches Zentrum des Filmes fokussiert. Die Maskierung der Protagonistin als «Weiße» wird in IMITATION OF LIFE nicht als souveränes Spiel mit gesellschaftlichen Vorgaben gewertet, sondern als Regelverstoß gegen gesellschaftliche Grenzziehungen stigmatisiert, der geahndet, der bestraft werden muss. Das Passing-Sujet,

---

51 Vgl. dazu etwa Judith Butler: «Gender Is Burning. Questions of Appropriation and Subversion», in: dies.: Bodies that Matter, S. 121-140.
52 Sirks IMITATION OF LIFE (USA 1959; das Remake des gleichnamigen Filmes von John M. Stahl aus dem Jahr 1934) verhandelt verschiedene Passing-Konfigurationen; das Sujet ist nicht auf Mary Jane – und ihr «Durchgehen als Weiße» – beschränkt.
53 Zitiert nach Elisabeth Bronfen: *Heimweh. Illusionsspiele in Hollywood*, Berlin 1999, S. 298.

das Sirks Film zentriert, macht IMITATION OF LIFE also nicht zufällig zu einem in der Forschung viel diskutierten *paradigmatischen* Melodrama – dem Genre, für das (wie für den Gerichtsfilm auch) das Moment der Überschreitung, der Verstoß gegen gesellschaftliche Ordnung und symbolische Repräsentationssysteme konstitutiv ist. PHILADELPHIA schließt an diese Transgressionskonzeption des «Melo-Klassikers» an, verschiebt die Figur des «Durchgehens-als» aber vom Feld Race auf das Feld Homosexualität. Auch in Demmes Film allerdings ist die Frage nach der sexuellen Orientierung – subtil und weniger subtil – mit der Race-Problematik verknüpft. Ist es doch ein schwarzer Anwalt, der sich als einziger bereit erklärt, den «manichäischen» (und deshalb so melodramatischen)[54] Kampf für den (von der «bösen» Kanzlei diskriminierten) «guten» Andrew Beckett zu führen.

Historisch perspektiviert PHILADELPHIA Becketts Prozess als Fortführung der Civil-Rights-Bewegung (der African Americans). Miller entscheidet sich, den Fall des zu Unrecht Entlassenen zu übernehmen, als er in der Bibliothek einer Episode beiwohnt, in der ein Angestellter Beckett, der inzwischen schwer von der Krankheit gezeichnet ist, in ein Separée abschieben will. Gemeinsam lesen beide eine juristische Passage:

> *Miller:* «The Federal Vocational Rehabilitation Act of 1973 prohibits discrimination against otherwise qualified handicapped persons who are able to perform the duties required by their employment. Although the ruling did not address the specific issue of HIV and AIDS discrimination ...» *Beckett:* «... subsequent decisions have held that AIDS is protected as a handicap under law, not only because of the physical limitations it imposes, but because the prejudice surrounding AIDS exacts a social death which precedes ... which precedes the actual, physical one.» *Miller:* «This is the essence of discrimination: formulating opinions about others not based on their individual merits but, rather, on their membership in a group with assumed characteristics.»

Andrews Mutter bezieht den Kampf ihres Sohnes auf die schwarze Bürgerrechtsbewegung:[55] «I didn't raise my kids to sit in the back of the bus», for-

---

54 So verweist beispielsweise Peter Brooks immer wieder auf die Vorgeschichte des Film-Melodramas: das Bühnen-Melodrama, für das ein manichäischer Kampf zwischen gut und böse kennzeichnend sei: «Ohne nun allzusehr auf die Charakteristika des Bühnen-Melodrams einzugehen, läßt sich dennoch sagen, daß wir es dort mit einem intensiven emotionalen und ethischen Drama zu tun haben, das auf dem manichäischen Kampf zwischen gut und böse basiert» (Peter Brooks: «Die melodramatische Imagination»S, in: Cargnelli/Palm: Und immer wieder geht die Sonne auf, S. 35-63, hier S. 49f.).
55 Äußerst kritisch reagierten afroamerikanische Stimmen auf die Gleichsetzung des Bürgerrechtskampfes der African Americans mit Andrew Becketts «Musterprozess».

muliert sie, und analogisiert damit den Anti-Diskriminierungskampf ihres Sohnes und den Montgomery Bus Boycott von 1955.[56] Andrew selbst scheint durch seine Krankheit zunehmend «ethnisch» markiert zu werden: um die Kaposi-Male zu verstecken, nimmt er Zuflucht zu dunkel grundierendem Make-up. «You don't think this color is just a little too orange for me?» fragt Andrew die Freundin, die ihm beim Schminken hilft. Die kommentiert nur: «It's Tahitian Bronze and it works best on these lesions».[57] Diese kosmetische Expertise ist deshalb von Interesse, weil in ihr Race und Homosexualität in Bezug gesetzt werden: Der Homosexuelle wird präsentiert als «racially marked». Als Miller Beckett in der juristischen Bibliothek trifft, trägt der Kranke eine bunte, afrikanisch anmutende Kopfbedeckung. Aids markiert den «weißen» Körper Becketts mithin auch in einem Sinne, der – darauf verweist auch Bärbel Tischleder – als «en-racing» beschrieben werden kann.[58] Eine Reihe von diskursanalytischen Untersuchungen haben herausgearbeitet, wie sehr der US-amerikanische (und der europäische) Diskurs über Aids die Krankheit verbindet mit «‹Africa› as an undifferential domain of rot, slime, filth, decay, disease, and naked ‹animal› blackness».[59] Beckett wird durch die Krankheit «afrikanisiert», wie er durch die Krankheit effeminiert wird.[60] Aids erscheint als Plage, die «Blackness», Homosexualität, auch Weiblichkeit,[61] koppelt und kurzschließt. Die Kategorien werden von PHILADELPHIA aber nicht übereinandergeblendet, son-

56   Auslöser des für die amerikanische Bürgerrechtsbewegung so zentralen Montgomery Bus Boycotts von 1955 war bekanntlich Rosa Parks Weigerung, einem weißen Mann ihren Sitzplatz in einem der (segregierten) Stadtbusse zu überlassen.
57   Später im Büro spricht Seidman Beckett auf die Hauttönung an: *Seidman*: «What's wrong with your face?» *Beckett*: «What's wrong with my face? You want to know what's wrong with my face? I've got a skin condition. Next question, Bob?»
58   Konstitutiv für das hier beschriebene «en-racing» ist – darauf muss mit Nachdruck hingewiesen werden –, dass «weiß» eben nicht als «racially marked» wahrgenommen wird.
59   Simon Watney: «Missionary Positions. AIDS, ‹Africa› and Race», in: Russel Ferguson (Hg.): *Out There. Marginalization and Contemporary Cultures*, Cambridge 1990, S. 89-103, hier S. 95.
60   Als effeminiert erscheint Beckett z.B. deshalb, weil ihn die Krankheit zwingt, sich zu schminken, Make-up aufzulegen (als sei er eine Frau). In die Nähe von Ms. Burtin, einer African American, die in der Kanzlei arbeitet (und die stolz auf ihren «ethnischen» Ohrschmuck ist), wird Beckett durch die «ethnisch markierte» Kopfbedeckung, die er in der juristischen Bibliothek trägt. Überdies wird der Anwalt im Laufe seiner Krankheit auf freudianisch anmutende Weise kastriert, mithin effeminiert: Er verliert – wie bereits erwähnt – auf einem Auge seine Sehfähigkeit.
61   Das Homosexualität und Weiblichkeit aufeinander bezogen sind, ist nicht erst seit Weiningers *Geschlecht und Charakter* von 1903 ein kultureller Topos. Als ein solcher kann auch die Verkoppelung von Weiblichkeit und Krankheit gelten. Aufschlussreich ist jedenfalls, dass PHILADELPHIA neben homosexuellen Aidserkrankten auch eine heterosexuelle Aidskranke einführt. Heterosexuelle Männer dagegen verschont PHILADELPHIA mit dem Aidsvirus.

dern sind über Austauschbewegungen miteinander verbunden. Andrew mutiert im Laufe des Films zum eigentlichen Schwarzen, ethnisch markiert und diskriminiert; Joe Miller, sein afroamerikanischer Anwalt, rückt in die Position dessen, der für (das «weiß» konnotierte) Mainstream-Amerika steht.[62] Wichtig scheinen PHILADELPHIA, was die Repräsentation dieses Mainstream-Amerikas angeht, vor allem die «family values» zu sein – jene Werte, um deren Negotiationen es im Melodrama so prononciert geht:[63] Joe Miller wird uns als glücklich verheiratet präsentiert; er bewohnt mit seiner Frau und seiner kleinen Tochter ein gepflegtes Einfamilienhaus. Und dass Andrew Beckett, der homosexuelle Außenseiter, Anspruch auf unsere Sympathie und unser Mitleid hat, macht ein Blick auf seine große Herkunftsfamilie deutlich, die ihn unterstützt und liebt, so dass wir versichert sein können, dass «the thing» (so referiert Andrews Vater auf die Homosexualität seines Sohnes) tolerierbar erscheint, jedenfalls dann, wenn es klar als marginales Randphänomen eines glücklichen, hoffnungsfrohen Familienzusammenhangs, in dem Andrews Schwestern und Schwägerinnen abwechselnd schwanger sind und Babys zur Welt bringen, definiert ist.[64] In diesen (heterosexuellen) Bereich der «family values» wird der Tote zurückgeholt: *Elegie for Andrew.* Die letzten Einstellungen des Films zeigen, wie sich Andrews Familie und seine Freunde treffen, um des Toten zu gedenken. Kerzen sind aufgestellt – und es laufen alte Amateur-Urlaubsvideos, die das Kind Andrew, den Zwei-, den Dreijährigen, am Strand spielend zeigen, im Kreise seiner Familie. Zumindest als mediale Inszenierung ist damit der Tote, dessen gedacht wird, in den Schoß der Familie zurückgeholt – in einen Bereich, der nicht kontaminiert scheint durch Aids, Homosexualität, «perverse» sexuelle Praktiken; inszeniert wird hier jener «space of innocence», von dem – so Peter Brooks – das Melodrama seinen Ausgang nimmt und auf den sein Ende abzielt.[65]

---

62 Der «all-American boy» Joe Miller ist deutlich als Identifikationsfigur für das Publikum angelegt: Wie wir alle, hat er Angst vor Aids – und wir lernen mit ihm, unsere Vorurteile abzulegen.
63 Vgl. dazu z.B. Cargnelli: Sirk, Freud, Marx und die Frauen, S. 20f.
64 Versuchte man eine «familienorientierte» Lektüre von PHILADELPHIA, wären Andrews «idealer» Herkunftsfamilie weitere Familien gegenüberzustellen: Andrews schwuler Freundeskreis, der auch als Quasi-Familie figuriert, aber auch die «Kanzleifamilie» (so wird die Kanzlei von Charles Wheeler charakterisiert: «More as only a friend. Family»). Die Kanzleibosse erscheinen gelegentlich mafiös inszeniert (und bekannterweise versteht sich ja die Mafia auch als «Familie»). Insgesamt gibt es jedenfalls viele, vielleicht exzessiv viele (um einen zentralen Terminus der Melodrama-Theorie noch einmal aufzugreifen) Familienangebote für Andrew.
65 «Melodrama begins, and wants to end, in a ‹space of innocence›» (Peter Brooks: *The Melodramatic Imagination* [1976], New Halen 1995, S. 29).

Gereon Blaseio

HEAVEN AND EARTH. Vietnamfilm zwischen Male Melodrama und Women's Film

Indem sich Oliver Stone nach den Kontroversen um sein Politdrama JFK[1] der Auftragsarbeit HEAVEN AND EARTH[2] zuwandte, zog er sich auf vermeintlich sicheres Terrain zurück, hatte er doch bereits zuvor zwei kommerziell erfolgreiche Spielfilme über den Vietnamkrieg und seine Auswirkungen auf die US-amerikanische Gesellschaft gedreht.[3] Sowohl für den vierfachen Oscargewinner PLATOON[4] als auch für BORN ON THE 4TH OF JULY[5] erhielt Stone den Academy Award für die beste Regie. Diese beiden auch kommerziell erfolgreichen Vietnamfilme bemühten sich in der Auffassung vieler Kritiker um eine realistische Darstellung des Krieges: «[W]ith portrayals of American brutality, the horror of the actual fighting, the racism suffered by black Americans from their own compatriots.»[6] Entsprechend hoch waren die Erwartungen seitens der Filmkritiker und -kritikerinnen und der Industrie, die an Stones drittem Vietnamfilm bei seiner Uraufführung 1993 gestellt wurden: Das Marketing versprach in Trailern, TV-Spots und Plakaten die «Vollendung seiner außergewöhnlichen Vietnamtrilogie».[7] Statt einer «Vollendung» geriet die Veröffentlichung jedoch zum Fiasko, die meisten US-amerikanischen Kritiker äußerten sich vernichtend:

Für Anregungen und Kritik zu diesem Beitrag bedanke ich mich bei Claudia Liebrand.

1   JFK, dt. Titel: JFK – TATORT DALLAS, USA 1991, R: Oliver Stone.
2   HEAVEN AND EARTH, dt. Titel: ZWISCHEN HIMMEL UND HÖLLE, USA 1993; Regie: Oliver Stone; Drehbuch: Oliver Stone, nach den Autobiographien *When Heaven and Earth Changed Places* von Le Ly Hayslip und Jay Wurts sowie *Child of War, Woman of Peace* von Le Ly und James Hayslip; DarstellerInnen: Hiep Thi Le, Tommy Lee Jones, Haing S. Ngor, Joan Chen, Dustin Nguyen, Debbie Reynolds, Vivian Wu, Michael Paul Chan; Kamera: Robert Richardson; Schnitt: David Brenner, Sally Menke; Musik: Kitaro; Kostüme: Ha Nguyen; Warner Bros., New Regency Pictures, Le Studio Canal+ et al.
3   Darüber hinaus handelte bereits Stones studentischer Abschluss-Kurzfilm LAST YEAR IN VIET NAM (USA 1971) von einem traumatisierten Vietnamveteranen, der von ihm selbst dargestellt wurde.
4   PLATOON, USA 1986, R: Oliver Stone.
5   BORN ON THE 4TH OF JULY, dt. Titel: GEBOREN AM 4. JULI, USA 1989, R: Oliver Stone.
6   Susan Hayward: *Key Concepts in Cinema Studies*, London/New York 1996, S. 411.
7   Auszug aus dem deutschen DVD-Cover. Laut Stones Audiokommentar auf der DVD-Veröffentlichung von HEAVEN AND EARTH sind die Filme keineswegs als Trilogie konzipiert worden: «I wanted to make it as a third in a series of films about Vietnam. It was built, perhaps wrongly, in the marketing as a trilogy, because it wasn't a trilogy. A trilogy is three stories that are the same; however, these stories vary. Each one is different.»

If anything, as many film critics pointed out (usually while trashing the film), Stone deserves some credit for his willingness to turn his iconoclastic eye on his own body of work, for so boldly working against type, for trying to speak to a different audience. And yet, by both critical and box-office standards, he failed miserably.[8]

Selbst den Anhängern des Regisseurs ist der Film bis heute suspekt: Auf einer Website, die Oliver Stone gewidmet ist, wurde er zum «least liked of all of Stone's movies» gewählt.[9] Für das Genre des Vietnamfilms hatte der Misserfolg von HEAVEN AND EARTH schwer wiegende Auswirkungen: Nach 1993 wurde der dem Genre den Namen gebende Vietnamkrieg nur noch in einzelnen Handlungsepisoden episch angelegter Filme (unter anderem in FORREST GUMP[10] und DEAD PRESIDENTS[11]) dargestellt.[12] Es sollte neun Jahre dauern, bis sich wieder ein großes Hollywoodstudio an der Finanzierung eines Vietnamfilms (WE WERE SOLDIERS[13]) beteiligte.[14]

Dass HEAVEN AND EARTH zum bislang größten kommerziellen Misserfolg in der Karriere seines Regisseurs wurde, hat wohl auch mit dem «genre trouble» (und dem «gender trouble») zu tun, den das Publikum und die Kritik nicht goutierten. Beide fanden die durch das im Mar-

8 Anonym: «Oliver Stone's Vietnam. Witnessing War/Writing History», unter: http://www.wm.edu/CAS/ASP/faculty/Lowry/Amst2000/projects%202000/Stone/public_html/index.html (letzte Abfrage 01.05.2003). Von 33 Millionen US-Dollar Kosten spielte der Film ca. 6 Millionen wieder ein, also nur 18%. Um erfolgreich zu sein, muss ein Film aber an den amerikanischen Kinokassen mindestens das Doppelte seiner Kosten wieder einholen. Zum Vergleich: Der mit großem Kritikerlob gestartete, an den Kassen aber wenig erfolgreiche NIXON (USA 1995, R: Oliver Stone) spielte bei Kosten von 50 Millionen immerhin noch 14 Millionen US-Dollar ein, also ca. 30% seines Budgets; ähnliches gilt auch für den ebenfalls als Flop gewerteten U-TURN (USA 1997, R: Oliver Stone).
9 Vgl. Craig Andrews: «HEAVEN AND EARTH (1993)», in: Jason O'Brien: Oliver Stone. Hollywood's Most Exciting and Controversial Film Director [Website], unter: http://www.oscarworld.net/ostone/default.asp?PageId=16 (letzte Abfrage 01.05.2003).
10 FORREST GUMP, USA 1994, R: Robert Zemeckis.
11 DEAD PRESIDENTS, USA 1995, R: Allen Hughes/Albert Hughes.
12 In der Disney-Produktion OPERATION DUMBO DROP (dt. Titel: OPERATION DUMBO, USA 1995, R: Simon Wincer) wurde versucht, das Setting des Vietnamkriegs als Rahmen für eine Komödie zu verwenden: Der Film handelt von dem Transport eines Elefanten durch den vietnamesischen Dschungel; der titelgebende Schlussgag besteht in einem Fallschirmabsprung des Elefanten.
13 WE WERE SOLDIERS, dt. Titel: WIR WAREN HELDEN, USA 2002, R: Randall Wallace. Der Film kam in Deutschland nur in einer um 12 Minuten gekürzten Fassung in die Kinos.
14 Auch unter den unabhängig produzierten Filmen gab es erst 1998 mit den HBO-Fernsehproduktionen WHEN TRUMPETS FADE (dt. Titel: THE SOUND OF WAR – WENN HELDEN STERBEN, USA 1998, R: John Irvin) sowie A BRIGHT SHINING LIE (dt. Titel: DIE HÖLLE VIETNAMS, USA 1998, R: Terry George) und 1999 mit dem unabhängig finanzierten TIGERLAND (USA 1999, R: Joel Schumacher) wieder Beiträge zum Genre.

keting evozierte Genre Vietnamfilm geweckten Erwartungen nicht erfüllt:

> The premise just seems a little contrived: Oliver Stone, the film-maker everyone loves to hate, burned in effigy at one time or another by both Asian-American groups and women's groups, all of a sudden taking up the cause of an Asian-American woman? And as the third chapter in his hyper-masculine Vietnam trilogy? A thick irony, indeed.[15]

Konstatiert wurde, dass gerade im Einsetzen einer weiblichen Protagonistin das Dilemma des Films bestehe; HEAVEN AND EARTH habe sich zu weit von den Konventionen der bisherigen Vietnamfilme entfernt, die Stone selbst mit PLATOON und BORN ON THE 4TH OF JULY noch perpetuierte und ausgestaltete. HEAVEN AND EARTH spreche Themen an (und eigne sich Perspektiven an), die nicht zum Repertoire des Vietnamfilms gehörten: Der Film erzähle von Liebe, Leid und Mutterschaft einer Frau. Dadurch aber – und damit ist der «genre trouble» markiert, mit dem sich Zuschauer und Zuschauerinnen des Films, die einen «männlichen» Kriegsfilm erwarteten, auseinander zu setzen hatten – positioniert sich HEAVEN AND EARTH als Subgenre des Melodramas, als Women's Film, als «a movie that places at the center of its universe a female who is trying to deal with emotional, social, and psychological problems that are specifically connected to the fact that she is a woman».[16] Mit den Anleihen, die HEAVEN AND EARTH beim Women's Film macht, bindet sich der Film an Genre-Vorgaben des «klassischen» (Female) Melodramas – und verschiebt, darauf wird einzugehen sein, damit Genre-Vorgaben des so genannten Male Melodramas. Dessen Genre-Konventionen und -Muster bestimmen nahezu alle Vietnamfilme, und auch HEAVEN AND EARTH operiert mit ihnen. Stones Film fokussiert aber gerade die «Austauschbeziehungen» zwischen Male Melodrama und Women's Film als Subgenre des klassischen Melodramas. Von HEAVEN AND EARTH ausgelotet werden – so lautet die im Folgenden ausgeführte These – die Interdependenzen zwischen beiden Melodrama-Ausformungen: Die für den Vietnamfilm spezifischen Inszenierungsformen von Männlichkeit, die die Genre-Muster des Male Melodrama vorgeben, werden in HEAVEN AND EARTH von den Genre-Konventionen des Women's Film überblendet.

---

15 Anonym: Oliver Stone's Vietnam.
16 Jeanine Basinger: *A Woman's View. How Hollywood Spoke to Women, 1930-1960*, New York 1993, S. 20.

Das Genre «Vietnamfilm»

Bereits vor und während der amerikanischen Beteiligung am Vietnam-Konflikt entstanden zwischen 1947 und 1968 zeittypische Kriegsfilme, in denen Vietnam (allerdings weitgehend austauschbarer) Handlungsort war.[17] 1968, als dem Krieg in der Öffentlichkeit schon harsche Kritik entgegenschlug, rechtfertigte John Waynes THE GREEN BERETS[18] glorifizierend den amerikanischen Einsatz in Vietnam. Waynes Film blieb eine – wenn auch markante – Ausnahme: Im Unterschied zum Zweiten Weltkrieg verzichtete Hollywood auf die Produktion propagandistischer Durchhaltefilme während des Vietnamkriegs. Stattdessen wurde ab Ende der 60er-Jahre eine Reihe von unabhängigen B-Movies produziert, die in grellen Farben gezeichnete, psychopathische Vietnamveteranen zu Antagonisten in der Handlung machten. Erst drei Jahre nachdem die letzten amerikanischen Truppen Saigon verlassen hatten, begann Hollywood mit der Produktion von Filmen, die sich häufig ebenfalls, wenn auch psychologisch differenzierter, mit dem Problem der heimkehrenden, traumatisierten Kriegsveteranen auseinander setzten; zu den bei Kritikern und Publikum erfolgreichsten gehörten THE DEER HUNTER[19], COMING HOME[20] und APOCALYPSE NOW![21]. Dass die großen Hollywoodstudios den Vietnamkrieg lange nicht für ein umsetzbares Thema hielten, zeigt sich beispielhaft in der nahezu zehn Jahre umfassenden Produktionsgeschichte des Filmprojekts FIRST BLOOD[22]: Der 1972 erschienene Bestseller von David Morrell sollte direkt nach Erscheinen mit Steve McQueen in der Hauptrolle des (im Deutschen titelgebenden) John Rambo verfilmt werden. Das Projekt wurde jedoch trotz dieser bereits festgelegten Besetzung mit einem der größten zeitgenössischen Stars von Studio zu Studio weitergereicht und verblieb im «turnaround», bis es 1981 mit Sylvester Stallone als Rambo realisiert wurde.

Der Krieg selbst wird in diesen Filmen häufig gerade durch Auslassung des Ortes «Vietnam» und durch Versetzung der Problematik in die USA thematisiert. So verlegt FIRST BLOOD, der sich mit den Auswirkun-

---

17 Einer der wenigen Filme, die die Rahmenbedingungen des Konflikts bereits in dieser Zeit genauer konturieren, ist Samuel Fullers CHINA GATE (dt. Titel: CHINA-LEGIONÄR, USA 1957, R: Samuel Fuller).
18 THE GREEN BERETS, dt. Titel: DIE GRÜNEN TEUFEL, USA 1968, R: John Wayne/Ray Kellogg.
19 THE DEER HUNTER, dt. Titel: DIE DURCH DIE HÖLLE GEHEN, USA 1978, R: Michael Cimino.
20 COMING HOME, dt. Titel: COMING HOME – SIE KEHREN HEIM, USA 1978, R: Hal Ashby.
21 APOCALYPSE NOW!, USA 1979, R: Francis Ford Coppola.
22 FIRST BLOOD, dt. Titel: RAMBO, USA 1981, R: Ted Kotcheff.

gen des verlorenen Krieges[23] auf die amerikanische Gesellschaft auseinander setzt, «Vietnam» in die Wälder Nordamerikas und reinszeniert den Vietnamkrieg auf heimischem Territorium. In den Filmen, in denen Vietnam selbst Handlungsort ist, wird es als Locus terribilis inszeniert: Obwohl das Land zum größten Teil aus kultivierten Reisfeldern und nur zu einem geringen Teil aus Dschungel besteht, zeigen die meisten (auf den Philippinen, in Mexiko oder Indonesien) gedrehten Filme Bilder einer «grünen Hölle», der die Soldaten ausgeliefert sind.

«Boomte» das Genre in den 70ern und 80ern, waren die 90er für den Vietnamfilm ein eher schwieriges Jahrzehnt. Wie bereits ausgeführt, floppte mit HEAVEN AND EARTH eine der aufwändigen, von einem Regie-Star in Szene gesetzten Produktionen – ein Misserfolg, der zum vorläufigen Produktionsstopp von Vietnamfilmen in Hollywood führte.[24]

Vietnamfilm als Male Melodrama

Die umfangreiche filmische Aufarbeitung des Vietnamkriegs, auszugehen ist von etwa 400 Vietnamfilmen[25], ist auf breites Interesse in den angloamerikanischen Film Studies gestoßen:[26] Von der Forschung fokussiert wird dabei unter anderem, wie der kriegerische Konflikt in individualisierte Erlebnisberichte umgeschrieben wird und wie die Filme versuchen, eine Geschichte von Trauma und Heilung ihrer soldatischen Protagonisten zu erzählen. Vor allem das «myth-making» der Filme ist vor diesem Hintergrund untersucht worden:[27] Zu den

---

23 «It is a commonplace of discussions of the Vietnam War that it brought the United States its first military defeat (the Korean War is seen in such analyses as a standout)» (Susan Jeffords: Hard Bodies. Hollywood Masculinity in the Reagan Era, New Brunswick 1994, S. 87).

24 Ebenfalls eine Rolle gespielt haben dürfte der kommerzielle Misserfolg der Vietnamfilme HAMBURGER HILL (USA 1987, R: John Irvin) und CASUALTIES OF WAR (dt. Titel: DIE VERDAMMTEN DES KRIEGES, USA 1989, R: Brian de Palma), deren Einspielergebnisse weit unter den Erwartungen blieben.

25 Diese Anzahl umfasst auch europäische Filme wie LOIN DE VIETNAM (dt. Titel: FERN VON VIETNAM, F 1967, R: Jean-Luc Godard/Joris Ivens u.a.) und O.K. (D 1970, R: Michael Verhoeven) sowie italienische Direct-to-Video-Produktionen, nicht jedoch die asiatische (auch vietnamesische) Filmproduktion. So ist der Vietnamkrieg auch im Kino Hongkongs, wo viele Flüchtlinge leben, thematisiert worden (z.B. YINGHUNG BUNSIK III [dt. Titel: CITY WOLF 3 – HEXENKESSEL SAIGON, HK 1989, R: Tsui Hark], DIE XUE JIE TOU [dt. Titel: BULLET IN THE HEAD, HK 1990, R: John Woo]); zu vietnamesischen Filmen über den Vietnamkrieg vgl. http://www.epd.de/film/2001/4vietnam.htm (letzte Abfrage 01.05.2003).

26 Die Website des Media Ressources Centre der UC Berkeley führt mehr als 120 Monographien und Artikel zum Vietnamfilm auf (vgl. http://www.lib.berkeley.edu/MRC/VietnamBib.html [letzte Abfrage 01.05.2003]).

erfolgreichsten Vietnamfilmen gehören jene Filme, in denen amerikanische Soldaten beziehungsweise Söldner den Vietnamkrieg gewissermaßen stellvertretend noch einmal kämpfen und zu Gunsten der Amerikaner entscheiden. Dabei wird vor allem der kollektive Mythos der amerikanischen Kriegsgefangenen in Vietnam ausgespielt (in Dschungelcamps, so wurde gemutmaßt, würden viele Jahre nach dem Krieg noch amerikanische Soldaten festgehalten); die meisten dieser Filme erzählen von gefangen gehaltenen US-Soldaten, die «nach Hause» geholt werden müssen. Gerade dieser mit UNCOMMON VALOR[28] eingeführte Plot, der unzählige Male in für den aufkommenden Videomarkt produzierten Vietnamfilmen repetiert worden ist, fand den größten Anklang beim Publikum (wenn auch nicht bei der Kritik).[29]

Wegen der Thematisierung von «Männer-Schicksalen» ist der Vietnamfilm bislang hauptsächlich mit Fokus auf die Repräsentation von Männlichkeit in den Blick genommen worden. Diese Konzentration auf männliche Protagonisten ergibt sich auch aus Konventionen des Kriegsfilmgenres, die der Vietnamfilm verarbeitet: Kriegsfilme etablieren Männlichkeitsinszenierungen, die auf agonale Auseinandersetzung, auf Kampf bezogen sind. Vorgeführt wird ein «performing masculinity», das auf die Auslöschung von Gegnern zielt. Dieses «Projekt Männlichkeit» ist erst dann zum Abschluss gebracht, die Initiation zum «Mann» vollzogen, wenn der «Feind» besiegt ist.[30] Vietnamfilme, deren Protagonisten häufig an der Kriegs*hölle* zerbrechen, verwundet oder getötet werden, sind invers auf dieses Muster bezogen. Und je traumatisierter und versehrter die Kriegshelden in den filmischen Produktionen «nach Hause» kommen, desto präziser

27 «At issue is partly the nation's embattled assessment of the ideals of patriotism, heroism, and sacrifice (all invoked in the name of freedom and democracy) as against a material reality deeply implicated in racism, masculinism, imperialism, and class oppression» (Linda Dittmar/Gene Michaud: «America's Vietnam War Films. Marching Toward Denial», in: dies. [Hg.]: *From Hanoi to Hollywood. The Vietnam War in American Film*, New Brunswick/London 1990, S. 1-16, hier S. 1).
28 UNCOMMON VALOR, dt. Titel: DIE VERWEGENEN SIEBEN, USA 1983, R: Ted Kotcheff.
29 So war der in der Handlung mit UNCOMMON VALOR nahezu identische RAMBO: FIRST BLOOD PART II (dt. Titel: RAMBO II, USA 1985, R: George Pan Cosmatos) einer der erfolgreichsten Filmen der 80er-Jahre, löste zugleich aber heftige Kontroversen aus; in Großbritannien gab es sogar Bestrebungen, den Film zu verbieten.
30 In ihrer Analyse des Films PLATOON fasst Maria Skibinski diese Strategie wie folgt zusammen: «In this way, the ideological movement [...] is to naturalise war as an aspect of masculinity, and hence to characterise the Vietnam war as simply part of an eternal conflict of men with themselves (or their identities), a conflict resolvable only through war. When war is seen as necessary to the formation of a masculine identity, therefore, the justice or injustice of any conflict in particular is sublimated to an intensely personal goal of self-fulfilment» (Maria Skibinski: «Narrative and Culture. Ideology and Platoon», unter: http://www.newcastle.edu.au/department/so/skibinsk.htm [letzte Abfrage 01.05.2003]).

wird das konturiert, was diesen Protagonisten fehlt: intakte, «unversehrte» Männlichkeit. Susan Jeffords beschreibt in ihrer 1989 erschienenen Studie[31] das gesamte Genre des Vietnamfilms als Projekt einer *Remasculinization of America*. «[Gender] is what Vietnam narrative is ‹about›. Gender is the matrix through which Vietnam is read, interpreted, and reframed in dominant American culture.»[32] Durch Enthistorisierung und Individualisierung des Krieges leisten die Filme – so Jeffords – nicht nur eine Aufarbeitung des Vietnamtraumas, sondern sie re-etablieren auch die durch dieses Trauma in Mitleidenschaft gezogenen Männlichkeitskonstruktionen.

Verhandelt werden von der Forschung neben den Gender-Konstruktionen der Vietnamfilme auch ihre Genre-Konstruktionen. So ist (ein Argument, das gegen die gelegentlich attestierte Unabhängigkeit des Vietnamgenres[33] ins Feld geführt wurde) häufig konstatiert worden, dass Vietnamfilme Muster sowohl des Kriegsfilms[34] als auch des Melodramas[35] aufgreifen. Jacqueline Joyce koppelt die Genre-Frage unmittelbar an die Frage nach den Inszenierungsformen von Männlichkeit: «Can [popular vietnam films] be considered as classic Hollywood combat narratives (which focus on the soldier as a member of the fighting machine) or as classic drama narratives (which feature the soldier as a man with individual emotions and needs)?»[36] Joyce selbst fokussiert diese Genre-Bezüge als «Rebirth of the Male Melodrama»[37]: «[Male melodrama] typifies how the resentment of the male victim is taken out on the female image (in this case, the mother) and that she is subversively blamed for the failure of the US intervention in Viet-

---

31 Susan Jeffords: *The Remasculinization of America. Gender and the Vietnam War*, Bloomington 1989.
32 Ebd., S. 53.
33 Vgl. David Everett Whillock: «Defining the Fictive American Vietnam War Film. In Search of a Genre», in: *Literature/Film Quarterly* 16/4 (1988), S. 244-250.
34 «That films about the Vietnam war are embedded in the American film industry's narrative and documentary representations of other wars further complicates their address and reception» (Dittmar/Michaud: America's Vietnam War Films, S. 3f.).
35 Steve Neale bemerkt, dass beide Genres strukturelle Ähnlichkeiten aufweisen: «[M]elodrama and the war film are genres that often seek to blur the distinction between the cultural and the generic, and they are often particularly marked by the tensions between the different regimes» (Steve Neale: *Genre and Hollywood*, London/New York 2000, S. 161f.).
36 Jacqueline Joyce: «Rebirth of the Male Melodrama», unter: http://pages.emerson.edu/organizations/fas/latent_image/issues/1991-09/print_version/july.htm (letzte Abfrage 01.05.2003).
37 Der von Joyce und anderen gegebene Hinweis, dass es auch ein männlich bestimmtes Melodrama gebe, kritisiert die Gleichsetzung des Melodramas mit dem Women's Film, die in der Forschung lange vorherrschend war. Der Begriff des Male Melodrama bezeichnet jene dem Melodrama zugehörigen Filme, die sich mit Fragen männlicher Identität und der Inszenierung von Männlichkeit auseinander setzen. Im Vietnamfilm bedeutet dies eine Konzentration auf die Leiden der männlichen amerikanischen Soldaten.

nam.»[38] Michael Selig zufolge sind Vietnamfilme damit beschäftigt, narrativ und visuell ein männliches Subjekt zu rekonstituieren, während zugleich weiblichen Figuren die Schuld an der Traumatisierung zugeschoben wird.[39] Die Kriegserfahrungen der Protagonisten werden dabei als Selbsterfahrungen und Initiationsriten dargestellt:

> Experience of the war is couched in terms of individual voyages of self discovery [...], rites of passage where the naive boy soldier comes to manhood and subjectivity through violence and his experience of war [...] or personalised morality plays where the soldier/subject's judgments and actions rise above the horrors of war and, more particularly, the corruption and atrocity of this particular war by symbolically destroying («fragging») the implied source of that corruption, the sergeant/officer/father/government.[40]

Dabei erscheint der Protagonist des Male Melodrama als männlicher Hysteriker.[41] Das von Tania Modleski in anderem Zusammenhang vorgeschlagene Konzept der «male hysteria»[42] ist unter anderem von Yvonne Tasker[43] aufgegriffen worden, um die (hypervirile) Performanz männlicher Protagonisten zu beschreiben, die der Gefahr der Effeminierung und/oder des Verdachts der Homosexualität entgehen wollen (und gerade deshalb auf diese «Bedrohungen» verweisen). Taskers Konzept lässt sich generalisieren und auf virile Performanz überhaupt beziehen: In dieser Perspektive ist «männliche Hysterie» als allgemeines Merkmal (nicht nur) filmischer Männlichkeitsinszenierungen aufzufassen.

---

38 Joyce: Rebirth of the Male Melodrama, S. 1; sie rekurriert dabei auf Überlegungen von Susan Jeffords.
39 Vgl. Michael Selig: «Genre, Gender, and the Discourse of War. The A/Historical and Vietnam Films», in: *Screen* 34/1 (1993), S. 1-18, hier S. 3.
40 Greg Pike: «Narrative and Culture. The Impossibility of Dissent or the Ideological Utility of ‹The Bad War›», unter: http://www.newcastle.edu.au/discipline/sociol-anthrop/staff/kibbymarj/pike.html (letzte Abfrage 01.05.2003).
41 Sue Thornham beschreibt das Melodrama als Quelle der Hysterie: «The melodramatic text functions, then, like the body of the patient suffering from hysteria: it exhibits as symptoms what has been repressed from conscious discourse. The ‹hysterical› moment of the text can be identified as the point at which realist conventions break down, and the text's ideological contradictions are revealed. The interest of melodrama therefore lies in its ideological failure» (Sue Thornham: *Passionate Detachments. An Introduction to Feminist Film Theory*, London 1997, S. 48).
42 Vgl. Tania Modleski: «Male Hysteria and the ‹Order of Things›. Murder!», in: dies.: *The Women Who Knew Too Much. Hitchcock and Feminist Theory*, London 1988, S. 31-42.
43 Vgl. Yvonne Tasker: *Spectacular Bodies. Gender, Genre and the Action Cinema*, London/New York 1993.
Pentti Haddington bietet einen Überblick über die Verwendung des Konzepts der Male Hysteria in den angloamerikanischen Film Studies (vgl. Pentti Haddington: ‹This Is Not Going to Have a Happy Ending›. *Searching For New Representations of Hollywood Masculinities in David Fincher's Se7en*, unter: cc.oulu.fi/~poh/thesis/se7en.pdf [letzte Abfrage 01.05.2003], S. 24-32).

HEAVEN AND EARTH als Women's Film

Michael Selig bezieht Edward Saids[44] wirkmächtige These, der westliche Blick perzipiere Asien als «weiblich», auf den Vietnamfilm und konstatiert eine Verdopplung dieser kulturellen Zuschreibung, wird doch im Kriegsfilm auch der Feind häufig effeminiert: «[T]o make an enemy an Other is to make it symbolically female, and conversely, everything female is made the ‹enemy›.»[45] Diesen weiblichen «Feind» stellt Stone ins Zentrum seines Films, und auch bei ihm verdoppelt sich die kulturelle Zuschreibung: Le Ly, die Protagonistenfigur seines Films, repräsentiert Vietnam und sie ist eine Frau. Sie erlebt den Krieg als Serie von an ihr und anderen Frauen versuchten und vollzogenen Vergewaltigungen. Diese Perspektivierung des Krieges als Vergewaltigung wird bereits zu Beginn des Films in der Rede eines Vietcong programmatisch formuliert: «This war is like our sister being raped.»[46] Nach der Vergewaltigung durch diesen Vietcong (Vergewaltiger sind also durchaus nicht nur die Amerikaner) verlässt Le Ly[47] ihr Dorf und geht nach Saigon, um dort als Haushaltshilfe zu arbeiten. Sie verliebt sich in den Hausherrn, wird schwanger und daraufhin von der Ehefrau des Kindsvaters verstoßen. In Danang lernt sie den amerikanischen Marine Steve, einen traumatisierten Vietnamsoldaten, kennen (Stone führt hier also eine Figur ein, die das Male-Melodrama-Schema des Vietnamfilms aufruft),[48] heiratet ihn und geht mit ihm – nach knapper, aber erfolgreicher Flucht aus den Kriegswirren – nach Amerika. Der Film jedoch endet nicht bei diesem vermeintlichen «happy ending»: In den USA nutzt Le Ly Verbindungen zu anderen Vietnamesinnen und wird zur erfolgreichen Geschäftsfrau, während Steve nach seiner unehrenhaften Entlassung aus dem Militär

---

44   Vgl. Edward W. Said: *Orientalism*, New York 1978.
45   Selig: Genre, Gender, and the Discourse of War, S. 8.
46   Zugleich referiert das Sujet der Vergewaltigung auf eine lange Tradition im Melodrama: «[C]lass conflict was repressed sexually and manifested itself via sexual exploitation or rape» (Hayward: Key Concepts, S. 200).
47   Le Ly präsentiert der Film als zierliche Asiatin. Dagegen werden die US-amerikanischen Frauen durchgängig als monströs übergewichtig in Szene gesetzt; untermalt wird der Beginn der Amerikasequenz mit dem Song «Sugar Sugar» der Gruppe The Archies. Die Lyrics wiederholen mehrfach die Zeile «Sugar, ah honey honey, You are my candy girl». Als die Tante ihre Neffen mit den Worten ‹I'm just gonna eat you up› begrüßt, begleitet von entsprechenden Handbewegungen, veranlasst das die beiden vietnamesischen Kinder dazu, schreiend davonzulaufen.
48   Steve entspricht nicht nur der Rollenvorgabe des Vietnamveteranen, sondern erfüllt als traumatisierter Mann, der nicht mit dem beruflichen Erfolg seiner Frau zurecht kommt, auch eine Rollenvorgabe des Melodramas.

keinen Beruf findet. Die Ehe zerbricht und endet mit dem Selbstmord des Mannes.

Anders als hier sind – wie Susan Jeffords konstatiert – im «konventionellen» Vietnamfilm, der wenige, stark stereotypisierte Frauenrollen vorsieht, weder amerikanische noch vietnamesische Frauen handlungstragend:[49] «[W]omen are limited to three images typical of Vietnam representation and Western culture in general: the whore, the virgin/Madonna [...], and the deceitful killer/castrator.»[50] Diese Stereotypien werden in zahlreichen Vietnamfilmen *race*- und *nation*spezifisch eingesetzt: Während «weiße» amerikanische Frauen zumeist fern der Kriegshandlungen in der Heimat zurückgelassen werden, in Furcht um die Kämpfenden leben und nach Absolvierung der Dienstzeit die verwundeten Soldaten zur Pflege in Empfang nehmen, helfen vietnamesische Frauen dem Vietcong, werden zu Vergewaltigungsopfern oder arbeiten als Prostituierte. Auch Le Ly «durchläuft» in HEAVEN AND EARTH alle drei klischierten weiblichen Rollenvorgaben des Vietnamfilms: Nachdem sie den Vietcong bei einem Hinterhalt für amerikanische Truppen geholfen hat, wird sie von den südvietnamesischen Truppen festgenommen und (in Anwesenheit eines amerikanischen Offiziers) verhört und gefoltert. Ihre Mutter kann sie zwar für ihr Brautgeld auslösen, aber die Vietcong halten sie für eine Verräterin und bestrafen sie, indem sie sie vergewaltigen. Später muss sich Le Ly bei den amerikanischen Truppen als Prostituierte verdingen, um ihr Kind ernähren zu können.

Die Genre-Transposition von HEAVEN AND EARTH zum Women's Film nun bleibt jedoch, was diese stereotypen Zuordnungen angeht, nicht folgenlos; die Rollenklischees werden einem Rewriting unterzogen. Als Le Ly den Vietcong hilft, nimmt sie eine aktive (Soldaten-)Rolle ein – für die sie von den Südvietnamesen entsprechend auch nicht mit einer (im Film für weibliche Kontrahenten angesetzten Bestrafung durch) Vergewaltigung bestraft wird, sondern mit der im Kriegsfilm Männern vorbehaltenen Folter. Der «genre trouble» des Films evoziert also Umschriften, Verschiebungen, «Unordnung» in Bezug auf Gender-Muster, ruft mithin «gender trouble» hervor – für Le Ly, aber auch für alle anderen Figuren des Films.

Dieser «gender trouble» wird auch in der Präsentation der buddhistischen Theologie verhandelt, die den Film durchzieht.[51] Bereits der Vor-

---

49   Eine der wenigen Ausnahmen ist Jane Fondas Rolle in COMING HOME.
50   Susan Jeffords: «Women, Gender, and the War», in: *Critical Studies in Mass Communication* 6/1 (1989), S. 83-90, hier S. 83.
51   Auf komische Weise in Bezug gesetzt zu buddhistischen Requisiten wird gelegentlich auch Amerikanisches: Der doppeltürige Kühlschrank etwa, im Film zentrales Symbol

spann spricht von Vater Himmel und Mutter Erde: «The French rulers are far away in Saigon, Hanoi or Paris, but in Ky La, life goes on as it has for a thousand years, protected by Father Heaven, Ong Troi, and Mother Earth, Me Dat. Between Heaven and Earth – Troi va Dat – are the people, striving to bring forth the harvest and follow Lord Buddha's teachings.» Am Ende des Films, als Le Ly 1988 nach Vietnam zurückkehrt, konstatiert die Mutter: «Heaven and Earth have changed their places many times»; nicht nur Geschlechter-, auch Familienrollen sind inzwischen in Bewegung geraten.

Prekär sind die Geschlechterrollen im Film von Beginn an: Nachdem zwei Brüder zu den Vietcong gegangen sind, fordert der Vater von Le Ly, im Kriegsfall sowohl Tochter als auch Sohn zugleich zu sein: «If the enemy comes back you must be both a daughter and a son now.» In dem Versuch, beide geschlechtlichen Positionen gleichzeitig zu besetzen, scheitert die Protagonistin zunächst; sie gerät in südvietnamesische Gefangenschaft und wird vom Dorf geächtet. Dargestellt werden ihre Versuche, zwischen den geschlechtlich semantisierten Positionen zu wechseln, aber auch als Lernprozess: Eine zweite Vergewaltigung bei einem Vorstellungsgespräch in Danang unterbindet Le Ly resolut, indem sie die juridische Ordnung der US-Amerikaner zu nutzen versteht und den drangsalierenden Soldaten durch die herbeigerufene Militärpolizei abführen lässt. Und die Rolle der Prostituierten übernimmt sie erst, als zwei Soldaten bereit sind, einen besonders hohen Preis für sie zu bezahlen; zuvor erprobt sie ihr kauf-*männ*isches Geschick bereits im Handel mit Spirituosen, Zigaretten und Marihuana.

Le Lys Vater ändert die Prämissen des ihr aufgegebenen Projektes noch einmal, als sie ihm ihr wiederholtes Scheitern an der männlichen Rolle gesteht: «‹I should have stayed to fight them all: the Vietcong, the government. What am I now? Not a warrior woman. Just a tramp, begging in the streets. So ashamed.› ‹Not ashamed. You did the best you could. You were born to be a wonderful wife and a mother, not a killer.›» Le Ly, die im Voice-over bereits ankündigt, dass sie dieses neue Programm nicht ungebrochen absolvieren wird («Father's words would be twisted by events»), liest diese Aufforderung aber nicht als Korrektur des ersten Vorschlags, sondern als dessen Variante. Sie findet einen amerikanischen Ehemann, der sich bei seiner Werbung überaus unterwürfig und passiv verhält; er gewinnt ihr Herz, indem er sich in einer Art Sitzstreik weigert, ihr Haus wieder zu verlassen – letztlich muss sogar Le Ly

US-amerikanischer Lebensart, wird durch die Froschperspektive und durch ein Weitwinkelobjektiv zum Gegenstück des vietnamesischen Familienschreins.

ihn verführen. Steve ist dabei nur der letzte einer ganzen Reihe «schwacher» amerikanischer Männer im Film; eingeführt wird die kulturelle Unangepasstheit und «Unmännlichkeit» der amerikanischen Soldaten mit dem folgenden Dialog zwischen Le Ly und ihrer Schwester: «‹What are they?› ‹Americans. They say they all have blind blue eyes behind their glasses. If you take their shoes off, they have soft feet and cry in pain. Take away their glasses and their boots, they can't fight.› ‹Not very good soldiers.›»

Mit der Ehe gelingt es Le Ly zunehmend, ihre Position und ihre Charakterisierung als Opfer abzulegen. In Amerika angekommen, stellt sie entsetzt fest, dass Steve bei seiner Mutter lebt. Sie bietet ihrem Mann mehrfach an, die Verwaltung der Familienfinanzen zu übernehmen und baut gegen seinen Willen ein florierendes Unternehmen auf. Damit ist sie erfolgreicher als ihr traumatisierter Ehemann, der sich anders als seine Frau auf den asiatischen Kontinent zurückwünscht. Scheint es zu Beginn des Films noch, als würden die Vietnamesen durch ihren Gebrauch von Pidgin-Englisch als sprachlich «behindert», als defizitär gekennzeichnet, so ist es im weiteren Verlauf Steve, der als defizitär, als versehrt und damit als männlicher Hysteriker inszeniert wird. Er verkraftet Le Lys Erfolg nicht und bedroht sie mit einer Waffe; es kommt zur Scheidung. Steve entführt daraufhin die Kinder. Le Ly, die Rat bei einem buddhistischen Mönch (der durch die Verwendung ihres Kosenamens «Peach Blossom» in enge Verbindung zu Le Lys Vater gesetzt wird) sucht, erhält von diesem ebenfalls den Rat, sie solle Frau und Mutter sein: «The man-hate that blinds you will blind any man you find in a future life. If you turn Steve away you will be rejecting your own redemption.» Und tatsächlich nimmt Le Ly diesen Rat an, sie telefoniert mit Steve und bietet an, diesmal die «good oriental wife» zu sein, die dieser in Vietnam suchte. Gleichzeitig fordert sie aber implizit von ihm, die männliche Position einzunehmen: «Let me help you, let me try. I feel your pain. You come back home. No police. Just you, me, the children. We make this right. I'll go to your church. I try harder. I'll put the shrine away. I love you, Steve. I love the man I saw in Vietnam. I find you again. He's still there, Steve.» Le Ly besetzt also prononciert wieder die weibliche Position – und verweist damit auf die nicht-*männliche* Position von Steve. Die ihm angetragene Rolle kann Steve, der männliche Hysteriker, nicht übernehmen. Die Handlungskonfiguration lässt hier das Male Melodrama als Effekt des Women's Film und den Women's Film als souveränes Spiel mit den Mustern des Male Melodrama erscheinen: Steve flüchtet vor dem «Projekt Männlichkeit» in den Selbstmord (und statuiert damit ein letztes Mal «männliche» Handlungsmächtigkeit) –

eine Konfiguration, die an den Protagonisten Nick in THE DEER HUNTER erinnert, der sich in der berühmten Russisch-Roulette-Szene am Ende des Films erschießt.

Le Ly gibt sich im Voice-over-Kommentar die Schuld für diesen Selbstmord, klagt sich an, sie sei zu sehr Geschäftsfrau und ihren Söhnen keine gute Mutter gewesen. «Unterlegt» ist Le Lys Stimme aus dem Off allerdings mit Bildern, die das, was Le Ly sagt, widerlegen: Das Verhältnis der Kinder zur Mutter wirkt gerade in den Schlusssequenzen in Vietnam überaus herzlich. Während Le Lys Voice-over einer patriarchal inspirierten Kritik an ihrem Verhalten gehorcht, konterkariert die Bildebene die Tonspur. Le Ly, das sehen wir, ist eine gute Mutter – und sie ist eine hervorragende Geschäftsfrau mit exzellentem kaufmännischem Geschick. Das Voice-over ruft die Szenarien weiblichen Masochismus, die den klassischen Women's Film nach Mary Ann Doane kennzeichnen,[52] zwar auf; die Bildebene aber zeigt, dass sich Le Ly besser als alle Männer (und Frauen) des Films behaupten kann. Das Genre-Bending dieses Vietnamfilms, der die Protagonistenrolle weiblich besetzt, eröffnet für Le Ly Gender-Spielräume: «Genre trouble» zieht «gender trouble» nach sich – und vice versa.

---

52 Vgl. Mary Ann Doane: «The Woman's Film. Possession and Address», in: Mary Ann Doane/Patricia Mellencamp/Linda Williams (Hg.): *Re-Vision. Essays in Feminist Film Criticism*, Frederick 1984, S. 67-82, hier S. 80.

Ines Steiner

Spectacular! The never-ending story of the epic film. Muskeln und Sandalen digital in Ridley Scotts GLADIATOR

1. Genre-Transfer: Die Wiederholung von Geschichte aus der Zukunft

Der Historienfilm GLADIATOR[1] des im Epic-Genre nicht unerfahrenen Regisseurs Ridley Scott[2] setzt sich geradezu programmatisch zum Ziel, die Spektakel einer «antiken Massenkultur» – die im kollektiven Gedächtnis als ebenso abstoßend wie anziehend erinnerten Gladiatorenspiele – mit Hilfe der neuesten Filmtechnik kinematographisch zu reanimieren. Dieses Unternehmen hat einen doppelt selbstreferenziellen Zug. Zum einen stellt sich das moderne Massenmedium Kino in die Tradition der römischen Circenses – mit dem gar nicht so geheimen Anspruch, deren brutale Überwältigungsstrategien mit den Mitteln bloßer technischer Simulation von «echtem» Mord und Totschlag noch zu überbieten: Kein Römer, suggeriert die Kamera in einem fort, war je so nah dabei, wenn Köpfe rollten. Zum anderen wird mit GLADIATOR, ganz ausdrücklich, nicht allein Geschichte, sondern Filmgeschichte, das heißt: die Geschichte des Geschichtsfilms neu wieder aufgerufen und «belebt». Nicht umsonst ist dieses Genre einst unter dem Label des «Spectacular» beworben worden; und da das Kino nicht zuletzt vom ständigen Recycling einmal bewährter Gattungsformeln lebt, scheint der Rückgriff auf den seit knapp vier-

---

1   GLADIATOR, USA 2000; Regie: Ridley Scott; Drehbuch: David Franzoni, John Logan, William Nicholson; DarstellerInnen: Russel Crowe, Joaquin Phoenix, Connie Nielsen, Oliver Reed, Richard Harris, Djimon Hounsou, Ralf Moeller, Spencer Treat Clark et al., 74 Stuntmen, mehrere Tausend Statisten auf den Sets in England (Germanien), Malta (Rom), und Marokko (Zucchabar); Kamera: John Mathieson; Schnitt: Pietro Scalia; Musik: Hans Zimmer, Lisa Gerrard; Kostüme: Janty Yates; Produktionsdesign: Arthur Max; Set-Design: Crispan Sallis; Spezialeffekte: Mill Film, London; Visuelle Effekte: John Nelson; Dream Works, Universal Pictures, Scott Free Productions.
2   Ridley Scott, anerkannter Meister diverser Neukonfigurationen von Genre-Filmen, hatte mit 1492 – CONQUEST OF PARADISE (USA 1992), einem Film über die Kolonisierung Amerikas durch Christoph Columbus, schon einmal versucht, das Genre des monumentalen Historienfilms wiederzubeleben; er landete mit dieser vermeintlich kritischen filmischen Geschichtsschreibung anlässlich des «Jubiläumsjahres», die kontrastiv auf die Tradition der Columbus-Epen seit der Zeit des Speechless-Films (Abel Gance) bezogen war, jedoch einen kommerziellen Flop (vgl. David Thompson: «The Riddler Has His Day», in: *Sight and Sound* 21/4 [2001], S. 18-21).

zig Jahren totgesagten «Sandalenfilm»[3] abwegig und gleichwohl nahe liegend:

> Im Jahr 1996 war die Fantasie der Filmindustrie auf die Zukunft ausgerichtet. Die dramatischen Fortschritte, die in den zehn Jahren zuvor im Bereich der digitalen Spezialeffekte gemacht worden waren, gaben Filmemachern die Chance, Action Filme herzustellen, die unglaublich detailliert und vielseitig Science Fiction-Visionen und übernatürliche Fantasien darstellten. [...] Die himmlische Vision, den Kassenknüller des Sommers zu landen, kreiste seit den Erfolgen von *Star Wars* um interplanetare Schlachten und coole futuristische Waffenarsenale. Während sich andere Kinokünstler ausmalten, was in der Zukunft liegt, kam der Drehbuchautor David Franzoni zu Dream Works SGK mit einer Geschichte über Gladiatoren im Alten Rom – eine Welt, die seit den frühen Sechzigern mehr oder weniger von der Leinwand verschwunden ist, untergegangen unter der Last römischer Togen, zerschmetterter Streitwagen und Kleopatras Lidstrich. Franzonis Geschichte sollte nicht im glitzernden Reich ferner Galaxien spielen, sondern in den Steinarenen und -palästen einer zerbröckelnden Zivilisation.[4]

Der Beleg ist anekdotisch, beruht jedoch auf einem genauen Bewusstsein von den essenziellen Konstituenten des Projekts: Hatte George Lucas einst die Chronotopie des Epic-Film[5] der Historie enthoben und sie in die Zukunft projiziert, so holt GLADIATOR seinerseits das Filmepos in die Geschichte zurück – aber nun in der Form, die es im Durchgang durch Science Fiction und Fantasy angenommen hat: als Action Movie mit Tricktechnik und Special Effects nach dem «state of the art». Der «Sandalenfilm», so die implizite These, ist unter den Filmgenres zum Dinosaurier geworden, weil er nicht mit der Zeit ging und zu einem sich selbst im Leerlauf wiederholenden Ausstattungskino verkam. Er bietet jedoch,

---

3   Zu dem zum Bodybuilder-Streifen verkommenen «Sandalenfilm» der 60er-Jahre, der mit der sexuellen Revolution signifikanterweise sein Ende findet, vgl. Rainer Heinz: «Sandalenfilme. Die Welt des ›neomythologischen Films‹», in: *Film-Dienst* 2 (1996), S. 12-14; vgl. auch Jon Solomon: «Terpsichore. The Muscleman Epics», in: ders.: *The Ancient World in the Cinema*, South Brunswick 1978, S. 191-201; Georg Seeßlen: «Sandalen und Muskeln», in: ders.: *Abenteuer. Geschichte und Mythologie des Abenteuerfilms*, Marburg ³1996, S. 7-37. Zu den Männlichkeitsperformanzen vgl. auch den Beitrag von Sandra Rausch in diesem Band.
4   Dreamworks/Universal Studios (Hg.): *Gladiator. Die Entstehung des Epos von Ridley Scott*, Nürnberg 2001, S. 15.
5   Überblicksdarstellungen (exemplarisch): John Cary: *Spectacular! The Story of Epic Films*, London 1974; Gary A. Smith: *Epic Films* [1950], Jefferson/London 1991; Foster Hirsch: *The Hollywood Epic*, New Jersey 1978; Solomon: The Ancient World in the Cinema; Derek Elley: *The Epic Film. Myth and History*, London 1984; Pierre Sorlin: *The Film in History. Restaging the Past*, Oxford 1980; Leger Grindon: *Shadows on the Past. Studies in Historical Fiction Film*, Philadelphia 1994.

neu betrachtet, noch immer die Lizenz, großes Attraktionskino herzustellen, so wie zu Beginn der Filmgeschichte.[6]

Im Genre des Epic-Film, das in den 10er-Jahren im Kontext des Cinema of Attractions mit dem italienischen Monumentalfilm entsteht, werden Verfahren des filmischen Erzählens erprobt. Die Experimente der kombinatorischen Historienfilme, wie David Wark Griffiths INTOLERANCE[7], Cecil B. DeMilles MALE AND FEMALE[8] und THE TEN COMMANDMENTS[9], werden von der Genre-Parodie THE THREE AGES[10] als Slapstick konterkariert, einer Burleske, in der Buster Keaton das im Genre favorisierte «performing masculinity» in den in Parallelmontagen präsentierten Episoden, der Stone Age Story, der Roman Story (hier beim Duell der Quadrigen in der Arena) und der Modern Story ad absurdum führt. Spätestens 1925 mit Fred Niblos BEN HUR[11] vollzieht der Epic-Film made in Hollywood einen Paradigmenwechsel zur linear sukzessiven Narration und Action-Dramaturgie, zu jener Form, die in den 60er-Jahren als «Sandalenfilm» ihr vorläufiges Ende findet. Mit jedem Medienumbruch vom Speechless-Film zum Tonfilm, zum Farbfilm, zu Cinemascope und schließlich zu den Verfahren der digitalen Filmproduktion erlebt das Genre eine erneute Renaissance. Es tendiert zum Remake bewährter Sujets, die ein wenig angestaubt wirken, diese dienen vor allem als Lizenz, die innovativen filmtechnischen Verfahren selbst als Attraktion auszustellen. Auch GLADIATOR[12] bemüht den dem Genre eigenen Gestus permanenter Selbstüberbietung hinsichtlich der spektakulären Filmarchitektur, der Choreographie der Massenszenen, der Spe-

---

6   Zur filmhistorischen Genese und Ausdifferenzierung des Epic-Film vgl. Christoph Brecht: «Anfang und Ende der Geschichte im Kino. Der vergessene Sinn des historischen Monumentalfilms», in: Arbeitskreis für historische Kommunikationsforschung (Hg.): *Medien & Zeit*, Themenheft 5: Stummfilm, Wien 2002, S. 4-21; Armin Loacker/Ines Steiner (Hg.): *Imaginierte Antike. Österreichische Monumental-Stummfilme. Historienbilder und Geschichtskonzeptionen in* SODOM UND GOMORRHA, SAMSON UND DELILA, DIE SKLAVENKÖNIGIN und SALAMMBÔ, Wien 2002; Rainer Rother (Hg.): *Mythen der Nationen. Völker im Film*, München/Berlin 1998; Klaus Kreimeier: «Der mortifizierende Blick. Von der Wiederkehr des Immergleichen im Monumentalfilm», in: Jürgen Felix (Hg.): *Die Wiederholung*, Marburg 2001, S. 325-334; Roland Barthes: «Die Römer im Film», in: ders.: *Mythen des Alltags*, S. 43-46.
7   INTOLERANCE, USA 1916, R: David Wark Griffiths.
8   MALE AND FEMALE, USA 1922, R: Cecil B. DeMille.
9   THE TEN COMMANDMENTS, USA 1923, R: Cecil B. DeMille.
10 THE THREE AGES, USA 1923, R: Buster Keaton, Edward F. Cline.
11 BEN HUR, USA 1925, R: Fred Niblos.
12 Nahezu alle Kritiken versuchen GLADIATOR in der Geschichte des Genres zu verorten und das innovative Potenzial zu entdecken (vgl. exemplarisch: Amelia Arenas: «Popcorn and Circus. Gladiator and the Spectacle of Virtue», in: Arion 9/1 [2001], S. 1-12; Rainer Rother: «Rückkehr des Sandalenfilms? Über Genre und Einzelstück», in: *Merkur* 4 [2001], S. 356-361).

cial Effects und wirbt mit dem hohen «production value» (105 Millionen Dollar), «star value» und «story value».

Unter die lizensierten Attraktionen gehört gerade auch die Opulenz der Ausstattung, die Fähigkeit zu einer im Detail und im Ganzen nie gesehenen Re-Imagination historischer Räume durch eine avancierte, innovative (mit Modellbauten und CGI operierende), filmarchitektonische Konstruktion der «gebauten Illusionen» der in GLADIATOR entworfenen «Antiken Welt» an drei verschiedenen Sets (England, Malta und Marokko), die – so die Rechnung – vom Publikum durchaus goutiert werden würde, solange sie sich der bewährten Dramaturgie der Action-Formel unterordnet.[13]

Zumindest in kommerzieller Hinsicht ist diese Spekulation aufgegangen. GLADIATOR war neu genug, um Sensation zu machen, und das hier vorgestellte Fremdbild der Antike hat sich als immer noch vertraut erwiesen, um den Identifikationseffekt eines wohligen Staunens freizusetzen. Hilfreich war dabei sicher auch, dass der Raum, um den Franzonis Story zentriert ist – die Arena als realer *und* allegorischer Ort eines «Kampfes ums Leben» –, aus dem futuristischen Action Movie[14] bestens bekannt und bereits dort fest mit einem Plotschema assoziiert ist, das den Voyeurismus der Massen (und die Manipulation des Publikums durch Machtinteressen) intradiegetisch «kritisiert», um ihn zugleich zu befriedigen. GLADIATOR holt derart ganz spezifisch das Kino-Spiel mit dem Motto Panem et Circenses aus der von Filmen wie ROLLERBALL[15] oder THE RUNNING MAN[16] imaginierten Zukunft zurück, behaftet das Motiv gleichsam neu an seinem Ursprung und gewinnt – zumindest der Idee nach – einen wohldefinierten narrativen Fokus, der deutlich von dem des altbackenen Historienkinos unterschieden ist. Genau mit dieser unmittelbar einleuchtenden Operation sind jedoch auch Probleme verbunden, die den Film belasten und seine Integrität unterlaufen. Jene Fo-

---

13 Der Einsatz innovativer filmtechnischer Verfahren, das Operieren mit CGI und VFX wurde insbesondere in der Branchenpresse diskutiert (vgl. Kevin H. Martin: «A Cut Above», in: *Cinefex* 82 [Juli 2000], S. 13-31; Ron Magid: «Rebuilding Ancient Rome. Production Deigner Arthur Max Uses Modern Methods to Resurrect a Fabled Realm in Gladiator», in: *American Cinematographer*, Vol. LXXXI, Nr. 5 [Mai 2000], S. 54-59). Der reich bebilderte Band *Gladiator. Die Entstehung des Epos von Ridley Scott* informiert aus der Perspektive der Produzenten und Verleiher ausführlich und bestens illustriert über alle Details der aufwändigen Produktion des Films und bedient damit ein Bedürfnis des Publikums, nämlich zu sehen, wie der Film gemacht ist, der es staunen lässt. Diese Frage nach den innovativen Verfahren der Faktur ist schon in der Frühzeit des Genres signifikant.
14 Zum «performing masculinity» im Actionfilm vgl. Yvonne Tasker: *Spectacular Bodies. Gender, Genre and the Action Cinema*, London 1993.
15 ROLLERBALL, USA 1975, R: Norman Jewison.
16 THE RUNNING MAN, USA 1987, R: Paul Blazer.

kussierung, die GLADIATOR actiontauglich macht, erweist sich im Hinblick auf das historische Sujet als Verengung. Denn während im Science Fiction die Grenzen des Erzählten und Gezeigten auch die Grenzen des Vorstellbaren markieren, so dass ein Effekt der Totalität entsteht, lassen sich Geschichten aus der Geschichte immer nur im Modus der Synekdoche erzählen. Das heißt: GLADIATOR muss sich, unvermeidlich, zu allem ins Verhältnis setzen, was das kollektive Gedächtnis an Skripten und Bildern, vor allem aber an filmischen Imaginationen des Römischen Reiches aufbewahrt.[17] Und mit dieser Herausforderung konfrontiert, tut sich Scotts Film ausgerechnet mit dem schwer, was seine leichteste Übung sein sollte: mit der Herstellung einer überzeugenden Story und ihrer Übersetzung in einen konsistenten Plot.

Die Kombination historisch belegter mit rein fiktiven Figuren ist für den Epic-Film überhaupt charakteristisch.[18] Der dadurch ermöglichte freie Umgang mit historischen Referenzen lizensiert das Erzählen einer «Geschichte aus der Geschichte», die den historischen Diskurs im Detail ausschmückt und ihn gelegentlich auch umschreibt. GLADIATOR bedient

17 Im kollektiven Gedächtnis konnte das vielfach vermittelte Sujet der Gladiatorenspiele abgerufen werden: Sie entstanden im Kontext des Totenkultes, denn mit den «Kampfspielen auf Leben und Tod» sollten tote Angehörige geehrt werden. Doch diese theatralen Spektakel wurden schon früh politisch instrumentalisiert, und insbesondere in der Kaiserzeit des römischen Imperiums fungierten sie als Mittel, mit denen sich die Herrschenden die Gunst des «Volkes» zu erwerben suchten. In den spektakulär zur Schau gestellten Hinrichtungen um die Mittagszeit – Kreuzigungen oder Venationes (Tierhetzen mit wehrlosen Opfern) – die den Gladiatorenspielen als «Vorspiel» vorangingen, wurde der historische Kontext von «Überwachen und Strafen» besonders evident. Die lange Tradition der ethischen Diskussionen um die Gladiatorenspiele beginnt bereits vor der Durchsetzung des Christentums als hegemoniales Wertesystem in der europäischen Kultur (vgl. dazu: Thomas Wiedemann: *Kaiser und Gladiatoren. Die Macht der Spiele im antiken Rom*, Darmstadt 1992; Alan Baker: *Gladiatoren. Kampfspiele auf Leben und Tod*, München 2002 [der Titel wurde nach dem Erfolg des Films zunächst in den USA und dann in deutscher Übersetzung publiziert, was immerhin darauf verweist, dass das Interesse am historischen Sujet geweckt wurde]; Carlin A. Barton: *The Sorrows of the Ancient Romans. The Gladiator and the Monster*, New Jersey 1993). Im 18. Jahrhundert besetzte der Rekurs auf dieses Phänomen der Antike eine wichtige Funktionsstelle im Diskurs der Aufklärung um Humanität und Menschenrechte (vgl. dazu den einschlägigen Essay Michel Delons: «La Mort du gladiateur. Un Débat esthétique et morale au siècle des Lumières», in: Rudolf Behrens/Roland Galle [Hg.]: *Leib-Zeichen. Körperbilder, Rhetorik und Anthropologie im 18. Jahrhundert*, Würzburg 1993, S. 185-195). Im geschichtsverliebten 19. Jahrhundert greift schließlich Karl Marx im Kontext seiner teleologischen Geschichtskonstruktion exemplarisch auf den Aufstand eines Gladiators namens Spartacus gegen die Verdinglichung und Ausbeutung in der «Sklavenhaltergesellschaft» der Antike zurück.
18 Vgl. dazu: Christoph Brecht/Ines Steiner: «Film», in: Moritz Baßler/Christoph Brecht et al.: *Historismus und literarische Moderne*, Tübingen 1996, S. 333-351; Ines Steiner: «Alte Geschichten. ‹Die Sklavenkönigin›. Michael Kertész' monumentalfilmische Lektüre von Rider Haggards ‹Moon of Israel›», in: *Zeitschrift für Germanistik, Neue Folge* 2 (2003), S. 310-331.

sich für die Konzeption der Cäsarenfamilie und der Repräsentanten des Senats historischer «Vorbilder» und lässt diese mit der fiktiven Hauptfigur, Maximus (Russel Crowe), sowie den fiktiven Gladiatoren Juba (Djimon Hounson) und Hagen (Ralf Moeller) aus der Schule des Lanista Proximus (Oliver Reed), interagieren. In GLADIATOR repräsentiert die erzählte Geschichte vor allem die Perspektive der Titelfigur auf das Geschehen, während die Geschichte der «Eroberung» Roms durch die populistischen Strategien des intriganten Commodus[19] (Joaquin Phoenix) in den parallel geführten «Palastszenen» entfaltet und kontrastierend mit der abenteuerlichen Geschichte des entmachteten Tribuns vernetzt wird. Nach dem linear sukzessiven narrativen Muster, das bereits in BEN HUR 1925 etabliert war, wird der Konflikt also in Form eines Machtkampfs zweier männlicher Rivalen ausgetragen. Äußerst ökonomisch, unter Verzicht auf die für das Historienkino alter Schule typischen Digressionen, wird GLADIATOR ohne Überlänge komponiert (den dadurch bedingten Kürzungen sind zahlreiche Szenen zum Opfer gefallen.)[20]

Der in GLADIATOR fingierte Vatermord, den Commodus in Germanien an Marc Aurel (Richard Harris) begeht, hat realhistorisch nicht stattgefunden; er stellt einen narrativen Kunstgriff dar, der die Konkurrenz zwischen Maximus und Commodus zu motivieren hat. Während seiner zwölfjährigen Regentschaft zeichnete sich der realhistorische Commodus neben innen- und außenpolitischer Inkompetenz vor allem durch seine exzessive Leidenschaft für Gladiatorenspiele aus. Zudem erlaubte er

> germanischen Stämmen, in das Gebiet des Reiches vorzudringen, unter der Bedingung, daß sie dort friedlich lebten. Der Senat sah dies als Verrat und wandte sich daraufhin gegen den Kaiser: Mit Hilfe von Commodus' Schwester Lucilla plante man, ihn zu ermorden. Der Versuch schlug jedoch fehl, und die Attentäter, einschließlich Lucilla, wurden hingerichtet.[21]

---

19   Der Rückgriff auf die Ära des Cäsaren Commodus (180-192 n. Chr.) lag nahe, denn neben Caligula, Claudius und Nero war Commodus, Sohn des Marcus Aurelius, eine jener «Tyrannenfiguren» der römischen Antike, welche die schauerromantische Phantasie der Moderne erregten. Ins kollektive Gedächtnis ging dieser Cäsar, während dessen Regentschaft der «Untergang des römischen Imperiums» begann, vor allem wegen seiner grausamen Travestien als Gladiator im Kostüm des herkulischen Helden ein. Mehr als tausend Mal stieg er in die Arena, um sich als Reinkarnation des Herkules zu inszenieren, und ließ stolz in den Sockel seiner Büste eingravieren, dass er 12 000 Menschen geschlachtet hat. Er starb nicht in der Arena, sondern, wie Marat, im Bade durch ein Attentat der Prätorianer, die sich am Ende auch von dem paranoiden Herrscher, dessen Psyche zusehends dekompensierte, bedroht fühlten.
20   Die DVD präsentiert auch die geschnittenen Szenen und erläutert im Audiokommentar, wieso sie geschnitten wurden.
21   Baker: Kampfspiele auf Leben und Tod, S. 146.

Aus diesen Vorgaben konstruiert GLADIATOR den Subplot um die Verschwörung gegen Commodus, wobei Lucillas politische Motive freilich – anders als in dem von Anthony Mann 1964 gedrehten Breitwand-Epos THE FALL OF THE ROMAN EMPIRE[22] – um eines privaten Antriebs willen weitgehend unterschlagen werden: In GLADIATOR muss Lucilla (Connie Nielsen) beständig um das Leben ihres Sohnes als des potenziellen Thronfolgers bangen; dementsprechend wird sie nicht als Femme forte[23], sondern als Madonnenfiguration konzipiert, auf die Commodus sein inzestuöses (im historischen Diskurs gemeinhin mit dem «Monstrum» Caligula assoziiertes) Begehren projizieren kann. Diese Verschiebung des Politischen ins Psychologische dient dramaturgisch der Konsistenzbildung, da sie den Parallelismus zwischen Maximus und Commodus verstärkt und Überkreuzungen ermöglicht: Zu Beginn hat Maximus jene Familie, die Commodus sich wünscht; der Thronräuber wird an ihr zum Mörder und liefert seinem Konkurrenten so ein Motiv zur Rache; gleichzeitig werden die Überlebenden, Lucilla und ihr Sohn, intradiegetisch als Substitute der Ermordeten etabliert.

2. Male Melodrama und Passionsgeschichte: Maximus' Reise an den Rand des Todes

2.1 Ursprungsphantasien

An dieser Engführung im Figurenensemble wird erkennbar, dass es nicht hinreicht, GLADIATOR als Überschreibung des futuristischen Actiongenres mit Konventionen des Epic-Film zu bestimmen. Narrativer Zusammenhang wird in diesem Film, wie so oft, unter Verwendung bewährter melodramatischer Formeln hergestellt. Im engeren Sinn von einem Male Melodrama ist deshalb zu sprechen, weil (ebenfalls nach bewährter Weise) die «reale» Familie des Protagonisten zwar Maximus' Imaginationen und sein Handeln dominiert, aus der Diegese jedoch auf höchst pointierte Weise[24] ausgeschlossen bleibt. Bedenkt man, dass auch Lucilla nicht zugestanden wird, sich von ihrer Rolle als Objekt männlichen Begehrens zu emanzipieren, während zugleich der dramatische

---

22 THE FALL OF THE ROMAN EMPIRE, USA 1964, R: Anthony Mann.
23 Seit David Wark Griffiths JUDITH OF BETHULIA (USA 1912) versammelt der Epic-Film ein ganzes Arsenal von Femmes fortes. Bis in die 60er-Jahre ist die Konstruktion der Femme forte ein fester Topos im Historienfilm und so tritt auch Sophia Loren als Lucilla in THE FALL OF THE ROMAN EMPIRE noch zum scheiternden Selbstopfer im Dienste der Gemeinschaft an, um das Römische Imperium vor dem Untergang zu retten.
24 Selbst die Bilder ihrer im Tod entstellten Körper werden nicht vollständig gezeigt.

Antagonismus als Kampf zweier «Söhne» um die Gunst des (ebenfalls früh beerdigten) Vaters inszeniert ist, so wird deutlich, dass in GLADIATOR die Produktion erzählerischen Sinns – und damit insbesondere die Kodierung gendersemantischer Dispositive – ausschließlich über die Interaktion männlicher Projektionen mit männlichen Aktionen gewährleistet wird.

In dieser Konstellation ergeben sich die Züge der Kunstfigur Commodus geradezu von selbst; sie entsprechen vollständig dem von Joaquin Phoenix lustvoll ausgespielten Klischee einer nicht heilbaren ödipalen Störung, wobei das topische Ineins von Omnipotenz und Impotenz auf für das Hollywoodkino der 1990er-Jahre bezeichnende Weise mit einer Tendenz zur androgynen Selbstinszenierung (und einer kleinen Prise Pädophilie) aufgemischt wird. Sehr viel schwerer tut sich GLADIATOR damit, seiner fiktiven, durch keine Verpflichtung auf historische Wahrheit limitierten Titelfigur ein überzeugendes Bedeutungsprofil zu verleihen. Der lange Weg zum Tode des aus der symbolischen Ordnung des hegemonialen Machtsystems verstoßenen Tribunen durch die Räume des römischen Imperiums wird als Passionsgeschichte konzipiert, und zugleich als deren Kontrafaktur, wodurch eine merkwürdige Melange aus pagan beziehungsweise christlich kodierten Semantiken entsteht. Der dunklen, «barbarischen» Kehrseite der römischen «Zivilisation» im Diesseits, die während der abenteuerlichen Reise durch die Peripherien des Imperiums ins Zentrum der Macht herausgestellt wird, kontrastiert eine ins Jenseits der Imagination ausgelagerte Erlösungstopik, und in deren Zentrum entfaltet sich eine geradezu orthodox katholische Marienikonographie. Dass Scott und sein Team sich mit dem Final Cut dazu entschlossen haben, das im Rom-Epic – QUO VADIS?[25] – eigentlich obligate Thema Christenverfolgung auszusparen,[26] leuchtet durchaus ein. Denn der Verzicht auf den passiv sein Schicksal in der Arena erleidenden Urchristen lässt die Restitution der «heiligen Familie» in Maximus' seelischer Ökonomie nur umso heller strahlen. Die Adoration der absenten Madonna mit dem Kinde fungiert durchweg als Movens für den virtuosen Selbstbehauptungskampf gegen Roms Repression und als sinnstiftender Gegenentwurf zur «realen» Erfahrung von Grausamkeit. Und der

---

25 QUO VADIS?, I 1924, R: Arturo Ambrosio, Gabriele D'Annunzio, Georg Jacoby.
26 Den Kürzungen fiel folgende Szene zum Opfer, die wiederum eine Mutter-Kind-Konfiguration ins Bild setzt: Bevor Maximus in die Provinz-Arena getrieben wird, sieht er eine Gruppe von betenden Christen (die Einstellung geht auch auf ein Gemälde von Jean Louis Gérôme zurück), die in die Arena geschickt werden; in diesem Kontext erblickt er eine christliche Mutter mit Kind, die von einem Löwen angefallen werden.

melodramatische Effekt der «Unerlöstheit» wird nicht etwa dementiert, sondern sogar noch gesteigert dadurch, dass die in ihrer christlichen Provenienz leicht wiedererkennbaren Andachtsbilder der absenten Familie mit paganen, transzendenzlosen Projektionen überschrieben sind. Maximus kann es, banalerweise, nicht «besser» wissen: Er kann nicht anders, als seine Sehnsucht auf die verlorene Heimat und auf ein bäuerlich geprägtes Idyll von «Mutter Natur» zu beziehen.

GLADIATOR erzählt dementsprechend die Geschichte eines spanischen Bauern, der die heimatliche Scholle verlassen und in der imperialen Armee Karriere gemacht hat. Vom Imperator «adoptiert» und als Sachwalter seines postumen Vermächtnisses ausersehen, wird Maximus – ein Name, ein Programm – auf der Höhe seiner Macht und Assimilation mittels einer Intrige aus dem hegemonialen System verstoßen, dem er sich verschrieben hatte. Frau und Kind werden ermordet; er selbst entgeht zwar der Ermordung, wird aber versklavt, in den Orient deportiert und dort zum Gladiator zugerichtet. Nach anfänglichem Widerstand lässt sich der «Spaniard» zum Star der Provinz-Arena machen, und so gelingt es ihm, in jenes Zentrum der Macht, die Metropolis Rom, zu gelangen, das er zuvor nie betreten hat. Im römischen Kolosseum wird dann schließlich der Machtkampf mit dem illegitimen Thronprätendenten ausgetragen, in einem Duell vor den Zuschauermassen in der Arena – mit einem für Commodus wie Maximus gleichermaßen fatalen Ende im finalen Zweikampf, das jedoch immerhin, ex post betrachtet, zum erwünschten Ergebnis führt: Der «Spaniard» hat seine Familie gerächt, und Lucilla steht im Verein mit dem Senat dafür ein, dass das Vermächtnis Marc Aurels eingelöst wird. Die abenteuerliche Reise durch die Räume des römischen Imperiums, filmarchitektonisch mittels avancierter Technik «erbaut», führt zwar zum Tode, aber durch diese Passion hindurch vermeintlich zu einem besseren Leben.

Doch diese Ränder seiner Story leuchtet der Film nicht aus, wie ihm das Politische überhaupt nur Vorwand für jene Show ist, die das Imperium am Laufen hält und Maximus eine Bühne verschafft, auf der er sein Trauma ausagieren kann. Konsequent auf der Folie male-melodramatischer Introspektion des Titelhelden generiert der Film die für seine Diegese konstitutiven Reihen von Oppositionen, die im Plot als Konflikt zwischen disjunkten Diskursen artikuliert und in den Raumkonstruktionen des Films verhandelt werden. Die zentrale Stellung nimmt hierbei die Inversion von Peripherie und Zentrum ein, ein hoch abstraktes Formular, das semantisch immer wieder neu aufgefüllt werden kann: Das Randständige, die Provinz, wie sie Maximus verkörpert, repräsentiert in GLADIATOR jene Mitte, die dem Zentrum, der urbanen Metropole, abhanden gekommen ist; die notwendige Erneuerung des in den Strudel der Dekadenz geratenen Imperiums kann darum nur von der Peripherie her kommen. Das Zentrum kann nicht Heimat sein, sondern es muss Entfremdung bedeuten. So wird eine Dichotomie von Natur und Zivilisation installiert, wie sie das heimatbewegte Bauerndrama des frühen 20. Jahrhunderts oder der klassische Western nicht schöner – aber meist weniger selbstwidersprüchlich – ausgebildet haben. Denn in GLADIATOR werden Agrikultur und Familiensinn zwar einerseits in Opposition zur Zivilisation platziert, zugleich aber werden sie als «Ursprung» eben dieser Zivilisation in Anspruch genommen, zu der das Zentrum – Rom – nur zurückzukehren hätte, damit sich das Imperium von einer repressiv operierenden Hegemonie in eine Heimat aller Menschen guten Willens verwandelt. Dass ein solches Wunschbild auf eine Institution wie den römischen Senat appliziert wird, dessen Mitglieder durchweg auf Sklavenarbeit angewiesene Großgrundbesitzer waren, erscheint aus historischer Perspektive grotesk, aber dramaturgisch nachvollziehbar. Dass aber der Cäsar Marc Aurel seinen ebenso schlachterprobten wie politisch naiven Ziehsohn, der Rom nie gesehen hat, zum Vehikel von ihm selbst unverwirklichter Ursprungsphantasmen ernennt, wirkt auch intradiegetisch nicht plausibel.

Maximus pflegt ein ganz besonderes Verhältnis zu «Mutter Erde» (und zu «Vater Tod»), was bereits im «establishing shot» des Films als sinnproduzierendes Leitmotiv exponiert und im weiteren Verlauf des Films vielfach variiert wird: Eine Großaufnahme zeigt eine kräftige, mit einem schlichten (Ehe-)Ring geschmückte Männerhand, die über die Ähren eines sonnendurchfluteten Weizenfeldes streift. Diese bedeutungsschwere Einstellung wird nach und nach als «Vision» des Protagonisten erkennbar, einerseits als Flashback, das heißt als Erinnerungsbild, andererseits als in die Zukunft gerichtete Projektion seiner Sehnsucht. Die Wärme der fernen, fruchtbaren, domestizierten Natur der Heimat, von der Maximus seit zwei Jahren, zweihundertvierundsechzig Tagen – und einem Morgen getrennt ist, scheint auf in der Fremde, im kalten blauen Licht des düsteren Morgengrauens in der verschneiten Wildnis Germaniens, wo Maximus nun antritt, sein todbringendes Handwerk zu verrichten. Im Soundtrack wird die Einstellung von elegischem Gesang, dem «herzzerreißend» asemantischen Lamento einer Frauenstimme kommentiert. Die Exposition rückt dieses Wunschbild in die Nähe antiker Paradiesvorstellungen, die jedoch im kolloquialen «pep talk» des Generals sarkastisch abgewertet werden, wenn er die «Fratres» auf die «Tugend» der Todesverachtung einschwört und dabei einen Witz über den potenziell bevorstehenden Einzug ins «Elysium» macht. Schon bald freilich wird der «Sensenmann» jenen entschieden innerweltlichen Ort, der Maximus' *Leben* ist, mit harter Hand zerstören, und von da an weichen

Wärme, Licht und Farbe aus den spanischen «Visionen». Das Emblem wird in ein Andachtsbild in Grautönen verwandelt und so zur Projektionsfläche von Trauer um das Verlorene und (in diesem Leben) unheilbarer Melancholie. Die derart indizierte Todessehnsucht, ja: Todesverfallenheit dominiert denn auch deutlich über den Wunsch nach Rache; Maximus, der Gladiator, ist nie etwas anderes als ein Mortiturus, ein lebender Leichnam gewesen – der noch fehlende Dritte in jenen Ikonen der «heiligen Familie», auf denen man Mutter und Kind in schönster Marieninkonographie aus dem «Schattenreich» winken sieht.

Ob auf eine Vervollständigung des Tableaus im Jenseits zu hoffen ist, steht dahin. Die Imago des reifenden Korns verweist jedenfalls auf ein zyklisches, weltimmanentes Verständnis von Leben und Tod; und der spanische Bauer kann nur im Blut waten, weil er sich in jener Heimaterde verwurzelt weiß, in der auch die Gebeine seiner Lieben vermodern. Vor der Schlacht greift Maximus in den Boden und riecht an der Erde, als wolle er sich versichern, für was er kämpfe, und auch als Gladiator greift Maximus vor jedem Kampf in den Sand der Arena. Beim Bacchanal nach der Schlacht kommentiert ein Kamerad spöttisch, dass «Maximus, the farmer» nach Spanien zurückkehren möchte, statt im Triumphzug in die Metropole einzuziehen und dort Karriere zu machen, woraufhin der General lakonisch erklärt, dass Erde sich besser abwaschen lasse als Blut.[27] Und als Maximus dem alten Cäsar ein Bild von seiner Heimat und seiner Familie entwirft, spricht er ostentativ in poetischen Worten von «the soil, [...] black like my wifes hair»[28].

Besonders markant wird Maximus' Privatreligion in seiner mobilen «Ahnengalerie» veranschaulicht, denn im Feldlager kniet der General vor im Fackel- und Kerzenschein «sakral» illuminierten tönernen Idolen seiner Ahnen *und* seiner absenten Familie, er tritt in Kontakt zu jenen im Jenseits und Abseits und fragt sie um Rat, ob er den Wunsch seines «Adoptivvaters» erfüllen soll. Ob dabei auf einen spezifischen Kultus angespielt wird, bleibt unklar; «römisch» verstanden könnte es sich um die Lares und Penates des heimatlichen «Hauses» handeln, die dann freilich auch an diese Lokalität gebunden wären. Bezeichnend ist jedoch vor allem, dass Maximus von Beginn auch Idole in diese Galerie einstellt, die

---

27   Maximus vollzieht ostentativ das rituelle «Waschen der Hände in Unschuld» beim Bacchanal nach der Schlacht.
28   Vgl. Franziska Schößler/Ingeborg Villinger: «Vater Staat und Mutter Rom – Politik und Geschlechtermodelle in Ridley Scotts Gladiator», Manuskript, wird erscheinen in: *Freiburger Frauenstudien*, Bd.: Screening Gender (2004). Die Autorinnen gehen in ihrer anregenden genderspezifischen Lektüre von GLADIATOR vom Modell der Familie aus und gelangen in einer alternativen Argumentation mit Blick auf die Topiken zu anderen einleuchtenden Befunden.

seine abwesenden Lieben, Frau und Sohn, repräsentieren.²⁹ Das stellt eine klare Überblendung des antiken Kultus mit der Mechanik einer modernen Gedächtniskultur dar; die Ahnengalerie fungiert, pointiert gesagt, als bürgerliches Familienalbum mit sentimentalem Erinnerungswert. Das wirft ein klareres Licht auch auf die Immanenz des Heimatphantasmas und auf den Gladiator als männlichen Melancholiker. Nicht antike, sondern moderne Dispositionen werden hier durchgespielt, und filmisch mit topischen Bildern besetzt: *Sieht ein Mann rot*, so gehört es sich, dass er, als Fetisch, das Foto jener Geliebten in der Brieftasche bei sich trägt, für deren Verlust er Rache nimmt. Der Kreis schließt sich, wenn der als «edler Wilder» konzipierte Numidier Juba die Frau und Sohn verkörpernden Ton-Figürchen nach Maximus' Tod im blutgetränkten Sand der Arena vergräbt – eine schöne symbolische Geste, mit der freilich auch notiert wird, dass die Repräsentationskraft dieser Idole mit der vollständigen Auslöschung der «heiligen Familie» erloschen ist.

2.2 Heimat vs. Fremde – Germanien und Spanien

Die Exposition etabliert den «General» Maximus als moralisch integere, professionell effiziente Führerfigur, die das persönliche Risiko nicht scheut und dafür von den untergebenen Legionären respektiert, ja verehrt wird. Loyal zu Rom stehend, hat sich dieser Nicht-Römer für den imperialen Krieg gegen die «Barbaren» an der Peripherie instrumentalisieren lassen und zur Legitimierung dieser Entscheidung die Ideologie eines zivilisatorischen Imperialismus als persönliche Überzeugung adaptiert. Rom sei «the light», erklärt er seinem Kaiser und bemüht da-

---

29 Schößler/Villinger, die die Szene – in der die Idole mit den Bildern der «realen» Familie überblendet werden – im Detail diskutieren, gelangen zu poetologischen Schlüssen: «Auf die Repräsentation von Mutter und Sohn folgt ihr ‹reales Bild›. Was mithin als das Grundprinzip des Films bezeichnet werden kann, nämlich der Transfer von Mimesis in Semiosis, d.h. dass die Räume und Figuren des Öfteren in ihrer Zeichenhaftigkeit und kulturellen Codiertheit vorgeführt werden, das zeigt sich auch hier – die Konfiguration von Mutter und Kind wird in den Raum der Repräsentation verschoben. [...] Die Realität folgt einem Modell, wie diese Bildfolge deutlich werden lässt. Zugleich wird damit der phantasmagorische Status dieser Mutter-Sohn-Figuration kenntlich, denn das Zeichen signalisiert bekanntlich die Abwesenheit seines Referenten. Nicht die Präsenz ist es, die das männliche Handeln motiviert, so lässt sich folgern, sondern gerade ihre Absenz und damit die Möglichkeit ihrer ikonischen Repräsentation. Damit geht es in Scott's Film nicht unmittelbar um die Restitution der Familie, wie Rainer Rother ausführt, sondern um den Ausweis dieses Konzeptes als Phantasmagorie und als Movens kultureller Akte, die gerade durch die Absenz in Gang gehalten werden» (Schößler/Villinger: Vater Staat und Mutter Rom, S. 13). Dem könnte aus der hier vorgelegten Analyse des Films als Male Melodrama hinzugefügt werden, dass der Film diese Figuration nur deshalb so effektiv ausspielen kann, weil er die Hauptfigur als lebenden Toten selbst mit dem Zeichen der Absenz versieht und ihn derart in ein Jenseits der Kultur entrückt.

mit die prometheische Metapher der Aufklärung schlechthin. Marc Aurel, der ebenso desillusionierte wie altersweise Herrscher, weiß besser, was in der Metropole gespielt wird, möchte aber gleichwohl als sein Vermächtnis den Auftrag hinterlassen, jenen «fragile dream» wiederherzustellen, «that was Rome».[30]

Ohne erkennbare Ironie bemüht Marc Aurel jenes Ideologem, das noch jeder Militärdiktatur zur Legitimation hat dienen müssen: Der Augiasstall, zu dem Rom verkommen sei, könne nur von einem «starken», an persönlicher Macht uninteressierten und Politik verachtenden «Mann» ausgemistet werden. Sei dies geschehen, könne die Verwaltung des Staatswesens dann wieder in demokratisch legitimierte Hände (oder in die Verfügung des Senats) übergehen.

Maximus, dem Nicht-Römer, wird damit, in einer ersten Verkehrung der Hierarchie von Zentrum und Peripherie, angeboten, selbst höchster Repräsentant des imperialen Systems zu werden – wenn auch, um es (mehr oder weniger) abzuschaffen. Kein Wunder, dass das Imperium zurückschlägt. Während der aufrechte Bauer noch zögert, macht Commodus Nägel mit Köpfen, erwürgt seinen Vater und übernimmt die Macht, die ihm der gut geölte Apparat trotz der Offensichtlichkeit des Patrizids auch ohne Weiteres zugesteht.

Der Film setzt die Inklusion in die symbolische Ordnung des hegemonialen Systems und die Exklusion aus ihr nicht zuletzt über den Einsatz des Kostüms, mit dem der wortkarge Protagonist charakterisiert wird, und über Einschreibungen in seinen Körper ins Bild. In der Schlacht gegen die aufständischen Germanen, deren Stämme sich an der Donau vereint haben, trägt Maximus einen Panzer mit dem Emblem eines Wolfsgesichtes, das auf die Römische Wölfin in der Gründungslegende des Stadtstaates verweist; zudem sind Nacken und Schultern bedeckt mit einem Wolfsfell, und als er ins Gemetzel reitet, um «die Hölle loszulassen», wird er begleitet von einem domestizierten «Wolfshund» (der Tiertrainer bediente sich eines deutschen Schäferhundes). Somit wird der Söldner, historisch nicht einmal unangemessen, als jenes domestizierte «wilde Tier» denotiert, auf dessen Beistand die «zivilisierende» Macht angewiesen ist, um Siege zu erringen; tatsächlich haben sich die römischen Legionen schon in vorkaiserlichen Zeiten der Hilfe spanischer Kavalleristen versichert.

---

30 Vgl. auch die Ausführungen von Schößler/Villinger, die jene historischen Namen Lucilla und Lucius Verus (eigentlich der verstorbene Gatte Lucillas, hier aber zum Sohn verschoben) als sprechende Namen lesen und daraufhin die Lichtmetaphorik genderspezifisch analysieren.

Die Inszenierung der Schlacht gegen die aufständischen Germanen, die sich an der Donau versammelt haben, geht rasch in ein Germanen-Schlachten über. Das Gemetzel stellt GLADIATOR als seine erste große Attraktion aus, mit der sich der Film seinen «value» sowohl im Historien- als auch im Actiongenre definiert: Spetacular! Die Überbietung alles vorher je Gesehenen. Die Massenchoreografie im verschlammten Areal ist – im bizarren Set einer Winterlandschaft – in kamera- und ausstattungstechnischer Hinsicht hervorragend arrangiert; diesseits der Special Effects, die sich einer ausgeklügelten Prothesentechnik bedienen, folgt die Massenchoreografie jedoch den problematischen Mustern des Genres. Diese werden kaum ironisiert durch den pathetischen musikalischen Score, der die «realistischen» Effekte des Sound Designs überdeckt, und die Schlacht im Walzertakt zur Feier der «überlegenen» Perfektion der römischen Kriegsmaschine gegenüber der «primitiven» Kampftechnik der «Barbaren» semantisiert. Diese historisch und politisch fragwürdige musikalische Interpretation der martialischen Schlacht stellt der Komponist Hans Zimmer im Audio-Kommentar auf der DVD als beabsichtigt vor.

Der Grundton eines krassen «Realismuseffektes» in der Vorführung des kriegerischen Handwerks wird auf durchaus raffinierte Weise angeschlagen – so nämlich, dass der Zuschauer unvermittelt mit der kontrollierten Kriegstechnik der römischen Legionen und ihrer verheerenden Wirkung auf den planlos anrennenden Feind konfrontiert wird und zwischen Faszination und Abscheu schwankt. Erst ex post wird deutlich, dass dieser «schmutzige Krieg» tatsächlich von einem «schmutzigen System» verantwortet wird, dessen Triumphe keine Sympathie verdient haben. In diesem Sinne stellen der Gladiator und das von ihm in die Stellvertreterkämpfe der Arena geführte Häuflein der Aufrechten tatsächlich auch die Rächer der erbarmungslos niedergemetzelten «Barbaren» dar. Von einer kritischen Distanz zu einer «Geschichtsschreibung aus der Perspektive der Sieger» in der Repräsentation der Schlacht gegen die Germanen kann jedoch keine Rede sein, denn Scotts in Tierfelle gehüllte und mit Zottelperücken versehene Filmgermanen (verkörpert von britischen Hells Angels) entsprechen jenem Vorurteil einfach zu genau, das vom Zentrum in die Peripherie projiziert wird.

Nach erfolgter Machtübernahme bleibt Commodus gar nichts anderes übrig, als seinen Konkurrenten aus dem Weg zu räumen, und der naive Maximus, der allein an Weib und Kind denkt, leistet merkwürdigerweise kaum Widerstand. Als er zur Schädelstätte in den *Märchen*wald geführt wird, gibt er sich jedoch als Kämpfer (für die Rettung der bedrohten Familie) zu erkennen und tötet die ihm an Anzahl und Bewaffnung überlegenen Prätorianer mit virtuos kalkulierter Strategie, perfekter Kampftechnik und einer kleinen Verbeugung an die im «Eastern» vorherrschenden Demonstrationen der Martial Arts. Dass die anschließende, quälend gedehnte und dennoch hoch elliptisch inszenierte «last minute's rescue» scheitern muss, war von Beginn an klar. Wiewohl verwundet, schleppt sich Maximus im Eiltempo von der Donau zurück nach Spanien; unterwegs legt er die Rüstung der römischen Armee für immer ab und steigt so aus dem Korsett und Panzer der symbolischen Ordnung, die sich gegen ihn gewandt hat, ein für alle Mal aus. In düsteren Schreckensvisionen werden die Zerstörung des bukolischen Idylls und die grausame Ermordung von Frau, Sohn und Dienerschaft durch die brandschatzenden, marodierenden Prätorianer antizipiert.[31] Dann erblickt Maximus «in Wirklichkeit» das niedergebrannte Anwesen, sieht die verbrannten Leichen der Dienerschaft am Boden liegen, nähert sich dem Eingangstor, blickt nach oben und erkennt die verkohlten Beine von Frau und Sohn. In Pietá-Pose vor den Überresten der Gekreuzigten kniend, deren Füße er zaghaft berührt, beginnt der «strong man» hemmungslos zu weinen[32]; nachdem er die Toten begraben hat, bricht er erschöpft zwischen den beiden Grabhügeln zusammen: Die Kamera zeigt Maximus ohnmächtig zwischen den mit jeweils einer Bougainvillea-Blüte verzierten Erdhügeln und stellt so, einigermaßen plakativ, den «Schlaf an der Brust von Mutter Erde» als Vorwegnahme des Endes und Modus der Initiation in die Existenz des Moriturus vor.

2.3 Niemandsland

Der bewusstlose Maximus wird von arabischen Sklavenhändlern gefangen genommen und als Sklave in die marokkanische Provinz Zucchabar verschleppt. Der Transfer des zwischen Leben und Tod Vegetierenden in den Orient soll einem Albtraum gleichen und wird in Form einer computergenerierten, temporeichen, assoziativen Montage- und Überblendungssequenz gestaltet. Die sensorische Deprivation, der Realitätsverlust, den Maximus erfährt, wird nicht symbolisch vermittelt, sondern unmittelbar, analogisch, reproduziert und in «Seelenlandschaft» verwandelt. GLADIATOR stellt mit dieser Sequenz vor allem eine weitere, medientechnische Attraktion aus. Auch in dieser Montagesequenz winken dem Ohnmächtigen wieder Frau und Kind aus dem Jenseits zu. Das

---

31 Dieses Operieren mit «Traumgesichten» der Zerstörung ist ein Verfahren der scheiternden «last minute's rescue», das schon im Stummfilm eingesetzt wurde.
32 Um ihn in der Arena zu provozieren, wird Commodus Maximus später ausmalen, wie sehr seine Frau unter den vielfachen Vergewaltigungen gelitten habe, die ihrer und des Sohnes Kreuzigung vorangingen. Kreuzigungen gehörten zu den abschreckendsten und erniedrigendsten Formen der Hinrichtung im Römischen Imperium.

«Weibliche» eignet sich im Action-Melodrama deshalb so gut zum Phantasma, weil es dem männlichen Protagonisten dazu verhilft, sich ganz auf das fürs Genre Wesentliche zu konzentrieren. Maximus kommt in dem Moment wieder zu sich selbst, in dem seine Hand die steinige Erde Marokkos berührt.[33] Erwachend sieht Maximus Maden in seiner Armwunde wimmeln – direkt oberhalb der Tätowierung SPQR, mit der er sich der symbolischen Ordnung des Imperiums verschrieben hatte.[34] Diese Würmer, die der Numidier Juba beschafft hat, müssen herhalten, die Fäulnis auszutreiben; so heilt Natur die Wunde, die Kultur geschlagen hat. Juba, ein «Exot», der aus dem Jenseits des imperialen Herrschaftsgebietes stammt, versorgt Maximus nicht nur medizinisch. Er übernimmt die pflegende und sorgende Funktion der toten Frau und wird zum ersten Mitglied des allmählich um den «geborenen» Führer Maximus entstehenden Männerbundes, der seinerseits die männerbündische Gemeinschaft der Legion repliziert.[35]

Nirgends präsentiert sich GLADIATOR so deutlich als Kontrafaktur zum konventionellen Epic-Film wie in diesem Zwischenspiel. Das vertraute Fremdbild *Orient* wird gründlich demontiert. Scotts Marokko ist «schmutzig» und verkommen, es bietet nichts von dem, womit der Orientalismus sonst im Epic-Film die Schaulust befriedigt hatte: verschwenderische Opulenz und stilisierte Sinnlichkeit, Orgien, Tänzerinnen, Odalisken, die sich lasziv auf Ottomanen räkeln. Und während

---

33   Der Zug der Karawane durch die Wüste wird, typisch für den Epic-Film, repräsentiert in Panoramaeinstellungen, wie sie erstmals in Giovanni Pastrones Monumentalfilm CABIRIA (I 1912-14) erprobt wurden; das Genre-Zitat verweist freilich eher auf Wüstenepen wie David Leans LAWRENCE OF ARABIA (GB 1962).
34   Später schneidet sich Maximus mit einer Glasscherbe die Tätowierung aus dem Oberarm. Juba, der die Lettern als sakrale Markierung verkennt, fragt besorgt, ob er damit nicht seine Götter erzürne. Darauf reagiert Maximus mit einem ironischen Lächeln.
35   Im Disput des Proximus mit dem arabischen Sklavenhändler wird ein Gag platziert, der mehr ist nur ein Gag ist. Der Händler habe ihm, empört sich Proximus, «schwule Giraffen» angedreht, die sich «nicht paaren» wollen. Diese «schwulen Giraffen» traben später durchs Bild, kurz bevor die Gladiatoren jeweils zu Paaren aneinandergekettet erstmals in die Arena getrieben werden, wo sie sich gegen einen Überraschungsangriff der martialisch-mythologisch maskierten Andabate-Kämpfer behaupten müssen. Dadurch, dass diese domestizierten «exotischen» Tiere in der Menagerie des Proximus im Hintergrund der Einstellung zu sehen sind, wird der Raum der Gladiatorenschule als Zoo, als ein Ort der entorteten Zurichtung zum machtlosen Blickobjekt, semantisiert. In der Semantik der Initiationsrede, die Proximus vorher an die Neuzugänge gerichtet hat, wird der Raum als ein exklusiv männlich besetzter «unfruchtbarer» Ort, der nichts als den Tod hervorbringt, expliziert. Anderseits kennzeichnen die «schwulen Giraffen», als Lebewesen, die sich im Kontext der überwachten Gefangenschaft gerade nicht problemlos instrumentalisieren lassen, die Schule auch als einen Raum, in dem «Männerbünde», Paarungen, im Dienst des Überlebens geschlossen werden können (vgl. auch den vermittelten Diskurs der Homosexualität, der sich in Kubricks SPARTACUS einschreibt.)

sonst der obligatorische Sklavenmarkt eine Lizenz für die Zurschaustellung nackter Frauenkörper liefert,[36] stehen in Zucchabar neben exotischen Tieren männliche Körper zum Kauf – Kampfmaschinen und Menschenmaterial[37] zur Verwertung in der Vergnügungsindustrie. Lanista Proximus, der, verbannt in die Provinz, eine Gladiatorenschule betreibt, betrachtet und befühlt die Ware und etabliert so eine Blickordnung, die den Objektstatus des Sklaven mit Nachdruck akzentuiert.[38] So werden die Männer in eine Position eingestellt, die von der feministischen Filmtheorie gemeinhin weiblichen Protagonistinnen zugeschrieben wird, das heißt: Sie werden effeminiert. In ihrem instruktiven Essay *Animals or Romans. Looking on Masculinity in Spartacus* konstatiert Ina Rae Hark, dass der Körper des Gladiators in der Blickordnung fetischisiert werde; und tatsächlich finden sich auch Juba und Maximus «situated in positions analogous to those of the fetish or object of punishing voyeurism [Laura] Mulvey describes as woman's in cinema's classic scopic regime»[39]. Daraus folgt nun freilich gerade nicht, dass auch die traditionellen Gender-Kodierungen für Orient und Okzident eine Umwertung erführen. Der Orient bleibt die «große Hure», hier freilich jeder Faszination beraubt und sozusagen zu «billigen Preisen» verkauft. Und dies wird auf überzeugende Weise als Effekt der Kolonisierung begreiflich gemacht: Rom hat der Peripherie kein «Licht» gebracht, sondern lediglich Gladiatorenspiele als Exportschlager seiner Zivilisation.

36 Bereits in CABIRIA (I 1912-14, R: Giovanni Pastrone) wurde das römische Mädchen dem Oberpriester Karthagos angepriesen als Material für die grausamen Menschenopfer im Tempel des Moloch. Im Epic-Film lizensieren die exotistisch-orientalistischen Sklavenmarkt-Szenen konventionell die Präsentation nackter oder halb nackter Frauen und stellen das voyeuristische Blickdispositiv des Genres damit aus, in Gladiatorenfilmen wird der Topos verkehrt, da nun die «starken» «fremden» Männer, rekrutiert aus Kriegsgefangenen, aufmüpfigen Sklaven, Verurteilten als Opfer für den Tod in der Arena angepriesen werden. Zum Topos und zur Ikonographie des orientalistischen Sklavenmarktes, Frauenmarktes, Heiratsmarktes im Epic-Film vgl. Ines Steiner: «Das ‹Alte Ägypten› als vertrautes Fremdbild der Moderne in *Die Sklavenkönigin*», in: Armin Loacker/Ines Steiner (Hg.): Imaginierte Antike, S. 290f.
37 Proximus kauft auch physisch schwächere Sklaven ein, die sozusagen als «Frischfleisch» fungieren, als Opfer in den Hetzjagden durch exotische Raubkatzen, diese «zum Sterben» bestimmten Sklaven haben a priori keinerlei Chance, zu überleben. Dieser Kontext wird nicht explizitet, darauf, dass Proximo auch diese Variante des grausamen Spektakels mit Akteuren bedient, verweisen Szenen am Rande.
38 Es gibt für Maximus und Juba keine Chance, sich dem erniedrigenden Blick des Proximus zu entziehen, anders als es noch Spartacus in einem Akt des Aufbegehrens im gleichnamigen Film von Stanley Kubrick versucht.
39 Ina Rae Hark: «Animals or Romans. Looking at Masculinity in *Spartacus*», in: Steven Cohan/Ina Rae Hark (Hg.): *Screening the Male. Exploring Masculinities in Hollywood Cinema*, London/New York 1993, S. 151-172, hier S. 151.

3. In der Arena: Praktiken des Todes

3.1 Re-Initiation: Gladiator

In Hollywood-Produktionen kommen Gladiatoren grundsätzlich entweder als Statisten im Dekorum vor oder, wenn sie zu Protagonisten ernannt werden, als Anti-Gladiatoren, welche die Mitarbeit an dem ihnen aufgenötigten Spektakel auf diese oder jene Weise verweigern.[40] Im ikonographischen Diskurs stellt GLADIATOR eine Kontrafaktur zum konventionellen Topos vom *Mort du gladiateur* dar (vgl. Abb. 223).

GLADIATOR stellt mit Maximus zwar einen veritablen Moriturus ins Zentrum seiner Story, kann sich diesem Mechanismus jedoch umso weniger verweigern, als der Plot mit hohem Einsatz spielt. Maximus kämpft nicht um seine Freiheit, buhlt nicht um die Gunst eines launischen Publikums, sondern er fordert das imperiale System selbst zum Duell; und dass ihm dies gelingen kann, vermag der Film nicht einmal auf der Ebene einer schlichten Psychologie männlicher Rivalitäten überzeugend zu motivieren. Probleme im Plotting kündigen sich jedoch schon früher an: Der traumatisierte Maximus erweist sich als bemerkenswert antriebsschwacher Charakter, der außerhalb der Arena seiner Melancholie kaum entrissen werden kann. Erzählökonomisch hat dies seinen guten Sinn, kann sich der Film somit doch ganz auf die Aufreihung seiner eigentlichen Attraktionen konzentrieren. Erzähllogisch kann diese Lösung jedoch kaum befriedigen, denn sie zwingt den «Helden» in ein repetitives narratives Schema und verdammt ihn zu einer passiven

---

40 Im historischen Roman des 19. Jahrhunderts wird der Topos vom *Mort du gladiateur* vielfach thematisiert, z.B. in Raffaello Giovanglos historischem Roman *Spartaco*, der 1874 publiziert wurde, und seit den 10er-Jahren auch im Film. Im frühen Film, der in seiner medialen Antikerezeption zur «Überwindung» des Historismus antritt, werden die Spektakel des ritualisierten Tötens und Sterbens in der Arena, an deren Grausamkeit sich ein «Massenpublikum» delektierte, in der Topik der Roman Stories abgerufen, als ein prominentes Beispiel sei hier nur das Spartacus-Sujet erwähnt. Der Spartacus-Stoff wurde erstmals als italienischer Monumentalfilm SPARTACO OR IL GLADIATORE DELLA TRACIA (I 1913) von Giovanni Enrico Vivaldi in den Pasquali-Studios in Turin ins Leben der bewegten Bilder gesetzt. Mit nahezu jedem Medienumbruch feiert der einmal auf der Leinwand bewährte Gladiatoren-Stoff eine Renaissance. GLADIATOR rekuriert hinsichtlich der Selbstbehauptung gegen das erniedrigende Blick- und Machtregime insbesondere auf Stanley Kubricks SPARTACUS (USA 1960), der in der Kritik an Rom aus der Perspektive der versklavten Schwertkämpfer gegenüber dem Unterdrückungskontext jedoch wesentlich präziser verfährt. Eine differenzierte Analyse zu Kubriks SPARTACUS im Kontext der von Hollywood produzierten Roman Stories bietet Maria Wyke: *Projecting the Past. Ancient Rome, Cinema, and History*, New York/London 1997, S. 34-72; zum zeitgeschichtlichen Kontext der Entstehung: Carl Hoffmann: «The Evolution of a Gladiator: History, Representations, and Revision in *Spartacus*», in: *Journal of American & Comparative Cultures* 23/1, S. 63-70.

Antikerezeption in der Malerei des 19. Jahrhunderts diente als ikonographisches Vorbild von GLADIATOR – in seinem Gemälde *Pollice Verso* (1872) inszeniert Jean Léon Gérôme die Macht des Publikums und des Caesaren, die mit gesenktem Daumen über Leben und Tod in der Arena entscheidet.

Kontrafaktur zum abgerufenen Topos: Zweikampf auf Augenhöhe um die Gunst des Publikums – der Caesar (Joaquin Phoenix) steigt zum Gladiator (Russel Crowe), der provokant den Schwur verweigert, in die Arena

Als Tableau Vivant, *The Banquet*, das auf die Gemälde Sir Lawrence Alma Tademas und auf GLADIATOR rekurriert, reinszeniert die Fotografin Eleanor Antin 2001 den Topos ‹La mort du gladiateur› – beiläufig wird bei einem ‹dekadenten› Bacchanal dem Gladiator im Wartestand das Zeichen zum Töten gegebe

Rolle, die das Vergnügen am Aufstieg des zum «Niemand» Degradierten zum Star der Arena erheblich beeinträchtigt.

Die Einführung in die soziale Mechanik des Gladiatorenhandwerks übernimmt nun, wo der Film noch einmal beginnt, der Impresario Proximus. In einer zynischen Initiationsrede macht er die Neuzugänge mit der «Kunst» bekannt, die das Töten und Sterben vor einem Massenpublikum darstellt. Durch diese Rede sollen die Morituri zur Akzeptanz ihrer Rolle gebracht werden, damit sie später, lebend und vor allem sterbend, dem Anspruch einer theatralischen Inszenierung genügen, in der die reale Vorführung von Mord und Totschlag pro forma als zivilisatorisch gebändigte Demonstration von männlicher «virtus» verkleidet wird. Diese Rede, die auf Maximus' Ansprache vor der Schlacht zurückverweist, greift den aus zahllosen Filmen bekannten Topos der Initiation ins «boot camp» oder ins Straflager auf. Der sadistische Aufseher/Ausbilder, von dem man schon ahnt, dass er sich auf die Seite der Guten schlagen wird, versucht zunächst einmal, das ihm unterworfene «Menschenmaterial» zu demütigen und jeden Selbstwertgefühls zu berauben. Dann wechselt er die Strategie und beginnt, die neue Identität, hier: Status und Ehrenkodex des Gladiators, zu implantieren. Im Verlauf dieser Rede räsoniert Proximus in Dichotomien über Geburt und Tod, Leben und Sterben, Vergänglichkeit und Ewigkeit, etabliert aber auch einen aufschlussreichen Austauschdiskurs bezüglich der Funktionsstelle von «Mutter» und «Vater», indem er sich selbst als eine den «großen», «heroischen», «sinnstiftenden» Tod bringende Instanz, als *sozialer Vater* an die Stelle der *natürlichen Mütter* der Gladiatoren setzt, die ihnen nichts als ein «kleines», «erbärmliches», «schäbiges», und «sinnloses» Leben geschenkt hätten. Indem er diese Mütter zudem als «Huren» denunziert, weist er nur umso deutlicher darauf hin, dass er selbst in der revidierten Gender-Semantik den Platz des «Zuhälters» einnimmt, der von der Schaulust am Tode profitiert.

Die Rede kulminiert in einer pathetischen Eloge auf die Tugend der Todesverachtung, durch die der Gladiator seine verlorene Identität wenigstens in der Memoria des Volkes zurückgewinnen und den recht- und schutzlosen Status einer «wilden Kreatur» transzendieren könne. Der vor dem Massenpublikum zelebrierte Ritus des Übergangs, das «heroische» Überschreiten der Schwelle vom Leben zum Tod, garantiere dem Gladiator «Ewigkeit» in einem letzten, triumphalen Akt der «Befreiung» und «Erlösung» vom irdischen Dasein:

> I shall be closer to you for the next few days, which will be the last of your miserable lives, than that bitch of a mother that brought you screaming into

this world. I did not pay good money for you for your company, I payed it so that I could profit from your death. And as your mother was there at your beginning so I shall be there at your end. And when you die – and die you shall – the sound of cheering will send you to the next world. Gladiators, I salute you.

Der Tod selbst wird hier als sinnstiftende Instanz hypostasiert; das Savoir mourir des Gladiators, vollzogen in einem performativen Akt von Mut und Mannhaftigkeit, soll die elende Existenz des zum Töten und Sterben abgerichteten Akteurs nobilitieren. Doch verliert auch dieser Tod in der nivellierenden Serialität, mit der er in der Arena wieder und wieder mit beliebig austauschbaren Figuren zelebriert wird, seine Einzigartigkeit vollständig. Todesverachtung als männliche Tugend ist nicht mehr als ein der Perpetuierung des Spiels dienender Habitus, und er verschleiert letztlich nicht, dass in diesem Spiel der Gladiator nicht ein Schauspieler ist, sondern das Schauspiel. Proximus, das pervertierte Zerrbild des greisen Marc Aurel, ist tatsächlich der «Vater Tod». In der Dichotomie, die der Film insgesamt zwischen «Mutter Natur» und «Vater Tod» konstruiert, artikuliert sich – auf durchaus problematische Weise – die sentimentale Idolatrie der Mutter und ihrer Stellvertreterinnen. Von der Frage einmal abgesehen, ob der hier von Proximus paraphrasierten historischen ideologischen Selbststilisierung des Mort du gladiateur als einer «heroischen» Akzeptanz und Überwindung des Todes in den Performanzen des ritualisierten Tötens und Sterbens in der Arena jemals ein empirisches Korrelat entsprochen hat, bleibt anzumerken, dass sie auf Maximus, den Anti-Gladiator, nicht ohne weiteres anwendbar ist, und dass Scotts Film, intradiegetisch, die Differenz zwischen heroischem Ideal und mörderischer Wirklichkeit absichtsvoll notiert. Das Gros der Akteure in der Arena wird schlicht und einfach in möglichst spektakulären Metzeleien «verheizt».

An den Gladiatorenspielen nimmt Maximus nur mehr dem Anschein nach teil, indem er in der Arena vorgibt, sich zum Schauspiel zu machen, während er tatsächlich nur als Schauspieler agiert. Für die symbolische Ordnung des imperialen Patriarchats ist er – tot oder lebendig – längst nicht mehr zu retten. Als Antitypus dieses Ex-Generals wird Proximus, der freigelassene Ex-Gladiator und Star der Arena, etabliert, der seinerseits den Zynismus des vergnügungsindustriellen Betriebs durchschaut und dennoch nicht von ihm loskommt. Durch Parallelisierung der jeweiligen Wendepunkte in der Karriere der beiden Professionals deutet der Film an, dass Proximus in jenem heroischen Moment, in dem Marc Aurel ihm das hölzerne Gladius zum Zeichen der Befreiung aus dem Sklavenstand überreicht hat, seine Identität nicht gewonnen, sondern vielmehr verloren hat. Maximus widerspricht Proximus vielfach, und er wird den Schwur des Gladiators nicht leisten. Zunächst verweigert er sich jenem Test, mit der seine Verwertbarkeit für die Arena geprüft werden soll; er scheint entschlossen, jene das Publikum frustrierende Haltung passiver Schicksalsergebenheit einzunehmen, die im «Sandalenfilm» gemeinhin den Christen vorbehalten bleibt. Doch der Germane Haken prophezeit zurecht: «You will fight», und paradoxerweise erweist es sich, dass Maximus, indem er sich mit einem gelben Fleck als «Loser» markieren ließ, seine Überlebenschancen erheblich verbessert hat, da jeweils ein «Loser» an einen «Winner» gekettet wird. Mit seinem Freund Juba, dessen Tod er nicht auf sich nehmen will, bildet Maximus darum ein doppelt starkes Team, das die Sympathien des Publikums auf sich zieht. Und was Proximus längst gewusst hat, tritt ein: «You go into the arena as slaves. You come back – if you come back – as gladiators.»

Mit dem ersten Auftritt der Versklavten in der Arena steuert GLADIATOR auf seine sicherlich effektvollste, vermutlich aber auch semantisch reichste Szenenfolge zu. Bereits die Gladiatorenschule erweist sich als ein Ort des Schreckens: Aus der «angsterfüllten» Perspektive der Neuzugänge repräsentiert die Kamera augenblickhafte Einstellungen, die diesen Ort der Zurichtung zur Grausamkeit synekdochisch charakterisieren: Mit Maximus erblickt man Käfige, in denen exotische Tiere mit menschlichen Körperteilen gefüttert werden, oder man sieht, wie eine Raubkatze darauf abgerichtet wird, einen Gekreuzigten effektvoll zu zerfleischen. Über der Arena in Zucchabar kreisen Geier, die durch CGI-Technik als Vanitas-Motiv einkopiert wurden, und überhaupt «stinkt» dieser Ort geradezu nach Verwesung. Die voyeuristische Blickordnung, die die Gladiatoren fetischisiert, wird nicht allein auf der visuellen Ebene repräsentiert, sondern zudem bestätigt durch die Schreie der Zuschauer, die zum Töten auffordern. Die in den Blutrausch versetzte Masse wird als hysterisch gezeigt und damit effeminiert. Noch bevor das ungleiche Gefecht gegen die Andabate-Kämpfer beginnt, sind die Neulinge sensorisch überwältigt und im Raum desorientiert. Umso stärker fällt der Überraschungseffekt aus, wenn ohne jede Vorankündigung das erste Opfer auf drastische Weise den Kopf verliert. Ein wehrloser Grieche, der aufgrund seiner intellektuellen Fähigkeiten bereits zuvor zum Objekt des Spotts geworden war, steht im unter den Ausgestoßenen etablierten Blickregime an letzter Stelle; nun wird gezeigt, wie er vor Angst zitternd seine sackleinene Toga einnässt, was Maximus, der stoisch wartend hinter ihm steht, mitfühlend beobachtet. An Haken gekettet, hat der

Grieche in der Tat keine Überlebenschance. Der Germane benutzt die schmächtige Gestalt rücksichtslos als Schutzschild, wirft sie gleichsam ins Messer und hackt sich von dem Leichnam los, um mit der handbewehrten Kette eine Waffe zu gewinnen. Haken repräsentiert den in der Schule des Proximus geradezu vorbildlich zum Gladiator zugerichteten Kriegsgefangenen.

Maximus scheint zunächst noch fest zum Suizid durch fremde Hand entschlossen, doch da er Juba nicht im Stich lassen kann, kommt es, wie es kommt: Das Dream-Team überlebt nicht nur, sondern zieht das Publikum auf seine Seite, und der «Spaniard» wird unter dem ihm von Proximus verliehenen Kämpfernamen umso mehr zum Star des ominösen Provinztheaters, als er versucht, sich dieser Rolle zu entziehen. Seine offen gezeigte Verachtung macht ihn attraktiver, als jede Schmeichelei es bewirken könnte; die Verweigerung des Spektakels wird zum Spektakel selbst. Und Maximus spielt das Spiel mit, obwohl er die Werbungs- und Dressurversuche des Proximus nach wie vor zurückweist, lässt sich schließlich sogar in eine Rüstung einkleiden (die emblematisch mit dem vieldeutigen Bild zweier spanischer Pferde versehen ist) und damit auf die ihm zugedachte Rolle verpflichten. Man kann vermuten, dass der Film an dieser Stelle versucht, die wortkarge – für einen Genre-Film auffällig monodimensional charakterisierte – Figur mit Ambivalenzen anzureichern. Der Effekt ist jedoch eher verwirrend, und vorübergehende Klärung tritt erst mit dem unwahrscheinlichsten aller Fälle ein: Das Provinzensemble des Proximus wird in die Metropole abgeordnet, weil die Show-Exzesse des Commodus, der unter dem Vorwand der Ehrung des (von ihm getöteten) Marcus Aurelius wochenlange Gladiatorenspiele ausrichtet, den Bedarf an «Frischfleisch» drastisch erhöht haben. Damit erst wird der Rachewunsch handlungsmotivierend, und von nun an lässt sich Maximus – ein Ziel vor Augen – auf die Ratschläge des Alten ein – was allerdings deshalb wiederum verwirrend ist, weil der Film eben noch den Attraktionscharakter der Publikumsbeschimpfung so überaus stark gemacht hat.

3.2 «Marmorn muß das Kolossale strotzen»[41] – Showdown in Rom

Heimat, lautet Blochs berühmtes Wort, sei das, was jedem in die Kindheit scheine, und worin noch niemand war. Erzählstrukturell betrachtet, stellt GLADIATOR eine geradezu parodistische Variante des «Prinzips Hoffnung» dar. Hier herrscht das Prinzip Hoffnungslosigkeit: Obwohl

---

41   Yvan Goll: «Ode an Berlin» [1918], in: ders.: *Die Lyrik in vier Bänden*, Bd. I: *Frühe Gedichte 1906-1930*, hrsg. u. kommentiert v. Barbara Glauert-Hesse, Berlin 1996, S. 262

mit Maximus der Muster-Römer schlechthin an jenen Ort «zurückkehrt», den er nie betreten, der seinem ersten Leben aber gleichwohl den gesamten Sinn verliehen hat, kann der Gedanke niemals aufkommen, der Vollzug der Rache könne jene Wunden heilen, die das reale dem imaginären Rom geschlagen hat. Zwar tritt der untote Söldner, indem er den Vatermörder mit in seinen Tod nimmt, doch noch das Vermächtnis seines «Adoptivvaters» an. Doch am Ende kann man mit Fug und Recht immer noch behaupten, dass Maximus niemals in Rom gewesen sei. Denn GLADIATOR ersetzt, auf durchaus konsequente Weise, das realpolitische wie das imaginäre Rom durch einen Zentralbau, in dem legitimerweise nur Handlungen stattfinden dürfen, deren symbolische Valenz ihrer realen Folgenlosigkeit entspricht. Um dieser Konstellation einen brauchbaren Plot abzugewinnen, ist der Film jedoch gezwungen, die Grenze zwischen symbolischer Stellvertretung und den Dispositiven der Macht ein ums andere Mal für nichtig zu erklären – und das kann man auf plausible Weise nur einmal tun, aber nicht öfter. So macht GLADIATOR in der Konfliktkonzeption des in der Arena ausgetragenen Duelles zweier antagonistischer Gegner seinen Titelhelden zum Narren, was mit den Genre-Regeln kaum vereinbar scheint, und dessen mit allen politischen Wassern gewaschenen Gegenspieler, einen Cäsar – der sich provozieren lässt, selbst zum finalen Zweikampf in der Arena zu steigen – vollends unglaubwürdig. Und beides hängt direkt damit zusammen, dass der Film – vielleicht aus Angst vor Toga, Lidstrich und epischer Überlänge – kein *Rom* entwirft, das den repräsentationslogischen Ansprüchen an einen Epic-Film standhalten könnte.

Ganz seiner Action-Dramaturgie entsprechend, macht GLADIATOR Rom selbst *zur Arena* und präsentiert das Kolosseum mit sichtbarem Stolz als seine größte, computergenerierte und superrealistische Attraktion. Das Production Design setzt sich hier selbst ein Denkmal, denn Juba, unser «edler Wilder», bemerkt zurecht, er habe sich nicht vorstellen können, dass Menschen dergleichen zu erbauen fähig seien. Geradezu lustvoll haben die mit GLADIATOR befassten Illusionskünstler kundgetan, sie hätten sich zu ihrem Kunststück von Leni Riefenstahls TRIUMPH DES WILLENS[42] inspirieren lassen[43] – ein in die Jahre gekommener Tabubruch,

---

42   TRIUMPH DES WILLENS, D 1936, R: Leni Riefenstahl.
43   Ron Magid: Rebuilding Ancient Rome. Der Rekurs auf Albert Speers Architekturentwürfe und Riefenstahls faschistische Repräsentation des Verhältnisses von Führer und Masse im monumentalen Raum ist signifikant. Commodus' «Marsch auf Rom» (im Streitwagen, begleitet von der Elitetruppe der Prätorianer), auch sein «Aufstieg zur Macht» werden als quasi faschistisch inszeniert: So steigt Commodus die Treppen zum Senat hinauf, um Blumen von der – à la Sir Lawrence Alma Tadema frühlingshaft bekränzten – Jugend Roms, die in der Semantik des Films die Zukunft der Metropolis

der, soweit es die hier bemühten Verfahren angeht, mit Selbstverständlichkeit ins Leere läuft und der gleichwohl mehr über GLADIATOR aussagt, als den Beteiligten recht sein kann. Die Gleichung, die derart zwischen Commodus und Hitler/Mussolini aufgemacht wird, mag bemüht erscheinen – anstößig ist sie nicht. Anstößig ist aber sehr wohl ein Repräsentationsverfahren, das politische Macht auf die öffentlich inszenierte Zurschaustellung «männlicher» Tugenden reduziert und dergleichen Spektakel unter der Hand in die bare Münze eines Duells auf Leben (oder Tod) und Tod konvertiert. Der Film selbst weiß es besser, wenn er zeigt, wie Commodus in einer nächtlichen Szene mit einem Modell des Kolosseums spielt und Gladiatorenfigürchen in der Arena platziert.

Damit ist nicht gesagt, dass sich der Repräsentationsapparat nicht gegen den Sinn des Erfinders kehren kann. Die erste Wiederholung der initialen Szene in der Arena fällt vielmehr schon deshalb höchst überzeugend aus, weil sie die anfangs, mit der Germanenschlacht, aufgerufene Illusion vom unbesiegbaren Rom subvertiert und die Fragwürdigkeit der an der Peripherie geführten Kriege in die Metropole reimportiert. Proximus' Ensemble ist natürlich nur zu einem Zweck nach Rom geholt worden: Die provinziellen Amateure sollen als «Kanonenfutter» dienen, und im speziellen Fall sollen sie die nötige Verfügungsmasse bilden, die zur Reinszenierung des Sieges des Scipio Africanus über den Erzfeind Karthago benötigt wird.[44] Diese Rechnung geht nicht auf. Nicht nur verweigert der – hier maskiert auftretende – «Spaniard» dem Kaiser den rituellen Gruß, sondern er weiß auch, mit welcher Taktik die römische Kriegstechnik von einem an sich unterlegenen Gegner sabotiert werden kann, jedenfalls dann, wenn diese Technik in einem nicht militärisch, sondern ästhetisch verantworteten Dekor auftritt. Die geschmackvoll von einem Duo aus Wagenlenker und afrikanischer Amazone (mit Pfeil und Bogen im goldenen Panzer) besetzten Streitwagen wären den für gewöhnlich in die Arena gejagten Einzelkämpfern bei weitem überlegen, aber einem nach dem Vorbild der Legion organisierten Kollektiv halten sie nicht stand. Wenige, freilich drastisch inszenierte Minuten später ist die Geschichte von «Glanz und Größe» des römischen Imperiums in der Arena umgeschrieben worden: Die Barbaren haben gesiegt. Das Publi-

repräsentiert, in Empfang zu nehmen. Diese Szene erscheint als eine ebenso inadäquate «moderne» Rückprojektion auf die Antike wie Peter Sloterdijks Diktum vom «antiken Amüsierfaschismus» in Bezug auf die Gladiatorenspiele in der Arena.

44 Mit dem Rekurs auf den Zweiten Punischen Krieg verweist der Film nebenbei auch auf frühere Reinszenierungen dieses Krieges gegen das Söldnerheer der Karthager aus der Frühgeschichte des Kinos, etwa auf Giovanni Pastrones CABIRIA (I 1914) oder auf Pierre Marodons SALAMMBÔ (F/AUT 1925).

kum ahnt nicht, dass es im Zeitraffer die Zukunft des Imperium Romanum gesehen hat, goutiert die Abweichung vom historischen Drehbuch und schlägt sich auf die Seite der vermeintlichen Underdogs, wodurch – der Logik des Genres entsprechend – auch der Cäsar zur Anerkennung der erbrachten Leistung genötigt wird.

So erhält Maximus, indem er sich demaskiert, bereits mehr, als er sich hat erwarten können: die nach allerlei Gesten des Aufschubs wahrgenommene Chance, in aller Öffentlichkeit von *seiner* Version der jüngsten Geschichte Zeugnis abzulegen, die sich freilich auf trostlose Weise dem für den Actionfilm obligatorischen Gebell des seelisch ungebrochenen Kriegsgefangenen – Name, Dienstgrad, Dienstnummer – assimiliert. Dem politisch indifferenten Publikum entgeht die in dieser Ansprache enthaltene Anfechtung der kaiserlichen Autorität zwar nicht, aber sie zeitigt auch keineswegs die von Maximus erwünschten Folgen; man macht sich von nun an einen Spaß daraus, den Kampf des Gladiators gegen den Cäsar als «antikes» Kasperltheater in den Straßen Roms nachzuspielen. Commodus ist verständlicherweise alarmiert, doch da es in GLADIATOR kein Rom, sondern nur ein Kolosseum mit Nebenschauplätzen gibt, bleibt ihm nichts anderes übrig, als – natürlich vergeblich – zu versuchen, seinen Rivalen in der Arena auszuschalten. Diese Verkürzung von Machtmechanismen auf Show-Effekte kann umso weniger überzeugen, da sich der Commodus der Exposition der Differenz zwischen einem – nicht nur symbolischen – Sieg in der Schlacht und Herrschaftskompetenz genau bewusst war und das enorme Risiko eines Meuchelmords in feindlichem Gelände ohne Zögern auf sich nahm. Nun muss man diesem «political animal» zusehen, wie es zunächst den wenig aussichtsreichen Versuch unternimmt, Maximus vor aller Augen von einem Gallier namens Tigris und drei an kurzer Kette gehaltenen Tigern töten zu lassen. Und als habe er es darauf abgesehen, dem ihm physisch überlegenen Feind noch eine dritte Chance zu gewähren, steigt Cäsar schließlich zum absehbaren Showdown selbst in die Arena. Über dieses groß gedachte Finale sollte man den Mantel des Schweigens breiten, denn dieses Ende der Passionsgeschichte kann weder erzähllogisch noch als Spektakel überzeugen. Es reduziert zudem auch die Komplexität des vom Film zuvor entworfenen Bildes vom «schmutzigen» Handwerk der Männer, im Krieg wie in der Arena. Zwar ist Maximus auf tückische Weise gehandicapt, da ihm (wie Christus am Kreuz; vgl. Joh. 19,34) die seitliche Wunde zum Tode bereits geschlagen wurde. Aber GLADIATOR hat zu viel semantische Energie in das Dementi der Illusion vom Zweikampf «Mann gegen Mann» investiert, um aus dem Duell noch eine brauchbare Schlusswendung gewinnen zu können. «Rome is free again», kann Lucilla zwar verkünden, nachdem der Schmerzensmann in ihren Armen verschieden ist. Aber weder die Bildformel der Pietá noch die postume Verklärung des «Spaniard» zum Retter Roms – und schon gar nicht die imaginäre Heimkehr zu Frau und Kind – kann die Bedeutungsleere verdecken, die das zweite Sterben des Moriturus hinterlässt.

4. Geschichte «light»

Mit einem Rekurs auf Nietzsche hat Gilles Deleuze den Historienfilm in seiner «großen Form» als hybrides Gebilde zu beschreiben versucht:

> Während die monumentale Geschichte die Auswirkungen als solche betrachtet und von den Ursachen nur einfach Duelle übrigbehält, in denen sich einzelne gegenüberstehen, so muß sich die antiquarische Geschichte gerade ihrer annehmen und die der Epoche gemäßen Formen wieder aufleben lassen: Kriege und Auseinandersetzungen, Gladiatorenkämpfe und Wagenrennen. [...] [Der] Antiquar [...] konzentriert sich auf die Mittel, die bei der Handlung eine Rolle spielen, und ihre gewohnte Verwendung: Wandverkleidung, Kleidung, Aufmachung, Maschinen, Waffen und Werkzeuge, Schmuck, persönliche Gegenstände. [...] Der Antiquar verstärkt noch das Monumentale.[45]

Man kann es auch schlichter sagen: Das große Historienkino kombiniert monumentalistisch organisierte Storylines mit antiquarisch inspirierten Set Designs. Da jedoch die Dramaturgie des Duells ein frei verfügbares Narrativ darstellt, das keineswegs nur in Geschichtserzählungen Verwendung findet, darf man schließen, dass es de facto der antiquarisch betriebene Aufwand ist, der den historischen Monumentalfilm überhaupt ermöglicht: Seit jeher versucht das Historiengenre so viel wie möglich vorzuzeigen, und nicht zufällig ist der Begriff des Ausstattungskinos so gut wie unlöslich mit ihm amalgamiert.

Auf einer entsprechenden Überlegung beruht, wie oben gezeigt, das Projekt GLADIATOR: Mit jenen neuen Fähigkeiten, die sich das Medium Film im Entwurf möglicher Welten erworben habe, müsse es doch ebenso möglich sein, wirkliche, wenn auch vergangene, Welten auf nie gesehene Weise zu reanimieren. Was einem Erfolg entgegenstand, war allein jenes Image des hoffnungslos Veralteten, das dem Genre anhaftete. Verständlicherweise hat sich das Produktionsteam also bemüht, den Monumentalfilm nicht nur mittels technischer Innovationen, sondern auch

---

45 Gilles Deleuze: *Das Bewegungsbild. Kino 1*, Frankfurt am Main 1989, S. 205.

durch eine Rekalibrierung der Genre-Formel zu modernisieren, und man ist hierfür, in Anlehnung an den Actionfilm, den Weg einer entschiedenen Verschlankung gegangen: Der Antiquar im Set Designer und Tricktechniker darf sich zwar im großen Stil austoben, aber der Story darf er nicht in die Quere kommen. Beruht der klassische Monumentalfilm auf einer Logik der Bildverschwendung, so beharrt GLADIATOR auf strikter narrativer Ökonomie. Attraktionskino – ja!, aber in linearer Sukzession, nicht etwa in Nebenhandlungen und metadiegetischen Panoramen verstreut. Eine einfache Story, einfach und mit hohem «production value» erzählt: Dieses Rezept sollte, wo nicht für großes Kino, so doch für hochsolides Handwerk bürgen.

Und doch hat der Wille zur Reduktion dem Film nicht unbedingt gut getan. Dies scheint paradox nur dann, wenn man verkennt, dass GLADIATOR mit den Schwächen der überkommenen Genre-Formel auch deren Stärken auszutreiben droht. Zwar führt die Vereinfachung streckenweise durchaus zur gewünschten Verdichtung und, vor allem in der Marokko-Episode, zu einer Komplexitätssteigerung, die der dritten, von Nietzsche empfohlenen – kritischen – Art der Geschichtsauffassung geschuldet ist. Doch dies gelingt nicht zufällig in der Verbildlichung jenes hintersten Winkels, der man die Behauptung abnimmt, die Mauern der Arena seien die Grenzen der dargestellten Welt. Was man mit Maximus von Rom zu sehen bekommt, ist dagegen schon darum nicht mit dem Rom des alten «Sandalenfilms» zu verwechseln, weil diesseits des Kolosseums von Rom so gut wie nichts gezeigt wird. An den Repräsentationsansprüchen des Monumentalfilms gemessen, kommt GLADIATOR darum so scheintot daher wie sein Titelheld – denn anders als Deleuze meint, ist es nicht das diegetisch funktionale «Mittel», dessen Vorzeigen die Poetik des Genres regiert, sondern es ist gerade umgekehrt (und ganz in Nietzsches Sinn) das unbedeutende Detail, der Überfluss an Überflüssigem, an narrativ nicht integriertem Material, an möglichen Signifikanten, die man zu sehen bekommt, ohne ihre Bedeutung jemals zu erfahren.

Seine ebenfalls einfachen Geschichten hat das klassische Historien-Epos mit Kostümen, architektonischen Illusionen und exotischem Dekor so zugestellt, dass ihr Zusammenhang oft kaum noch zu erkennen war. Und die Vermutung geht vermutlich recht, dass derlei zeitgenössisch kaum als Rezept für einen Blockbuster tauge. Gleichwohl bringt erst die Verschwendung von Erzählzeit zu Zwecken bloßer Darstellung jene kritische Masse bei, die aus historisch deklarierter Fantasy monumentales Geschichtskino macht. Und GLADIATOR bezahlt die Entscheidung für eine genrekritisch abgemagerte Geschichtsauffassung mit einem hohen Preis: Dem Film geht nicht nur Geschichte, ihm geht auch die einfache Story verloren, die erzählt werden sollte. Der Familienroman, der in Form eines pychologischen Kammerspiels zwischen den Attraktionen des Spectacular! vermitteln sollte, hat sein Potenzial mit der Exposition bereits erschöpft. An seine Stelle soll die melodramatische Introspektion des großen Außenseiters treten, doch auch an diesem Männerbild (im doppelten Sinn) kann sich keine semiotische Dynamik entzünden: Kaiser, Bauer, Edelfrau – sie alle bleiben auf jene Selbstbeschreibungen fixiert, mit denen sie ins Spiel gekommen sind. Insofern wird man kritisch sagen müssen, dass GLADIATOR mit seinem Versuch, eine Kontrafaktur des überkommenen Klischees vom Strong Man und Anti-Gladiator zu entwerfen, nirgendwo markanter scheitert als auf dem Niveau gendersemantischer Artikulation. Frau ist Leben, Mann ist Tod: Auch einem Muskelmann wäre eine an Bedeutungen reichere Heimat zu gönnen.

Sandra Rausch

Männer darstellen/herstellen. Gendered Action in James Camerons TERMINATOR 2

«Genre is what we collectively believe it to be.»[1] Der Erkenntnisgehalt dieser These von Andrew Tudor lässt sich durch ein einfaches Wortersetzungsspiel auf gendertheoretische Überlegungen beziehen: Ersetzt man «Genre» durch «Gender», schimmert eine Gemeinsamkeit beider Begriffe durch, die in der derzeitigen Filmwissenschaft Hochkonjunktur haben. So stellt auch Irmela Schneider fest:

> Jede/r weiß, was gemeint ist, wenn von einem Genrefilm gesprochen wird, jede/r meint ebenso zu wissen, was Geschlecht oder Gender bedeuten. Es gibt einen pragmatischen Umgang mit beiden Bezeichnungen, der problemlos ist. Wenn es allerdings darum geht, genauer zu bestimmen, was gemeint ist, dann wird das Verständnis kompliziert, dann entziehen sich beide Kategorien einer raschen Definition.[2]

Tudors Genre-Definition richtet sich gegen eine Genre-Theorie, die sich in einem logischen Zirkel befindet: «They are defining a western on the basis of analyzing a body of films that cannot possibly be said to be a western until after the analysis.»[3] Dasselbe Argument lässt sich mit Schneider auch gegen Ansätze vorbringen, die Filme in Bezug auf das vorgestellte Zielpublikum als Männer- beziehungsweise Frauenfilme klassifizieren: «Die Prämisse ist, dass man Weiblichkeit und Männlichkeit als fixierte und unveränderbare Wesensmerkmale begreift. Vorausgesetzt wird nämlich, dass es ein konsensuelles Vorverständnis darüber gibt, was man unter weiblich bzw. männlich versteht.»[4] Konzipiert man Gender und/oder Genre als fest gefügte Ordnungskriterien, laufen also beide Begriffe Gefahr, Idealtypen oder ontologische Konzepte festzuschreiben beziehungsweise zu implizieren. Im Folgenden wird beides, Genre und Gender, zu verhandeln sein – und dabei in eine historisch bewegliche und prozessual gedachte Wechselbezie-

---

1 Andrew Tudor: «Genre», in: Garry Keith Grant (Hg.): *Film Genre Reader I*, Austin 1986, S. 3-10, hier S. 7.
2 Irmela Schneider: «Genre und Gender», in: Elisabeth Klaus (Hg.): *Kommunikationswissenschaft und Gender Studies*, Wiesbaden 2001, S. 92-102, hier S. 92.
3 Tudor: Genre, S. 4. Tudor bezieht sich hier auf Konzeptionen der Genre-Theoretiker Jim Kitses und André Bazin.
4 Schneider: Genre und Gender, S. 98.

hung gesetzt werden. Mit James Camerons TERMINATOR 2: JUDGMENT DAY[5] kommt ein spezifisches Genre in den Blick: der Actionfilm.[6] Dieser Genre-Film – das wird mein exemplarisches «close reading» der Eingangssequenz zeigen – rekurriert gerade in Bezug auf seine Gender-Konfigurationen auf das vielleicht «mythischste» Genre der US-amerikanischen Filmgeschichte: den Western, der genau wie der Actionfilm gerne als typisches «Männergenre»[7] gehandelt wird. Es geht mir also weniger um die Beschreibung von Gender-Spezifizierungen innerhalb eines einzelnen Genres, sondern gerade um den Genre-Übergriff und die hierbei erfolgende Umschrift von Gender-Repräsentationen, welche wiederum Konsequenzen für mein Genre-Verständnis haben wird. Mit Fokus auf die Fragestellung, wie der Actionfilm Männerkörper in Szene setzt, wie er diese darstellt und gleichzeitig herstellt, werde ich TERMINATOR 2 als Relektüre des Western[8] be-

5   TERMINATOR 2: JUDGMENT DAY, USA 1991; Regie: James Cameron; Drehbuch: James Cameron, William Wisher Jr.; DarstellerInnen: Arnold Schwarzenegger, Linda Hamilton, Edward Furlong, Robert Patrick, Earl Boen, Joe Mortin u.a.; Kamera: Adam Greenberg; Schnitt: Conrad Buff, Dody Dorn, Mark Goldblatt, Richard A. Harris; Musik: Brad Fiedel; Szenenbild: Joseph Nemec; Art Director: Joseph P. Lucky; Set Decorator: John M. Dwyer; Kostüme: Marlene Stewart; Maske: Jeff Dawn, Ed French, Steve LaPorte, Stan Winston; Carolco Pictures Inc., Le Studio Canal+, Lightstorm Entertainment et al. Der Film gehört zu den erfolgreichsten Action-Blockbustern. Über ein Jahrzehnt nach seinem Kinostart belegt er in der aktuellen Auflistung der All-Time-Blockbuster immerhin noch Platz 47, mit 204,8 Millionen Dollar spielte er über ein Drittel der Einnahmen des Listenführers TITANIC (USA 1997, R: James Cameron) ein, der mit 600,8 Millionen Dollar verzeichnet ist (vgl. hierzu http://www.boxofficeguru.com/blockbusters.htm [letzte Abfrage 4.7.2003]).
6   Wie Claudia Liebrand/Ines Steiner in ihrer Einleitung zum vorliegenden Band überzeugend darstellen, ist jeder Genre-Film immer schon eine Genre-Hybride. Im Falle von Camerons TERMINATOR 2 lässt sich mit guten Gründen ebenfalls von einem Science-Fiction-Film sprechen (in *Hollywood Hybrid* kann man dies bei Franziska Schößler nachlesen), ebenso könnte man auf seine Anleihen beim Katastrophenfilm eingehen. Die Entscheidung, TERMINATOR 2 als Actionfilm zu untersuchen, ist meinem Interesse am Männerkörper und einem spezifischen Zusammenhang von Körperdiskurs und Actionfilm geschuldet, wie im Verlauf meiner Argumentation deutlich werden wird.
7   Karin Esders-Angermund beschreibt die dominante Tendenz in der Forschung, den Western als «das männliche Genre schlechthin» (Karin Esders-Angermund: *Weiblichkeit und sexuelle Differenz im amerikanischen Genrekino. Funktionen der Frau im frühen Westernfilm*, Trier 1997, S. 9) zu klassifizieren, eine Tendenz, die sich auch bei Susan Hayward wiederfinden lässt: «The western is a man's movie. A man with a horse, a man in action, a loner who leaves the woman behind rather than staying» (Susan Hayward: *Cinema Studies. The Key Concepts*, London ²2000, S. 469).
8   Man könnte hier ebenfalls von einer Revision des Western durch den Actionfilm sprechen. Die Entscheidung für den Begriff der Film*lektüre* ist den theoretischen Prämissen der Cultural Studies geschuldet, an denen ich mich eng orientiere. Der in den Cultural Studies verwendete erweiterte Textbegriff geht davon aus, dass alle Objektivationen des kulturellen Repräsentationssystems – also Stadtarchitektur wie Werbeplakate, Comics und Musik-Videos, Make-up- wie Modetrends und eben auch Hollywoodfilme – lesbare Texte sind. Text ist hier also ganz im Sinne seiner etymologischen Herkunft (lat. texere bzw. textum: weben, flechten, Gewebe, Geflecht, Zusam-

schreiben. Der männliche Körper im Actionfilm – so meine These – gewinnt seine spezifischen Konturen erst im Rückbezug auf die Gender-Vorgaben des historisch vorgängigen Genres – und zwar indem die Männlichkeitsrepräsentationen des Western wiederholt und reinszeniert, gleichzeitig aber auch ironisiert und parodiert werden. Um diese Problemkonfiguration angemessen verhandeln zu können, werde ich zunächst mit der nötigen Ausführlichkeit auf die Körperdebatte und die Debatte um den männlichen Körper eingehen. Diese Diskurse sind seit den 1980er-Jahren gerade im Zusammenhang mit dem Actionfilm auf eine immense Resonanz innerhalb der Filmwissenschaften gestoßen, mit Blick auf das Westerngenre allerdings erst im Verlauf der 1990er-Jahre rezipiert worden. Ein komplexes und historisch angemessenes Verständnis von filmischen Männlichkeitsrepräsentationen lässt sich meines Erachtens erst über eine kontextualisierende Einbettung in die – zumindest seit rund 20 Jahren mit Verve geführten – Körperdiskurse erreichen. Die exemplarische Analyse der Eingangssequenz von Camerons TERMINATOR 2 – dessen Hauptrolle mit Arnold Schwarzenegger, einem der wohl prominentesten Männerkörper des Actionkinos besetzt ist – wird diese Diskussion fortsetzen, kritisch überprüfen und schließlich meine abschließenden Reflexionen zum Verhältnis von Genre und Gender motivieren.

Körperdebatten

Seit Beginn der 1980er-Jahre lässt sich das gesellschaftliche Interesse am Körper nicht mehr übersehen und zwar sowohl in wissenschaftlicher wie in alltäglicher Hinsicht.[9] Indizien für diese Körperkonjunktur sind Phänomene wie das Aufkommen von Fitness-Studios, Wellness-Centern

---

menhang) als (Bedeutungs-)Gewebe zu verstehen. Selbstverständlich muss die Analyse eines filmischen Textes auch auf die Medienspezifik seines Gegenstandes eingehen. Der Lektürebegriff impliziert darüber hinaus eine Reflexion der eigenen Arbeit am Text, d.h., dass er sich selbst als eine unter weiteren, möglichen Bedeutungsproduktionen versteht. Zum Textbegriff der Cultural Studies vgl. beispielsweise: John Fiske: *Understanding Popular Culture*, London 1989; Stuart Hall: «The Work of Representation», in: ders. (Hg.): *Representation. Cultural Representations and Signifying Practices*, London 1997, S. 15-64; Mieke Bal: «Art, Language, Thought and Culture. Culture Analysis Today», in: Bundesministerium für Wissenschaft und Verkehr/Internationales Forschungszentrum Kulturwissenschaften Wien (Hg.): *The Contemporary Study of Culture*, Wien 1999, S. 169-192.

9 Vgl. Irmela Schneider: «Anthropologische Kränkungen. Zum Zusammenhang von Medialität und Körperlichkeit in Mediendiskursen», in: dies./Barbara Becker (Hg.): *Was vom Körper übrig bleibt. Körperlichkeit – Identität – Medien*, Frankfurt am Main 2000, S. 13-39, hier S. 13; sowie Bärbel Tischleder: *Body Trouble. Entkörperlichung, Whiteness und das amerikanische Gegenwartskino*, Frankfurt am Main 2001, S. 11.

und Extremsportarten, das gestiegene Bewusstsein für Gesundheit und Ernährung oder die Ikonisierung von Sportler- und Modelkörpern, die uns allgegenwärtig auf Plakaten, Illustrierten und Bildschirmen begegnen.[10] Der Körper wird gebrandet und gepierct, tätowiert und korrigiert – und erfreut sich nicht nur in der Alltagskultur einer gesteigerten Aufmerksamkeit. Kunstausstellungen widmen sich seiner Geschichte, seinen Doppelgängern oder seinem Inneren.[11] Genetik, Mikrobiologie und plastische Chirurgie treiben seine Manipulation und konkrete Umgestaltung voran, die Entwicklungen auf dem Gebiet der Prothetik und der Kybernetik lassen die Grenzen zwischen Mensch und Maschine verschwimmen.[12] Diese Kolonialisierung des Körpers sorgt innerhalb von medientheoretischen Diskussionen für euphorische Aufbruchs- wie düstere Endzeitstimmung,[13] wobei auch die These vom Verschwinden des Körpers laut wird. Neue Medientechnologien verändern die Perspektive auf das Verhältnis von virtuellen und realen Körpern: «*Würde sich der wirkliche Körper bitte erheben?*»[14] pointiert Allucquére Rosanne Stone die Verwirrungen um den Körper im Cyberspace.

Diese geballte Aufregung um den Körper scheint zunächst paradoxe Züge zu tragen: «Der psychophysische Körper erhält in einer Situation neue Aufmerksamkeit, in der seine physische Präsenz [...] immer mehr an Bedeutung verliert».[15] Versteht man Körper- und Mediengeschichte sowie Identitätskonzepte als sich wechselseitig bedingende Pro-

---

10   Vgl. Richard Shusterman: «Soma und Medien», in: Florian Rötzer (Hg.): *Die Zukunft des Körpers*, Bd. 1 (Kunstforum International 132), Ruppichteroth 1996, S. 210-215, hier S. 210f.
11   Ich beziehe mich hier auf folgende Ausstellungen: *Prometheus*, Völklingen, Berlin 1998; *Puppen, Körper, Automaten. Phantasmen der Moderne*, Düsseldorf 1999; *Körperwelten. Die Faszination des Echten*, erstmals Mannheim 1997/98.
12   Donna Haraway entwirft mit ihrer Cyborg-Konzeption eine politische Utopie des Hybridwesens, ähnlich argumentiert Michel Tibon-Cornillot, der das Aufbrechen der Mensch-Maschine-Dichotomie am Beispiel des künstlichen Herzens, der Klontechnik und der kybernetischen Maschinen festmacht (vgl. Donna Haraway: «Ein Manifest für Cyborgs» [1985], in: dies.: *Die Neuerfindung der Natur. Primaten, Cyborgs und Frauen*, hrsg. und eingeleitet von Carmen Hammer und Immanuel Spieß, Frankfurt am Main 1995, S. 33-72; Michel Tibon-Cornillot: «Die transfigurativen Körper. Zur Verflechtung von Technik und Mythen», in: Dietmar Kamper/Christoph Wulf [Hg.]: *Die Wiederkehr des Körpers*, Frankfurt am Main, S. 145-164, hier S. 146-150).
13   Man vergleiche zum Beispiel die enthusiastischen Cyborg-Visionen des Medienkünstlers Sterlac mit den eher pessimistischen Zukunftsprognosen Paul Virilios (vgl. Sterlac: «Von Psycho- zu Cyberstrategien. Prothetik, Robotik und Tele-Existenz», in: Florian Rötzer [Hg.]: *Die Zukunft des Körpers*, Bd. 1 (Kunstforum International 132), Ruppichteroth 1996, S. 72-81; Paul Virilio: *Rasender Stillstand*, München/Wien 1992).
14   Allucquére Rosanne Stone: «Würde sich der wirkliche Körper bitte erheben?», in: Florian Rötzer (Hg.): *Die Zukunft des Körpers*, Bd. 2 (Kunstforum International 133), Ruppichteroth 1996, S. 68-83.
15   Schneider: Anthropologische Kränkungen, S. 15.

zesse, kann die gesteigerte Beschäftigung mit dem Körper als ein Versuch gesehen werden, ihn zu einer letzten Einheitsbastion des Subjekts zu stilisieren, um «wider besseren Wissens einen Restbestand an Unmittelbarkeit zu erhalten.»[16]

Der Körper hat also Konjunktur[17] und steht gleichzeitig auf dem Spiel, denn seine Grenzen sind in Bewegung geraten: Ehemals vertraute Grenzziehungen, die den menschlichen Körper als natürlich (versus künstlich), lebendig, organisch, biologisch (versus unbelebt, anorganisch, technisch) und materiell (versus immateriell) bestimmten, scheinen am Ende des 20. Jahrhunderts obsolet geworden zu sein.[18] Es wundert daher nicht, dass gerade im kulturwissenschaftlichen Bereich die Zahl der Veröffentlichungen zum Thema Körper seit den 1980er-Jahren kontinuierlich zugenommen hat, als zentrales Forschungsgebiet ist die Körperdebatte derweil nahezu unüberschaubar geworden:

> Thematisiert werden Auffälligkeit und Schönheit, Geschichte und Zukunft, Materialität und Semantik, Invasion und Eroberung, Verteidigung und Wiederkehr von Körpern und Leib. Darüber hinaus werden Körper gepaart mit Steinen, Städten und Maschinen, Bild und Raum, Gedächtnis und Schrift, mit Schmerz, Begehren und Gefühl, Differenz und Identität. Kontext sind [...] Wissenschaft und Technologie, Philosophie und Psychoanalyse, Moderne und Postmoderne, Architektur, Kunst, Literatur, Photographie, Film und neue Medien, sowie Rassismus und Kapitalismus [...]. Ein weites Feld also.[19]

---

16   Ebd.
17   Von einer Konjunktur ist hier die Rede, da dieses Interesse am Körper historisch betrachtet keineswegs als Novum gehandelt werden kann. Allein in der Kunstgeschichte von der Antike über die Renaissance bis in die Moderne, aber auch in Sport- und Medizingeschichte lassen sich Beispiele für diverse Körperkonjunkturen finden. Für die Neuzeit belegen dies Sarasins Forschungen zum Hygienediskurs des 19. Jahrhunderts oder Schneiders Verweis auf implizite Körpertheorien innerhalb von medientheoretischen Diskussionen vor den 1980er-Jahren, z.B. die Extension-Theorie McLuhans (vgl. Philipp Sarasin: *Reizbare Maschinen. Eine Geschichte des Körpers 1765-1924*, Frankfurt am Main 2001; Schneider: Anthropologische Kränkungen, S. 28-33; Marshall McLuhan: *Die magischen Kanäle. Understanding Media* [1964], Dresden 1994). Kennzeichnend für die Entwicklung seit den 1980er-Jahren ist meiner Einschätzung nach aber die intensive Rezeption sowie die anhaltende Präsenz des Körperthemas in einer sich immer weiter ausdifferenzierenden Medienlandschaft.
18   Vgl. Haraway: Manifest für Cyborgs, S. 36-39; Schneider: Anthropologische Kränkungen, S. 31.
19   Tischleder: Body Trouble, S. 11. Für eine ausführliche Darstellung der vielfältigen Forschungsbereiche, in denen der Körper innerhalb der letzten drei Jahrzehnte diskutiert worden ist, verweise ich auf Tischleder: Body Trouble, S. 11-21, sowie Kapitel 1-3, die eine beachtliche Anzahl der Publikationen gesichtet hat, ebenfalls auf Sarasin: Reizbare Maschinen, S. 11-31; sowie auf Paula-Irene Villa: *Sexy Bodies. Eine soziologische Reise durch den Geschlechtskörper*, Opladen 2000, passim.

Trotz dieser ausufernden und überaus heterogenen Forschungslage lässt sich, wie Bärbel Tischleder formuliert, dennoch eine «dominante Tendenz» innerhalb der Kulturwissenschaften ausmachen, «die die Bedeutung des Somatischen vor allem in Hinblick auf *identity politics* betrachtet».[20] Der hier verwendete Körperbegriff knüpft an diesen Befund an: Ich konzeptualisiere den Körper als eine historisch und kulturell relative Größe, die über das «Wahrnehmen, Vorstellen und Handeln von Menschen in konkreten historischen Situationen [...] in einer je spezifischen Weise als soziale Tatsache»[21] geformt wird.

Zwar vermittelt uns gerade die Wahrnehmung des eigenen Körpers den Eindruck einer unmittelbaren Erfahrbarkeit, die dazu verleitet, den Körper als natürlich gegebene Tatsache einzustufen, dass aber selbst elementare Bewegungsabläufe des menschlichen Körpers wie Laufen, Schwimmen oder Gehen eine kulturelle Variabilität aufweisen, hat für die moderne Kulturwissenschaft Marcel Mauss schon 1935 dargelegt. Diese «Techniken des Körpers»,[22] «die Weisen, in der sich die Menschen in der einen wie der anderen Gesellschaft traditionsgemäß ihres Körpers bedienen»,[23] sind empirische Belege für die kulturelle Prägbarkeit des Körpers und stellen ein allzu simples Verständnis von seiner Natürlichkeit in Frage. Während Mauss als Körpertheoretiker avant la lettre verstanden werden kann,[24] bezieht sich das Gros der heutigen Körpertheorien auf Michel Foucault, der den Körper als Effekt von gesellschaftlichen Machtdispositiven begreift.[25] Hier schließt auch Judith Butler an, die Foucaults Überlegungen in ein gendertheoretisches Körperkonzept überführt hat, das sich insbesondere für mein Interesse – die geschlechtliche Kodierung von (Männer-)Körpern innerhalb ihrer filmischen Inszenierung – fruchtbar machen lässt.

In ihrer breit rezipierten Studie *Das Unbehagen der Geschlechter* (*Gender Trouble*)[26] problematisiert Butler bekanntlich die von der feministischen Kritik entwickelte Unterscheidung von Sex und Gender[27] und plä-

---

20 Tischleder: Body Trouble, S. 13.
21 Sarasin: Reizbare Maschinen, S. 11f.
22 Marcel Mauss: «Die Techniken des Körpers» [1935], in: ders.: *Soziologie und Anthropologie*, Bd. 2: *Gabentausch, Soziologie und Psychologie, Todesvorstellung, Körpertechniken, Begriff der Person*, Frankfurt am Main 1989, S. 199-220.
23 Ebd., S. 199.
24 Vgl. Tischleder: Body Trouble, S. 62, Anm. 32.
25 Insbesondere in Michel Foucault: *Überwachen und Strafen. Die Geburt des Gefängnisses*, Frankfurt am Main 1976; ders.: *Der Wille zum Wissen. Sexualität und Wahrheit*, Bd. 1, Frankfurt am Main 1977; vgl. Sarasin: Reizbare Maschinen, S. 16.
26 Judith Butler: *Das Unbehagen der Geschlechter*, Frankfurt am Main 1991.
27 1975 prägte Gayle Rubin den Begriff des Sex-Gender-Systems, der den fraglosen Rückschluss vom biologischen Geschlecht (Sex) auf das soziale Geschlecht (Gender)

diert für deren Aufhebung: Sex im Sinne von biologischem Geschlecht und Gender im Sinne von sozialem Geschlecht sei eine unproduktive Trennung, körperliche Materialität sei ebenfalls ein Effekt diskursiver Strukturen,[28] Geschlecht nicht etwas, was man hat, sondern etwas, das man tut[29] – und verweist auf Nietzsches These, «daß es kein Seiendes hinter dem Tun gibt, daß die ‹Täter› also bloß eine Fiktion, die Tat dagegen alles ist»[30]. Essenzialistischen Geschlechtskonzeptionen «innerhalb des überlieferten Diskurses der Metaphysik der Substanz»,[31] die den Körper sowie seine Akte und Gesten als Ausdruck eines inneren «Kerns» oder «Wesens» der Geschlechtsidentität verstehen – eine ontologische Auffassung, die in aktuellen Debatten über die genetische Determination in moderner Fassung fortlebt –, setzt Butler ein performatives Körperverständnis entgegen. In ihrer Perspektive wird der Körper zu einem Schauplatz der Inszenierung von Gender, wobei der geschlechtliche Körper erst im Vollzug dieser Inszenierung hervorgebracht wird. Diese inszenatorischen Mechanismen der Geschlechterperformanz, auf die auch der von mir verwendete Begriff der Darstellung/Herstellung rekurriert, lassen sich insbesondere bei der Analyse filmischer Körper re-

kritisiert (vgl. Gayle Rubin: «The Traffic in Women. Notes on the Political Economy of Sex», in: Rayna R. Reiter [Hg.]: *Toward an Anthropology of Women*, New York 1975, S. 157-210, zit. nach Sarasin: Reizbare Maschinen, S. 15).

28 Diese Konzeption hat Butler den Vorwurf einer Verleugnung der physischen Wirklichkeit des Körpers eingebracht. So sprach z.B. Barbara Duden in ihrer Butler-Replik von der «Frau ohne Unterleib» (Barbara Duden: «Die Frau ohne Unterleib. Zu Judith Butlers Entkörperlichung», in: *Feministische Studien* 11/2 [1993], S. 24-33). Wie Butler in Reaktion auf ihre Kritiker selbst noch einmal deutlich macht, zielt sie jedoch gerade darauf ab, die Naturalisierung von körperlicher Materialität als Ergebnis einer komplexen Verschränkung von gesellschaftlichen Diskursen und Praktiken zu beschreiben: «Die Unbestreitbarkeit des ‹biologischen Geschlechts› oder seiner ‹Materialität› ‹einzuräumen›, heißt stets, daß man irgendeine Version des ‹biologischen Geschlechts›, irgendeine Ausformung von ‹Materialität› anerkennt. Ist nicht der Diskurs, in dem und durch den dieses Zugeständnis erfolgt [...] selbst formierend für genau das Phänomen, das er einräumt? Die Behauptung, jener Diskurs sei formierend, ist nicht gleichbedeutend mit der Behauptung, er erschaffe, verursache oder mache erschöpfend aus, was er einräumt; wohl aber wird damit behauptet, daß es keine Bezugnahme auf einen reinen Körper gibt, die nicht zugleich eine weitere Formierung dieses Körpers wäre» (Judith Butler: *Körper von Gewicht. Die diskursiven Grenzen des Geschlechts*, Frankfurt am Main 1997, S. 33). Eine detaillierte Auseinandersetzung mit der Diskussion um den Materialitätsbegriff bei Butler findet sich bei Tischleder: Body Trouble, Kapitel 1, insb. S. 23-35.

29 Vgl. hierzu auch Claudia Liebrand: «Prolegomena zu Cross-Dressing und Maskerade. Zu Konzepten Joan Rivieres, Judith Butlers und Majorie Garbers – mit einem Seitenblick auf David Cronenbergs Film M. Butterfly», in: *Freiburger FrauenStudien* 5 (1999), Bd.: Cross Dressing und Maskerade, S. 17-31, hier S. 21.

30 Butler: Das Unbehagen der Geschlechter, S. 49. Butlers Übertragung dieser These auf die Geschlechtsidentität stellt einen «weitergehenden Schritt, den Nietzsche übrigens weder vorhergesehen noch geduldet hätte» (ebd.), dar.

31 Ebd.

konstruieren,[32] da der Film in seiner medialen Verfasstheit die kulturellen Verfahren der prozessualen und performativen Darstellung/ Herstellung von Körperlichkeit und Geschlechterdifferenz reflektiert und damit den Produktionsaspekt von Gender, wie Butler ihn beschrieben hat, in besonderer Weise vorführt.[33]

Schon mit dem Aufkommen des neuen Mediums Film setzt eine verstärkte Diskussion über das Verhältnis von Körpererfahrung und Körperrepräsentation ein: Das bewegte Medium Film problematisiert die Unterscheidung zwischen dem «natürlichen» Körper und seiner technisch reproduzierbaren Kopie auf der Leinwand.[34] Mit der Darstellung von Körpern auf der Leinwand verändert sich auch die *Vorstellung* von Körpern. Insofern muss der Körper auch immer in Korrelation zu seinen «Medien, ihrer Materialität und ihre[n] diskursiven Strukturen, die den Körper gleichzeitig zur Darstellung bringen und ihn konstruieren»,[35] verstanden werden. Das Verhandeln und Konstruieren unserer Vorstellungen von «natürlichen» Körpern – und damit auch von geschlechtlich markierten Körpern – ist für das Kino konstitutiv. Die Körperbilder des Kinos müssen immer erst produziert, inszeniert und projiziert werden, um auf der Leinwand erscheinen zu können. Aufgrund des «Realitätsgebots» des Hollywoodkinos sollen diese Produktionsverfahren sowie ihre Apparaturen bei der Vorführung des Films aber möglichst unsichtbar bleiben.[36] Der Film stellt also nicht etwa «natürliche» Körper *dar*, sondern vielmehr erst als natürlich erscheinende *her*, wobei er gleichzeitig mit der Verschleierung dieser Herstellung beschäftigt ist.

---

32 Butler selbst spricht davon, dass «die Akte, durch die die Geschlechterzugehörigkeit konstituiert wird, performativen Akten in theatralischen Kontexten [ähneln]» (Judith Butler: «Performative Akte und Geschlechterkonstitution. Phänomenologie und feministische Theorie», in: Uwe Wirth [Hg.]: *Performanz. Zwischen Sprachphilosophie und Kulturwissenschaften*, Frankfurt am Main 2002, S. 301-320, hier S. 304).
33 Vgl. hierzu auch Teresa de Lauretis: *Technologies of Gender. Essays on Theory, Film and Fiction*, Bloomington 1987, S. 9, 26f.
34 Vgl. Schneider: Anthropologische Kränkungen, S. 17-19.
35 Sarasin: Reizbare Maschinen, S. 26.
36 Auf die ideologischen Effekte, die der Realitätseindruck des Kinos erzeugt, verweist die Apparatustheorie, vgl. z.B. Jean Louis Baudry: «Ideological Effects of the Basic Cinematic Apparatus» [1970], in: Philip Rosen (Hg.): *Narrative, Apparatus, Ideology. A Film Theory Reader*, New York 1986, S. 286-298; ders.: «Das Dispositiv. Metapsychologische Betrachtungen des Realitätseindrucks» [1975], in: *Psyche – Zeitschrift für Psychoanalyse und ihre Anwendungen* 11 (1994), S. 1049-1074; Christian Metz: *Der imaginäre Signifikant* [1975], Münster 2000.

Männer – Körper – Kino

Der Zusammenhang von Kino, Körper und Gender wurde in der Filmwissenschaft bis in die 1980er-Jahre hinein mit Fokus auf die Darstellungen des weiblichen Körpers diskutiert, während den Inszenierungsformen des männlichen Körpers kaum Beachtung geschenkt wurde. Zwar galt der feministischen Filmtheorie, die die Ausschlussmechanismen eines männlich-dominierten Kinoapparates untersuchte, heterosexuelle Männlichkeit als strukturierende Norm und «ideologische Quintessenz des klassisch-narrativen Films»,[37] diese geriet dabei aber selbst aus dem Blick und wurde zum blinden Fleck der Forschung.[38] In seinem frühen Aufsatz «Masculinity as Spectacle» von 1983 resümiert Steve Neale:

> [T]here is an important sense, in which the images and functions of heterosexual masculinity within mainstream cinema have been left undiscussed. Heterosexual masculinity has been identified as a structuring norm in relation both to images of women and gay men. It has to that extent been profoundly problematized, rendered visible. But it has been rarely discussed as such.[39]

Diese Entdeckung der Männlichkeit[40] lässt sich in zwei Punkten mit der eingangs diagnostizierten Körperkonjunktur zusammen denken. Zum Ersten artikuliert sich in beiden Fällen ein Problembewusstsein ge-

---

37 Siegfried Kaltenecker: *Spiegelformen. Männlichkeit und Differenz im Kino*, Basel/Frankfurt am Main 1996, S. 10.
38 Vgl. Steven Cohan/Ina Rea Hark: «Introduction», in: dies. (Hg.): *Screening the Male. Exploring Masculinities in Hollywood Cinema*, London 1993, S. 1-8; Kaltenecker: Spiegelformen.
39 Steve Neale: «Prologue. Masculinity as Spectacle. Reflections on Men and Mainstream Cinema» [1983], in: Cohan/Hark: Screening the Male, S. 9-20, hier S. 9. Pam Cook thematisiert die «Masculinity in Crisis» bereits ein Jahr zuvor in einem Special Issue der Zeitschrift *Screen* (vgl. Pam Cook: «Masculinity in Crisis?», in: *Screen* 23/3-4 [1982], S. 39-46).
40 Vgl. Susan Jeffords: «The Big Switch. Hollywood Masculinity in the Nineties», in: Jim Collins/Hilary Radner/Ava Preacher Collins (Hg.): *Film Theory Goes to the Movies*, New York 1993, S. 196-208, hier S. 196. Diese Entwicklung vollzieht sich innerhalb eines Paradigmenwechsels der Geschlechterforschung von den Women's Studies zu den Gender Studies und ist ausführlich beschrieben bei Walter Erhart/Britta Herrmann: «Der erforschte Mann?», in: dies. (Hg.): *Wann ist der Mann ein Mann? Zur Geschichte der Männlichkeit*, Stuttgart 1997, S. 3-31; Willi Walter: «Gender, Geschlecht und Männerforschung», in: Christina von Braun/Inge Stephan [Hg.]: *Gender-Studien. Eine Einführung*, Stuttgart/Weimar 2000, S. 97-116; Therese Steffen: «Masculinities/Maskulinitäten. Gender Studies and its Male Contents», in: dies. (Hg.): *Masculinities – Maskulinitäten. Mythos-Realität-Repräsentation-Rollendruck*, Stuttgart/Weimar 2002, S. 270-282; Mechthilde Vahsen: «Männerforschung», in: Renate Koll (Hg.): *Metzler-Lexikon Gender Studies. Geschlechterforschung. Ansätze – Personen – Grundbegriffe*, Stuttgart 2002, S. 248-249.

genüber Kategorien, die zuvor als selbstverständlich vorausgesetzt wurden und daher unhinterfragt blieben. Das betrifft den Körper wie auch heterosexuelle Männlichkeit:

> Nicht von ungefähr ist der männliche Körper (wie seine Sexualität) ein zumeist weitgehend unerforschtes Terrain geblieben. So wie ‹Geschlecht› lange Zeit als ‹weiblich› galt, so gehört es auch zu den tiefgreifenden Mythen abendländischer Kultur, [...] die Körperlichkeit selbst mit den Frauen zu assoziieren.[41]

Mit der Entwicklung der Men's Studies schreibt sich nun die Verunsicherung über die Determinanten natürlicher Körper in die Forschung ein. Zum Zweiten setzt das verstärkte, filmwissenschaftliche Interesse am männlichen Körper zeitgleich mit dem Aufkommen des «muscular cinema»[42] im Hollywood-Actionfilm ein. Von der Kulturkritik als «dumb movies for dumb people»[43] verrissen, erfreuen sich Actionfilme wie FIRST BLOOD, ROCKY und THE TERMINATOR[44] immenser Erfolge an den Kinokassen. Es sind gerade diese hypermaskulinen Körper von Filmstars wie Sylvester Stallone, Arnold Schwarzenegger oder Jean Claude Van Damme, die – begünstigt durch die breite öffentliche Diskussion der Muskelmänner als «disturbing new phenomenon»[45] – im Fokus der filmwissenschaftlichen Theoretisierung des männlichen Körpers stehen.[46] Dabei wird die Frage, ob das «muscular cinema» nun als Symptom einer Krise oder als Apotheose reaktionärer Männlichkeit verstanden werden muss, durchaus kontrovers beantwortet.[47] Mit Yvonne Tasker lässt sich festhal-

---

41   Erhart/Herrmann: Der erforschte Mann, S. 13.
42   Diesen Begriff prägte die Monografie von Yvonne Tasker: *Spectacular Bodies. Gender, Genre and the Action Cinema*, London 1993.
43   Ebd., S. 5.
44   FIRST BLOOD (dt. Titel: Rambo), USA 1982, R: Ted Kotcheff; ROCKY, USA 1976, R: John G. Avildsen; THE TERMINATOR, USA 1984, R: James Cameron.
45   Tasker: Spectacular Bodies, S. 7. Dabei wird insbesondere die Filmfigur John Rambo, gespielt von Sylvester Stallone, zu einem Synonym für die 1980er-Jahre. Seit 1987 bezeichnet die britische wie die amerikanische Presse diese Dekade als «the age of Rambo», Ende der 1980er wird der Begriff «Rambo» in die Neuauflage des Oxford English Dictionary aufgenommen.
46   Vgl. auch Jeffords: The Big Switch, S. 196-198.
47   Eine ausführliche Diskussion der verschiedenen Bewertungen des Muskelmanns findet sich bei Tasker: Spectacular Bodies, Kapitel 6. Für die These von der Krise der Männlichkeit vgl. Cook: Masculinity in Crisis; sowie Barbara Creed: «From Here to Modernity. Feminism and Postmodernism», in: *Screen* 28/2 (1986), S. 44-70. Die Remaskulinisierungsthese vertreten z.B. Rowena Chapman: «The Great Pretender. Variations on the New Man Theme», in: Rowena Chapman/Jonathan Rutherford: *Male Order. Unwrapping Masculinity*, London 1988, S. 225-248; sowie Susan Jeffords: *The Remasculinization of America*, Bloomington 1989; dies.: *Hard Bodies. Hollywood Masculinity in the Reagan Era*, New Brunswick 1993; dies.: «Can Masculinity Be Terminated?», in:

ten, dass diese Polarisierung der Kritik in eine Entweder-oder-Logik führt,[48] die dann mit dem Problem der Bedeutungsfestschreibung zu kämpfen hat.

Hard or spectacular body?

Exemplarisch für dieses Problem ist Susan Jeffords' Studie *Hard Bodies*, die Männlichkeitsdarstellungen im Hollywood-Mainstream-Kino seit den 1980er-Jahren mit Blick auf den politischen Diskurs im Zuge der «Reagan Revolution» verhandelt.[49] Jeffords' vielzitiertes Buch hat insbesondere mit dem Begriff des «hard body» eine mittlerweile topische Kennzeichnung des Männerkörpers im Actionfilm geliefert.[50] Dieser prominente «hard body» wird von Jeffords in diametralem Gegensatz zum «soft body» bestimmt:

> [B]odies were deployed in two fundamental categories: the errant body, containing sexually transmitted disease, immorality, illegal chemicals, ‹laziness› endangered fetuses, which we can call the ‹soft body›; and the norma-

Cohan/Hark: Screening the Male, S. 245-262. Seit Ende der 1980er-Jahre ist derweil eine Fülle von Arbeiten zum Phänomen des Muskelmanns im Hollywoodkino erschienen, wobei Stallone und Schwarzenegger besondere Aufmerksamkeit geschenkt wird; z.B. Isolde Mozer: «Rambo II - Der Auftrag. Filmanalyse», in: Alfons Arns/Claudia Cippitelli (Hg.): *Der Kinokassenknüller. Nur Geld, Gewalt und Gelächter?* (Arnoldshainer Filmgespräche 5), Frankfurt am Main 1988, S. 101-108; Annette Brauerhoch: «Glanz und Elend der Muskelmänner. Konfrontation mit einem Genre», in: Arns/Cippitelli: Der Kinokassenknüller, S. 112-119; William Warner: «Spectacular Action. Rambo and the Popular Pleasures of Pain», in: Lawrence Grossberg/Cary Nelson/Paula Treichler (Hg.): *Cultural Studies*, New York 1992, S. 672-688; Douglas Kellner: «Media Culture, Politics, and Ideology. From Reagan to Rambo», in: ders.: *Media Culture. Cultural Studies, Identity and Politics Between the Modern and the Postmodern*, London 1995, S. 55-92; Drew Bassett: «Muskelmänner. Stallone, Schwarzenegger und die Entwürfe des Maskulinen», in: Jürgen Felix (Hg.): *Unter die Haut. Signaturen des Selbst im Kino der Körper*, St. Augustin 1998, S. 93-114; die Sektion *Arnold Schwarzenegger as Spectacle in Action (and some more)* im Sammelband *Action/Spectacle Cinema* (José Arroyo [Hg.]: *Action/Spectacle Cinema. A Sight and Sound Reader*, London 2000); sowie die in Anm. 68 angegebenen TERMINATOR-2-Lektüren.

48 Vgl. Tasker: Spectacular Bodies, S. 109.
49 Um Missverständnissen vorzubeugen: Es geht Jeffords dezidiert nicht um eine simple Gleichsetzung von Reagans Image und dem der «hard bodies», sondern um einen Vergleich diskursiver Strategien: «It is more, that both Reagan and Hollywood participated in a radical shift away from attitudes, public policies, and national concerns that characterized the late 1970s and the Carter administration» (Jeffords: Hard Bodies, S. 15).
50 So überschreibt z.B. eine neuere Studie zum Thema *Portrayals of Masculinity in American Popular Films* den Abschnitt über die 1980er-Jahre mit Jeffords' Buchtitel (vgl. Ashon D. Trice/Samuel A. Holland: *Heroes, Antiheroes and Dolts. Portayals of Masculinity in American Popular Films, 1921-1999*, Jefferson 2001, S. 193.

tive body, that enveloped strength, labor, determination, loyalty, and courage – the ‹hard body› – the body, that was to come to stand as the emblem of the Reagan philosophies, politics, and economies.[51]

Innerhalb dieser Bezeichnungsökonomie ist der «soft body» als weiblich, farbig und/oder homosexuell markiert, während der «hard body» – wie Reagan selbst – ein männlicher, weißer und heterosexueller Körper ist.[52] Die Prototypen dieses normativen Körpers im Hollywoodkino sind nach Jeffords John Rambo, gespielt von Sylvester Stallone, und der Terminator, gegeben von Arnold Schwarzenegger, die nicht nur die männliche Norm verkörpern, sondern zugleich ein «Kollektivsymbol»[53] für den «national body», also für die amerikanische Nation selbst werden. Wenn Jeffords den «hard body» zum Normkörper erklärt, kann damit kaum ein durchschnittlicher Männerkörper gemeint sein, denn die Formen von Schwarzenegger und Co. sind alles andere als die eines Durchschnittsmannes. Vielmehr scheint Jeffords von einer Norm im Sinne eines Ideals zu sprechen. Voraussetzung für den Prozess, in dem dieses Ideal als Körpernorm wirkungsmächtig wird, ist Jeffords zufolge der Umstand, dass das Ideal als «sign of unity»[54] funktioniert. Diese Funktion sei den «hard bodies» selbst inhärent: «by themselves refusing to be ‹messy› or ‹confusing›, by having hard edges, determinate lines of action, and clear boundaries for their own decision making».[55]

An diesem Punkt wird deutlich, dass Jeffords mit einer Bedeutungssetzung operiert: Sie schreibt dem «hard body» selbst eine feste Bedeutung zu und blendet so seine semantischen Ambivalenzen und Paradoxien – wie sein monströses und verstörendes Potenzial – aus. Im Falle des Bodybuilders liegt die Widersprüchlichkeit der Inszenierung zwar nicht auf der Hand, dafür aber direkt unter der Haut: Wir haben es hier

---

51 Jeffords: Hard Bodies, S. 24f.
52 Vgl. ebd., S. 25.
53 Jeffords bezieht sich hier auf Jürgen Links Bestimmung der Kollektivsymbole als «collective pictures, that are culturally ‹anchored› in the most literal sense and that act as carriers of symbolic meaning» (Jürgen Link: «Fanatics, Fundamentalists, Lunatics, and Drug Traffickers. The New Southern Enemy Image», in: *Cultural Critique* 19 [1991], S. 33-53, hier S. 35, zit. nach Jeffords: Hard Bodies, S. 25).
54 Jeffords: Hard Bodies, S. 26. Jeffords stützt ihr Konzept von der Emblematik des «hard body» für den «national body» auf Jürgen und Linda Schulte-Sasse, wobei aber eine wichtige Einschränkung in deren Konzept verloren geht: Sie sprechen, anders als Jeffords, von einer *imaginären* Einheit: «The experience of an imaginary unity such as the nation cannot take place without the construction of signs or images of that unity» (Jochen und Linda Schulte-Sasse: «War, Otherness, and Illusionary Identification with the State», in: *Cultural Critique* 19 [1991], S. 67-97, hier S. 78 (zit. nach Jeffords: Hard Bodies, S. 26).
55 Jeffords: Hard Bodies, S. 26f.

nämlich mit Männerkörpern zu tun, die erst durch intensives Krafttraining zum «hard body» gemacht werden mussten. Auffälligstes Merkmal des «bodygebuildeten» Körpers ist, dass er die Zeichen seiner Gemachtheit als deutlich ausgebildete Muskelpakete mit sich herumträgt, sich damit also durchaus als Reflexionsfigur auf die Darstellung/Herstellung von Männlichkeit eignet. «In some sense the bodybuilder is precisely unnatural»[56] – er verkörpert eine Art künstlichen Naturkörper und steht daher quer zu essenzialistischen Vorstellungen von «natürlichen» Körpern und männlicher «Natur». Zudem verweist die betonte Fokussierung einzelner Muskelpartien, wie sie sich nicht nur in den Inszenierungstechniken des Actionfilms, sondern auch beim so genannten «posing» während eines Bodybuilding-Contest beobachten lässt, den Betrachter eher auf einzelne Körperteile[57] als auf ein Körperganzes. Wenn Bodybuilding «einen letzten verzweifelten Versuch dar[stellt], den Zusammenhalt des Körpers zu garantieren»[58] – wie Mark Dery festhält –, dann markieren seine Inszenierungspraktiken gleichzeitig das Scheitern dieses Versuchs. Die betonte Ausstellung des männlichen Körpers liefert noch ein drittes Argument gegen Jeffords' Hard-Body-Konzeption: Dieser wird nämlich «aufgrund seiner Spektakelqualitäten mit der weiblich kodierten Objektstelle»[59] im kulturell geschlechtlich markierten Blickszenario versehen.[60] Er besetzt also, in Jeffords Terminologie, als «hard body» gleichzeitig die Funktionsstelle des «soft body». Diese drei Befunde, die die spezifische Inszenierung des männlichen Körpers betreffen, stellen die von Jeffords behauptete Eindeutigkeit oder Ganzheit dieser Männerkörper in Frage – und verweisen vielmehr darauf, dass Körper nicht an sich etwas bedeu-

---

56   Tasker: Spectacular Bodies, S. 78; vgl. auch Richard Dyer: «Don't Look Now. The Male Pin-Up» [1982], in: Mandy Merck (Hg.): *The Sexual Subjekt. A Screen Reader in Sexuality*, London 1992, S. 265-276, hier S. 271.
57   Der fragmentierte Körper, wie z.B. in der Großaufnahme einzelner Körperteile, war es übrigens, der die Zuschauer des frühen Kinos in Entsetzen versetzte – und schon hier einen Hinweis auf das Zusammenspiel von Körperinszenierung und Körpervorstellung gab (vgl. Schneider: Anthropologische Kränkungen, S. 22).
58   Mark Dery: *Cyber. Die Kultur der Zukunft*, Berlin 1997, S. 294.
59   Christina Bartz: *Zur Erzählstruktur der Remaskulinisierung*, Frankfurt am Main 2000, S. 119.
60   Ich beziehe mich hier auf das Theorem des phallischen Blicks. Die im Anschluss an John Berger (*Ways of Seeing*, Harmondsworth 1972) und Laura Mulvey («Visual Pleasure and Narrative Cinema», in: *Screen* 16/3 [1975], S. 6-18) entwickelte Blicktheorie, die der Frage nach der geschlechtlichen Codierung der Schaulust und dem kulturellen Arrangement von Blickordnungen nachgeht, wird seit rund drei Jahrzehnten ausführlich diskutiert, modifiziert und problematisiert. Detaillierte Auseinandersetzungen mit den einzelnen Positionen finden sich bei Neale: Masculinity as Spectacle; Cohan/Hark: Introduction, S. 1-3; sowie Siegfried Kaltenecker/Georg Tillner: «Objekt Mann. Zur Kritik der heterosexuellen Männlichkeit in der englischsprachigen Filmtheorie», in: *Frauen und Film* 56/57 (1995) S. 115-131, hier S. 116-119.

ten, sondern dass gerade diese Bedeutung erst im performativen Akt hergestellt werden muss. Fraglich ist daher, ob und wie diese Männerkörper trotz der hier angesprochenen Ambivalenzen, zu einem «sign of unity» werden konnten.

Yvonne Tasker, deren Monografie *Spectacular Bodies. Gender, Genre and the Action Cinema* im selben Jahr wie Jeffords' *Hard Bodies* erschienen ist, konzeptioniert den männlichen Körper im «muscular cinema» bereits differenzierter, indem sie gerade die divergierenden Lektüren innerhalb der Forschung zum Ausgangspunkt ihres Nachdenkens macht:

> [I]t is more appropriate to frame analysis in terms of ‹both/and›, a phrasing, which allows for a discussion of the multiplicity and instability of meaning. Rather than understanding the muscular male hero as either a reassertion, or a parodistic enactment of masculinist values, we can examine the ways in which they represent both, as well as being produced by ongoing and unsteady relationship between these, and other, images of masculinity.[61]

Tasker hebt also auf die Multiplizität und Instabilität von Bedeutungen ab. Die divergierenden Lesarten des Muskelmannes machen deutlich, dass Bedeutung eine Frage von Bedeutungszuweisungen ist, die historisch sehr variabel sein können. So zeitigten beispielsweise die in den 1950ern und -60ern populären Sandalenfilme,[62] die antike Heldenmythen mit Bodybuilding-Stars wie Steve Reeves oder Mark Forest in Szene setzten, keinerlei Diskussion um die Frage, ob die hier gezeigten Männerkörper hysterisch, hyperbolisch oder parodistisch zu nennen seien – zumindest nicht zum Zeitpunkt ihres Erscheinens. Diese Fragen werden an den Sandalenfilm eben erst nach dem Blickwechsel innerhalb der Filmwissenschaft herangetragen.[63] Erst mit der zunehmenden Verunsicherung

---

61 Tasker: Spectacular Bodies, S. 109.
62 Ich denke hier an die europäischen Historien- und Monumentalfilme wie LE FATICHE DE ERCOLE (dt. Titel: DIE UNGLAUBLICHEN ABENTEUER DES HERKULES, I 1958, R: Pietro Francisci) oder ROMOLO E REMO (F/I 1961, R: Sergio Corbucci), ebenfalls an amerikanische Produktionen wie SPARTACUS (USA 1960, R: Stanley Kubrick). Neben den Sandalenfilmen erscheinen mir auch die verschiedenen TARZAN-Produktionen erwähnenswert – mit Darstellern wie dem olympischen Schwimmathleten Johnny Weissmüller, der sein Debut in TARZAN THE APE MAN (USA 1932, R: W. S. Van Dyke) gab, oder mit Gordon Scott, dem Muskelmann mit dem «19-inch-Biceps», der in TARZAN'S HIDDEN JUNGLE (dt. Titel: TARZAN UND DER SCHWARZE DÄMON, USA 1955, R: Harold Schuster) erstmals den weißen Dschungelhelden gab.
63 Vgl. z.B. die SPARTACUS-Lektüre von Ina Rae Hark: «Animals or Romans. Looking at Masculinity in Spartacus», in: Cohan/Hark: Screening the Male, S. 151-172; oder Richard Dyers Beitrag zum Bodybuilding-Star im Sandalenfilm: «The White Man's Muscles», in: Harry Stecopoulos/Michael Uebel (Hg.): *Race and the Subject of Masculinities*, Durham/London 1997, S. 286-314.

über die Determinanten der Körperlichkeit ergibt sich auch ein veränderter Blick auf den Männerkörper im Film, dessen ehemals unhinterfragter Status nun mehr und mehr problematisiert wird. Dieses Problembewusstsein generiert einen Blick auf die Muskelmänner, der hyperbolische und parodistische Aspekte ihrer Körperinszenierungen sichtbar macht und als «parodistic enactment» von Männlichkeit werten kann. Der von Tasker benutzte Begriff «enactment» spielt semantisch sowohl die theatralische Inszenierung wie auch die Erhebung, den Erlass oder die Verordnung per Gesetz ein,[64] reflektiert daher schon das Schwanken zwischen Rückversicherung («reassertion») und Parodie maskuliner Werte, mit dem Tasker die beiden Pole des Forschungsstreits bezüglich des «muscular cinemas» benennt. Beide Begriffe sind Kernbegriffe des butlerschen Konzepts der Geschlechtsidentität, wobei Butler davon ausgeht, dass die Parodie des Geschlechtskörpers das «Original» als diskursiv konstruierten Effekt entlarvt, dessen angebliche Natürlichkeit erst durch ständige Wiederholungen, also durch «reassertions» performativer Akte produziert wird. Die geschlechtliche Bestimmtheit des Körpers wird durch ein ständiges Behaupten derselben erst hervorgebracht. Setzt man dieses Theorem in Beziehung zur Entwicklung der gendertheoretisch ausgerichteten Filmforschung, lässt sich feststellen, dass nicht die massive Ausstellung des männlichen Körpers eine Besonderheit des Actionfilms ist, *sondern der neu generierte Blick auf den männlichen Körper die Paradoxien der filmischen Repräsentationen von Männlichkeit allererst sichtbar macht.* So erklärt sich auch Taskers Beobachtung: «It seems as if, at the same time as the male body on screen was becoming more and more visible, an excessive parody of an ideal, masculinity was emerging as a visible category within the criticism of the day.»[65]

Erst mit dem vermeintlich neuartigen Phänomen der «hard» oder «spectacular bodies» macht die Filmtheorie den männlichen Körper zum Thema und vollzieht somit als Wissenschaftsunternehmung genau jenen Erkenntnisprozess, den Butler für die Parodie des Geschlechtskörpers selbst postuliert hat. Die Parodie, die Übersteigerung, die Imitation in Gestalt des hypermaskulinen Körpers des Bodybuilding-Stars macht das «Original»[66] – die Darstellung des männlichen Körpers im Film – frag-

---

64 Enactment: 1. a) Erlassen (Gesetz), b) Erhebung zum Gesetz, c) Verfügung, Verordnung, Erlass, 2. thea. a) Inszenierung, b) Darstellung (Rolle) (Langenscheidts *Handwörterbuch Englisch*: Teil I Englisch-Deutsch, Berlin u.a. [8]1994, S. 218).
65 Tasker: Spectacular Bodies, S. 1.
66 Butler betont, dass die Parodie des «Originals» präziser formuliert eine Parodie des *Begriffs* des «Originals» ist, denn das «Original» sei selbst nur wieder eine «Imitation ohne Original» (Butler: Das Unbehagen der Geschlechter, S. 203), wie eben durch seine Imitierbarkeit deutlich wird.

würdig. Diese Entlarvung des «Originals» durch die Parodie zeigt sich auch in Taskers Überlegungen zum Verhältnis von «muscular cinema» und der kinematographischen Tradition von Männlichkeitsrepräsentationen:

> If there is any ambivalence located around the masculinity of the male body builder whose body is offered for pleasure and display, this ambivalence is also present, though less forcefully, in other images of the male body. [...] This is because neither masculinity nor femininity operate as clear sets of qualities that can be fixed in relation to the body. Such instability indicates the problems involved in reading contemporary images of masculine identity in a search for the sign of ‹crisis›. To speculate about the recent emergence of a crisis in masculinity implies that masculinity represented, say until the 1960s, a stable category.[67]

Imitation of Man: James Camerons TERMINATOR 2

Abb. 1: «Parodistic enactment»: Der schwarzeneggersche Terminator

Dieses parodistische Potenzial des Bodybuilding-Stars soll an einem besonders prägnanten Beispiel exemplifiziert werden: an der Eingangssequenz von James Camerons TERMINATOR 2, die ich einem «close reading» unterziehen werde.[68]

---

67 Tasker: Specatcular Bodies, S. 119.
68 Innerhalb der Filmwissenschaft wurde TERMINATOR 2 vor allem mit Blick auf die Hybridisierung von Mensch und Maschine als Phänomen der Postmoderne besprochen, so z.B. von Scott Bukatman: *Terminal Identity. The Virtual Subject in Postmodern Science Fiction*, Durham 1993; Forest Pyle: «Making Cyborgs, Making Humans. Of Terminators and Blade Runners», in: Jim Collins/Hilary Radner/Ava Preacher Collins (Hg.): *Film Therory Goes to the Movies*, New York 1993, S. 227-241; Thomas Oberender: *Zwi-*

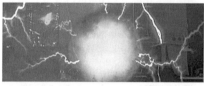

Während der Prolog eine düstere Zukunftsvision des Jahres 2029 in Szene setzt, in der sich die Resistance, die menschlichen Überlebenden einer atomaren Katastrophe, in einem aussichtslosen Kampf gegen übermächtige Maschinen befindet, führt uns die erste Einstellung im Anschluss an die Titelsequenz auf das öde Gelände eines Truck-Parkplatzes im nächtlichen Los Angeles des Jahres 1997. Hier erscheint, angekündigt durch ein unheilvolles Blitzgewitter, inmitten zweier imposanter Trucks und von einer strahlend-hellen Lichtkugel umhüllt, der nackte, muskelbepackte Körper Arnold Schwarzeneggers: ein «stattlicher Adonis in antiker Pose».[69] Bei seinem Erscheinen

schen Mensch und Maschine. Reflexionen über James Camerons Film «*Terminator 2*» *im Lichte der Philosophie von J.-F. Lyotard und über die Beziehung zwischen Narzißmus und Video vor dem Hintergrund der Studentenrevolte*, hrsg. vom Fachbereich 3, Sprach- und Literaturwissenschaft an der Universität-Gesamthochschule-Siegen, Siegen 1993; Peter Sloterdijk: «Sendboten der Gewalt. Zur Metaphysik des Action-Kinos. Am Beispiel von James Camerons ‹Terminator 2›», in: Andreas Rost (Hg.): *Bilder der Gewalt*, Frankfurt am Main 1994, S. 13-32; Jay Paul Telotte: *Replications. A Robotic History of the Science Fiction Film*, Urbana 1995. In Anschluss an Haraways «Manifest für Cyborgs» wurden die Hybridwesen der Science Fiction aber auch unter gendertheoretischen Aspekten diskutiert, so z.B. im Sammelband von Gill Kirkup u.a. (Hg.): *The Gendered Cyborg. A Reader*, New Fatter Lane/London 2000. Für die gendertheoretische Rezeption der Terminator-Filme vgl. z.B. Jeffords: Hard Bodies; dies.: Can Masculinity Be Terminated; dies.: The Big Switch; Claudia Springer: «Muscular Circuitry. The Invincible Armored Cyborg in Cinema», in: *Genders* 18 (1993), S. 87-101; Tasker: Spectacular Bodies; dies.: «Dumb Movies for Dumb People. Masculinity, the Body, and the Voice in Contemporary Action Cinema», in: Cohan/Hark: Screening the Male, S. 230-244; Samantha Holland: «Descartes Goes to Hollywood. Mind, Body and Gender in Contemporary Cyborg Cinema», in: Mike Featherstone/Roger Burrows (Hg.): *Cyberspace/Cyberbodies/Cyberpunk. Cultures of Technological Embodiment*, London 1995, S. 154-174, Jonathan Goldberg: «Recalling Totalities. The Mirrored Stages of Arnold Schwarzenegger», in: Chris Hables Gray (Hg.): *The Cyborg Handbook*, New York 1995, S. 233-254; Marjorie Kibby: «Cyborgasm. Machines and Male Hysteria in the Cinema of the Eighties», in: *Journal of Interdisciplinary Gender Studies*, September 1996, unter: www.newcastle.edu.au/discipline/sociol-anthrop/staff/kibbymarj/cyborgas.html (letzte Abfrage 15.05.2003); Dery: Cyber, S. 259-306; Wilhelm Greiner: *Kino macht Körper. Konstruktionen von Körperlichkeit im neueren Hollywood-Film*, Alfeld/Leine 1998, S. 212-236.

69   Oberender: Zwischen Mensch und Maschine, S. 17.

brennt diese energetische Kugel nicht nur ein kreisrundes Loch in den Boden, sondern verschmort auch noch die halbe Rückseite eines der Trucks. Von der Oberkante des zerstörten Fahrzeugs bewegt sich die Kamera in der nächsten Einstellung auf den Athleten zu, der immer noch in Starter-Pose auf dem Asphalt kniet, fährt an den Körper heran, bis die Figur langsam den Kopf und dann den gewaltigen Körper erhebt. Das Aufrichten selbst begleitet die Kamera mit einer synchronen Fahrt, bleibt hierbei aber leicht untersichtig in der Höhe des Brustkorbs positioniert. Vollständig aufgerichtet überragt der Körper sogar das bei seiner Ankunft in den Truck gebrannte Loch. Erst jetzt nähert sich die Kamera dem Gesicht und verharrt im Close-up: Der Kopf bewegt sich langsam von links nach rechts, die markante Gesichtsmuskulatur wird durch die Lichtsetzung besonders hervorgehoben. Schnitt. Die Flucht zwischen zwei Trucks führt zu einer Bar in der Nähe des Parkplatzes.

Abb. 2-10: Geburt aus der Maschine

Das nächste Bild ist rötlich eingefärbt, eine verfremdete Subjektive bewegt sich auf die Bar zu, dabei laufen animierte Typografie und Lichtreflexe über das Bild, einzelne Gegenstände wie abgestellte Motorräder und Autos werden abgescannt und – wie rasche Code-Sequenzen nahe legen – sofort analysiert: Es ist die Subjektive des soeben aus der Zukunft eingetroffenen Terminators, dessen Wahrnehmungsweise als eine digitale gekennzeichnet ist.

Nicht allein der Umstand, dass sich diese Geburtsszene[70] inmitten eines verrotteten, mit Müll und Papierfetzen übersäten Parkplatzes er-

---

70 Das Brandloch im Heck des Fahrzeugs legt nahe, dass sich die Ankunft des Cyborgs als Geburt einer Maschine der nächsten Generation aus einer Maschine der vorherigen Generation vollzieht, der Truck also den Cyborg gebiert.

eignet, lässt die Inszenierung in eine gewisse Komik gleiten:[71] Dass der Körper des Terminators nur die Imitation eines menschlichen (und männlichen) Körpers ist, können wir zu diesem Zeitpunkt zwar nur erahnen, dennoch verweisen schon die ersten Einstellungen auf ein imitierendes Verfahren. Die statuarische Ankunftspose ruft vertraute Männlichkeitsrepräsentationen aus dem kulturellen Bilderrepertoire des Abendlandes auf, vom antiken Athleten bis zum *Denker* Rodins.[72] Inszenierungstechniken wie das bereits erwähnte «posing», das Umspielen des angespannten, muskulösen Körpers durch die Kamera, sowie der bedrohlich-bombastische Sound, der das Erhebungsspektakel begleitet, stehen ganz im Dienste der Erzeugung der viel beschriebenen «Hypervirilität».[73] Ob nun als «triumphant macho-cyborg»,[74] «Technophallus [und] (echter) Eiserner Hans»[75] oder als «Apotheose des ballistischen Mannes»[76] bezeichnet, immer weisen die Beschreibungen des schwarzeneggerschen Terminators auf ein «Zuviel», auf die Überzeichnung und Überstrapazierung der Codes des Männlichen hin.

Dass der schwarzeneggersche Terminator als Parodie verstanden werden kann und wurde, darauf deuten bereits die Publikumsreaktionen auf den Vorgängerfilm THE TERMINATOR: «The audience response to the film revealed that there was something intrinsically attractive and comic about Schwarzenegger, even in the grimmest of context. [...] [B]ecause it was Arnie, audiences half-knew that it was all fun.»[77] «[T]here was some indirect humor, but it wasn't written for; that was just the reaction of people»[78] kommentiert Schwarzenegger selbst die Rezeption der ersten Terminatorfigur, die 1984 als unbarmherzige Killermaschine insgesamt 27 Menschen tötet und in 18 Dialogzeilen ganze 74

---

71 Diese Szenerie scheint auch Sloterdijk zu erheitern: «Das ist nicht nur ein Schießender, sondern auch ein Geschossener – einer, der sich unter Blitz und Donner auf amerikanischem Pflaster in der Nähe des Mülls materialisiert» (Sloterdijk: Sendboten der Gewalt, S. 27).
72 Bildlich wie inszenatorisch alludiert werden ebenfalls Leni Riefenstahls heroische Körperdarstellungen (vgl. Bassett: Muskelmänner, S. 110).
73 Vgl. z.B. Springer: Muscular Circuitry, S. 95; Goldberg: Recalling Totalities, S. 236; Holland: Descartes Goes Hollywood, S. 165; Dery: Cyber, S. 299. Bukatman, Springer, Dery und Greiner lesen den Terminator in Bezug auf Theweleits Konzept vom «soldatischen Mann» (vgl. Greiner: Kino macht Körper, S. 221-223). Auch Jeffords' Gegenüberstellung von «hard body» und «soft body» erinnert an Theweleits Thesen von der Abwehr der fluiden Weiblichkeit durch den männlichen Körperpanzer (vgl. Klaus Theweleit: *Männerphantasien*, Bd. 1 u. 2, München 2000).
74 Kibby: Cyborgasm, S. 4.
75 Dery: Cyber, S. 299.
76 Sloterdijk: Sendboten der Gewalt, S. 27.
77 Sean French: *The Terminator*, London 1996, S. 38.
78 Zit. nach French, ebd.

Wörter spricht. Einige dieser trockenen Kommentare, deren Komik nicht zuletzt dem ausgeprägten österreichischen Dialekt des Schauspielers entspringen, wurden als «famous Arnie ‹zingers›»[79] zum Inbegriff des schwarzeneggerschen Image, wie beispielsweise das berühmte «I'll be back.» TERMINATOR 2 führt diese «zingers» mit «Hasta la vista, Baby» und «No problemo» konsequent weiter, zitiert den Vorgänger sogar bis in Schwarzeneggers Mimik hinein: «his – by then – trademark grimaces and narrowing of eyes».[80] Die Visualisierung der Zeitreise stellt selbst einzelne Einstellungen aus dem TERMINATOR nach:[81] Der beständige Verweis auf den Vorgängerfilm ruft das dort bereits angelegte, komische Image[82] des schwarzeneggerschen Terminators auf – und steigert im Umkehrschluss durch diese imitierenden Verfahren wiederum die Komik des ersten TERMINATOR-Films in nachträglicher Perspektive.[83]

Auch die nachfolgende Kostümierungsszene ist als Zitat organisiert – und zwar in doppelter Hinsicht. Wie im Vorgängerfilm ist es erste Terminatorenpflicht, sich für die nachfolgende Mission einzukleiden und zu bewaffnen.[84] In der rötlich eingefärbten Terminator-Subjektive erscheint die Leuch-

---

79 Ebd., S. 32.
80 Ebd.
81 Vgl. Greiner: Kino macht Körper, S. 223: «Wiederholung und ständige Reinszenierung sind tragende Elemente in Camerons TERMINATOR-Filmen, da diese auf dem Prinzip der Zeitreise aufbauen»; ebenso Jeffords: Hard Bodies, S. 157.
82 Anders als Stallone gelang Schwarzenegger ein Imagewechsel: Vom brachialen Muskelprotz in CONAN THE BARBARIAN (USA 1982, R: John Milius) verlagerte sich der Schwerpunkt seiner Rollen immer mehr ins Komödiantische, wie z.B. in den Comedies TWINS (USA 1988, R: Ivan Reitman) und KINDERGARTEN COP (USA 1990, R: Ivan Reitman), oder in der Actionfilm-Parodie LAST ACTION HERO (USA 1993, R: John McTiernan).
83 Das Konzept der Nachträglichkeit ist zentral für meine Argumentation und betrifft sowohl den schon dargestellten Blickwechsel auf den männlichen Körper innerhalb der Filmwissenschaft, als auch die historische Flexibilität der Kategorien Gender und Genre (vgl. hierzu insbesondere den Beitrag von Irmela Schneider im vorliegenden Band). Ausgearbeitet findet es sich beispielsweise in Sigmund Freuds Gedächtniskonzeption (vgl. Sigmund Freud: «Aus der Geschichte einer infantilen Neurose» [1918], in: *Gesammelte Werke*, Bd. XII: *Werke aus den Jahren 1917-1920*, hrsg. Von Anna Freud, Frankfurt am Main ³1966, S. 27-157), gehört aber ebenfalls zum theoretischen Inventar Jaques Derridas, z.B. in seinen Überlegungen zum Verhältnis von Urkunde und Signatur (vgl. Jacques Derrida: «Signatur, Ereignis, Kontext» [1972], in: ders.: *Randgänge der Philosophie*, hrsg. von Peter Engelmann, Wien 1988, S. 291-315, hier insb. S. 304-314) oder im Konzept der Umschrift (vgl. z.B. Jacques Derrida: *Die Schrift und die Differenz* [1964], Frankfurt am Main ⁶1994, S. 323, 326f.). Zur Konzeption der Nachträglichkeit bei Freud und Derrida vgl. auch Birgit R. Erdle: «Traumatisierte Schrift. Nachträglichkeit bei Freud und Derrida», in: Gerhardt Neumann (Hg.): *Poststrukturalismus. Herausforderung an die Literaturwissenschaft*, Stuttgart 1997, S. 78-93.
84 Dass Besucher aus der Zukunft immer nackt und unbewaffnet in der Gegenwart erscheinen müssen, wird schon im ersten TERMINATOR als technische Besonderheit der Zeitreise dargestellt: Es ist nämlich nicht möglich, Gegenstände durch die Zeit zu schicken. Der Cyborg, eine Synthese aus organischem und anorganischem Material, wird

treklame einer Bar: The Corral. Nomen est omen, denn der Korral (das Gehege, die Einzäunung, der Pferch, aber auch die Wagenburg) ist ein aus dem Western wohl bekannter Schauplatz und verweist damit auf die zweite Iterationsfigur: «Sein erster Gang ist der in den Saloon. Der Auftakt des Films ist eigentlich ein klassischer Westernauftritt».[85] Folgerichtig schlägt uns beim Eintritt in die Bar auch Country-Musik entgegen. Der nackte Fremde in der noch wippenden (Saloon-)Türe, von dem wir freilich nur den entblößten Oberkörper sehen können, erregt offensichtlich Aufsehen bei den Barbesuchern, die entweder im Country-Look oder in die modernere Bikerversion gekleidet sind. Während die anwesenden Damen den Blick tiefer als wir richten können und dabei spitze Schreie ausstoßen, schreitet der Terminator unbeirrt und stoisch durch die Menge auf einen Zigarre rauchenden Biker zu, um diesem besonders Furcht einflößenden Exemplar mit monotoner Stimme mitzuteilen: «I need your clothes, your boots and your motorcycle». Die versammelte Bikergang bricht daraufhin in schallendes Gelächter aus, um augenblicklich wieder zu verstummen und die Reaktion des Provozierten abzuwarten. Dieser, der dem nackten Fremden in Statur und Größe ebenbürtig scheint, wird der Erwartung

---

also nicht zu den Gegenständen gezählt, was seinen prekären Status als Mensch-Maschine-Hybrid deutlich macht.
85 Oberender: Zwischen Mensch und Maschine, S. 17.

Männer darstellen/herstellen. Gendered Action in James Camerons TERMINATOR 2

Abb. 11-27: «Doing gender» im Saloon

seines Publikums gerecht. «You forgot to say please», kommentiert er die Aufforderung des Terminators und drückt dabei seine glühende Zigarre in dessen Brustfleisch aus, wobei der so Malträtierte jedoch trotz sichtbarer Verbrennung keinerlei Schmerzreaktion zeigt. Stattdessen schleudert er den aufmüpfigen Biker kurzerhand – und wie in Übersteigerung der gescheiterten Zigarrenmarter – auf den glühenden Gasherd der angrenzenden Küche, wehrt den Rest der nun angreifenden Gang wie lästige Fliegen ab, demoliert dabei geradezu beiläufig das halbe Mobiliar des Corrals und erbeutet schließlich Handfeuerwaffe wie Motorradschlüssel seines Duellpartners, der inzwischen wimmernd und von Brandwunden gezeichnet auf dem Küchenboden liegt.

Szenenwechsel: Zu den ersten Klängen von George Thorogoods «Bad to the Bone» sehen wir ein Close-up schwarzer Cowboystiefel, die

Kamera befindet sich abermals in nahezu «devoter Untersicht»[86] und fährt langsam am nun ganz in schwarzes Leder gekleideten Terminator hoch. Dieser bewegt sich schweren Schrittes in Richtung der erbeuteten Harley-Davidson, muss dann aber noch einen weiteren Angreifer abwehren. Im Türrahmen hinter ihm postiert sich der Barmann mit einer Pumpgun im Anschlag und fordert die Beute zurück. Der Terminator dreht sich um, schreitet auf den Bewaffneten zu, nimmt das Gewehr mit einer einzigen, ruckartigen Bewegung an sich. Die hier aufgebaute Erwartung, es käme nun zu einer weiteren körperlichen Auseinandersetzung, wird enttäuscht. Der Terminator zieht dem völlig paralysierten Barmann nur dessen schwarze Ray-Ban-Sonnenbrille aus der Brusttasche, setzt sie sich mit einer mechanischen Bewegung auf, um dann lässig das Motorrad zu besteigen und die erbeutete Pumpgun in Cowboymanier in der Satteltasche des Stahlrosses zu verstauen. Mark Dery kommentiert diese Szene:

> Mit seiner monotonen Sprechweise und dem unbewegten Gesicht, der dunklen Sonnenbrille und schwarzen Lederkluft, der schweren Harley-Davidson und dem Schießprügel ist der Schwarzeneggersche Terminator der Archetypus der Hypermaskulinität schlechthin.[87]

Derys Formulierung verwischt jedoch eine wichtige, intertextuelle Referenz der Szene: Die Inszenierung verweist nicht auf irgendeinen, ahistorischen «Archetypus», sondern auf ganz konkrete, kinematographisch bereits etablierte Ikonographien der Männlichkeit, auf deren Grundlage

---

86 Ebd.
87 Dery: Cyber, S. 299.

sich die Hypermaskulinität des Terminators erst generieren kann und deren Konstruktionsmechanismen sie gleichzeitig ausstellt.

Die Accessoires der Männlichkeit, die sich der Terminator in dieser Szene aneignet, die Pumpgun (das Gewehr), das Motorrad (das Pferd), das lederne Biker-Outfit (Stiefel und Reitzeug) sind lediglich Varianten der klassischen Accessoires des Westernhelden. Vertraut ist auch das Setting: der musikalisch adäquat durchflutete Saloon, in dem sich der Terminator wie aus einem (Zitat-)Fundus bedient. Auch die Art und Weise, wie sich die Anpassung an den gegenwärtigen Kontext gerade in der Aneignung der darin zur Verfügung gestellten Accessoires von Männlichkeit vollzieht, ruft ein klassisches Westernmotiv auf, nämlich die Schlägerei im Saloon, die zugleich selbst als eines dieser Accessoires inszeniert wird. Innerhalb des Plots funktioniert die ganze Szene somit als ein Kostümierungsverfahren: Der Terminator ist eine als Mann[88] getarnte Maschine, deren gesamte äußere Erscheinung darauf ausgerichtet ist, möglichst lebendig und «echt»

Abb. 28-39: Bad to the Bone

---

88 Zwar ist im Film nie davon die Rede, dass die Terminatoren ein Geschlecht haben, vielmehr wird ihr «human look» betont, allerdings gilt für TERMINATOR 2 wie auch schon für TERMINATOR die bildliche Regel, dass Terminatoren wie Menschenmänner aussehen. Es gibt keine weiblichen Modelle – oder sie werden uns zumindest nicht gezeigt. Für die Terminatoren-Produktion der Zukunft lässt sich also ebenfalls die Gleichung «Mensch gleich Mann» aufstellen. Anders soll sich dies nun in TERMINATOR 3: RISE OF THE MACHINES (USA 2003, Jonathan Mostow) gestalten, der im Sommer 2003 (und bedauerlicherweise erst kurz nach Redaktionsschluss dieses Bandes) in den deutschen Kinos anläuft: Schwarzenegger tritt hier gegen die von Kristanna Loken gespielte Terminatrix (T-X) an.

zu wirken. «Living tissue over metal endoskeleton», so die Selbstbeschreibung des Terminators – dieser fleischliche Tarnanzug blutet, riecht und schwitzt, um den menschlichen Körper möglichst originalgetreu nachzuahmen. Zur perfekten *männlichen* Tarnung – und das ist die Pointe der Szene – reicht das Fleisch allerdings nicht aus. Entgegen einer biologischen Definition von Männlichkeit verweist die Inszenierung der Saloonszene auf die Ebene des Symbolischen. Denn obwohl der Genitalbereich des Terminators nie im Bild zu sehen ist,[89] spielt gerade diese Aussparung des konkreten Bildes doch beständig darauf an. Die Szene kreist nicht nur um diese visuelle Leerstelle, auch das Salooninventar ist von phallischen Symbolen durchsetzt: Billiardqueues, Zigarre, Messer, Pistole – und in einem gewissen Sinne auch der Terminator selbst, der ja als Waffe konstruiert und als Geschoss vor den Saloon «gefeuert» wurde. Diese Beobachtung macht allerdings deutlich, wie prekär der Status der muskelbepackten Hypervirilität für die Männlichkeit des Terminators ist, denn – lacanianisch gesprochen – ist nicht mehr zu entscheiden, ob der Terminator nun den Phallus «hat» oder ob er der Phallus «ist».[90] Wie Chris Holmlund feststellt, birgt gerade Hypermaskulinität die Gefahr, in ihr Gegenteil umzukippen:

> [A]s Lacan maintains, the very ‹exaggeration of masculinity appears feminine› [...]. Because ‹having› the phallus (masculinity) and ‹being› the phallus (femininity) are both performances disguising the same lack of the phal-

---

89 Diese Aussparung ist in produktionstechnischer Hinsicht vor allem den Darstellungskonventionen des Hollywood-Mainstream-Kinos geschuldet. Mit Richard Dyer lässt sich allerdings ein weiterer Hintergrund dieser Konvention vermuten: «[T]he penis isn't a patch on the phallus. The penis can never live up to the mystique implied by the phallus. Hence the excessive, even hysterical quality of so much male imaginary. The clenched fists, the bulging muscles, the hardened jaws, the proliferation of phallic symbols – they are all straining after what can hardly ever be achieved, the embodiment of the phallic mystique» (Richard Dyer: «Don't Look Now. The Male Pin-Up» [1982], in: Mandy Merck (Hg.): *The Sexual Subjekt. A Screen Reader in Sexuality*, London 1992, S. 265-276, hier S. 247).

90 In *Die Bedeutung des Phallus* beschreibt Jacques Lacan dieses Phänomen als «[die] merkwürdige[...] Konsequenz, daß die männliche Parade selbst als weiblich erscheint» (Jacques Lacan: «Die Bedeutung des Phallus» [1966], in: ders.: *Schriften II*, hrsg. von N. Haas und H.-J. Metzger, Weinheim/Basel ³1991, S. 119-132, hier S. 132). Auch Sloterdijk bemerkt, dass es Schwierigkeiten bereitet, «den Rang und das Genus dieses seltsamen Maschinenengels zu bestimmen» (Sloterdijk: Sendboten der Gewalt, S. 27). Elisabeth Bronfen liest den Terminator mit Bezug auf die weitere Entwicklung des Plots sogar als «mütterlichen Vater [...]: Im Austausch zwischen Mensch und Maschine hat sich der Cyborg die Eigenschaften der Mutter angeeignet» (Elisabeth Bronfen: «Leben spenden. Ohnmacht und Macht des weiblichen Cyborgs», in: Rolf Aurich/Wolfgang Jacobsen/Gabriele Jatho (Hg.): *Künstliche Menschen. Manische Maschinen. Kontrollierte Körper. Retrospektive 2000*, Berlin 2000, S. 81-86, hier S. 84).

lus, ‹having› may even tip over into ‹being›.[91]

TERMINATOR 2 etabliert hier also eine Konfiguration, die die strikte Gegenüberstellung von Männlichkeit als «Phallus-Haben» und Weiblichkeit als «Phallus-Sein» durchkreuzt. Für diese Annahme spricht auch die spöttische Reaktion der Biker auf den entblößten Terminator: Diese werten seine biologische Ausstattung offensichtlich nicht als Zeichen von Männlichkeit, sondern nehmen ganz im Gegenteil den völlig nackten Mann nicht für voll. Dabei unterläuft den Bikern freilich eine Fehllektüre, denn im Rahmen der Narration ist der Terminator ja nicht eigentlich nackt, sondern nur mit nacktem Fleisch getarnt. Die Szene spielt hier also mit komplexen Maskeradestrategien.[92] Dennoch: Aus der Sicht der Biker ruft der nackte, ausgestellte Männerkörper, davon war schon die Rede, veritable Gender-Irritationen hervor.[93] Daher muss sich der Terminator, um auch die Biker zu überzeugen, erst noch der kulturellen Signifikationspraktiken von Männlichkeit bedienen – und greift dabei auf das «doing gender» des Westernhelden zurück.

Die nachfolgende Bad-to-the-Bone-Sequenz ist nach dem Muster des «comic relief» als ironischer Kommentar der Saloonszene angelegt. Der Auftritt des nun vollständig eingekleideten Terminators – eine Art Musiknummer, wie der extradiegetisch eingespielte Rocksong markiert – kann in Anlehnung an die Parkplatzsequenz als zweite, als symbolische Geburt seiner Männlichkeit verstanden werden. Wie Mark Dery an-

---

91 Chris Holmlund: «Masculinity as Multiple Masquerade. The ‹Mature› Stallone and the Stallone Clone», in: Cohan/Hark: Screening the Male, S. 213-229, hier S. 222. Vgl. auch Goldberg: Recalling Totalities, S. 238.

92 Das von Joan Riviere entlehnte (von ihr allerdings auf Weiblichkeit fokussierte) Theorem der Maskerade lässt sich zur Verdeutlichung naturalisierender Effekte auf die Konstruktion von Geschlecht ganz generell anwenden (vgl. Joan Riviere: «Weiblichkeit als Maskerade» [1929], in: Liliane Weissberg (Hg.): *Weiblichkeit als Maskerade*, Frankfurt am Main 1994, S. 34-47; zur Ausweitung des rivierschen Begriffs vgl. auch Liebrand: Prolegomena, S. 19f.; dies.: Hauptartikel «Maskerade», in: Renate Koll (Hg.): *Metzler-Lexikon Gender Studies. Geschlechterforschung. Ansätze – Personen – Grundbegriffe*, Stuttgart 2002, S. 255-256).

93 Den aktuellen Preview-Kritiken zu TERMINATOR 3 ist zu entnehmen, dass auch der dritte Teil auf die Spektakelqualität des nackten Männerkörpers setzt – und zwar in doppelter Hinsicht: Schwarzeneggers Einkleidungszeremonie findet dieses Mal nämlich in einem «Animierlokal, wo ein Stripper eine enthemmte Damenrunde unterhält [statt]. Der Terminator klaut den Auszieh-Artisten die Berufskleidung (schwarze Lederjacke, schwere Stiefel)» (Martin Wolf: «Prinzenrolle mit Edelrost», in: *Der Spiegel* 27 [2003], S. 146-147, hier S. 147). Dieser Beschreibung zufolge scheint der Terminator also seinem Cowboy-Look treu zu bleiben, allerdings nicht ohne eine weitere Umschrift vorzunehmen, die den «gender trouble» des nackten Männerkörpers nicht nur explizit mit diesem Outfit verknüpft, sondern ebenfalls in einer Szenerie angesiedelt wird, die die Gender-Spezifikationen traditioneller Blickordnungen invertiert.

merkt, «ist ein ‹bone›, also ein Knochen, eine Erektion»[94]. Dieses ultimative Zeichen der Männlichkeit wird dem Terminator erst mit der Kostümierung und durch den musikalischen Kommentar symbolisch zugesprochen, nachdem er «allen Beteiligten klar[gemacht hat], dass er der unbezwingbare Fels der Männlichkeit ist»[95] – erst dann ist er «bad to the bone». Es bedarf also zuerst der Inszenierung, der Verkleidung, der Maskierung als Mann, um auch als solcher durchzugehen. Dass diese Maskerade funktioniert, beweist auch der Umstand, dass das zweite Duell, jenes mit dem Barmann, so ganz anders ausfällt als das erste: Denn den Gegner verlässt beim Anblick des nunmehr eingekleideten und damit überzeugender maskierten Terminators schnell der Mut, anders als die Biker-Gang kann er die Männlichkeit des Terminators nun «richtig» lesen.

So betrachtet stellt der Terminator minutiös nach, was Butler als Parodie des Geschlechts durch den Transvestismus beschrieben hat: Er ist ein Transvestit im Sinne Butlers, indem er Hypermännlichkeit mit Rückgriff auf Ikonographie und «doing gender» des Cowboys herstellen kann und damit auf die Konstruktionsmechanismen von Männlichkeit verweist. Dass Imitation «die Bedeutung des Originals verschieb[t]»,[96] lässt sich im Falle des Terminators in zweifacher Hinsicht beschreiben: Zum einen in Bezug auf die Natürlichkeit des männlichen Körpers – wie der Transvestit entnaturalisiert der Terminator das biologische Geschlecht durch Imitation. Zum anderen verändert sich auch die Perspektive auf so genannte «Männergenres» wie den parodierten Western. Die spezifische Komik der hier inszenierten Saloonszene, die gleichzeitig eine Verkleidungsszene ist, stellt sich gerade durch die Übersteigerung der Männlichkeitsrepräsentationen des Western her, verweist damit auf deren Konstruktionsmechanismen und eröffnet eine neue Perspektive der Lektüre. Genau unter dieser Perspektive erlebt der Western – das sei zumindest angemerkt – seine derzeitige Renaissance[97] innerhalb der Gen-

---

94 Dery: Cyber, S. 300.
95 Ebd.
96 Butler: Das Unbehagen der Geschlechter, S. 203.
97 Zuvor war der Western vor allem ein zentrales Thema der Genre-Forschung, so z.B. bei André Bazin: «Der Western – oder das amerikanische Kino par excellence» [1953], in: ders.: *Was ist Kino? Bausteine zur Theorie des Films*, hrsg. von Hartmut Bitomsky, Harun Farocki und Ekkehardt Kemmerling. Köln 1975, S. 111-120; ders.: «Die Entwicklung des Western» [1953], in: ders.: Was ist Kino?, S. 121-129; Robert Warshow: «Movie Chronicle. The Westerner» [1954], in: Jack Nachbar (Hg.): *Focus on the Western*, Englewood Cliffs 1974, S. 45-56; Jim Kitses: *Horizons West. Anthony Mann, Budd Boetticher, Sam Peckinpah. Studies of Authorship within the Western*, London 1969; Edward Buscombe: «The Idea of Genre in the American Cinema», in: *Screen* 11/2 (1970), S. 33-45; John George Cawelti: *The Six-Gun Mystique*, Bowling Green 1970; Phillip French: *Wes-*

der und Queer Studies und rückt im Zuge der bereits dargestellten Entdeckung des Forschungsgegenstands «Männlichkeit» in den Blick der genderorientierten Filmforschung.[98] In den 1990er-Jahren sind diesem spezifischen Themenkomplex sogar eigene Studien[99] gewidmet. Was die hier analysierte Eingangsszene vorgibt – die Relektüre des Westerner durch eine Figur wie den schwarzeneggerschen Terminator – lässt sich also in paralleler Weise für die Entwicklung der theoretischen Konzeptionen des männlichen Körpers in der Filmwissenschaft beobachten. Die Aufmerksamkeit für den männlichen Körper wird erst durch dessen hypermaskuline Parodie geweckt und macht es rückblickend möglich, die kinematographische Tradition der Darstellung des männlichen Körpers in einer nachträglichen Lektüre radikal umzuwerten. So stellt auch Siegfried Kaltenecker fest, dass ein ehemals monolithisches, homogenes Verständnis von Männlichkeit im Sinne eines «existentielle[n] Faktum[s]», das einfach abzubilden wäre»,[100] durch die Beobachtung der Konstruktionsmechanismen der Kategorie Männlichkeit, die «sich erst in spezifischen Bild- und Erzähldiskursen als scheinbar natürliche realisiert»,[101] ersetzt wird. Erst in dem Moment, in dem Männerkörper als Zeichen, Maskerade oder Spektakel konzeptioniert werden,[102] können auch die «vielfältigen Mechanismen kinematographischer Un-Sichtbarmachung»[103] dieser Konstruktionen erkannt werden. Kaltenecker diagnostiziert eine

---

terns, London 1973; Andrew Tudor: *Theories of Film*, London 1974; Will Wright: *Six Guns and Society. A Structural Study of Western*, Berkeley 1975; Thomas Schatz: *Hollywood Genres. Formulas, Filmmaking and the Studio System*, New York 1981; Edward Buscombe: *The BFI Companion to Western. New Edition*, London 1993; vgl. Neale: Genre and Holywood, S. 133f.

98 Zu den Autoren, die diese neue Perspektive an das Westerngenre herantragen, gehören Neale: Masculinity as Spectacle; Martin Pumphrey: «Why Do Cowboys Wear Hats in the Bath? Style Politics for the Older Man», in *Critical Quarterly* 31/3 (1988) S. 78-100; Dennis Bingham: *Acting Male. Masculinities in the Films of James Stewart, Jack Nicholson and Clint Eastwood*, New Brunswick 1994; David Lusted: «Social Class and the Western as Male Melodram», in: Ian Cameron/Douglas Pye (Hg.): *The Movie Book of Western*, London 1996, S. 63-74; Douglas Pye: «Masculinity in the Westerns of Anthony Mann», in: Cameron/ Pye: The Movie Book of Western, S. 167-73.

99 Vgl. Lee Clark Mitchell: *Western. Making the Man in Fiction and Film*, Chicago 1996, Karin Esders-Angemund: Weiblichkeit und sexuelle Differenz; Peter Verstraten: *Screening Cowboys. Reading Masculinites in Western*, Amsterdam 1999.

100 Kaltenecker: Spiegelformen, S. 11.

101 Ebd., S. 11f.

102 Die veränderte Perspektive der Forschung auf die Konzeptionierung von Männlichkeit dokumentiert sich häufig schon in der Titelwahl: Vgl. Diana Saco: «Masculinity as Signs», in: Steve Craig (Hg.): *Men, Masculinity and the Media*, Newbury Park 1992, S. 23-39; Holmlund: Masculinity as Multiple Masquerade; Neale: Masculinity as Spectacle.

103 Kaltenecker: Spiegelformen, S. 12.

«markante[...] Schnittstelle zwischen Film- und Männlichkeitskritik»[104] innerhalb der «Strukturen, deren offensichtliche Macht einer spezifischen Unsichtbarkeit entspringt».[105]

Western und Actionfilm – das sollte deutlich geworden sein – können mit Blick auf ihre Männlichkeitskonstruktionen als Anschlussdiskurse verstanden werden. Der Western – ein von der Filmgeschichtsschreibung immer wieder totgesagtes Genre[106] – produziert mit dem «lonesome cowboy» einen «Mythos des Alltags»[107] im Sinne Roland Barthes', auf den der Actionfilm in parodierender und imitierender Form zurückgreift, den er zitiert, wiederholt und somit über scheinbar fest gefügte Genre-Grenzen hinweg fortschreibt. Diese Reinszenierung funktioniert – die exemplarische Szenenanalyse aus TERMINATOR 2 hat das gezeigt – als Verschiebung, Umschrift und Transformation der Männlichkeitsmythen des Western – und generiert damit eine neue Perspektive auf den Western selbst. Die Renaissance des Western als Untersuchungsgegenstand, wie sie sich – nunmehr unter gendertheoretischen Vorzeichen – spätestens Ende der 1990er-Jahre an einschlägigen Publikationen ablesen lässt, muss mit den dargestellten Entwicklungen im Rahmen der Körperkonjunktur seit den 1980ern, zu denen auch die Actionfilme des «muscular cinema» zu zählen sind, zusammengedacht werden.

104 Ebd., S. 9.
105 Ebd.
106 So stellt auch Jim Kitses fest: «Someone is always trying to bury the Western» (Jim Kitses: «Introduction. Post-Modernism and the Western», in: ders./Gregg Rickman (Hg.): *The Western Reader*, New York 1998, S. 15-31, hier S. 15). Wie schwierig sich die Bestimmung eines Todesdatums allerdings gestalten kann, zeigt sich in Susan Haywards Formulierung «The Western, perhaps the longest-lasting genre, looked set to die out, even though Peckinpah was still making them» (Hayward: Key Concepts, S. 473). Es lässt sich darüber diskutieren, ob nicht schon der Mitte der 60er-Jahre sehr erfolgreiche Italo-Western, der vielfach als Dekonstruktion des Genres verstanden worden ist, den klassischen Western «tötet». Andere filmhistorische Positionen verlegen das Ableben auf den Beginn der 80er-Jahre (vgl. Georg Seeßlen: «Weites Land und schwere Zeiten. Notizen zu alten und neuen Western», in: *epd Film* 10 [1994], S. 18-23, hier S. 22). Den verschiedenen Todesdaten widersprechen wiederum jüngere Gegenbeispiele. So konnten sich Filme wie DANCES WITH WOLVES (USA 1990, R: Kevin Costner) oder UNFORGIVEN (USA 1992, R: Clint Eastwood) zu Beginn der 90er-Jahre mit Erfolgen an den Kinokassen profilieren. Zusammenfassend sprechen diese Beobachtungen für meine Annahme, dass der Western zwar seine quantitative Dominanz innerhalb der Hollywood-Filmproduktion verloren hat – und diese sozusagen an den Actionfilm weitergibt –, dennoch aber als filmhistorische Folie des Gegenwartskinos und als Bestandteil des kulturellen Gedächtnisses äußerst lebendig bleibt.
107 Ich beziehe mich hier auf Barthes' Konzeption in *Mythen des Alltags*, der «das eigentliche Prinzip» dieser Mythen als die Verwandlung von «Geschichte in Natur» beschreibt: «[A]lles vollzieht sich, als ob das Bild auf *natürliche* Weise den Begriff hervorriefe, als ob das Bedeutende das Bedeutete *stiftete*. [...] Der Mythos wird als Faktensystem gelesen, während er doch nur ein semiologisches System darstellt» (Roland Barthes: *Mythen des Alltags* [1957], Frankfurt am Main 1996, S. 113, 115).

Das erneute Interesse am Western ist vor dem Hintergrund einer Forschungsentwicklung zu verstehen, die erst mit dem Auftreten der Imitation (der hypervirilen Darstellung des männlichen Körpers) auf das «Original» aufmerksam macht: Erst der nachträgliche Blick auf den Revolverhelden erweist dessen «Virilität» als prekäre und instabile Konstruktion.

Dieser Befund hat jedoch wiederum nachhaltige Konsequenzen für die filmwissenschaftliche Konzeption des Westerngenres zur Folge. Das hier skizzierte Verhältnis von Männerkörpern in Western und Actionfilm zu den damit befassten filmwissenschaftlichen Diskursen sollte plausibel gemacht haben, dass nicht nur Genres bestimmte Gender-Vorgaben machen, sondern im Umkehrschluss auch Gender als genrekonstitutives Element verstanden werden muss. Die Umschrift von genrespezifischen Gender-Vorgaben schreibt nachträglich auch das Genre selber um. Diese Perspektive auf das Verhältnis von Gender und Genre schließt an den von Claudia Liebrand und Ines Steiner entwickelten theoretischen Rahmen des vorliegenden Bandes an: «Doing gender» und «doing genre» – Semantisierungsverfahren, die jeder einzelne Film aufs Neue *und* mit Rückbezug auf kinematographische Traditionen prozessiert – stehen also in einer komplexen Interdependenz: Genre wie Gender können nicht länger als starre, fixe Einheiten konzipiert werden, sondern sind als transitorische Phänomene zu verstehen, die in einem ständigen Entstehungs-, Veränderungs- und Entwicklungsprozess begriffen und wechselseitig aufeinander bezogen sind.

Franziska Schößler

Von kommenden Geschlechtern. Gender- und Genre-Turbulenzen in Science-Fiction-Filmen der 90er-Jahre

Dass sich auch Science-Fiction-Filme in ganz fundamentaler Weise als komplexe Verklammerungen von Gender und Genre beschreiben lassen, soll im Folgenden am Beispiel von drei Filmen[1] der 90er-Jahre vorgeführt werden – am Beispiel von TERMINATOR 2: JUDGEMENT DAY, THE MATRIX und ARTIFICAL INTELLIGENCE: AI. Zeichnen sich auch diese Filme durch ihre Genre- wie Gender-Hybridisierungen aus, so kann deutlich gemacht werden, auf welche Weise im Kontext des Science-Fiction-Films (adaptierte) «Genres» Geschlechterordnungen assoziieren und umgekehrt.[2] Folgende Transformationsbewegungen sind in diesem Zusammenhang denkbar: Das zitierte Genre sowie sein Gender-Konzept kann ironisiert und destruiert werden; damit freilich werden die adaptierten Genre-Normen in einer Art rückwirkender Festschreibung zugleich etabliert. Zum Zweiten kann das aufgerufene Genre Gender-Konstellationen des «Hyperfilms» modifizieren;[3] umgekehrt kann ein verändertes Gender-Konzept im «Hyperfilm» eine Genre-Verschiebung in demselben nach sich ziehen. Rekurriert der «Hyperfilm» intertextuell auf das eigene «Genre», auf Vorgänger, so vermag eine Reflexivierung (zum Beispiel durch Ironisierung) spezifische Gender-Regeln dieser Vorgänger in Erscheinung treten zu lassen, also zu konstituieren. Eine weitere Variante wäre, dass der Bezug zu einem «Hypofilm» des gleichen «Genres» die Gender-Zuordnungen des «Hyperfilms» transformiert.

---

1   Vgl. zu diesem Genre Jay Paul Telotte: *Replications. A Robotic History of the Science Fiction Film*, Urbana 1995; Vivian Sobschack: *Screening Space. The American Sciene Fiction Film*, New York 1988; Thomas Schatz: *Old Hollywood/New Hollywood. Ritual, Art, and Industry*, Ann Arbor 1983; Georg Seeßlen: Science Fiction. Geschichte und Mythologie des Science-Fiction-Films, 2 Bde., Marburg 2003.
2   Beliebt sind in den 90er-Jahren die Figuren des «tomboy», der Muskelfrau, ebenso die «feisty heroine» und das «working girl» (Yvonne Tasker: *Working Girls. Gender and Sexuality in Popular Cinema*, London/New York 1998, bes. S. 65f.). Tasker betont, dass zu Beginn der 90er-Jahre das Profil des «female action hero» favorisiert wird, allerdings ohne ein spezifisches Genre zu etablieren (ebd., S. 68, S. 70). Diese Gestalten «offer an articulation of gender and sexuality that foregrounds a combination of conventionally masculine and feminine elements» (ebd., S. 68).
3   Ich übernehme die Begrifflichkeit von Gérard Genette: *Palimpsestes. La littérature au second degré*, Paris 1982.

Diese komplexen Überlagerungen sollen vor allem im Fokus auf den künstlichen Körper, die Maschine, den Android und den Cyborg vorgeführt werden, Gestalten, die zum genuinen Repertoire des Science Fiction gehören. Im Zentrum stehen mithin Figuren, die die Grenzen zwischen menschlich und artifiziell,[4] aber auch zwischen männlich und weiblich kollabieren lassen.[5] Der künstliche Mensch ist ein hybrider Gegenstand; der Cyborg sieht einem Menschen ähnlich und ist es nicht. Sein Körper erscheint «as an *image* that is constantly being reconfigured and presented for display»[6]. Damit lässt das humanoide Personal – im besten Falle – eine Reformulierung und Aufkündigung von tradierten Schöpfungs- und Familienmythen erwarten.[7] In den neueren Science-Fiction-Filmen wird entsprechend vielfach das klassische narrative Schema überschritten, wonach ein «mad scientist», ein männlicher Schöpfer, die weibliche Gebährfähigkeit für sich – *in vitro* – imitiert. Der/die Cyborg, der/die die Grenze zwischen Mensch und Maschine, Mann und Frau sprengt, steht vielmehr am Anfang einer transfamilialen Genealogie, einer Schöpfung jenseits der binären Geschlechterordnung und der patriarchalen sozialen Hierarchie. Haraway hält fest:

> Im Unterschied zu Frankensteins Monster erhofft sich die Cyborg von ihrem Vater keine Rettung durch die Wiederherstellung eines paradiesischen Zustands, das heißt durch die Produktion eines heterosexuellen Partners, durch ihre Vervollkommnung in einem abgeschlossenen Ganzen, einer Stadt oder einem Kosmos. Die Cyborg träumt nicht von einem sozialen Lebenszusammenhang nach dem Modell einer organischen Familie, egal ob mit oder ohne ödipalem Projekt. Sie würde den Garten Eden nicht erkennen, sie ist nicht aus Lehm geformt und kann nicht davon träumen, wieder zu Staub zu werden.[8]

---

4 Grundsätzlich sind drei verschiedene narrative Schemata auszumachen: Die Roboter können aufgrund ihrer größeren Widerstandsfähigkeit und ihrer Intelligenz die Macht übernehmen. Sie können zudem durch ihre Menschenähnlichkeit diesen zunehmend ersetzen. Oder aber an der Ausrottung der Maschinen enthüllt sich die Bastardisierung der Menschen (vgl. Seeßlen: Kino des Utopischen, S. 43).

5 Einer der Kultfilme dieses «Genres» ist sicherlich METROPOLIS (D 1927, R: Fritz Lang), ebenso Stanley Kubricks Film 2001. A SPACE ODYSSEY (UK/USA 1968), eine Art narzisstisch-mystische Zeitreise zu sich selbst (in phylo- und ontogenetischer Hinsicht) und ein philosophischer Ideenfilm wie auch Andrei Tarkowskys SOLARIS (UdSSR 1972).

6 Telotte: Replications. A Robotic History of the Science Fiction Film, S. 149.

7 Die «Ablösung der menschlichen Reproduktivität von der Sexualität und dem weiblichen Körper [...] unterminiert die Geschlechterdifferenz schon insofern, als die Fähigkeit des Gebärens traditionell als das zentrale Definitionsmerkmal des weiblichen Geschlechts gilt» (Rita Morrien: «EVE OF DESTRUCTION und ALIEN: RESURRECTION. Schöpfungsmythen in amerikanischen Science-Fiction-Filmen der neunziger Jahre», in: *Freiburger Frauenstudien* 11 [2001], S. 191-207, hier S. 193).

TERMINATOR 2: JUDGEMENT DAY – Zerspringende Körper und Geschlechter

TERMINATOR 2[9] schließt ganz an das apokalyptische Untergangsszenario aus dem ersten Streifen an; visioniert wird für das Jahr 2029 der Kampf von Menschen gegen Maschinen, die sich zu den neuen Herren der Welt aufgeschwungen haben. Erzählt wird also die Geschichte vom Zauberlehrling Mensch, der seinen Besen, seine Maschinen, nicht mehr zu bändigen vermag, eine der topischen Narrationen von Science-Fiction-Filmen. Damit verbunden ist eine Zeitreise, nicht erst seit der Verfilmung von Wells Roman *The Time Machine* ein Klassiker: Zwei Androide mit unterschiedlichem Produktionsdatum werden in die Gegenwart (1997) zurückgeschickt – der eine, um den heranwachsenden zukünftigen Anführer der Menschen zu schützen, der andere, um ihn zu vernichten: die beliebte Good-Guy-bad-Guy-Version des Hollywoodkinos also.[10] Diese Androiden setzen nicht nur ein theatralisiertes Männlichkeitsspektakel in Gang, sondern führen Gender- wie Generationen-Metamorphosen vor Augen, unter anderem durch die zahlreichen intertextuellen Bezüge des Films. In TERMINATOR 2 werden Gattungen wie zum Beispiel der Western[11] und der Action-Adventure-Film eingearbeitet, wobei die Gen-

---

8   Donna Haraway: «Ein Manifest für Cyborgs. Feminismus im Streit mit den Technowissenschaften», in: dies.: *Die Neuerfindung der Natur. Primaten, Cyborgs und Frauen*, Frankfurt am Main/New York 1995, S. 33-72, hier S. 36.

9   TERMNIATOR 2: JUDGEMENT DAY, USA/F 1991; Regie: James Cameron; Drehbuch: James Cameron, William Wisher Jr.; DarstellerInnen: Arnold Schwarzenegger, Linda Hamilton, Robert Patrick, Edward Furlong; Kamera: Adam Greenberg; Schnitt: Conrad Buff, Dody Dorn, Mark Goldblatt, Richard A. Harris; Kostüme: Marlene Steward; Carolco Pictures Inc, Le Studio Canal+, Lightstorm Entertainment et al. Der Film wird von der Forschung meist behandelt, wenn es um die Figur des weiblichen «action hero» geht. In TERMINATOR (USA 1984, R: James Cameron), dem Vorgänger, ist die weibliche Hauptfigur schwanger, und ihr Körper wird sexualisiert (vgl. dazu Hilary Radner: «New Hollywood's New Women. Murder in Mind – Sarah and Margie», in: Steve Neale/Murray Smith [Hg.]: *Contemporary Hollywood Cinema*, London/New York 1998, S. 247-262, hier S. 249). In TERMINATOR 2 wird der weibliche Körper zur Kampfmaschine umgebaut. «Female action heroes are constructed in narrative terms as macho/masculine, as mothers or as Others: sometimes even as all three at different points within the narrative» (Tasker: Working Girls, S. 69).

10 Das Genre Science Fiction hat vielfach mit den Grenzen seiner eigenen Konstruktionen zu kämpfen. Auch TERMINATOR 2 zeichnet sich durch logische Unmöglichkeiten aus, die allerdings im Film reflektiert und ironisch thematisiert werden. Umgesetzt wird eine Art Pathogenese: Der Sohn schickt einen Mann als seinen Vater in die Vergangenheit. Wird diese Zukunft jedoch abgewendet, so heißt das auch, dass die Zeugung nicht stattfinden wird. Es wird also jemand aus der Zukunft geschickt, um diese und damit sich selbst zu verhindern.

11 Vgl. dazu den Beitrag in diesem Band von Sandra Rausch: «Männer darstellen/herstellen. Gendered Action in James Camerons TERMINATOR 2».

der-Regeln dieser Gattungen codifiziert, ihre Körperbilder ironisiert und dementiert werden, ja der «Hyperfilm» TERMINATOR 2 führt die (Gender-)Phantasmen der zitierten Genres regelrecht vor. Zwar erscheint Schwarzenegger in der Eingangssequenz des Films in nahezu hyperbolisch inszenierter Männlichkeit – zudem im Gewand Adams, wie Gott ihn geschaffen hat –, doch dieser Körper wird verschiedentlich als Mimikry ausgewiesen, die Körperhülle als Maskerade, zumal auch auf intertextueller Ebene eine Maskerade stattfindet; nachgestellt und persifliert wird der Beginn des ersten Streifens, also von TERMINATOR.[12] Dieser Maskeradeaspekt wird gleich zu Anfang von TERMINATOR 2 unübersehbar. Der «Neugeborene»[13] kleidet sich ein. Er verwandelt sich in den Protagonisten eines Actionfilms – in Leder, mit heißem Ofen, und selbst die schwarze Sonnenbrille fehlt nicht. Damit wird der prototypische Held des Action-Adventure-Films hergestellt, und zwar in einer ironischen Bezugnahme auf das Genre und seine Vorliebe für «hyperbolic bodies».[14] Doch es wird eben vorgeführt, in welcher Weise der Held des beliebten Genres entsteht. Aufgegriffen wird dessen Körperfixierung, und zwar in einem ironischen Wechselspiel von Affirmation und Subversion, indem selbst der Körper als Maske in Erscheinung tritt, die Muskeln die synthetischen Fasern eines Humanoiden sind.[15] Die Maschine zersetzt das Phantasma des männlichen «hard body». Dass der männliche Körper des Terminators tatsächlich einem Gewand, einem Kleid, ähnelt, lässt der spätere «Strip» Schwarzeneggers, der buchstäblich unter die Haut geht, deutlich werden. Dem verschüchterten Erfinder, dessen Ingenium den Krieg provozieren wird, demonstriert er, was sich eigentlich unter seiner Haut befindet, was er «eigentlich ist» – eine Maschine. Damit wird jede essenzialistische Definition von Geschlecht und Körper pervertiert; Physis ist eine Konstruktion und das Wesen eine Maschine. Darüber hinaus wird die Unverwundbarkeit dieses Körpers – gemeinhin Emblem der Helden und Krieger im Action-Adventure-Film – bei der Auseinandersetzung mit den Saloonbesuchern als Konstruktion ausgewiesen; das

---

12 Jeffords beschreibt TERMINATOR aufgrund dieser Serialität als «form of repetition as self-reproduction» (Susan Jeffords: *Hard Bodies. Hollywood Masculinity in the Reagan Era*, New Brunswick/New Jersey 1994, S. 157).
13 Zu überlegen wäre, ob dieser Geburtsszene (aus dem Ei, aus einer Kugel als Gestalt der Perfektion) nicht eine komische Referenz zur Geburt der Venus eingeschrieben ist, der Schaumgeborenen. In TERMINATOR 2 entstehen die Geschöpfe – die Kamera fokussiert den Abfall auf der Straße, der sich zu bewegen beginnt – aus dem Industriemüll.
14 Steve Neale: *Genre and Hollywood*, New York 2000, S. 52.
15 Vgl. dazu auch Yvonne Tasker: *Spectacular Bodies. Gender, Genre and the Action Cinema*, London 1993.

Fleisch ist unverwundbar, weil es der Überzug einer Maschine ist. Und duellieren sich die Antagonisten, ganz wie es in Western mit Leidenschaft in Szene gesetzt wird, wird ein klassischer «gunfight» inszeniert, als sich die beiden Antagonisten um ihren Schützling in einer Bar streiten, so ironisiert und unterläuft der Science Fiction als Imitation des Western dessen Männer- und Körperphantasien. Die Männlichkeitsbilder der zitierten Genres werden demontiert. Allerdings müssen sie zugleich aufgerufen und damit auch affirmiert werden.

In Camerons Film wird darüber hinaus ein zentrales Paradigma ironisch umspielt, das im Hollywoodkino so ubiquitär ist, dass es nahezu allen Genres zugeordnet werden kann – das triadische Familienmuster, wie es selbst am Ende von Horror-Filmen und Sandalen-Filmen vielfach restituiert wird und in neueren Produktionen wie zum Beispiel in GLADIATOR im Namen des Kommunitarismus und des Opfergedankens in Szene gesetzt wird.[16] In TERMINATOR 2 fungiert die Familientrias nicht als finales Tableau, nicht als Ziel aller Irrungen und Wirrungen, sondern als Kriegs- und Arbeitsordnung, als Formation gegen das Böse. Die Ikone der heiligen Familie wird amalgamiert mit dem Typus des «woman warrior», wie er im Western der 1910er- und 40er-Jahre entwickelt wird;[17] die Familientrias wird in das Action-Schema eingepasst und damit überschritten. Eingeschrieben sind dem Film zum einen Elemente einer misslungenen Familienbildung – die Mutter tut sich in ihrem «Wahn», den Erlöser auf seine Mission vorbereiten zu müssen, mit diversen Männern zusammen, um das Kriegsgeschäft zu erlernen; der neue Messias wächst mit wechselnden Vätern auf, und auch der letzte verabschiedet sich wieder. Zum anderen jedoch erscheint die topische Familienkonstellation, wie sie zum Beispiel auch die «Gattung» des Melodramas bedient, unter dem Vorzeichen der ironischen Kommentierung. Auf ihrem Weg zu dem Wissenschaftler beobachtet Sarah Connor das Spiel zwischen dem Terminator und ihrem Sohn. Ihre Stimme, die als Voice-over hörbar wird, kommentiert dieses Verhältnis: «Watching John with a machine. It was suddenly so clear. The Terminator would never stop. It would never hurt him. It would never leave him or get impatient with him. [...] It would die to protect him. Of all the would-be fathers who came and went over the years, this machine, this thing, was the

---

16 GLADIATOR, UK/USA 2000, R: Ridley Scott. Vgl. dazu Franziska Schößler/Ingeborg Villinger: «‹Mutter Rom und Vater Staat› – Geschlechter- und Staatsmodelle in Ridley Scotts Film GLADIATOR», erscheint in: *Freiburger Frauenstudien* (2003), Bd.: Screening Gender.
17 Vgl. zur Entstehung dieser Figur, vor allem im Kontext des Westerns, Neale: Genre and Hollywood, S. 57.

only one who measured up. And in an insane world, it was the sanest choice.» Entsprechend hat die Forschung die Transformation der Tötungsmaschine zum Vater herausgestrichen.[18] Doch die Familientrias schließt sich erst in dem Moment zur Perfektion zusammen, als ein Roboter mit von der Partie ist und die Vaterrolle übernimmt. Nicht die organische Familie ist Hort der Vollkommenheit, sondern die aus Mensch und Maschine zusammengesetzte Einheit. Es werden in TERMINATOR 2 mithin nicht nur typische Melodrama-Elemente aufgerufen – das Motiv des abwesenden Vaters oder der sich trennenden Eltern –, sondern die «heilige Ikone» Hollywoods wird zugleich ironisiert: Der beste aller möglichen Väter ist eine (tumbe) Maschine, die beste aller Familien ein Hybrid. Diesem Spiel mit dem Familienmuster entspricht, dass die Rollen wechselnd besetzt, die genealogischen wie Gender-Ordnungen im Sinne eines Gender-Crossover durchkreuzt werden.[19] Nicht nur scheint der Terminator auch Mutterfunktion zu übernehmen[20] – kurz nach dem Ausspruch Connors folgt der «woman warrior», die Frau als «lonely hero», allein ihrer Mission[21] –, sondern der Sohn fungiert auch als Vater, der Vater als Sohn, nicht zuletzt, weil es der künftige Erlöser ist, der den Beschützer seiner selbst (als Kind) ausgesandt hat. Der Terminator, Mutter und Vater, schuldet dem Sohn Gehorsam und lernt von ihm die christliche Botschaft: «Du sollst nicht töten.» Zudem ergänzen sich alle

---

18 Forest Pyle: «Making Cyborgs, Making Humans. Of Terminators and Blade Runners», in: Jim Collins/Hilary Radner/Ava Preacher Collins (Hg.): *Film Theory Goes to the Movies*, New York 1993, S. 227-241.
19 Elisabeth Bronfen: «Leben spenden. Ohnmacht und Macht des weiblichen Cyborgs», in: Rolf Aurich/Wolfgang Jacobsen/Gabriele Jatho (Hg.): *Künstliche Menschen. Manische Maschinen, kontrollierte Körper*, Berlin 2000, S. 81-86, hier S. 84.
20 So betont vor allem Jeffords: Hard Bodies, S. 160. Sie bewertet den Film als Signum eines neuen Männerbildes, das zu Beginn der 90er entsteht. Die männlichen Figuren in Filmen wie THREE MEN AND A BABY (USA 1987, R: Leonard Nimoy), LOOK WHO'S TALKING (USA 1989, R: Amy Heckerling), ONE GOOD COP (USA 1991, R: Heywood Gould), REGARDING HENRY (USA 1991, R: Mike Nichols) u.a. konzentrieren sich auf die Familie und erfahren diese als Feld ihrer Verwirklichung. Zugleich treten Eigenschaften wie Solidarität, Verständnis und Emotionalität auf den Plan; der Muskelmann der Reagan-Ära dankt ab. In diesem Zusammenhang ist bezeichnend, dass der Terminator lernfähig ist (ebd., S. 165). Diese neue Botschaft wird im Sinn von Homosozialität eingesetzt: «[I]n this narrative, masculinity transcends racial difference, suggesting that the forces of change – from killing to non-killing, from silence to speech, from indifference to love, from external display to internal exploration, from absent to active fatherhood – not only cross racial boundaries but draw men together» (ebd.).
21 Die Forschung betont die Absage an Mutterschaft, die in TERMINATOR 2 stattfindet (vgl. Radner: New Hollywood's New Women, S. 252f.). Radner beschreibt diese Absage als Aneignungsprozess. Die Transformation vom ersten zum zweiten Film «might be said to represent a move within dominant feminine culture to repossess the female body as a site of realization and agency outside heterosexuality through the articulation of specific technologies of the self» (ebd., S. 253).

drei in ihren Fähigkeiten, ein Schema, wie es das Märchen kennt. Jeder übernimmt hin und wieder das Steuer, auch buchstäblich; die Familie wird als Kooperation im Namen von Arbeitsteiligkeit und Effizienz definiert, nicht über klassische Gender-Rollen.

Camerons Film lässt gleichfalls deutlich werden, dass Gender-Transformationen durch die selbstreferenziellen Bezüge zu bedeutsamen Vorgängern der «eigenen Gattung» vorgenommen werden können. Dieses Verfahren signalisiert bereits der Main Title: Eingeblendet wird das Portrait eines silbernen, gepanzerten Maschinenmenschen, umgeben von höllischen Feuern – ein Leitmotiv der technoiden Sphäre der Maschinen. Über dieses Bild wird eine intertextuelle Referenz zu einem der großen Science-Fiction-Vorgänger hergestellt, der jedoch eine weibliche Maschine zur Protagonistin hat, ebenfalls eine wahre Höllengeburt: zu METROPOLIS; aufgerufen wird die dämonische Verführerin Maria. Wird bei Fritz Lang die Zerstörung des Roboters Maria auf einem Scheiterhaufen in aller Ausführlichkeit vor Augen geführt und erscheint ihr Roboterantlitz bei der Destruktion vor dem Hintergrund wild aufflackernder Flammen, so verweist das «Feuerantlitz» der Maschine aus TERMINATOR 2 auf eben dieses Szenario. Durch diesen intertextuellen Bezug wird die Gender-Konstellation des Films TERMINATOR 2 komplex chiffriert; die Maschine in TERMINATOR 2 wird weiblich semantisiert,[22] ganz ähnlich, wie eine Vielzahl der Apparate in der Literatur des 19. Jahrhunderts als weiblich gilt.[23] Entsprechend erscheint das Maschinenantlitz bei Cameron als skelettöser Kopf, als Totenkopf; Maschine, Weiblichkeit und Tod gehen, wie es notorischen Weiblichkeitsrepräsentationen entspricht, eine Allianz ein.[24] Diese Assoziation wird an

---

22 Damit freilich ließe sich hier, oberflächlich betrachtet, das topische narrative Schema auffinden, dass das Formlose, Phantastische, das Weibliche und Erotische (in Gestalt der Maschine) am Ende des Films getilgt wird. Auch der phantastische Film TERMINATOR 2 ist damit ein Film gegen das Phantastische (Weibliche) (vgl. Seeßlen: Kino des Utopischen, S. 49). Claudia Springer allerdings betont die enge Verbindung von Cyborg und Männlichkeit, wie sie in ROBOCOP (USA 1987, R: Paul Verhoeven) und TERMINATOR konstruiert werde (vgl. Claudia Springer: *Electronic Eros. Bodies and Desire in the Postindustrial Age*, London 1996, S. 95f.).

23 Fast müßig ist es, auf E.T.A. Hoffmanns Erzählung *Der Sandmann* zu verweisen. Galten im 17. und 18. Jahrhundert die perfekten Maschinen und Puppen von Kempelen, Vaucanson und Jaquet-Droz noch als Faszinosum, so wird um 1800 Mechanik zum Ausdruck toter Maschinenhaftigkeit. Auf Statuen, Puppen und Roboter, wie sie die Literatur zu bevölkern beginnen, wird das Andere der Vernunft, das Ausgegrenzte der symbolischen Ordnung projiziert. Auch aus diesem Grund sind es nicht selten weibliche Maschinen, die zum Gegenstand des Horrors werden.

24 Diese Allianz findet in dem beliebten Motiv der schönen Leiche ihren Ausdruck. Vgl. dazu Elisabeth Bronfen: *Nur über ihre Leiche. Tod, Weiblichkeit und Ästhetik*, München 1994; Christa Rohde-Dachser: *Expedition in den dunklen Kontinent. Weiblichkeit im Diskurs der Psychoanalyse*, Berlin/Heidelberg 1991.

verschiedenen Stellen des Films eingelöst: Die wiederholt gezeigte Zerstörung von Frauen und Kindern auf einem Spielplatz gipfelt beispielsweise in dem Tod der Protagonistin; sie verbrennt. Sichtbar wird ihr Skelett, und dieses koinzidiert innerhalb der Bildlogik des Films mit den «reduzierten Körpern» der Maschinen. Die Maschine ist eine (un-)tote Frau, die (un-)tote Frau eine Maschine. Zersplittert der Körper der Heldin in diesem Zerstörungsszenario zudem in Einzelteile, so vollzieht sich an ihr diejenige Destruktion, die an späterer Stelle, nun im Kontext des «bad guy», des Verfolgers, noch einmal ins Bild gesetzt wird: Sein Körper erstarrt zu Eis und zerbirst in eine Unzahl von Fragmenten, eine Vision von Auflösung und Zerstörung, die sich am weiblichen Körper ebenfalls in aller Drastik vollzieht. Die Sphäre der Maschinen wird also, trotz der scheinbar männlichen Codierung, weiblich semantisiert – von großer Konsequenz ist es daher, wenn in TERMINATOR 3: RISE OF THE MACHINES eine Terminatrix mit von der Partie ist.[25] Denn bereits in TERMINATOR 2 gleicht der Roboter aufgrund der intertextuellen Chiffrierung sowie der immanenten Bildlogik der Maschine Maria aus METROPOLIS, wobei Cameron auf inhaltlicher Ebene tatsächlich eine Mariengeschichte erzählt; eingeschrieben ist dem gesamten Film die Marienikone sowie der kulturelle Topos eines Erlösers, der in diesem Falle von einem Mann aus der Zukunft, nicht aus dem Jenseits, gezeugt wird. Intertextualität erweist sich mithin als ein zentrales Verfahren, um die Gender-Zuordnungen eines Films zu codieren.

Diese Gender-Turbulenzen können insgesamt auf neue Paradigmen der öffentlichen (Theorie-)Debatte zurückgeführt werden, wobei freilich auch die kulturellen Artefakte ihrerseits Theoriebildungen beeinflussen; ausgegangen werden muss im Sinne des New Historicism von komplexen Tauschbewegungen, von zirkulären Wechselbeziehungen zwischen diversen Segmenten. Die multiplen, vielgestaltigen Figuren des Films können als visuelle Demonstration von Performanz-Konzepten gelesen werden, wie sie Judith Butler zu Beginn der 90er-Jahre wirkmächtig etabliert. Das zeigt sich vor allem im Kontext des «bösen» Terminators, der sich männlichen wie weiblichen Figuren anverwandelt, sich als liquide, formlose Substanz auf unterschiedlichste Weise zu materialisieren vermag, und zwar auch als Kompositum aus weiblichen und männlichen Attributen.[26] Der Terminator spricht mit weiblicher Stimme – das tut im

25 TERMINATOR 3: RISE OF THE MACHINES, USA/UK/D/JAP/AUS 2003, R: Jonathan Mostow. Mit Arnold Schwarzenegger in einer Hauptrolle; Kristanna Loken gibt die Terminatrix (T-X).
26 In einer anderen Lesart, die die traditionellen Geschlechterrollen betont, die in TERMINATOR 2 aufgegriffen werden, erscheint der T-1000 Android als weiblich konnotiert.

Übrigen auch der beschützende Cyborg; er schlüpft in die Hülle der Stiefmutter und formiert die Hand zur phallischen Waffe, zum Schwert, um den lästigen Ehemann zu exekutieren. Auch wenn hier der Topos der phallischen, kastrierenden Frau aufgerufen wird, bleibt nichtsdestotrotz der Eindruck variabler Stimmhöhen und Erscheinungsweisen. Weiblichkeit und Männlichkeit erscheinen als Rollenspiele, als Imitationen (ohne Original) und weichen in ihrer Bedeutung der Faszination für zerspringende und sich regenerierende, für proteische Körper jenseits des Sexus, der Anatomie. Die Geschlechtergrenze als fundamentales Paradigma der Identität wird im Angesicht von proteischer Transformation und Regeneration aufgehoben; der Terminator als geschlechtslose, metamorphische Gestalt ist als Gegenmodell zu geschlechtlich eindeutigen und sterblichen Gestalten konzipiert. Diese Variabilität entspricht den Performanz-Theoremen der Zeit, wobei auf diese Weise zugleich die Körperbilder des früheren «Genres» transformiert und definiert werden.

Zu dieser Suspension klassischer Topoi des eigenen «Genres» gehören darüber hinaus die Selbstironisierungen des Science Fiction im Hinblick auf seine traditionellen Geschlechternarrationen. Kann als ein zentrales narratives Schema des Science Fiction, das in diesem Falle auf den Horror-Film zurückgreift, die Schöpfung eines künstlichen Wesens durch einen verrückten Wissenschaftler gelten – insofern weisen Science-Fiction- und Horror-Filme wie FRANKENSTEIN einige Affinitäten auf –, wird also dem weiblichen Gebären tendenziell eine männliche Reproduktivität im Namen der Wissenschaft entgegengesetzt, so wird in TERMINATOR 2 diese vielfach verdeckte Geschlechterrivalität thematisiert und ausgestellt. Die Mutter greift den Erfinder mit den Worten an: «Fucking men like you built the hydrogen bomb! Men like you thought it up. You think you're so creative. You don't know what it is to create a life, to feel something growing inside you.» Alles, wovon Männer etwas verstünden, sei Tod und Zerstörung. Damit wird die typische Grundopposition, wie sie im Science-Fiction-Film vielfach verhandelt wird, benannt: die Opposition von weiblicher «Gebürtlichkeit» und männlicher Macht über das Leben durch den Tod. Doch diese hier thematisierte Geschlechterrivalität wird als obsolete verabschiedet. Der Knabe unterbricht sie, mit komischem Effekt: «Mom. We need to be a little more constructive here.» Das kenntlich gewordene Geschlechterparadigma als

---

«In TERMINATOR 2 the two metaphors for technology, one solid and the other fluid, explicitly do battle, thereby implicitly contrasting the metaphors attached to male and female bodies in the two-sex model» (Springer: Electronic Eros, S. 112). Vgl. dazu auch Mark Dery: «Cyborging the Body Politic», in: *Mondo 2000* 6 (1992), S. 101-105, hier S. 103.

Fundament des «Genres» wird im Namen der gemeinsamen Aktion, des Pragmatismus und der Zusammenarbeit aufgekündigt. Arbeitsteiligkeit, Kooperation und Pragmatik suspendieren das topische Gender-Modell des «Genres» wie auch das ubiquitäre Familienmuster, beziehungsweise der Film konstituiert dieses Modell als Gender-Regel früherer Produktionen.[27]

THE MATRIX – Körpersimulationen im Descart'schen Comic

Auch in THE MATRIX von den Wachowski-Brothers[28] wird das Thema «Gebürtlichkeit» verhandelt: Zentrale Phantasie dieses Science-Fiction-Films, in dem die Maschinen in der Zukunft die Herrschaft übernommen haben, sich von den Energien der Menschen nähren und diesen ein Scheinleben vorgaukeln – das auf den ersten Blick angenehme Leben im Amerika der End-90er[29] –, zentrale Phantasie ist also die Vision, ein integraler Mensch zu sein. Die eigentliche, verborgene Sehnsucht der Figuren besteht darin, über einen Körper ohne Anschlüsse zu verfügen, Anschlüsse wie sie einerseits die Medienwelt produziert – Leitmotiv des Films sind Kabel und Schnüre, die der Telefone, der Kopfhörer, des *on-line* –, andererseits aber die Geburt. Der Nabel wird entsprechend, ganz im Sinne Bronfens,[30] als Ort der Blessur, der Verletzlichkeit und Dependenz in Szene gesetzt. So wird dem begabten Hacker Neo, Anagramm von «the One», eine Wanze, Metamorphose aus Technik und Organik, durch den Nabel eingeführt, eine Art Penetration und Entmächtigung, die die Ohnmacht des Geboren-werdens postfiguriert. Ein integraler Mensch zu sein, heißt dabei auch, nicht gezüchtet zu sein. Der Planet Erde wird als Zoo, mit Sloterdijk zu sprechen, als Menschenpark konzipiert; der große Schrecken besteht darin, gezüchtet, und das

---

27   In Bezug setzen lässt sich diese Szene auch zu den performativen und radikal-konstruktivistischen Gender-Theoremen Judith Butlers. «We need to be a little more *constructive* here», ist so als Lektürevorgabe an die Zuschauer zu verstehen, Gender-Konzepte, Männlichkeit und Weiblichkeit nicht als stabile, monolithische Naturformen zu denken.
28   THE MATRIX, USA 1999; Regie und Drehbuch: Andy Wachowski, Larry Wachowski; DarstellerInnen: Keanu Reeves, Laurence Fishburne, Carrie-Anne Moss, Hugo Weaving; Kamera: Bill Pope; Schnitt: Zach Steanberg; Kostüme: Kym Barrett; Sunrise Films.
29   «Damit bieten die Wachowski-Brüder eine Cyber-Visualisierung der von Louis Althusser entwickelten Definition von Ideologie an» (Elisabeth Bronfen: *Heimweh. Illusionsspiele in Hollywood*, Berlin 1999, S. 538).
30   Vgl. dazu Elisabeth Bronfen: *Das verknotete Subjekt. Hysterie in der Moderne*, Berlin 1998, bes. S. 21f.

heißt, geboren zu sein. Auch in MATRIX, wie in TERMINATOR 2, ist die Welt der Technik, die hier als Cyberspace konfiguriert ist – «*media meets media*» –, die Welt der Mutter, einer Megamutter,[31] die ihre Kinder, wie Ameisen Läuse, aussaugt, erntet, verwertet und im Zustand eines verkabelten Ungeborenseins hält.

Das scheinbare Paradox dieses Films ist, dass die Grals-Suche nach dem ganzen, perfekten Körper einen archaischen Dualismus kenntlich werden lässt,[32] wie ihn bereits Descartes formuliert: Das Leben in der Scheinwelt, das die «Terroristen» in schmucken, gestählten Körpern bestreiten, ist letztlich ein imaginäres, geistiges, phantasmatisches, von dem der unbewegliche reale Körper im Raumschiff abgespalten wird. Die perfekten Körper, die der Film zeigt, sind allesamt Konstruktionen, sind Resultate der Matrix, das heißt des Informationscodes, der immer wieder durch das Bild läuft. Der Körper ist nichts als (Erb-)Information. Damit sind die «hard bodies», die auch hier ihren Auftritt haben, und zwar vielfach in Anlehnung an das Martial-Arts-Genre, immer schon perforiert, sind Illusion und Produkte des Cyberspace. Geht es also um Simulation, so eignet sich diese Thematik auch, um einen Metadiskurs über den Film zu führen. Werden der Phantasie, der Imagination der Rächer und Erlöser diverse Computerprogramme «eingeladen», so in einem damit andere Genres – auch zum Beispiel das Martial-Arts-Genre. Dessen «hard bodies» werden als Simulationen kenntlich, ein Vorgang, dem alle physischen Präsentationen des Films unterworfen sind. Trinity zum Beispiel gelingt die Flucht, indem sie in einem Telefonhörer verschwindet (auch eine Nabelschnur), indem sich ihr Scheinkörper dematerialisiert. Durch die Trennung einer Scheinwelt, die des Luxus, von einer «wirklichen», die der Askese, der Erlösung und des Opfers, werden

---

31 In MATRIX wird entsprechend eine Hommage an die berühmte ALIEN-Szene (UK 1979, R: Ridley Scott) eingearbeitet, in der eine «männliche Geburt» gezeigt wird. Das in einem der Crew-Mitglieder ausgetragene Alien bricht der «Leihmutter» durch die Bauchdecke und tötet diese. In MATRIX übernimmt die sich organisch modifizierende Wanze diese Funktion; dieser Fremdkörper wird durch einen technischen Apparat, der auf den Bauch aufgesetzt wird, «geboren», als «Anderes» aus dem Körper entfernt.

32 Dieser Dualismus ließe sich mit Žižek als Existenz ohne Eigenschaften und als Objekt mit Eigenschaften, aber ohne Existenz, formulieren. Zur Illustration dieses Antagonismus zieht er Terry Gilliams Film BRAZIL (UK 1985) heran, in dem den Besuchern eines Restaurants prächtige Farbtafeln der bestellten Speisen präsentiert werden und zugleich ein Napf mit ekelerregender Substanz, zwei Formen des Hässlichen: «die gespenstische substanzlose Erscheinung (‹Repräsentation ohne Existenz›) und den ‹Rohstoff› des Realen (‹Existenz ohne Erscheinung›)» (Slavoj Žižek: *Liebe Deinen Nächsten? Nein, Danke! Die Sackgasse des Sozialen in der Postmoderne*, Berlin 1999, S. 120). In MATRIX sind die Körper Rohstoff, ihre Phantasmagorien und Visionen Repräsentanzen ohne Existenz.

die zitierten Körperfigurationen, die sich in der falschen Welt bewegen, als (mediale) Konstruktionen und auch als Filmbilder ausgewiesen: Batwoman – als diese firmiert Trinity gleich zu Beginn – ist der Effekt eines digitalen Bildes, eines Codes, ebenso wie Marilyn Monroe, «the woman in red», die sich einer der jungen Computerfreaks herstellt. Als sich Neo mit seinem Führer Morpheus, der auf die mythologische Gestalt des Schlafes verweist – die Grenze zwischen Wachen und Schlaf wird wiederholt verwischt –, in der «falschen» Welt bewegt, begegnet ihm eine platinblonde Frau in rotem Kleid, die die weibliche Ikone des Hollywoodkinos schlechthin aufruft, wie sie beispielhaft Marilyn Monroe verkörpert. Verwandelt sich diese Ikone, die ein Stück Filmgeschichte aufruft, jedoch in einen Agenten, der Neo mit der Pistole bedroht, so wird zum einen die Gleichsetzung von Technik und monströser Weiblichkeit bestätigt, wie sie auch das Zentralphantasma des Films bedient – die Embryofelder werden von Maschinen bedient. Dieser unbarmherzig tötenden Maschinerie wird die Verführerin, die Femme fatale, zugeordnet. Zum anderen wird jedoch deutlich, dass diese Weiblichkeitsikonen des Hollywoodkinos mediale Produkte sind, Effekte von Simulationen (auf der Leinwand).[33] Die diversen Weiblichkeitsrepräsentationen, die spezifischen Genres zugeordnet werden können – Batwoman, Marilyn, die Femme fatale in schwarzem Leder Trinity, die dem Film Noir entsprungen scheint, aber auch «working girl» und «hard body» repräsentiert –, werden als Filmbilder deutlich.

Dass Gender-Konzepte zum Auslöser von Genre-Transformationen werden können, zeigt sich in MATRIX ebenfalls. Nimmt die Kamera gleich zu Beginn einige Polizisten in den Blick, wird ein «realistischer» Cop-Film angekündigt und damit ein bestimmtes Maß an Wahrscheinlichkeit, so destruiert bereits der erste Wortwechsel diese Erwartung. Äußert einer der Cops, dass sie mit einer einzigen Frau doch leicht fertig würden, und antwortet der Agent, dass die Männer sicherlich alle längst tot seien, so wird mit diesen Worten eine Genre-Verschiebung vorgenommen, eine Verschiebung des Registers in Richtung Unwahrscheinlichkeit, in Richtung Science Fiction, eine Gattung, die unbesiegbare Frauen durchaus kennt. Entsprechend transformiert sich das Genre

---

33   Der Verräter, der Judas der Geschichte, erklärt Neo, dass er die vorbeirauschenden Zahlenchiffren automatisch dechiffriere; er sähe nur noch Blonde, Rothaarige und Brünette. Damit wird zum einen der traditionsreiche Diskurs aufgegriffen, der das Weibliche aus der Sphäre der Identität, der Essenz und der Solidität ausschließt. Zum anderen wird jedoch auch der Diskurs des Begehrens, der von Blonden, Rothaarigen und Brünetten spricht, als scheinhafter ausgewiesen, der keine ihm korrespondierenden Objekte besitzt.

durch den folgenden Fight – die Zeitlupen wie die High-Speed-Kamera irrealisieren die Bewegungen –, sowie durch die spektakuläre Flucht über die Dächer, die Sprünge und Flüge, die die Drahtseileffekte des Martial-Arts-Film reproduzieren. Trinity – die religiöse Ikonographie wird in diesem Film geradezu exzessiv bedient – wird zur Batwoman, zur fliegende Kriegerin, deren körperliche Fähigkeiten das Wahrscheinlichkeitsparadigma des «realistischen Films» weit übersteigen. Auslöser dieser Genre-Transformation ist der Hinweis auf die potente, tötende Frau mit übernatürlichen Kräften. Das Gender-Muster bereitet also das Genre, den Science-Fiction-Film, vor.

Umgekehrt können auch die eingearbeiteten Genres die Gender-Konzepte des «Hyperfilms» modifizieren. Grundierender Subtext von MATRIX ist *Alice in Wonderland*. Dieser intertextuelle Bezug wird hergestellt, als die Matrix ein erstes Mal in Erscheinung tritt. Neo, eben erwacht, erhält die Botschaft: «Follow the white rabbit.» Damit ist die Figur benannt, die Alice in das Wunderland führt, ihren Sturz in den Kaninchenbau, die Begegnung mit einer fremden, verdrehten Welt initiiert. Tatsächlich erscheint der weiße Hase auch in MATRIX – als Tattoo auf der Schulter einer Frau. Die Reise ins Phantastische, die Alice unternimmt, wiederholt sich entsprechend im Film – als Reise eines jungen Mannes. Als Morpheus den Adepten Neo über die Existenz zweier Welten aufklärt, kommentiert der Meister, dass Neo sich sicherlich wie «Alice in Wonderland» fühle, als sie in den Kaninchenbau fällt; und als er ihm die Kapseln überreicht – ebenfalls ein Märchen- und Mythosmotiv –, verspricht er, dass er seinen Schüler in die tiefsten Tiefen des Kaninchenbaus führen wird. Durch diesen intertextuellen Bezug wird die Reise eines jungen Mädchens zum Pendant derjenigen Abenteuer, die Neo, ein junger Mann, erlebt. Durch den Intertext wird die geschlechtliche Eindeutigkeit, die über das narrative Schema der Erlösung, der Wiederkehr des Messias, hergestellt wird, unterlaufen; die Suche nach dem Gral, oder auch die Transgression der realen Welt im Namen der Phantasie, wird als tradiertes Erzählmuster mit weiblichen wie männlichen Figuren kenntlich. Vor allem diese Märchenallusionen des Cyber-Science-Fiction sind es, die seine Gender-Zuordnungen unterlaufen. Bronfen führt aus, dass die Wahl zwischen der roten und blauen Kapsel einen weiteren intertextuellen Bezug nahe legt, den zu der amerikanischen Film-Ikone THE WIZARD OF OZ.[34] «Die rote Pille löst beim Kenner von Flemings Musical unwillkürlich den Verweis auf Dorothys rote Schuhe aus, mit denen sie vor allen bösen Mächten geschützt, das er-

---

34 THE WIZARD OF OZ, USA 1939, R: Victor Fleming/Richard Thorpe u.a.

träumte Zauberreich durchkreuzen kann, um schließlich wieder in Kansas anzukommen.»[35] Zudem bezieht sich der Verräter Cypher direkt auf dieses Märchen, wenn er erklärt: «Buckle your seatbelt Dorothy, because Kansas is going bye-bye.» Auch diese Märchenanspielung unterlegt die Grals-Suche und Erlösungsvision Neos mit einer weiblichen Ausbruchsgeschichte aus einer «entorteten» Alltagswelt, um mit Bronfen zu sprechen. Die männliche Phantasiereise wird mit weiblichen grundiert, die einem anderen Genre, dem Märchenfilm, entstammen. Diese Überlagerung profiliert umgekehrt die männliche Codierung des Technikmärchens Science Fiction und die weibliche Semantisierung des Märchenfilms.

Eine weitere Grundierung des Science Fiction durch Märchenmuster wird auch dann vorgenommen, wenn ganz zum Schluss von MATRIX *Dornröschen* mit vertauschten Rollen durchgespielt wird. Nicht der Prinz küsst das schlafende Mädchen, sondern Trinity den sterbenden Prinzen. Mit diesem Kuss wird das prominente Erlöserschema aufgehoben:

> Während Morpheus, der Anführer des Widerstands, ganz in Anlehnung an Gottvater, seinen zum Retter der Menschheit auserwählten Sohn Neo aus dessen Golem-Dasein abkoppelt und ihm den Glauben einhaucht, er sei derjenige, der die Menschen aus der Gefangenschaft befreien kann, ist es seine teilweise in Imitation der heiligen Mutter Maria konzipierte Gehilfin Trinity, deren Worte in der Schlüsselszene des Films dem bereits erschossenen Jüngling neues Leben schenken.[36]

Der Erlöser des Science Fiction wird über die angespielten Intertexte, so lässt sich zusammenfassen, in eine weiblich codierte Märchengenealogie eingestellt, wird zu Alice, Dorothy und Dornröschen.[37] Der Märchenfilm stellt in MATRIX dasjenige Genre dar, das die Gender-Zuordnungen des Science Fiction modifiziert.

---

35   Bronfen: Heimweh. Illusionsspiele in Hollywood, S. 535.
36   Bronfen: Leben spenden. Ohnmacht und Macht des weiblichen Cyborgs, S. 84.
37   Zu berücksichtigen sind freilich auch die Differenzen zu diesen Inskriptionen. Bronfen hält fest: «Doch während Lewis Carrolls Heldin nur den Unsinn aller Sprachbilder erfährt, die uns helfen, unsere kontingente Welt sinnvoll zu bewohnen, bis dann als logische Folge die Zauberwelt gänzlich zusammenbricht, wird Neos Erkundung des Zweifels von Anfang mit dem Begehren nach Heilung verschränkt» (Bronfen: Heimweh. Illusionsspiele in Hollywood, S. 531). Alice wird in allen ihren Zweifeln bestätigt, Neo rettet sich in die lange Zeit angezweifelte Erlöserfiktion.

ARTIFICIAL INTELLIGENCE: AI – Die Initiation des Filmemachers

Auch in Spielberg/Kubricks Co-Produktion AI[38] – aufgegriffen wird die Science-Fiction-Variante, dass sich die Roboter in einer entmenschlichten Welt als die eigentlich Menschlichen erweisen – steht das Phantasma der Mutterschaft und ihrer Schöpfung im Zentrum. Der große Bogen, den der Film ausmisst, führt von der Installierung der Mutter als Herrin über Leben und Tod in einer Partie, die an das Genre Melodrama angelehnt ist, zu ihrer Depotenzierung und Entmachtung – sie wird zum Objekt der Schöpfung ihres Sohnes (des Filmemachers). In der Sequenz, die die bestialischen Fleischrituale der Menschen zeigt, eine Partie, die Kubricks Entwürfen weitgehend folgt, vollzieht sich eine erste implizite Umcodierung der Mutterfigur; ihre Rolle wird von einem Kindermädchen-Roboter übernommen. Dann erfolgt in einem Abschnitt, der mit «Pinocchios Suche nach der Menschwerdung» überschrieben werden könnte, eine Gleichsetzung von Mutter und blauer Fee, die auch in ganz buchstäblichem Sinne als Projektionsfigur erscheint. Die Mutterfigur wird zusammen mit der Genre-Transformation in den Bereich der Artifizialität, der künstlichen Körper, transponiert. An dieser Schnittstelle wird nicht nur das Regnum eines schöpferischen Vaters etabliert – aufgenommen wird der Topos vom genialen Wissenschaftler –, der Schöpfungsakt wird nicht nur in den männlichen Bereich verschoben, sondern in dem abschließenden ödipal strukturierten Wunschszenario wird noch dazu die Mutter aus einer Reliquie regeneriert, die sich der Sohn erobert hatte. Die Mutter, die in der melodramatisch angelegten Partie des Films als Herrin über Leben und Tod gezeigt wird, als phallische Mutter, als Schöpferin, wird zum Gegenstand eines männlichen Schöpfungsaktes. Medium dieser Transformation ist der Science-Fiction-Film, also das Genre, das in der immanenten Poetik des Films als Raum der Fiktion und der (männlichen) Kreativität beschworen wird. Insofern kann AI auch als Initiation des Filmemachers als genuinem Schöpfer von Lebewesen gelesen werden; er tritt an die Stelle des kreierenden Wissen-

---

38 ARTIFICAL INTELLIGENCE: AI, USA 2001; Regie: Steven Spielberg; Drehbuch: Jan Watson, Brian Aldriss, Steven Spielberg; DarstellerInnen: Haley Joel Osment, Jude Law, Sam Robards, Frances O'Connor, William Hurt; Kamera: Janusz Kaminski; Schnitt: Michael Kahn; Kostüme: Bob Ringwood; DreamWorks SKG, Warner Bros et al. Vorlage ist Brian Aldiss' Erzählung *Supertoys Last All Summer Long*; Brian Aldiss: *Künstliche Intelligenzen*, München 2001, S. 29-44; Kubrick erwirbt Ende der 70er-Jahre eine Option auf den Stoff, beauftragt Ian Watson mit der Verfertigung eines Drehbuchs und den Comic-Künstler Fangorn mit einem Storyboard. Kubrick sorgt von Beginn an dafür, dass das Geschehen der Short Story in «ein umfassenderes Zeit-Bild» eingebettet wird (vgl. Georg Seeßlen: *Steven Spielberg und seine Filme*, Marburg 2001, S. 228).

schaftlers. Diese Substitution verdeutlicht zum Beispiel das präzis eingesetzte Symbol des Kreises, das die Figuren wiederholt umgibt. Diese Rundung ist Kamera- und Gottesauge zugleich, das die Figuren generiert. Die Geschichte Pinocchios, der Versuch einer Puppe, Mensch zu werden, und Spielbergs Botschaft, die Sehnsucht nach Wunscherfüllung sei Signum des Menschen, kann also auch als Inaugurationsphantasie des Filmemachers gelesen werden. Auch dieser strebt danach, die Wunschmaschine (Hollywood) in Gang zu setzen, Wünsche wahr werden zu lassen; und auch er behauptet seine Leinwandhelden als reale. Der Filmemacher selbst ist Pinocchio, und auch seine Figuren sind allesamt Pinocchios, die zum Leben erweckt werden wollen. In gewisser Weise wird der Wunsch nach Leben durch die Illusionsmaschinerie des Films erfüllt; die Figuren leben zumindest «als ob».

Der Film beginnt mit der Demonstration eines weiblichen Roboters, einer perfekten Dienstleistungsmaschine, die keinerlei Ressourcen verbraucht; real geworden zu sein scheint das Phantasma einer bedürfnislosen dienenden Frau als Lustobjekt. Nicht nur verlangt der Wissenschaftler von seiner Studentin, die sich erst nach und nach als Roboter entpuppt: «Undress», und spielt so auf eine beliebte Unterhaltung von Männern an, auf den Striptease. Sondern dieser Strip führt noch dazu bis zur Destruktion ihres Gesichts, das in dem Film – nahe liegender Weise, doch ausdrücklich – als Identitätsmedium installiert wird. Ähnlich wie bei der Autodafé Marias in METROPOLIS die metallischen Gesichtszüge das zerschmelzende menschliche Antlitz deformieren, wird das perfekte Gesicht der (scheinbaren) Studentin buchstäblich de-montiert, «aufgeklappt». Besonderer *Clou* ist, dass sich ihr Gehirn als mobiles «sensory toy» erweist, als Spielzeug, das von dem Wissenschaftler beliebig herauszunehmen und wieder einzusetzen ist. Diese weibliche Roboterfigur kann als die zentrale Weiblichkeitsrepräsentation des Films gelten, die im Folgenden umspielt wird und letztlich Ziel seiner Transformationsarbeit ist, seines «Umbaus» der Mutterfigur. Diese steht in der nächsten Partie des Films im Zentrum, in einer Partie, die einem anderen Genre als dem Science Fiction folgt, und zwar dem Melodrama. Nun geht es um die Verzweiflung einer Mutter nach dem Verlust ihres im Koma liegenden Kindes, um ihre Fähigkeit, sich einem anderen Kind zuzuwenden; es geht um den Akt der Annahme, der hier in eindrücklichen Spiegelszenarien zum Ausdruck gebracht wird: Das Kind, der Roboter David, spiegelt sich in der Tür, die Mutter in ihren Haushaltsgeräten, das Kind im Tisch. Dann jedoch wird das Kind, das zur Bedrohung der inzwischen wieder intakten Familie geworden ist, verstoßen – ein topischer Plot des Melodramas, mit dem einen Unterschied, dass das Kind ein perfekter Roboter ist.

Diese Partie, die den Ton der Eröffnungssequenz nachhaltig verändert, ist also auf die Mutterfigur fokussiert; das Thema Maschine wird auf das Kind verschoben. Allerdings wird zwischen dem weiblichen Roboter aus der Eröffnungsepisode und der Mutterfigur über eine kaum merkliche Geste eine Allianz hergestellt. Beide Figuren werden dabei gezeigt, wie sie sich ihre Lippen schminken. Signalisiert diese Geste im Kontext des weiblichen Roboters, dass die schöne Oberfläche nichts anderes als Maskerade ist – der Schein trügt –, so wird diese Codierung des Weiblichen als Maskerade auf die Mutterfigur übertragen; als Frau bedient auch sie sich, wie Riviere gezeigt hat,[39] einer Maskerade und wird damit beiläufig, aber mit großer Konsequenz, der Sphäre der Maschinen zugeordnet, obgleich in dieser Partie ein naturalisiertes Familienmodell Vorrang hat.[40] Für die Maschinen gilt *par excellence*, was für Weiblichkeit vielfach festgeschrieben wurde: dass der Schein trügt, dass Maskerade getrieben wird, dass das Äußere nicht dem Inneren entspricht. Allerdings wird die Allianz von Weiblichkeit und Maschine, wie sie auch in den Filmen TERMINATOR 2 und THE MATRIX hergestellt wird, an dieser Stelle eher verdeckt thematisiert; im Vordergrund steht vielmehr eine traditionelle Ikonographie, die das zentrale kulturelle Phantasma von Mutterschaft seit langem begleitet: die Marienikone. Dieses Weiblichkeitsimago wird zum Beispiel aufgerufen, wenn sich Mutter und Kind gemeinsam in dem zart blau beleuchteten Bett befinden, das von konzentrischen Kreisen durchzogen ist; diese verengen sich zu einer Art Heiligenschein um die Köpfe.[41]

---

39 Vgl. dazu den einschlägigen Aufsatz von Joan Riviere: «Weiblichkeit als Maskerade», in: Liliane Weissberg (Hg.): *Weiblichkeit als Maskerade*, Frankfurt am Main 1994, S. 34-47; außerdem: Claudia Liebrand: «Prolegomena zu Cross-dressing und Maskerade. Zu Konzepten Joan Rivieres, Judith Butlers und Marjorie Garbers – mit einem Seitenblick auf David Cronenbergs Film M. BUTTERFLY», in: *Freiburger Frauenstudien* 5 (1999), Bd.: Cross-Dressing und Maskerade, S. 17-31; Marjorie Garber: *Verhüllte Interessen. Transvestismus und kulturelle Angst*, Frankfurt am Main 1993; Gertrud Lehnert: *Wenn Frauen Männerkleider tragen. Geschlecht und Maskerade in Literatur und Geschichte*, München 1997; als historisches Manifest: Otto Weininger: *Geschlecht und Charakter. Eine prinzipielle Untersuchung* [1903], München 1997.

40 Dieses Modell wird zugleich als ökonomisch-wirtschaftliche Konstruktion deutlich. Nicht nur die Fixierung des Kindes, seine Bindung an die Eltern, als einmaliges Einbrennen eines Codes vorgestellt, der nicht wieder zu löschen ist; wollen sich die Eltern von ihrem Kind trennen, so muss es zerstört werden. Liebe wird zur ewigen Einschrift, zum Brandmal im Sinne Nietzsches. Zudem gilt die Übergabe des Kindes als besonderer Vertrauensbeweis einer Firma; das Kind ist ihr Produkt, und zwar im buchstäblichen Sinne.

41 Dass bereits an dieser Stelle, jedoch auf der Ebene der ikonographischen Symbole, eine Rivalität zwischen Mutter und Vater etabliert wird, zeigt sich, wenn diese Mandorla auch den Knaben allein umgibt und als Effekt der Kamera erscheint. In einer forcierten Obersicht wird der Knabe, am Tisch sitzend, durch den Kranz der Lampe hin-

Die sich abzeichnende emphatische Mutter-Sohn-Konstellation wird als Liebesgeschichte offenbart, als sich David aufmacht, um seiner Mutter eine Locke zu rauben. Sein Bruder Martin macht ihm weis, dass ein solcher Fetisch, zumindest im Märchen, die Liebe der Prinzessin (Mutter) zum Prinzen (Sohn) deutlich erhöhe. Die Kamera setzt in insistierenden Nahaufnahmen den sich anpirschenden David, das Gesicht der Mutter, ihre Haare und vor allem die geöffnete Schere ins Bild. Als die Mutter unglücklicherweise erwacht, wird sie am Auge verletzt. Offensichtlich handelt es sich um eine Kastrationsphantasie. Die langen Haare konnotieren die Mutter als Medusa, als verschlingende, tötende Mutter, deren Potenz jedoch demontiert wird. Dieser Machtverlust signalisiert das verletzte Auge, das im Anschluss an Freuds Lektüre von E.T.A. Hoffmanns Erzählung *Der Sandmann* nicht nur Kastration bedeutet, sondern die Mutter zudem unfähig werden lässt, qua ihres Blickes zu schaffen, wie es der Filmemacher versteht. Bevor die Mutter also das Kind aussetzt und sich damit als Herrin über Leben und Tod erweist, wird das Phantasma der omnipotenten phallischen Mutter in Szene gesetzt und aufgehoben. Diese Kastration, die den melodramatischen Teil von AI abschließt, bildet den Ausgangspunkt für weitere Demontagen, Substitutionen und Transformationen der Mutterfigur im folgenden Science-Fiction-Part.

In der nächsten Sequenz wird das Mutter-Kind-Spiel durch die Entgegensetzung von Menschen (aus Fleisch und Blut) und Maschinen kollektiv refiguriert, wobei letztere grundsätzlich weiblich, oder allgemeiner: als Andere der symbolischen Ordnung konnotiert werden. Diese Zuordnung führt zum Beispiel der Liebesroboter, der charmante Gigolo Joe, eindringlich vor Augen. Nicht nur bewegt er sich in einer Domäne, die gemeinhin weiblich semantisiert ist, in der der Prostitution, sondern seine *ars amatoria* umfasst zudem das Schminken und das Färben der Haare; seine Hand kann er flugs zu einem praktikablen Spiegel umfunktionieren. Und auch die anderen Roboter, auf die für das «Fleischfest» Jagd gemacht wird, repräsentieren das Ausgegrenzte der symbolischen Ordnung, allem voran das Weibliche. So tritt eine französisch sprechende Gouvernante auf, die den einsamen David in ihre Obhut nimmt und genau die Funktionsstelle besetzt, die der Mutter früher zukam.[42] Rückwirkend wird also eine Umcodierung der Mutterfigur vorgenommen; in ei-

---

durch aufgenommen. Dieser leuchtende Ring, der an einen Heiligenschein gemahnt, steht dabei zugleich für das Kameraauge, das sein Objekt, den Sohn, generiert.

42   Durch diese Substitution wird im Übrigen auch die *ad extensu* vorgestellte Hausarbeit des ersten Teils kommentiert; diese Aktivität erscheint als Feld für Dienstboten wie Kindermädchen, und die sind bei Spielberg Maschinen und Roboter.

ner Relektüre erscheint auch sie als Maschine, zumal sie mit dem Kindermädchen (wie auch dem ersten weiblichen Cyborg) das fragmentierte, zerstörte Gesicht gemein hat. Wird sie am Auge verletzt, so ist dem Kindermädchen nur mehr die schöne «Fassade» ihres Gesichts geblieben; der Rest des Kopfes fehlt.[43] Die anderen Roboter auf dieser Jagd stehen darüber hinaus für Farbige, Alte sowie nicht vollkommen Funktionsfähige.[44] Einer der «Mechas», die auf dem Fleischfest zerstört werden, ist ein ausrangierter Dienstbote, ein altes Modell, das nur noch in begrenztem Maße funktionstüchtig ist. Ein zweiter ist ein Farbiger und ein dritter das Kindermädchen. Die ausrangierten Maschinen vertreten diejenigen Gruppen, die sich jenseits der symbolischen Ordnung befinden.[45]

Die Transformationen der Mutter werden fortgesetzt, als sich die befreiten Freunde David und Joe auf ihre abenteuerliche Suche nach der blauen Fee aus dem Märchen *Pinocchio* machen; bereits in Spielbergs Film CLOSE ENCOUNTERS OF THE THIRD KIND spielt diese Erzählung eine Rolle. Auch die Figur der Fee lässt sich dabei als Umschrift der Mutter lesen, denn die Fee kann, so das Märchen, der Puppe, dem Leblosen, Leben einhauchen, kann Menschen schaffen. Allerdings hat sich nun der Status dieser Schöpferin im Vergleich zum melodramatischen Part deutlich verändert, denn sie ist nun ihrerseits eine Märchenfigur, eine Schöpfung, und zwar die eines männlichen Autors – insofern ist die intertextuelle Bezugnahme des Films an seiner gendersemantischen Transformationsarbeit wesentlich beteiligt. Die blaue Fee ist eine Projektion im doppelten Sinne; im Wissensbüro von Dr. Know erscheint sie als luftige Gestalt, als Hologramm. Zudem ist die Kategorie, unter der diese Gestalt firmiert, ausdrücklich die der «Fiction». Die Schöpferin des Lebens wird also irrealisiert; die Mutter wird in den Raum der Fiktion verschoben und damit ihrerseits zum herstellbaren Objekt, zum Screen wie zur Pro-

---

43 Diese Figur wird in besonders unappetitlicher Weise exekutiert, in einer Weise, die die Grenze zwischen Körper und Technik überspielt. Sie wird von ätzenden Säuren zersetzt; als sie aus der Arena geschleift wird, erscheint sie als Kadaver, dessen weibliche Züge noch erkennbar sind. An dieser Exekution wird das Ausmaß an Aggression ablesbar, das gegen die Mutter gehegt wird, die (anscheinend) über Leben und Tod verfügt, das Kind abtreibt oder aber empfängt.
44 Diese Konnotation der künstlichen Körper lässt z.B. die Rede vom «old iron» unmissverständlich werden: Als David und sein neuer Freund, Gigolo Joe, durch den Wald irren, wird vor ihnen eine Wagenlast Alteisen abgeladen. Kurz darauf wird es im Wald lebendig, zerstörte Roboter machen sich gierig über das Ersatzteillager her, um ihre fehlenden Gliedmaßen zu ersetzen, zu denen im Übrigen auch ein künstliches Auge gehört; die Maschinen sind augen-, sprich machtlos.
45 Wird also die Mutter durch den Roboter, durch das zerstörte Kindermädchen, ersetzt, so wird zugleich ihre Ausgrenzung aus der symbolischen Ordnung sinnfällig gemacht.

jektion, die der Film zu produzieren vermag. Diese Inaugurierung des Films als Medium der Schöpfung wird von dem Kredo flankiert, Kriterium des Menschseins sei es, seinen Träumen nachzugehen, sich also von Fiktionen verleiten zu lassen – auch eine Rezeptionsanweisung an die Zuschauer.

Konsequent ist, dass nach dieser Installierung des Films und der Phantasie als (männliche) Schöpfungsinstanz einige der Szenen wiederholt werden, die sich zuvor zwischen Mutter und Sohn abgespielt hatten; nun aber rückt an die Stelle der Mutter die blaue Fee. David stürzt sich nach der Begegnung mit seinen Reproduktionen – zentral verhandelt wird in dem Film die Sehnsucht nach Originalität – ins Meer, also in den topischen Raum der Verschmelzung und der Wunscherfüllung, in einen Raum mithin, der in gewissem Sinne Metapher des Films selbst ist. In diesem Raum der Grenzverwischung, in dem Tod und Geburt zusammenfallen, begegnet er der blauen Fee, einer Puppe, einer «Olimpia» in einem Märchenpark. In gewissem Sinne wird also «real», was David bislang imaginiert hatte, die Erzählung von Pinocchio. Dabei wiederholen sich nicht nur die exzessiven Spiegelszenen, die die Initiation der Mutter-Sohn-Beziehung in dem melodramatischen Teil begleitet hatten, sondern David rückt in die Stellung des im Koma liegenden Martin ein. Sein Gesicht wird durch eine Eisschicht hindurch gezeigt, ganz ähnlich wie Martin, der «richtige», menschliche Sohn, an früherer Stelle präsentiert wurde. Wird die Muttergestalt also ausdrücklich in eine Puppe verwandelt (die scheinbar auch Leben schenken kann), so rückt die Logik der Bilder die Maschine David in die Position des menschlichen Jungen ein.[46]

In der letzten Partie des Films, die vollständig von Spielberg stammt, wird die sich andeutende Gleichsetzung von Film und Schöpfungsphantasie aus dem «Geist des Auges» endgültig realisiert und die Umkehrung des Melodramas und seines Weiblichkeitskonzeptes vollzogen: Nun ist es die Mutter, die vom Sohn geschaffen wird, und zwar qua seiner inneren Bilder, qua seines Blickes. Der Science Fiction, also das «Genre», das die Ablösung von der Wirklichkeit im Namen der Phantasie zur Prämisse erhebt, suspendiert die «realistischeren» Regeln des Melodramas, das das Kind zum Opfer einer phallischen Mutter werden ließ. Diese Schlusspartie formuliert entsprechend eine immanente Poetik des Science-Fiction-Genres, bestimmt zum Beispiel das Auge als zentra-

---

46 Auch bei dieser zweiten Transformation der Mutter wird diejenige Destruktion fortgesetzt, der das Kindermädchen unterworfen war. Als sich David nach hundertjährigem Schlaf dem Artefakt nähert, zerspringt es bei der Umarmung. Diese Destruktion wird sich im Anschluss des Films ein drittes Mal wiederholen; die Mutter wird nach einem Tag in den Schlaf/den Tod geschickt.

les Organ der Schöpfung. Die immateriellen Wesen aus der Zukunft bedienen sich der Erinnerungen Davids, um seine Wunschphantasien wahr werden zu lassen, sie in eine «Als-ob-Realität» zu überführen, mithin als Film zu inszenieren. Als David das nachgebildete Haus betritt, erklärt er, dass alles so wie früher sei und doch anders – Indiz einer ästhetischen Differenz. Die Wesen bedienen sich der (früheren) Blicke Davids, seines registrierenden Auges, das Anweisungen für eine (filmische) Scheinwirklichkeit gibt. Die Extraterrestrischen fungieren mithin als Medium, das die Phantasien und Bilder des Knaben sichtbar werden lässt. Auf dieser Leinwand wird die Heldin positioniert, die Mutter, die nun zum Objekt des schöpferischen Sohnes geworden ist. Sie wird ausdrücklich zum Kunstgeschöpf, ähnlich wie der weibliche Roboter zu Beginn eine Konstruktion ist. Dass jedoch mit dieser Umkehr des melodramatischen Familienmodells die Rache und Aggression noch nicht abgegolten ist, die der phallischen Mutter entgegengebracht wird, zeigt sich daran, dass diese lediglich für einen einzigen Tag zum Leben erweckt wird – ein kurzlebiger Lazarus. Diese abschließende Wunschphantasie löst die großartige Selbstdefinition des Kinos als Raum der männlichen Phantasie und der männlichen Schöpfung ein.

Marcus Erbe/Andreas Gernemann/Ines Steiner

Genre-, Gender- und Klangräume in Baz Luhrmanns MOULIN ROUGE!

I. Verfahren der Zitation in MOULIN ROUGE! (I.S.)

Genre und Gender

Der Medienumbruch vom Speechless-Film zum Tonfilm hat Ende der 1920er-Jahre das Studiosystem Hollywoods bis ins Innerste erschüttert und beinahe zu Fall gebracht. Dieser kritische Moment ist eigentümlicherweise fast ausschließlich durch die Emergenz eines neuen, zuvor technisch nicht realisierbaren Filmgenres herbeigeführt worden: Das All-Singing-All-Talking-All-Dancing-Movie erwies sich in den Boom-Jahren zwischen 1927 und 1929 als eminente Publikumsattraktion, nur um dann ebenso plötzlich an Zuspruch zu verlieren – bevor das Kino noch die Aufgabe bewältigt hatte, seine anderen, schon zu «Stummfilmzeiten» bewährten, Genre-Formeln den neuen technischen Voraussetzungen anzupassen. Diese Anpassungsleistung wurde erst im Laufe der frühen 1930er-Jahre nach und nach erbracht; in ihrem Zuge sind dann auch die Spielregeln jenes Genres konventionalisiert worden, das gleichsam aus den Überbleibseln der technischen Revolution hervorgegangen ist und immerhin für fast drei Jahrzehnte zum Kernbestand der Produktion Hollywoods gehört hat. Das klassische Film-Musical beruht auf einem dramaturgisch niemals vollständig stabilisierten Kompromiss zwischen Elementen der Attraktion und der Narration. Hatten die All-Singing-All-Talking-All-Dancing-Produktionen der frühen Jahre ihre Verwandtschaft mit der Nummernrevue der Broadway-Bühnen weder verleugnen können noch verleugnen wollen, ist das Film-Musical einem erhöhten Anspruch auf die erzählerische Integration seiner aufwändig eingerichteten Tanzszenen (Production Numbers) ausgesetzt – einem Anspruch, dem es niemals gänzlich und immer nur durch Dispensation des Wahrscheinlichkeitskriteriums Genüge leisten kann.

Die Strategie des klassischen Musicals beruht gleichwohl darauf, die Übergänge zwischen Diegese und Attraktion (Gesang/Tanz) nach Möglichkeit zu verschleiern oder jedenfalls gleitend zu gestalten und damit – wenigstens dem Prinzip nach – der für den Hollywoodfilm generell verbindlichen Forderung nach kinematographischer «continuity» zu entsprechen. Was dabei entsteht, ist ein überaus artifizielles und sich seiner Artifizialität bewusstes Genre, das akustisch und optisch repräsentierte Performanzen – Gesangs- und Tanznummern – geradezu schamlos als Attraktionen präsentiert, um sie gleichwohl narrativ einzurahmen, zu motivieren und zu lizensieren. Überzeugungskraft kann diese Strategie überhaupt nur dadurch gewinnen, dass der Raum der Diegese als ein grundsätzlich imaginärer Raum begriffen wird, der von der Kamera nicht «abgefilmt», sondern zuallererst hergestellt wird. Für diesen Schritt zur medialen Autonomisierung der Bewegung im Raum steht filmgeschichtlich der Name Busby Berkeley ein.[1] Die zwischen 1933 und 1936 gefilmten Production Numbers Berkeleys negieren die Illusion der Zentralperspektive mit einer medientechnischen Virtuosität, die seither selten erreicht und im Prinzip niemals wieder überboten worden ist; genregeschichtlich markieren sie, aufgrund der Bevorzugung des Ensembles gegenüber den «leading actors», allerdings eine Sackgasse. Das klassische Film-Musical (Astaire/Rogers et cetera) setzt auf den «star value» seiner Hauptdarsteller und markiert darum durchweg mit Nachdruck den Abstand zwischen dem Star und der «chorus line». Berkeleys wichtigste Einsicht – dass im Kino nicht für Zuschauer, sondern für die Kamera und den Schnittmeister getanzt wird – ist gleichwohl nicht wieder vergessen worden, im Gegenteil! Mehr noch als die in ihrer Legitimität unangefochtenen Musicals der 1940er- und 1950er-Jahre, sind die seither sporadisch auftretenden Genre-Stücke dazu gezwungen, sich zur Geschichte von Tanz im Film zu verhalten. Darum ist es kein Zufall, dass man es hierbei fast durchweg mit Show-Musicals zu tun hat, die in bewährter Weise Performanzen «onstage» mit der diegetisch entfalteten, «backstage» situierten Story konfrontieren. Baz Luhrmanns Musical MOULIN ROUGE!,[2] seit dem Erfolg von CHICAGO[3] nur mehr das vorletzte Kinoereignis dieser Art, macht da keine Ausnahme.

Seit der Entstehung des Genres «Musical» werden in diesem Genre exzessiv Gender-Konfigurationen verhandelt: gerade auch in den tänzerischen Paar- und Gruppenperformanzen. Gefilmter Tanz, das heißt

---

1   Vgl. dazu: Christoph Brecht/Ines Steiner: «‹Dames are Necessary To(ols of) Show Business›. Busby Berkeleys Production Numbers in der Multimedialität des Film-Musicals, in: Claudia Liebrand/Irmela Schneider (Hg.): *Medien in Medien*, Köln 2002, S. 218-250.

2   MOULIN ROUGE!, USA 2001; Regie: Baz Luhrmann; Drehbuch: Baz Luhrmann, Craig Pearce; DarstellerInnen: Nicole Kidman, Ewan McGregor, John Leguizamo, Jim Broadbent, Richard Roxburgh, Garry McDonald, Jacek Koman, Matthew Walker; Kamera: Donald McAlpine; Schnitt: Jill Bilcock; Musik: Craig Armstrong; Kostüme: Catherine Martin, Angus Strathie; Bazmark Films.

3   CHICAGO, USA/CND 2002, R: Rob Marshall.

transitorische Bewegungsabläufe im Raum, die filmisch repräsentiert beziehungsweise erst erzeugt werden, lässt sich aber nicht vollends diskursivieren, und das gilt ja auch für die transitorische Performanz von Gesang und Musik im Musical. Durchaus nicht genderindifferent sind die Blickkonfigurationen, die das Genre installiert und die oft genug im Musical selbst thematisiert werden. Bestimmte Kameraverfahren, wie etwa der «crotch shot», verdanken sich wohl ausschließlich einem Blickdispositiv, das eine voyeuristische Fetischisierung der Tänzerin in Szene setzt.[4] Filmhistorisch kann der «crotch shot» als eine genuine Innovation des Genres «Musical» betrachtet werden. Busby Berkeley hat ihn erstmals und immer wieder in den Backstage-Musicals eingesetzt: Die Kamera zeigt aus der Untersicht den flüchtigen Blick unter die Trikots der die Stiege zur Bühne hinaufeilenden Tänzerinnen. Geradezu obsessiv hat Berkeley den «crotch shot» in seinem «tunnel of love» in der Production Number «Dames» des gleichnamigen Musicals ausgekostet.[5] Baz Luhrmann kehrt mit seiner postmodernen Beerbung des Backstage-Musicals sozusagen an den kulturhistorischen, medialen «Ursprung» des «crotch shot» zurück, ins Moulin Rouge, wo die Cancan-Tänzerinnen die Röcke hoben und beim spektakulären Wirbeln der Beine den männlichen Spectateuren/Voyeuren den Blick auf ihre Dessous freigaben – und das zu einer Zeit, wo der Blick auf einen Frauenknöchel schon als unschicklich galt. Luhrmann verknüpft den «crotch shot» in MOULIN ROUGE! mit seinem Red-Curtain-Konzept, das auf der hochkomplexen Vermitteltheit seiner Genre-Adaption insistiert. In einer Szene zeigt die Kamera die Tänzerin Nini Patte en l'air liegend mit gespreizten und in die Luft gestreckten Beinen: Das Gesäß und die roten Dessous der Tänzerin sind sichtbar. Schlagartig wird nun der rote Samtvorhang zugezogen, aus dem schließlich das Gesicht Zidlers, des Besitzers und Conferenciers im Moulin Rouge, lüstern hervorblickt. Er ist der «Zuhälter» der «Diamond Dogs», wie die virtuosen Tänzerinnen hier genannt werden, die reale Vorbilder wie La Goulue, Nini Patte en l'air, Môme Fromage und La Chinoise zitieren, die sie in grotesken Stilisierungen verkörpern.[6]

---

4   Nadine Wills: «‹110 Per Cent Woman›. The Crotch Shot in the Hollywood Musical», in: *Screen* 42/2 (Sommer 2001), S. 121-140.
5   DAMES, USA 1934, R: Busby Berkeley, Ray Enright.
6   Baz Luhrmann hat die Gruppe der Tänzerinnen mit den sprechenden Namen freilich modifiziert und um weitere Gender-Maskeraden erweitert, z.B. mit Typen wie Baby Doll; Satine, der «sparkling diamond» des Moulin Rouge ist aus der Gruppe zum Star aufgestiegen; in der virtuosen «Diamonds-Are-a-Girl's-Best-Friend»-Nummer – ein Film-Zitat (Marilyn Monroe) und ein Musikvideo-Zitat (Madonna) – stürzt sie sozusagen von der Höhe ihres Ruhms vom Trapez in die Tiefe des Bühnenraums. Die Ohnmacht ist verursacht durch Satines Tuberkulose: ihr glamourös verpackter Körper

Das Musical ist ein Genre, das gerade aufgrund seiner demonstrativ zur Schau gestellten Artifizialität die performative Konstruktion von Gender, die vermittelte Herstellung von Geschlecht, durch die Faktur der Darstellung reflektieren und selbst zum Thema machen kann. MOULIN ROUGE! operiert diesbezüglich vor allem mit einer selbstreferenziellen Spiel-im-Spiel-Struktur und mit Verfahren der Zitation von Elementen der historischen und aktuellen Popkulturen.[7]

Das Male Melodrama und seine parodistische Demontage

Das Verhältnis von Gender und Genre stellt sich mit jedem Film immer wieder in spezifischer Weise aufs Neue her, so auch in MOULIN ROUGE!, das mit Genre-Konventionen spielt und konventionelle Konstruktionen von Gender-Performanzen im Spektakel parodiert. Das Musical demontiert zudem mittels virtuoser Zitation zeitgenössischer und historischer Popkulturen, eines Culture-Crossing, das «okzidentalistische» und «orientalistische» Versatzstücke in einem parodistischen Austauschdiskurs verhandelt, die komplexen kulturell konventionalisierten Gender-Performanzen und stellt sie als hochgradig vermittelte Artefakte aus.

Baz Luhrmann setzt in diesem Spektakel sein Red-Curtain-Konzept[8] geradezu literal schon in der selbstreferenziellen Exposition um. Eine Totale zeigt einen historischen Kinosaal und fährt auf den roten, reich mit goldenen Verzierungen bestickten Vorhang zu. Als Silhouettenspiel tanzen Figuren, Männer in Frack und Zylinder und Cancan-Tänzerinnen auf der Leinwand, womit der Film erstmals sein Verfahren der Zitation im Rekurs auf die Vergangenheit als polyvalentes «Schattenreich» etabliert.[9] Die Präsentationsstrategien des Speechless-Films, dessen Emergenz um die Jahrhundertwende mit der zitierten Zeit des Fin de Siècle in Paris koinzidiert, werden auch dadurch ausgestellt,

---

wird durch Krankheit von Innen zerstört (ein Zitat des Kameliendamen-Topos), um den «value» des Stars nicht zu zerstören, präsentiert Zidler, der realhistorische Gründer des Moulin Rouge, hier als Meister der Lüge charakterisiert, diesen zufälligen Unfall den applaudierenden, adorierenden Männern als eine Attraktion des Auftritts. Möglicherweise zitiert Luhrmann in dieser Sequenz auch den Sprung der Tänzerin Lola Montès in Max Ophüls LOLA MONTÈS (F/BRD 1955).

7   Alle Kritiken zum Film haben sich an diesem Problem abgearbeitet: mit geringem Erfolg.
8   Es ist nach dem Tanzfilm STRICTLY BALLROOM (AUS 1992) und ROMEO + JULIET (USA 1996, vgl. dazu den Beitrag von Katrin Oltmann) der dritte Film von Baz Luhrmann in der Red-Curtain-Trilogie.
9   Dieser Topos wird später funktionalisiert für die «Unterwelt» im Kontext der Orpheus/Eurydike-Topik und für die Verortung in der sozialen Topographie der Metropole, aber auch für die Semantisierung des Erinnerungsdiskurses und nicht zuletzt zur selbstreflexiven Präsentation des Vermitteltheitskonzeptes.

dass nun ein Dirigent im schwarzen Frack ein nicht sichtbares Filmorchester vor der Leinwand dirigiert. Dabei handelt es sich um den Kunstgriff einer Fiktion, denn zur Zeit des Cinema of Attractions, um die Jahrhundertwende und in der ersten Dekade des 20. Jahrhunderts, gab es weder den Kinosaal eines opulent ausgestatteten Großkinos noch eine Orchesterbegleitung. Mit dem Dirigenten wird die wichtige Funktionsstelle der Musik, die bereits in der Frühzeit des Kinos semantisch produktiv war und (in Kombination mit den bewegten Bildern auf der Leinwand) die Emotionen der «Schatten auf der Leinwand» repräsentierte, im audiovisuellen Medium ausgestellt. Spielt die Musik im Film (gerade auch im Speechless Film) immer eine wichtige Rolle, ist sie in ihrer Bedeutung für das Genre, das Luhrmann wieder durch die spektakuläre Kombination von musikalischen und tänzerischen Attraktionen zum Leben erweckt, das Musical, gar nicht zu überschätzen. Nostalgisierend zitieren die Schmuckrahmen, in denen Credits und Vorspann präsentiert werden, ein Verfahren des Cinéma des Premières Temps; auch durch die Schmuckleisten wird das *Rahmen*arrangement des roten Vorhangs wieder aufgenommen. Mit dem Öffnen des Vorhangs und der Inszenierung des Blickdispositivs des Kinoraums korrespondiert das Schließen des Vorhangs am Ende des Films; dies ist die erste Ebene der Rahmung. Dass dieser rote Samtvorhang, der den Blick auf das Spektakel auf der Leinwand freigibt, durchaus Gender-Topiken einspielt, zeigt das oben beschriebene genrespezifisch selbstreferenzielle Spiel mit einer voyeuristischen Blick- und Machtkonfiguration in der Kombination mit den «crotch shots». Eine spätere Gesangsnummer des Films zeigt dieses kulturelle Artefakt, den roten Samtvorhang, als ein Produkt der Handarbeit von Näherinnen, die diesen Vorhang für die Bollywood-Musical-Produktion im Film besticken – und die als Chor der Theaterkostümistinnen gemeinsam mit Zidler, der Satine, dem «sparkling diamond» des Moulin Rouge, gerade keineswegs selbstlos ihren Tod durch Tuberkulose vorausgesagt hat, den Song «The Show Must Go On» von Queen singen. Sie nähen damit auch das Leichentuch für den Star, der am Ende der Premiere des Stücks «Spectacular! Spectacular!» (in Bollywood-Manier) auf der Bühne sein Leben aushustet.

Im Bandbeitrag von Marcus Erbe und Andreas Gernemann wird die Kamerafahrt über die «Geisterstadt» ausführlich beschrieben, mit der der Film seinen computergenerierten Raum als elegische Annäherung an den historischen Ort Paris, Montmartre, aber auch an den Topos von der Unterwelt als «Schattenreich» und Elendsviertel ausstellt. Das Montmartre in MOULIN ROUGE! ist auf Topiken der Großstadtrepräsentationen der Jahrhundertwende bezogen. Die Kamerafahrt in der Exposition führt zu einem Durchgang, einem Tor, das die Außenansicht des «Templo di Moloch» in Giovanni Pastrones CABIRIA[10] zitiert. Durch den Zugang durch diesen «Schlund» in die «Unterwelt» wird der Zugang zum Ort des Spektakels auch als Eintritt in den «Moloch» der Großstadt, in die «Unterwelt» charakterisiert.[11]

Henri de Toulouse-Lautrec, das Vorbild jener grotesken Filmfigur Toulouse, war der Maler, der das Moulin Rouge durch seine Plakate zum populären Ort einer exzessiven Unterhaltungskultur erhob und die darin auftretenden Akteure und Akteurinnen (Nini, Chocolat, La Goulue et cetera), die er in Bewegung zeichnete, zu Popikonen verewigte.[12] Der Maler in MOULIN ROUGE! wird von Anfang bis Ende des Films in Beobachterpositionen gezeigt. Dadurch, dass ihm, der die Tänzer des Moulin Rouge zu Ikonen fixierte, die der Film dann aktualisierend in Bewegung versetzt, das erste Wort im Film überlassen wird, wird die Vermitteltheit schon ausgestellt.

Toulouse evoziert zuallererst singend mit den Worten «There was a boy» die Figur des «Nature Boy» [!] im gleichnamigen David-Bowie-Song – und zitiert damit aber auch einen Musical-Male-Typus der 50er- und 60er-Jahre. Der wie von Orpheus aus dem Schattenreich/Gedächtnis herbeigesungene Christian wird gezeigt, wie er in einem verwahrlosten, mit Wein- und Absinthflaschen überhäuften Zimmer im Stundenhotel in Montmartre am Schreibtisch sitzt. Über dem Fenster des Zimmers, das als Refugium der Liebenden diente, ist die Leuchtschrift «L'amour» zu lesen, der melancholische Autor in seiner Kammer tippt auf einer Schreibmaschine, Modell «Underworld», eine Geschichte aus der «underworld». Er schreibt aus autobiographisch erinnernder Erzählperspektive peu à peu Sentenzen der sentimentalen Geschichte seiner Liebe zu Satine, der an Tuberkulose verstorbenen Prostituierten/Cancan-Tänzerin. (Das Set und die Präsentation der Figur im Raum alludieren dabei Stilelemente des Film Noir.) Toulouse stellt herbeisingend/erinnernd den «nature boy» her, der Film übersetzt diese Erinnerungskonstruktion dann medial verschoben auf den Autor (Christian), der durch das Schreiben der Geschichte die verstorbene Eurydi-

---

10   CABIRIA, I 1914, R: Giovanni Pastrone.
11   Gleichzeitig wird er in der distanzierten Perspektive auf den historischen Raum freilich auch genderspezifisch semantisiert, man denke an Filme wie DEEP THROAT (USA 1972, R: Gerard Damiano); ein bewährter Topos auch im Science Fiction der 90er-Jahre, denn in Steven Spielbergs AI (USA 2001) führt der Zugang zum futuristischen Amüsierviertel Rouge City durch den Tunnel eines vulgär geöffneten Mundes eines in pornographischer Pop-Ikonographie gestalteten Frauenkopfes.
12   Überliefert, im kulturellen Gedächtnis bewahrt sind uns diese Repräsentanten einer zeitgenössischen exzessiven Unterhaltungskultur gerade durch Toulouses Werk. Das nobilitierte sie zu Artefakten der etablierten Kultur.

ke/Satine aus dem Reich der Schatten/Toten heraufbeschwört. Im Schreiben, so konstruiert es der Film, erfüllt Christian das Vermächtnis des «sparkling diamond», des Stars im Moulin Rouge, das sie ihm in der Sterbeszene abgerungen hat: nämlich die Geschichte ihrer Liebe zu schreiben und sie dabei erinnernd wieder zum Leben zu erwecken. Der Film führt also den komplex vermittelten Prozess vor, wie der kulturelle Artefakte hervorbringende Sänger den Autor hervorsingt, der seinerseits sentimental erinnernd die tragisch endende Geschichte seiner Liebe zu Satine niederschreibt (und damit im Prozess der kulturellen Produktion die über den Tod hinaus begehrte Frau in eine wunderschöne Leiche verwandelt). Am Ende der filmischen Erinnerungskonstruktion stirbt Satine nach dem Modell der Kameliendame hustend und Blut auf das weiße Taschentuch spuckend, während der Boden der Bühne, auf der sie hinter dem geschlossenen Vorhang ihr Leben in den Armen des Autors aushaucht, noch von dem letzten Akt des Spektakels mit weißen und roten Rosenblüten bedeckt ist. Der Film ist also nicht nur hinsichtlich des Aufziehens und Schließens des Vorhangs durch eine Kreisstruktur organisiert. Als eine Männerphantasie präfiguriert wird die melodramatische Love-Story auch durch die Prophezeiung des drohenden alten Vaters. Der groteske Übervater kritisiert Christian in einem Rückblick in der Exposition des Films wegen seiner «Liebesbesessenheit» und warnt ihn vor dem bösen Ende, dass ihn im Moloch Montmartre ereilen werde, wenn er sich in eine Cancan-Tänzerin verliebe. Die male-melodramatisch konzipierte Rahmenerzählung, die freilich nicht linear sukzessiv «erzählt», sondern in Schrift (den Texten in der Schreibmaschine) und Voice-over-Stimme fragmentarisch eingeblendet wird, stellt der Film also selbst als eine Konstruktion aus, als eine Männerphantasie eben, die von einem depotenzierten Mann und Sänger (Toulouse) produziert wird, der den Autor (Christian) dieser Geschichte herstellt, der wiederum die begehrte Frau erinnernd in eine «schöne Leiche» verwandelt.

Die male-melodramatische Narration Christians, die mit sentimentalen Phrasen operiert, wird auf der Ebene des Spektakels vielfach grotesk, possenhaft und komödiantisch gebrochen und hinsichtlich ihrer Sinnproduktion ironisierend konterkariert. Szenen, die durch den Voice-over-Kommentar eingeleitet werden, verselbständigen sich zum Spektakel. Der Gesang, in dem die «Stimme des Herzens» freilich höchst vermittelt durch die Zitation von Popsong-Fragmenten spricht, vermag entgegen der Schrift und des gesprochenen Wortes die «echten» Gefühle freizusetzen, so jedenfalls die Logik der Kontrastierung im Film.

Christian wird anfangs als ein unbegabter Autor, der über die Liebe spricht, selbst aber noch nie geliebt hat, charakterisiert. Er macht sich vor Satine im Doppeldiskurs einer auf einer Verwechslung beruhenden Verführungsszene auf absurde Weise zum Narren, indem er vermeintlich «moderne» Lyrik stammelt. Die Kurtisane, die ihm das Schauspiel der «feurigen Liebhaberin» gibt, legt ihm seine Performanz zunächst als Impotenz aus, dann als Zeichen für befremdliche erotische Vorlieben, deren Katalog sie auf missverstandene Signale hin abruft. Christian entkommt seiner lächerlichen Rolle in der Szene permanenten Missverstehens des erotischen Kodes nur durch den Gesang, wenn er sich mit Elton Johns «This Is My Song» hinaussingt aus dem opulent, mit allem falschen Glanz der Erde ausgestatteten Interieur des «Elefanten», dem – nicht nur durch den erotisierenden und exotistischen Wandschmuck – effeminierten Raum der käuflichen Liebe und der Liebe als Performance.

In der spektakulär inszenierten Binnennarration wird Christian dann bei der ersten Probe des Stückes «Spectacular! Spectacular!» zu einem qua Zufallsdramaturgie generierten «modernen» Autor – genauer: zu dessen Karikatur. Versucht er doch, frisch in der Großstadt angekommen, in seinem Zimmer über Liebe zu schreiben, als ihm ein narkoleptischer Argentinier durch die Decke vor die Füße fällt. Durch das Loch in der Decke wird die Trennwand durchbrochen zu den Bohemiens, die über ihm wohnen und gerade das absurde Stück proben, so bekommt Christian Einblick in den avantgardistischen «Überbau». Er wird in die über ihm liegende Wohnung hinaufgezogen und als Ersatzdarsteller für den ohnmächtigen Argentinier eingesetzt.

Das exzentrische, grotesk überzeichnete Personal der Boheme in MOULIN ROUGE! – Toulouse, der narkoleptische Argentinier, der Autor Audrey, der Komponist [Eric] Satie – verortet sich gezielt in der «Unterwelt» des Montmartre, um hier die Revolution sowohl auf ästhetischer als auch auf lebensweltlicher Ebene zu feiern, unter dem emphatischen Motto «Freedom, Beauty, Truth, Love», das im Verlauf des Films immer wieder «eingespielt» wird: durch Pop-/Rocksongs der 60er-/70er-Jahre («All You Need Is Love», «Children of the Revolution» und andere). Die Bohemiens werden allesamt als Parodien kultureller Konstruktionen von Männlichkeit eingeführt: Toulouse, den wir aus der Rahmennarration ja schon als Orpheus kennen, wird als «Zwerg», der sich nach Liebe sehnt[13], eingeführt und tritt am Anfang der Probenszene des Stückes «Spectacular! Spectacular!» im Kostüm einer (als asexuell semantisierten) «Nonne» auf, deren (jungfräulicher) Schleier aus einem Hemd mit weißem Kragen besteht.[14] Satie – glatzköpfig, mit Brille –

---

13 In Luhrmanns Film erscheint Toulouse als tragikomische Parodie des in Filmen über die Künstlerbiographie (unter anderem John Hustons MOULIN ROUGE, UK 1952, R: John Huston) favorisierten Topos vom sexuell nicht attraktiven, da «behinderten» (durch einen Unfall am Wachstum der Beine, des Unterkörpers, gehinderten) Mannes.

experimentiert mit einem skurrilen Instrument, die Inspiration stiftet der Absinth. Der narkoleptische Argentinier in Unterhosen erscheint hier wie die Parodie eines Machos: Er greift Christian, der den schweizerischen Ziegenhirten geben muss, nach dem gesungenen Zitat «The Hills Are Alive with the Sound of Music» begeistert an die Genitalien. Audrey, der Autor, trägt eine Perücke, Frauenkleider und Perlenketten und ist stark geschminkt, eine Figur, die durch das Cross-Dressing die Gender-Performanzen in dieser Szene offensichtlich macht, zumal er der Autor des Stückes ist. Audrey kämpft gegen Satie um die Prädominanz der Worte gegenüber der Musik im Stück, auch dies erscheint wieder wie eine selbstreferenzielle Volte mit Blick auf das Genre Musical.

Christian, kostümiert in Lederhosen und Tirolerhut mit Gamsbart, also parodistisch verkleidet als «nature boy», wird schließlich in die Theaterkulisse einer sekundären Natur, nämlich vor das gemalte Panorama der «erhabenen» Schweizer Berge, eingestellt und schmettert nach längerem Hin und Her um die richtigen Worte «spontan» den Text «The Hills Are Alive with the Sound of Music».[15] So beweist sich sein Talent: Er wird zum Ersatz des Transvestiten Audrey und damit zum neuen «Autor» des Stückes mit dem (hinsichtlich der Verfahren von MOULIN ROUGE! selbstreferenziellen) programmatischen Namen «Spectacular! Spectactular!». Diese Reihe von Substitutionen zeigt, wie weit der «nature boy» von der vermeintlichen «Natur» (und den «natürlichen» Gefühlen) entfernt ist.

Die Initiation des «modernen» Autors in den avantgardistischen kreativen Männerbund wird sodann begossen mit einer Runde Absinth. Eine grüne Absinth-Fee, mit kränklichen pinkfarbenen Augenrändern, löst sich aus dem Bild auf dem Etikett der Flasche; das grüne Gift wirkte halluzinogen – als Imagination der Männer schwirrt nun die Fee, verkörpert von Kylie Minogue, den zum Popsong modifizierten Musicaltitel «The Sound of Music» singend durch den Raum.

Im Spiel im Spiel, in einer selbstreferenziellen – die male-melodramatische Narration grotesk parodierenden – Produktion des «Spectacular!-Spectacular!»-Musicals, in dem die Rahmennarration in ein orientalistisches Musical nach dem Muster aktueller Bollywood-Musicals übersetzt wird, fungiert Christian hingegen als produktiver Autor, der gemeinsam

---

14 Die spätere «Like-a-Virgin»-Nummer im «gothic tower», in der Zidler sich travestierend mit einer weißen Tischdecke in eine jungfräuliche Klosterschülerin verwandelt, um den Duke, der wie ein Vampir von ihm angezogen wird, zu «verführen», wird durch Toulouses Nonnentracht schon vorweggenommen.

15 In THE SOUND OF MUSIC singt eine *Frau*, Julie Andrews, den Song «The Sound of Music».

mit Toulouse, dem narkoleptischen Argentinier und Zidler[16] diese Geschichte vom armen indischen Sitarspieler generiert, der eine Kurtisane liebt, die jedoch an den reichen Maharadscha verkauft wird. Die Story entsteht aus einem absurden Auftakt, der fulminanten Production-Number «Spectacular! Spectacular!», die spontan inszeniert wird, um dem Duke, der als Publikum fungiert, vorzuspielen, sie hätten schon ein Stück. Das Stück «schreibt» sich also permanent im wechselseitigen Rekurs auf die Rahmenhandlung, quasi «automatisch», fort; die Produktion des (Bollywood-)Musicals im Musical ist also vom Verfahren her recht modern. Das Happy End wird vom Duke, der dem Maharadscha korrespondiert, bedroht. Der Mäzen hat exklusive Besitzansprüche auf Satine erhoben, den «sparkling diamond», den er mit einem kostbaren Diamantenkollier zu fesseln sucht. Satine allerdings hat sich kraft der «Magie der Musik» in den «nature boy» und Autor Christian verliebt. In einem virtuosen Show-down mit dem Duke, der das Happy End umschreiben will, obsiegt Christian bei der Premiere von «Spectacular! Spectacular!». Der Revolver, mit dem er vom Agenten des Duke bedroht wird, fliegt durch den gesamten imaginierten Raum und prallt an der Spitze des Eifelturms ab.

Die male-melodramatische, mortifizierende Rahmennarration wird so diskreditiert. Sie kann in keiner Hinsicht mit dem spektakulären Rausch aus Farben, Tönen, Bewegungen, die auf der Ebene der Attraktionen ins Leben des Films gesetzt werden, konkurrieren. Dieser Doppeldiskurs von Rahmenhandlung und Parodie verhandelt das Gegensatzpaar einer Hypostasierung von Bewegung im Tanz und in der Musik (als Ausdruck des Lebens) gegenüber der Diskreditierung von Festschreibung und Fixierung in Schrift und Narration (als mortifizierende Akte).[17] Die male-melodramatische Off-Narration wird durch die Performanzen im Spektakel MOULIN ROUGE! konterkariert und als ein Reigen abgedroschener Zitate vorgeführt, die allein die narrative Lizenz stiften für die im Film präsentierten musikalischen und tänzerischen Nummern, in denen das komödiantisch travestierende Backstage-Musical präsentiert wird: «Es ist [zudem] eine Geschichte, die mit der Hilfe von Songs erzählt wird.»[18]

---

16   Wir haben es mit männlicher Co-Autorschaft zu tun. Der kollektive Produktionsprozess wird nach dem Muster der Assoziationsmontage als «avantgardistisches» Texturierungsverfahren eines Männerbundes parodiert.
17   Der reiche Duke, grotesker Gegenspieler Christians, lässt Zidler, den Besitzer des Moulin Rouge, einen Vertrag unterschreiben, der sich als «Pakt mit dem Teufel» erweist, dem Zidler Satine, den «sparkling diamond» des Moulin Rouges, und «seine Seele» verkauft. Im Hintergrund ein Plakat, das – Originalplakaten nachempfunden – zeigt, wie eine nackte Tänzerin an die sich drehenden Flügel der Mühle «gekreuzigt» ist.

Gender-Crossing/Culture-Crossing

In MOULIN ROUGE! gehen durch die Verfahren der Zitation Gender-Crossing und Culture-Crossing vielfach ineinander über. Es sei nur ein Beispiel genannt: Im historischen Areal des Moulin Rouge gab es einen gotischen Turm und einen Elefanten. Lurmann übernimmt beide Etablissements, in denen realhistorisch auch Prostitution stattfand, für die kontrastive Konstruktion und Semantisierung der Räume in MOULIN ROUGE!.

Der gotische Turm ist als – eklektizistisch anmutender – historistischer Raum zu beschreiben, der auch für ein poetologisches Programm steht: Der «gothic tower» verweist auf die Neukombination von Versatzstücken als ein produktives Verfahren komplex vermittelter kultureller Produktion, mithin auf die Faktur des Films. Sein Ambiente erlaubt die Zitation von Elementen des Gothic-Films. Zudem ist der Turm, in dem die Travestie-Nummer «Like a Virgin» stattfindet, auch ein Phallussymbol, und ein Ort sexueller Gewalt.

Während der versuchten Verführung Satines durch den Duke im «gothic tower» beim lang erwarteten Tête-à-Tête blicken wir im Rahmen einer rhythmisch beeindruckend komponierten Sequenz von Parallelmontagen immer wieder in den Ballsaal. Hier «erzählt» der Argentinier das Drama der Eifersucht, setzt es dann in einer Tango-Nummer zu «Roxanne» mit Nini tänzerisch um. Kulminationspunkt dieser Performance ist eine Gruppenchoreographie von nur mit Dessous bekleideten Tänzerinnen. Christians Emotionen, der die Warnung des Argentiniers, sich nie in eine Prostituierte zu verlieben, zurückweist und dem Schauspiel des Tanzes zuschaut, werden gespiegelt. Eifersüchtig auf den Duke, der sich seinen Besitz, den «sparkling diamond», nun mit dem Diamantenkollier anzueignen versucht, tritt Romeo-Christian singend unter den Turm. Satine weist daraufhin das exorbitant teure Schmuckstück genauso zurück wie die gewalttätigen Zudringlichkeiten des Duke.

Im Kontrast zum «gothic tower» steht der Elefant. Er ist orientalistisch ausgestattet, sein Interieur, in das man durch ein goldenes Herz auf der Stirnseite schaut, quillt über von Requisiten, die den orientalistischen und den erotischen Diskurs vernetzen. Hier «herrscht» Satine, die Kurtisane, die abends auf das Dach des Elefanten steigt und mit dem Song «One Day I'll Fly Away» die Freiheit anbetet. Auf dem Dach des Elefanten wird zudem das Konzept romantischer Liebe im Potpourri des Duetts kontrastiv verhandelt. Hier sei nur ein Beispiel erwähnt, wie auch

---

18   Selbstaussage Baz Luhrmanns, hier zitiert nach: Stiftung Lesen (Hg.): *Moulin Rouge. Panoptikum der Popkultur*, Mainz 2001, S. 3.

hinsichtlich der musikalischen Zitation der orientalistische und historistische Diskurs des Films verhandelt wird. MOULIN ROUGE! präsentiert immer wieder «Stummfilm»-Zitate, so singt der Mond aus Georges Méliès THE COURTSHIP OF SUN AND MOON[19] am Ende der romantischen Sequenz, in der Christian und Satine sich aus dem Elefanten in den Himmel hineintanzen und sich im Gesang und Tanz auf «Wolken schwebend» ineinander verlieben. Nach einem «Feuerwerk der Gefühle» trällert der einkopierte Méliès-Mond Sequenzen einer Opernarie und kommentiert derart die Theatralität der zuvor präsentierten romantischen Inszenierung des Pars pro Toto der Vereinigung, des Kusses. (In Méliès kurzem Streifen vollzieht Monsieur Le Soleil mit Madame La Lune, die sich nacheinander «verzehren», im Rahmen einer Mondfinsternis eine geradezu obszöne «Vereinigung».) Mit dem Méliès-Mond wird in diesem Film, der ein permanentes Culture-Crossing betreibt, aber auch die Funktionsstelle des Mondes im Bollywoodfilm alludiert, der immer als Substitut des «Undarstellbaren» (id est des Sexuellen) in diesen Filmen leuchtet.

Luhrmann sucht mit MOULIN ROUGE! einen «Bühnenraum» der musikalischen und tänzerischen populären Kultur der Jahrhundertwende auf und erweckt ihn durch die Überblendung mit der postmodern medialen, musikalischen und tänzerischen Popkultur zum Leben – allein schon in diesem Bezug auf ein Musik- und Tanz-Etablissement verfährt das Musical selbstreferenziell.

Als ein in der modernen Metropole der Jahrhundertwende aus der etablierten Kultur exkludierter Ort war das Moulin Rouge ein Schauplatz der genuinen populären Tanz- und Gesangskultur der pauperisierten Schichten, der von der Bourgoisie aus einem binnenexotischen Interesse am Amüsement und an der Prostitution aufgesucht wurde. Ebenso anziehend ist die «Unterwelt» für die exzentrischen Bohemiens des Films (der damit auch die immer wieder verfilmte Oper «La Bohème» zitiert). Diese Zusammenschau zweier historischer und kultureller Räume kann man als Panoptikum verstehen. Hybridisierung wird durch Neukombination selbst zum Thema gemacht, Geschichte und Gegenwart, Popkultur der vorletzten und der letzten Jahrhundertwende, werden komplex vermittelt ineinander überblendet, sie werden in ihrer Vermitteltheit transparent gehalten und erzeugen erst durch eben diese vollkommene Vermitteltheit Effekte von Unmittelbarkeit.

---

19 L'ECLIPSE DU SOLEIL EN PLEINE LUNE, F 1907, R: Georges Méliès.

II. «The hills are alive with the sound of music». Der Klangraum in MOULIN ROUGE! (M.E./A.G.)

Mit Michel Chions *Audio-vision*[1] und Barbara Flückingers *Sound Design*[2] liegen der Filmwissenschaft zwei Publikationen vor, deren Autoren sich um differenzierte Analysen des klanglichen Geschehens auf der Filmtonspur verdient gemacht haben. Bei eingehender Lektüre der genannten Texte fällt allerdings auf, dass trotz der umfangreichen Erarbeitung audiovisueller Beschreibungskategorien eine Größe vernachlässigt wurde, die im Kontext der auditiven Aufbereitung und Verfügbarkeit von Filmen auf dem Wiedergabemedium DVD nicht aus dem Blick geraten sollte. Die Rede ist von der räumlich-technischen Abmischung des Filmklangs, die unter den Schlagworten Surround-Sound sowie 5.1-Ton verhandelt wird und sich auf der Reproduktionsebene durch die mehrkanalige Klangprojektion aus sechs rings um den Rezipienten verteilten Lautsprechern auszeichnet. Chion spricht in diesem Zusammenhang lediglich zwei Fälle der räumlichen Situierung von Klängen an, denen er zudem im Analyseteil seiner Arbeit keine Beachtung schenkt. Ihm zufolge spielt der so genannte «in-the-wings effect» in neueren Surround-Mischungen keine nennenswerte Rolle. (Chion definiert diesen als Erzeugnis eines herannahenden Klangereignisses, welches einem Objekt zugeordnet ist, das eine Offscreen-Onscreen-Bewegung oder eine Onscreen-Offscreen-Bewegung vollführt.)[3] Daneben sei vor allem im Genre Actionfilm das Phänomen des «offscreen trash» zu beobachten, wenn beispielsweise Explosionen, Abstürze oder Zusammenstöße in Lautsprechern hörbar werden, die außerhalb des Sichtfeldes angesiedelt sind, um dem Leinwandgeschehen eine stärkere physische Präsenz zu verleihen.[4] Auch Flückinger nimmt das Vorhandensein mehrkanaliger Klangprozesse in älteren und neueren Filmtonmischungen zwar zur Kenntnis, umgeht eine sorgfältige Auseinandersetzung mit dem Gegenstand jedoch dadurch, dass sie – wohlgemerkt in Befolgung der seitens Chion artikulierten Vorbehalte gegenüber dem Mehrkanalton – die Möglichkeiten des Mediums auf den Gesichtspunkt der Effekthascherei reduziert. «Diffuse Surround-Lautsprecher» würden den Klang «gießkannen-

---

1 Michel Chion: *Audio-vision. Sound on Screen*, aus dem Franz. übers. und hrsg. v. Claudia Gorbman, New York 1994.
2 Barbara Flückinger: *Sound Design. Die virtuelle Klangwelt des Films*, Marburg 2001.
3 Vgl. Chion: Audio-vision, S. 83f. Als typische Beispiele führt Chion näher kommende Schrittgeräusche, vorbeifahrende Autos sowie außerhalb des Bildausschnitts befindliche Stimmen an.
4 Vgl. ebd.

artig in gleichschaltender Weise über das gesamte Publikum» ausbreiten. Das daraus resultierende «ozeanische Gefühl» klanglicher Einhüllung befriedige regressive Bedürfnisse und entziehe sich somit «der Kontrolle des Verstandes», zumal der traditionelle Ort der Klänge sich ohnehin in Blickrichtung auf die Leinwand befände, während vereinzelte akustische Informationen den Zuschauer «von allen Seiten umfluten», die dieser «nur sekundär oder überhaupt nicht kognitiv» aufzuschlüsseln vermag.[5] Solch eine Argumentation negiert nicht nur die Existenz einer aktiven Rezipiententätigkeit, sondern verschleiert in unzulässig verallgemeinernder Weise, dass sich der räumliche Aspekt der Filmtonmischung durchaus verstandesmäßig erfassen lässt und demgemäß der Analyse zugänglich ist. Der vorliegende Aufsatz verfolgt daher die Absicht, charakteristische Formationsweisen und künstlerische Prozessierungsstrategien hinsichtlich der mehrkanaligen Abmischung des Films MOULIN ROUGE![6] zu untersuchen, dem als filmischem Musical eine äußerst enge Verzahnung und wechselseitige Durchdringung der Kategorien Musik[7], Dialog und Geräusch zu Eigen ist. Mit der zunehmenden Verbreitung und Popularität entsprechender Wiedergabeanlagen gerade auch im Heimbereich stellt die mehrspurige Aufbereitung des Filmtons einen Faktor dar, der im Rahmen filmwissenschaftlicher Erörterungen nicht länger ignoriert werden sollte. Nach einer knappen Skizzierung tontechnischer und akustischer Grundlagen der Surround-Umgebung sowie dem Versuch der Etablierung eines angemessenen Analysevokabulars gilt es also zu fragen, auf welche Weise und mit welchen Absichten der Klangraum des in Rede stehenden Filmes inszeniert wird. Über die Betrachtung des Raumaspektes hinaus soll dem Zusammenspiel sämtlicher Tonspurkomponenten Beachtung geschenkt werden, um ein möglichst vollständiges Bild akustischer Vorgänge nebst deren Beziehung zum szenischen Geschehen zeichnen zu können.

5   Vgl. Flückinger: Sound Design, S. 57-59 sowie S. 370.
6   MOULIN ROUGE!, USA 2001; Regie: Baz Luhrmann; Drehbuch: Baz Luhrmann, Craig Pearce; Darsteller: Nicole Kidman, Ewan McGregor, John Leguizamo, Jim Broadbent, Richard Roxburgh, Garry McDonald, Jacek Koman, Matthew Whittet, Kerry Walker, Caroline O'Connor, David Wenham; Kamera: Don McAlpine, Steve Dobson; Schnitt: Jill Bilcock; Musik: Craig Armstrong; Kostüme: Catherine Martin, Angus Strathie; 20th Century Fox, Bazmark Films.
7   Spezifisch musikalische Fragestellungen, insbesondere solche intra- und intermedialer Genre-Transgressionen, die auf der Tonspur des benannten Filmes als Mixturen verschiedenartigster musikalischer Stile in Erscheinung treten, können angesichts des nur begrenzt zur Verfügung stehenden Raumes lediglich partiell berücksichtigt werden und würden gewiss eine gesonderte Darstellung verdienen. Einige grundlegende Hinweise auf transkriptive Verfahren im Bezirk der musikalischen Komposition lassen sich gleichwohl der tabellarischen Übersicht gegen Ende des Beitrags entnehmen.

Zu den technischen Gegebenheiten

Gegenstand der vorliegenden Untersuchung sind die sechs Tonspuren des Films MOULIN ROUGE! in der englischen Originalfassung, wie sie sich im AC-3-kodierten Format auf der DVD[8] finden. Der 5.1-Mehrkanalton stellt ein Verfahren dar, für das erstmals eine international einheitliche Standardisierung sowohl für die Musikwiedergabe im professionellen Tonstudio und im Heim als auch für den Filmton im Kinosaal und zu Hause angestrebt wird. Möglich wurde die diskrete, mehrkanalige Übertragung und Speicherung durch die weiterentwickelte Digitaltechnik. Hier sind einerseits die Einführung der DVD-Video als kapazitätsstarker Ton- und Bildträger für das Home-Cinema, andererseits die Möglichkeit der Kapazitätseinsparung durch Bitratenreduktion im Bild und im Ton auf der Basis von Redundanz und psychologischen Wahrnehmungsmodellen zu nennen. Hinsichtlich des Tons spricht man von perzeptiver Kodierung, welche sowohl bei der DVD-Video als auch im Kinosaal Verwendung findet. Die Standardisierung des 5.1-Tons wird überwiegend durch die Richtlinien ITU[9]-R BS. 775-1 für den Heimbereich und SMPTE[10] N 15.04/152-300B für die Filmindustrie bestimmt. Die Kennzeichnung 5.1 beinhaltet bereits ein wesentliches Merkmal des Standards. Sie bezieht sich auf die minimale Anzahl der Übertragungskanäle sowie Wiedergabelautsprecher und beschreibt fünf diskrete Kanäle gleicher Qualität mit der Lautsprecheraufstellung Links, Mitte, Rechts sowie Surround-Links und Surround-Rechts (siehe Abb. 1). Durch den Mittenlautsprecher (Center) kann zum einen die Hörzone im Vergleich zur Zweikanalstereophonie vergrößert, zum anderen ein eindeutiger Mittenbezug auch außerhalb einer zentralen Abhörposition ermöglicht werden. Letzterer Aspekt ist für den Filmton von besonderer Bedeutung, da Dialoge überwiegend mittig zur Leinwand von möglichst allen Plätzen des Kinosaals aus lokalisierbar sein sollen. Diese werden daher hauptsächlich auf den Center-Lautsprecher gemischt. Zusätzlich existiert ein diskreter Subwoofer, welcher mit dem zugehörigen Übertragungskanal als Low Frequency Enhancement (LFE) bezeichnet wird und der Erhöhung der Lautheit im Tieftonbereich dient. Im Gegensatz zur Heimwiedergabe sind die Abhörbedingungen im Kino und im Mischstudio kalibriert. Das

---

8   Twentieth Century Fox Home Entertainment, 2002.
9   International Telecomunication Union: *ITU-R BS. 775-1 Multichannel Stereophonic Sound System with and without Accompanying Picture*, Genf 1992-1994.
10 Society of Motion Picture and Television Engineers: *Recommended Practice. Loudspeaker Placements for Audio Monitoring in High Definition Electronic Production*, SMPTE N 15.04/152-300B, New York 1991.

Erhöhen der Abhörlautstärke gegenüber der Standardlautstärke ist dort daher nicht ohne weiteres möglich. Die Aussteuerungsreserve der Hauptkanäle wird vergrößert, indem man die tiefen Frequenzen zusätzlich über den LFE überträgt. Nun hat der LFE ebenfalls Einzug in den Heimbereich gehalten, ohne dass dafür eine Notwendigkeit bestünde, denn die Wiedergabelautstärke ist nicht eingemessen und wird vom Hörer individuell eingestellt. Allerdings kommt dort der Subwoofer vielfach zum Einsatz, damit kleinere Hauptlautsprecher (Satelliten) verwendet werden können, wobei die Wiedergabe der tiefen Frequenzen ausschließlich mittels des Subwoofers erfolgt (Bass-Management). Darüber hinaus lässt die ITU-Empfehlung eine Option mit vier oder mehreren hinteren beziehungsweise seitlichen Surround-Lautsprechern zu, die entweder von dem linken oder rechten Surroundsignal respektive daraus abgeleiteten Signalen (Verzögerung) gespeist werden oder davon unabhängige Signale beinhalten können.

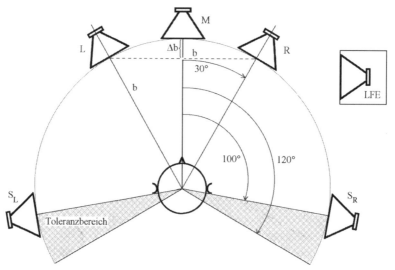

Abb. 1: Standardisierte Lautsprecherkonfiguration für den 5.1-Mehrkanalton

Die Aufgabe, die den Surround-Lautsprechern zukommt, besteht einerseits darin, eine überzeugende Einbeziehung des Hörers mittels räumlicher Signale oder anderer Umgebungsgeräusche – so genannter Atmos – zu erreichen, und andererseits, die Wiedergabe von akustischen Effekten zu ermöglichen, die außerhalb der frontalen Lautsprecheranordnung lokalisiert werden sollen. Eine hohe Lokalisationsschärfe dieser Effekte wird dabei nicht gefordert und teilweise sogar bewusst vermieden, jedoch nicht vollständig ausgeschlossen. Damit ist der von der Filmindustrie geprägte Begriff Surround definiert, der die Darstellungsmöglichkeit von außerfrontalen Effekten und ambienten Rauminformationen beschreibt. Für die Surround-Links- und Surround-Rechts-Kanäle des 5.1-Tons sieht der Standard zwei seitliche beziehungsweise leicht hinter dem Hörer aufgestellte Lautsprecher vor. Die Position dieser Lautsprecher ist durch einen Toleranzbereich von ± 100° bis ± 120° seitlich zum Hörer angegeben. Allerdings findet man beim 5.1-Ton des Home-Cinemas auch bei sehr hochwertigen Systemen Abweichungen von der strengen ITU-Empfehlung, sowohl was die vorgeschlagene kreisförmige Anordnung der Lautsprecher als auch ihre Gleichheit betrifft. Dies zeigt, dass auf der einen Seite zwar ein genormter Standard, auf der anderen Seite jedoch ein davon abweichender Quasi-Standard existiert. Im Kino ist die strenge Auslegung der ITU-Empfehlung ebenfalls nicht praktikabel. Dort sind die Front-Lautsprecher und der Subwoofer meist mit von der Empfehlung divergierenden Winkeln hinter oder unterhalb der Leinwand angeordnet. Die beiden Surround-Kanäle werden zwecks Erweiterung der Hörfläche jeweils auf mehrere unterschiedlich verzögerte Lautsprecher verteilt, welche leicht oberhalb des Auditoriums (zirka 1 bis 1,5 m) angeordnet sind (siehe Abb. 2). Im Filmmischstudio wiederum gibt es bedingt durch Ausstattung, Projektion und Formatvielfalt unterschiedliche Ansätze. Oft wird dort jedoch versucht, die strenge Anordnung umzusetzen.

Die oben angesprochene perzeptive Kodierung verwendet die verlustfreie Kompression unter Ausnutzung der Redundanz hinsichtlich linear digitalisierter PCM[11]-Signale. Des Weiteren erfolgt die Datenreduk-

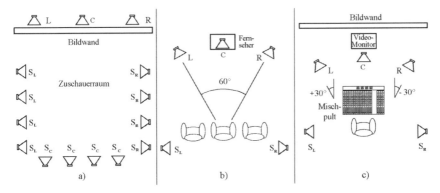

Abb. 2: Lautsprecheraufstellung für den 5.1-Ton in der Praxis: a) im Kino (auch 6.1 und 7.1), b) für die Heimanwendung, c) im kleinen Filmmischstudio

11   Pulse-Code-Modulation.

tion verlustbehaftet, basierend auf Untersuchungen zum zeitlichen und insbesondere spektralen Verdeckungseffekt des Gehörs (Irrelevanz). Bei letzterem wird das Eingangssignal in eine Anzahl von Frequenzbändern unterteilt. Für jedes einzelne Band nutzt man pro Abtastwert nur so viele Quantisierungsstufen, dass Quantisierungsfehler durch die Maskierungseigenschaften des Gehörs verdeckt werden. Es wird also ständig die Mithörschwelle respektive Ruhehörschwelle des zu übertragenden Signals ermittelt und diese je nach der für die Übertragung maximal zulässigen Bitrate bewertet.[12] Dabei bleiben diejenigen Signalanteile unberücksichtigt, bei denen davon ausgegangen wird, dass sie in jedem Fall maskiert sind. Dies erfordert ein im jeweiligen Enkoder implementiertes psychoakustisches Modell. Im Anschluss an die Aufteilung des Quellsignals in eine zuvor definierte Anzahl von Frequenzbändern erfolgt die Neuquantisierung des Materials nach der Fließkommatechnik, die durch das Verdeckungsmodell unter Berücksichtigung der maximal zulässigen Bitrate gesteuert wird. Die neu quantisierten Teilsignale werden sodann zusammen mit verschiedenen Zusatzdaten und Prüfkodes mit Hilfe eines Multiplexers zusammengefasst und für die Übertragung kanalkodiert. Auf der Wiedergabeseite erfolgt eine entsprechende Dekodierung durch Zusammensetzung der Teilbänder sowie eine Requantisierung auf den zur Digital/Analog-Wandlung erforderlichen Datenstrom (Codec). Obwohl die Techniken der perzeptiven Kodierung ständig verbessert werden, sind Unterschiede im direkten Vergleich zwischen dem reduzierten und dem originalen Material häufig in Form von leicht veränderten Ansatzgeräuschen bei Instrumenten und Stimmen, geringen Lautstärkeveränderungen, einer Zunahme der Lokalisationsunschärfe sowie Veränderungen in der Räumlichkeit und der Wahrnehmung des Raumeindrucks hörbar. Dies liegt unzweifelhaft an der maximal zulässigen Datenrate, aber auch an der mangelnden Ausgereiftheit der psychoakustischen Modelle sowie an der grundsätzlichen Schwierigkeit, die menschliche Hörwahrnehmung durch Modelle beschreiben zu wollen. Ein weiterer Nachteil besteht darin, dass die Nachbearbeitung von perzeptiv datenreduziertem Material nur bedingt möglich ist. Nachträgliche Pegelveränderungen, Schnitt, Filterung oder Dynamikkorrekturen können aufgrund der pegelabhängigen Verdeckung nicht oder nur unter Vorbehalt vorgenommen werden. Spektrale Analysen, wie sie etwa im Rahmen der Erforschung Elektroakustischer Musik zunehmend Ver-

---

12 Beim AC-3 5.1-Ton der hier zugrunde liegenden DVD-Video besteht eine konstante Datenrate von 384 kbit/s, was einer Verringerung auf annähernd 1/11tel des ursprünglichen Signals entspricht.

wendung finden, lassen sich angesichts der umrissenen Datenreduktionsproblematik für die Untersuchung mehrkanaliger Filmtonmischungen auf der DVD nicht fruchtbar machen.

Zur Terminologie

Abgesehen davon, dass Flückinger in ihrem Buch auf eine teilweise missverständliche und aus physikalisch-akustischer Perspektive fehlerhafte Bezeichnung auditiver Elemente auf der Tonspur zurückgreift,[13] fällt immer wieder der Begriff des Klangobjekts, der im Kontext audiovisueller Analysen mitunter problematisch ist. Die Autorin zieht diesen zur Benennung nahezu sämtlicher Schallsignale heran, die die akustische Dimension eines Filmes konstituieren, und verwendet ihn zuweilen gleichbedeutend mit den Vokabeln Ton, Klang sowie Geräusch. Ursprünglich entstammt der Terminus aber – wie Flückinger richtig bemerkt – dem Bereich der musikalischen Komposition, genauer gesagt den theoretischen Schriften Pierre Schaeffers. Als Urheber der Musique concrète, die sich durch die elektroakustische Gestaltung und kompositorische Integration vorgefundener Klänge auszeichnet, definierte Schaeffer das Klangobjekt als ein auditives Ereignis, welches im Hinblick auf seine potenzielle Einbettung in eine Struktur musikalischen Charakters gewählt wird. Entscheidend hierbei ist, dass das Innere des Klangobjekts, seine mikromorphologischen Eigenschaften, zum Gegenstand einer Gehörbildung erhoben werden, die sich jenseits der notenschriftlichen Fixierbarkeit komplexer klanglicher Merkmale vollzieht, wobei die systematische Untersuchung interner Klangqualitäten Kriterien für die musikalische Fügung und Interaktion einzelner Klangobjekte auf der Makroebene liefern soll.[14] Diese Bestimmung des

---

13 So wird etwa eine «Kategorie von Geräuschen» eingeführt, «die über keine harmonische Struktur verfügen» (Flückinger: Sound Design, S. 259). Geräusche aber zeichnen sich bereits per definitionem dadurch aus, dass sie hinsichtlich ihrer spektralen Zusammensetzung inharmonisch sind. Ferner spricht Flückinger häufig dort von Tönen, wo nach DIN 1320 die Begriffe Klang, Klanggemisch und Geräusch angemessener gewesen wären. In der Akustik versteht man unter Ton den stets obertonfreien Sinuston, der durch eine diskrete Frequenz beschreibbar ist. Dementsprechend wird man auf der Filmtonspur mit reinen Sinustönen, wie sie in der Rundfunk- und Fernmeldetechnik zu Messzwecken Verwendung finden, äußerst selten konfrontiert werden. Indessen lassen sich als charakteristische Beispiele für Geräusche akustische Bausteine von Atmosphären nennen, also Schallsignale, die von Fahrzeugen, Maschinen oder Wetterphänomenen ausgehen. Ein Wechselspiel zwischen Geräuschen, Klängen und Klanggemischen hingegen vollzieht sich in den Bereichen der Sprache und der Musik eines Films. Inzwischen hat sich in der musikwissenschaftlichen Literatur – speziell im Rahmen von Höranalysen – der Sammelbegriff des Klanges zur globalen Bezeichnung der soeben skizzierten komplexen akustischen Zusammenhänge aus Gründen der Lesbarkeit etabliert und den in diesem Kontext vormals verwendeten Terminus Ton abgelöst. In diesem allgemeinen Sinne wird das Wort Klang auch von den Verf. des vorliegenden Textes gebraucht.

Klangobjekts als dezidiert musikalisches Objekt lässt die Instrumentalisierung des Terminus für die Analyse der Filmtonspur fragwürdig erscheinen, da hier andere Selektionsmechanismen greifen. Dazu gehören – wie Flückinger anhand von Modellanalysen überzeugend darlegt – die Charakterisierung von Schauplätzen und Zeiten mittels klanglicher Zusammenhangsbildung unter Ausnutzung prototypischer akustischer Muster oder die Entfaltung eines emotiven Rahmens sowohl für den Zuschauer als auch für die Filmfiguren. Hinzu kommt, dass das Ergebnis der Filmtonmischung im Unterschied zu einem Stück Konkreter Musik Schaeffer'scher Prägung, das auf die wechselseitige Vermittlung spektraler und dynamischer Eigenheiten der Klangmaterialien zielt, eine klare Trennung der Sphären Filmmusik, Geräuschkulisse und Dialog beinhaltet. Diese Feststellung soll keineswegs implizieren, dass Bezüge zwischen den genannten Kategorien gänzlich fehlen. Jedoch wird man im Bezirk des narrativen Kinos nur selten auf die Applikation avancierter elektroakustischer Kompositionstechniken treffen, die das akustische Material tief greifenden Klangmutationen aussetzen, da die künstlerische Gestaltung der Tonspur in der Regel dem Zweck dient, ein real wirkendes akustisches Fluidum in Relation zum Bild zu schaffen.[15]

In Anbetracht der aufgezeigten Zusammenhänge soll der sowohl musiktheoretisch als auch kontextuell vorbelastete Ausdruck Klangobjekt durch den allgemeineren Begriff des Klanges beziehungsweise des Klangereignisses zur Bezeichnung distinkter, auditiv voneinander abgrenzbarer Schallsignale auf der Tonspur ersetzt werden. Die Wendung auditive Struktur wird zur Benennung solcher Konstellationen zu bemühen sein, die aus mehreren Klängen und/oder Geräuschen zusammengesetzt sind (wie zum Beispiel Geräuschkulissen und Passagen innerhalb der Filmmusik). Sie dient folglich der Beschreibung einer höheren Gliederungsebene und schließt die Möglichkeit der Identifikation eigen-

---

14 Vgl. Pierre Schaeffer: *Musique concrète. Von den Pariser Anfängen um 1948 bis zur Elektroakustischen Musik heute*, aus dem Franz. übers. v. Josef Häusler, Stuttgart 1974, S. 35-39.
15 Bemerkenswerterweise verliert das hierin sich artikulierende mimetische Moment nicht einmal dann seine Wirksamkeit, wenn Klangereignisse in überzeichneter Weise dargeboten werden oder aber die Zuordnung eines Klangs zu einer Quelle «realistischen» Ansprüchen nicht standzuhalten vermag (Substitution, Rendering). Dennoch werden derlei Prozesse infolge der Konditionierung durch filmische Kodes sowie aufgrund des begrenzten individuellen akustischen Erfahrungshorizonts seitens des Rezipienten kaum in Frage gestellt. Chion schreibt hierzu: «Indeed, we tend to forget that the audiovisual tableau of reality the cinema furnishes us, however refined it may seem, remains strictly (on the level of reproduction) that which a sketched representation of a human [...] is to an anatomical drawing by Albrecht Dürer. There is really no reason for audiovisual relationships thus transposed to appear the same to us as they are in reality, and especially for the original sound to ring true» (Chion: Audio-vision, S. 96).

ständiger Klangereignisse im akustischen Gesamtgefüge nicht aus. Als überaus schwierig erweist sich die Verbalisierung klangfarblicher Qualitäten. Die seitens Chion und Flückinger vorgeschlagene Verwendung lautmalerischer sowie umgangssprachlicher Wörter ist nur bedingt tragfähig. Flückinger zufolge haben adjektivische Ausdrücke wie «blubbernd» oder «zischend» den Vorteil «plastische[r] Anschaulichkeit»[16]. Gleichwohl wird sich jeder Leser als Folge seiner persönlichen Hörerfahrung etwas anderes unter der jeweiligen Vokabel vorstellen. Aus diesem Grund vermag eine derartige Prädikation die materielle Beschaffenheit von Klängen nur schemenhaft zu erfassen. Wenn Flückinger – um nur ein Beispiel zu nennen – auf Seite 410 ihres Buches auf eine Charakterisierung wie «die ekligen, sumpfig-plätschernden Geräusche von aufplatzenden Wunden» zurückgreift, so ist diese nicht aussagekräftiger als die Wendung «Geräusche aufplatzender Wunden», deren akustische Beschaffenheit angesichts ihrer Komplexität in der dargebotenen Weise sprachlich nicht adäquat fixiert werden kann. Eine Lösung des Problems ist nach wie vor nicht in Sicht und kann auch an dieser Stelle nur als Desiderat kenntlich gemacht werden. Als gleichsam tröstlich mag ein Blick auf Nachbardisziplinen wie etwa die Musikwissenschaft erscheinen, in der speziell im Zusammenhang des Sprechens über Elektroakustische Musik das Fehlen einer klar umrissenen Terminologie bis zum heutigen Tage eine der virulentesten analytischen Schwierigkeiten markiert.

Der bereits im Titel des vorliegenden Beitrags akzentuierte Begriff Klangraum bedarf einer Präzisierung: Mit diesem sei erstens der virtuelle akustische Raum bezeichnet, der im Rahmen des Films zur Charakterisierung des fiktiven Paris zur Zeit des Fin de Siècle konstruiert wurde. Da MOULIN ROUGE! ausschließlich im Studio entstand und demzufolge keinerlei Außenaufnahmen ins filmische Gefüge integriert wurden, existiert die Stadt lediglich in Form eines dreidimensionalen Computermodells,[17] dem durch die nachträgliche Hinzufügung spezifischer Klangereignisse Dynamik und Lebendigkeit verliehen werden sollte. Von Interesse sind deshalb die Verfahren, derer man sich zur Definition dieses Raumes bedient hat, einschließlich ihrer Beziehung zur akustischen Skizzierung der realen Film-Sets. Neben den Operationen der künstlichen Raumsimulation wird zweitens der Surround-Raum ein besonderes Augenmerk verdienen, in den die einzelnen Tonspuren projiziert werden und dergestalt eine spezifische Rezeptionssituation schaffen. Unge-

---

16   Flückinger: Sound Design, S. 102.
17   Präziser: einer digitalen Montage zahlreicher Miniaturmodelle von Gebäuden und Schauplätzen.

achtet der Tatsache, dass jedes Klangereignis noch vor seiner mehrkanaligen Spatialisierung – also selbst in einer monophonen Hörumgebung – Rauminformationen wie Reflexionen und Nachhall beinhaltet oder aber mit solchen intentional ausgestattet werden kann, nimmt der Klang durch seine Platzierung im Wiedergaberaum zusätzliche ästhetische und semantische Qualitäten an. Dabei weist die räumlich-technische Umsetzung auditiver Strukturen entweder eine direkte Beziehung zu den Konstellationen des virtuellen Klangraumes auf (zum Beispiel auf den Ebenen der Intensivierung und dreidimensionalen Auffächerung) oder gehorcht ganz eigenen Gesetzmäßigkeiten.

Zum Material

Zum besseren Verständnis der im nachstehenden Abschnitt dargelegten analytischen Verfahrensweisen und Ergebnisse sollen zunächst die technische Aufbereitung sowie die Handhabung des akustischen Filmmaterials umrissen werden. In einem ersten Schritt wurden die sechs Tonkanäle mit Hilfe einer Mehrspur-Audiosoftware in den Computer überspielt,[18] um zum einen eine unmittelbare Visualisierung des klanglichen Geschehens in Form von oszillogrammähnlichen Amplitude-Zeit-Diagrammen vornehmen zu können und zum anderen eine schnelle und bequeme Zugriffsmöglichkeit auf die Einzelspuren zu erhalten. Die Ausgabe des Audiomaterials erfolgte über eine mehrspurfähige Soundkarte, wobei jeder Kanal je einem von sechs identischen Monitor-Lautsprechern gemäß der in Abbildung 1 gezeigten Abhörsituation zugeordnet wurde. Sodann konnten innerhalb des Mehrspurprogramms zeitliche Marker gesetzt werden, die der Kapitelfolge der DVD korrespondierten und auf diese Weise die Auffindbarkeit einzelner Passagen zwecks vergleichender Betrachtungen vereinfachten. Als sehr hilfreich erwies sich der Umstand, dass sich die genannten Indizes mit verbalen Annotationen versehen ließen und somit die schriftliche Fixierung des unmittelbaren Höreindrucks ohne die Hinzunahme einer Textverarbeitungssoftware erlaubten. Der Hauptvorteil der soeben beschriebenen Arbeitsmethode liegt in der Programmierbarkeit unterschiedlichster Hörkonfigurationen begründet. Unter Ausnutzung der Funktionen «Solo» (Isolierung einer Spur) und «Mute» (Stummschaltung einzelner

---

18 Hierbei handelte es sich um das Programm *Samplitude 2496* der Firma SEK'D. Vergleichbare Arbeitsresultate hätten sich zweifelsohne auch mit ähnlichen handelsüblichen Harddisk-Recording-Programmen wie Steinbergs *Nuendo* oder Syntrilliums *Cool Edit Pro* erzielen lassen.

Spuren) sowie der Optionen zur Schleifen- und Ausschnittsbildung konnte mit vergleichsweise geringem Zeitaufwand beurteilt werden, was sich zu welchem Zeitpunkt in welchen Lautsprechern ereignet (Entdifferenzierung klanglich-räumlicher Verläufe). Der Nachteil dieses Verfahrens liegt auf der Hand: Die im kinematographischen Konnex eminent wichtige audiovisuelle Relation bleibt vorerst unberücksichtigt. Um die im Zuge der auditiven Analyse gewonnenen Erkenntnisse verifizieren und um die narrative Einbettung der Klänge evaluieren zu können, muss das Zusammenwirken von Klang und Bild anhand der DVD immer wieder nachvollzogen werden. Was sich hier jedoch auf den ersten Blick als Makel präsentiert, kann auch als Chance begriffen werden. Zurecht macht Chion auf die Gefahr einer wechselseitigen Beeinflussung der akustischen durch die optische Sphäre und vice versa aufmerksam, die zur Identifikation negativer Klänge im Bild und negativer Bilder im Klang führen kann. Umgehen lässt sich diese Falle durch eine konsequente Anwendung der so genannten Masking-Methode, die sich dadurch auszeichnet, dass sowohl die auditiven als auch die visuellen Informationen des Films isoliert identifiziert und aufgeschlüsselt werden. Dies soll eine unvoreingenommene Betrachtung der jeweiligen medialen Konstellationen ermöglichen. Erst in einem zweiten Schritt werden beide Modalitäten wieder im gesamtfilmischen Kontext betrachtet.[19]

Zu den Ergebnissen der Analyse

Wie im einleitenden Teil des vorliegenden Aufsatzes angeklungen ist, soll nun ein Überblick über grundlegende Prinzipien und Strategien der klanglichen Gestaltung in MOULIN ROUGE! unter besonderer Berücksichtigung des Raumaspektes erfolgen. Freilich kann es sich in dem gegebenen Rahmen lediglich um exemplarische Analysen ausgewählter Szenen und Sequenzen handeln, die sich dennoch als paradigmatisch für das audiovisuelle Geschehen des gesamten Films erwiesen haben. Als Orientierungshintergrund der Untersuchung diente Chions Fragenkatalog, den er im Hinblick auf die audiovisuelle Analyse entwickelt hat,[20] jedoch entscheidend ergänzt um die Dimension der mehrkanaligen Filmtonmischung. Ausgehend von einer ausführlichen Betrachtung der Eröffnungsszene (Kapitel 2 der DVD), wird eine allgemeine Charakterisierung spezifischer visueller und akustischer Momente erfolgen, die den in Rede stehenden Film

---

19   Vgl. Chion: Audio-vision, S. 187f.
20   Siehe ebd., S. 189-198.

auszeichnen. Mit Chion wurden folgende Fragen an das Material gestellt: Was ist zu hören, was ist zu sehen? Welche Klangtypen lassen sich benennen und wie sind diese aufeinander bezogen? Wie verhalten sich Klang und Bild in formaler sowie technischer Hinsicht zueinander? Welche Rolle kommt ihnen auf den Ebenen der Narration und Figuration zu? Darüber hinaus war von Interesse, welche Gesetzmäßigkeiten der mehrkanaligen Abmischung der Klangereignisse zugrunde liegen und ob sich die tontechnische Aufbereitung der auditiven Elemente und Strukturen an den Gang der Handlung rückbinden lässt beziehungsweise inwieweit diese durch das Bild motiviert ist.

Die Eröffnungsszene, die sich unmittelbar an eine einleitende, ouvertürenartige Sequenz anschließt, dient der Exposition der Protagonisten, der wichtigsten Schauplätze und der Rahmenhandlung. Sie beginnt mit einer Kamerafahrt in Richtung der Kinoleinwand, auf der sich das gesamte Geschehen des Films abspielt. Der Zuschauer taucht gleichsam in den Film ein, welcher durch die Sichtbarmachung des Kinosaals – Baz Luhrmanns poetologischem Red-Curtain-Konzept gemäß[21] – unmissverständlich als Fiktion vor Augen geführt wird. Auf der Leinwand selbst ist in Stummfilmmanier die Titeleinblendung «Paris, 1900» in grafischer Gestaltung zu sehen. Unterbrochen wird die Vorwärtsbewegung der Kamera durch eine Schwarzblende, die zu einer digitalen Bildcollage überleitet. Diese setzt sich zusammen aus der Außenansicht von Christians Hotel (Bildmitte), einem «panorama shot» der Stadt Paris (linke Bildhälfte) sowie einer Halbnahen von Toulouse-Lautrec (rechte Bildhälfte), der – aus einer Dachluke des Moulin Rouge hervorragend – David Bowies «Nature Boy» zur musikalischen Begleitung des Offscreen-Orchesters interpretiert. Unmittelbar hinter ihm befinden sich die Flügel der Windmühle, deren kreisende Bewegung zusammen mit dem Einsetzen der Singstimme die Aufmerksamkeit des Zuschauers auf die linke Bildhälfte lenkt. Die gesamte Einstellung wurde technisch manipuliert, das Bild trägt deutliche mediale Spuren: Es wirkt verschmutzt (gelblichbräunlicher Farbstich) und ist verkratzt. Dieser optisch herbeigeführte «vintage touch» findet seine Entsprechung auf der akustischen Seite dergestalt, dass kurz nach dem Beginn der Szene ein Geräusch hörbar wird, welches an das Knistern eines Grammophons erinnert. Zusätzlich ist

---

21 «Filmischer Naturalismus versetzt das Publikum zumeist in eine Art Traumzustand. Aus dieser Warte kann man, wenn Sie so wollen, die Realität wie durch ein Schlüsselloch betrachten. Bei uns ist das anders. Wir benutzen einen Stil, der das Publikum wach hält und durchgehend daran erinnert, dass es einen Film betrachtet, an dem es partizipieren kann, ja, soll» (Baz Luhrmann, zit. nach *Moulin Rouge. Panoptikum der Popkultur*, hrsg. v. der Stiftung Lesen, Mainz 2001, S. 6).

Toulouses Singstimme im Sinne einer Annäherung an das Klangbild alter Schallaufnahmen spektral gefiltert. Die sich drehenden Windmühlenflügel, die realiter wohlgemerkt lediglich in Form eines Miniaturmodells existieren und sich folglich durch ein nur wenig beeindruckendes akustisches Eigenleben auszeichnen dürften, wurden zu einem Geräusch in Beziehung gesetzt, das sich unter dem Materialaspekt ganz grob als Knarren massiver Holzplanken ansprechen lässt.[22] Infolge klangfarblicher Übereinstimmungen zwischen dem genannten Klangereignis und dem Grammophongeräusch verschmelzen die beiden Klänge zu einer komplexen auditiven Struktur, die sich deutlich von der Orchesterbegleitung abhebt. Bemerkenswert erscheint des Weiteren, wie einerseits visuelle Elemente und andererseits akustische Vorgänge im Zuge der Post Production auf die Semantik des Songtextes bezogen wurden, der die Geschichte des männlichen Protagonisten aus der Perspektive Toulouse-Lautrecs beleuchtet. So wird beim Erklingen der Textzeile «A very strange enchanted boy» die statische Panoramaaufnahme der Stadt kurzzeitig mit dem bewegten Gesicht Christians überblendet. Gleich darauf singt Toulouse: «They say he wandered very far, very far/ Over land and sea», was sowohl mit einem Perspektivenwechsel als auch mit der Extension des Klangraumes einhergeht. Die erste Nennung des Wortes «far» bei Zeitindex 0.01.43 setzt einen mehrschichtigen Prozess in Gang: Auf der Bildebene ereignet sich eine Aufblende der Stadtsilhouette, wie sie vorher nur als Bildausschnitt zu sehen war. Gleichzeitig wird die Singstimme – nunmehr über das gesamte ihr zur Verfügung stehende Frequenzspektrum verteilt – spürbar verhallt und räumlich aufgefächert. Mittels eines kontinuierlichen «fade-in» entfalten sich zusätzlich zur Stimme des Center-Kanals diffuse vokale Signalanteile auch im linken und rechten Front-Lautsprecher und erwecken somit den Eindruck der Raumtiefe. Nur wenige Sekunden zuvor (ab 0.01.29) lässt sich hinsichtlich der räumlichen Abmischung der instrumentalen Begleitung eine vergleichbare Vorgehensweise beobachten. Die Ausweitung des Orchesterapparats ist jedoch subtiler, geht über einen größeren Zeitraum von-

---

22   Im weiteren Verlauf des Films bleibt diese Klang-Bild-Relation bestehen und nimmt insbesondere gegen Ende aufgrund unablässiger Wiederholungen mitunter bedrohliche Züge an. Vgl. die Kapitel 23 (Windmühle im Rücken der leidenden Satine), 24 (lange Einstellung der Windmühle; Schnitt; Totale der erschöpften Tänzer im Inneren des Theaters, wobei das Geräusch der Windflügel im geschlossenen Theaterraum nachhallt), 30 (Christians letzte Rückkehr ins Moulin Rouge) und 34 der DVD (unmittelbar im Anschluss an die Sterbesequenz). Zuweilen wurde das Holzgeräusch durch ein abwärts transponiertes und somit verlangsamtes Windgeräusch ersetzt. Das visuelle Pendant hierzu bilden Zeitlupenaufnahmen der Mühle (siehe etwa Kapitel 20, Zeitindex 1.03.02).

statten und bezieht während des musikalischen Höhepunkts (0.03.15) auch die rückwärtigen Surround-Lautsprecher zur Intensivierung der Klangwirkung ein. Nahezu zeitgleich mit der Extension der Gesangsstimme setzt in den Surround-Lautsprechern das Läuten von Kirchenglocken ein, das im Rahmen der Gesamtmischung zunächst von der Musik nahezu verdeckt wird, sich jedoch mit der zunehmenden Dichte der Glockenschläge allmählich durchsetzt und somit den allgemeinen Eindruck klanglich-räumlicher Weite verstärkt. Solch ein Wechsel der Hörperspektive entspinnt sich in noch markanterer Weise ab Zeitindex 0.27.19 (Kapitel 9). Hier ist es die Singstimme Christians, die dem ins Groteske gesteigerten Verhalten Satines mit der schlagartigen Rezitation der ersten Textzeile aus Elton Johns «Your Song» ein Ende bereitet. Der Gesang, der zunächst ohne Orchesterbegleitung einsetzt, wurde unter Ausnutzung der Front-Lautsprecher mit einem raumgreifenden Hall und Echoeffekten versehen, die die auf dem Dialogkanal befindliche Singstimme akustisch umrahmen. Ein Schnitt auf die Skyline des nächtlichen Paris führt die artifiziell modellierte Stadt als natürlichen Resonanzraum des Stimmklangs vor Augen. Christians Lied lässt sämtliche Umgebungsgeräusche, wie etwa die über den Verlauf der gesamten Szene aus der Ferne hörbare Publikums-Atmosphäre des Moulin Rouge, verstummen. Durch die unvermittelte Isolation der Stimme wird musikalische Spannung aufgebaut. Die sich räumlich rasch fortpflanzenden Echos haben auf der Bildebene ihre Entsprechung darin, dass in den Fenstern der gezeigten Häuser plötzlich unzählige Lichter aufblitzen. Mithin horcht unmittelbar vor der Fortführung des Songs nicht nur die Stadt, sondern auch der Zuschauer auf. Dramaturgisch gesehen kann diese Sequenz als besonders gelungen bezeichnet werden, da in ihr der im Kontext des Films intendierte, gleichsam magische Stellenwert der Musik optisch und akustisch greifbar wird, wie ihn Christian an anderer Stelle auf die griffige Formel «The hills are alive with the sound of music» bringt (Kapitel 3, 0.07.19).[23] Schlägt man den Bogen zurück zur Eröffnungsszene, so wird man nicht umhin kommen, auf ein akustisches Phänomen aufmerksam zu machen, das für die Tonmischung in MOULIN ROUGE! als überaus typisch angesprochen werden muss. Denn bereits hier wird der Zuschauer mit einer Fülle klanglicher Ereignisse konfrontiert, die die Bildsprache des Films in motorischer und dynamischer Hinsicht forcieren sowie der akustischen Überbrückung kleinerer und grö-

---

23 Der hierin beschlossene Gedanke einer spatiösen Musik begegnet dem Hörer beispielsweise auch im «Elephant Love Medley» (Kapitel 14). Dort singt Satine: «Some people wanna fill the world with silly love songs.»

ßerer Distanzen dienen und daher im Folgenden als Bewegungsklänge bezeichnet werden sollen. Vom «panorama shot» der Stadt ausgehend beginnt eine virtuelle Kamerafahrt durch das dreidimensionale Paris-Modell bis vor das Tor Montmartres (ab 0.01.48). Diese geht einher mit einem rasch anschwellenden, stilisierten Windgeräusch, das in Kombination mit einem tieffrequenten, nicht näher spezifizierbaren Klang auch den darauf folgenden Flug der Kamera durch die Gassen Montmartres akustisch unterstützt und dabei Klangwanderungen zwischen den vorderen und hinteren Lautsprechern vollführt. In einem rasanten Wechsel aus Beschleunigung und Verlangsamung wird der Blick des Zuschauers bis vor die Fassade von Christians Hotel geführt. Verknüpft mit einem deutlich hervortretenden Aufschwung des Windgeräusches begibt sich die Kamera in dessen Zimmer. Das Heulen des Windes, das auf der akustischen Seite primär für die niedergedrückt-düstere Stimmung der Szene verantwortlich zeichnet, bleibt daraufhin in seiner Funktion als emotiver Bezugsrahmen – ab 0.04.15 punktuell ergänzt um das entfernt vernehmbare Weinen eines Kleinkindes sowie das Schluchzen Christians – bestehen. Bei der ersten Erwähnung des Moulin Rouge im Voice-over (0.03.16) ereignen sich mehrere Blenden zwischen Außen- und Innensicht des Etablissements, wobei das Treiben im Inneren des Nachtklubs in Zeitlupe dargestellt wird. Der materiellen, leicht verschwommenen Beschaffenheit des Bildes korrespondieren auf elektroakustischem Wege geringfügig transformierte Klangereignisse (zwischen den vorderen und rückwärtigen Lautsprechern kreisende Zurufe der Nachtschwärmer, stark verhallter Applaus) sowie weitere, auditiv verwischte Bewegungsklänge. Die Sequenz schließt mit einem rotierenden Bild der Moulin-Rouge-Leuchtreklame, das in eine gleichermaßen umherwirbelnde Großaufnahme der Schreibmaschine in Christians Zimmer übergeht, akustisch wiederum unterlegt mit dem bereits bekannten, tieffrequenten Bewegungsklang. Im Zusammenspiel mit der Filmmusik bildet dieser nun einen markanten Synchronisationspunkt, insofern das finale Aufwärtsglissando der Harfe der Aufwärtsbewegung des Klangeffekts entspricht. Besonders interessant ist das akustische Geschehen, das sich im Zuge der ersten groß angelegten Rückblende vollzieht. Eingeleitet durch die Erzählung im Voice-over («I first came to Paris one year ago», ab zirka 0.04.40) kehrt sich der Lauf der Zeit buchstäblich um. Für nur eine Sekunde wird das Innere des Nachtklubs erneut sichtbar. Im Zentrum des Bildes befinden sich drei ordinär lachende Cancan-Tänzerinnen. Ausgehend von dieser Einstellung zieht sich die Kamera in rasend schneller Bewegung durch ein Fenster des Moulin Rouge in die virtuelle Realität des digitalen Modells zurück und eröffnet im Rückwärtsflug einen weiteren Blick auf das Stadtpanorama. Die auditive Struktur, die zur akustischen Skizzierung der bezeichneten Kamerafahrt realisiert wurde, setzt sich zum einen aus dem Gelächter der gezeigten Tänzerinnen zusammen, das mit einem ausgeprägten, in der Dynamik anschwellenden Rückwärtshall in den Surround-Lautsprechern versehen worden ist, zum anderen sticht in technischer Übereinstimmung mit dem Bild eine rückwärts wiedergegebene Klaviermusik deutlich hervor. Man beachte, in welch subtiler Weise ein Wandel der Stimmung sowohl mit dem Erklingen der rückwärts gespielten Klavierklänge als auch mit der perspektivischen Umkehr des Bildes herbeigeführt wird. Musikalisch löst das heitere Klavierstück, das aus dem Rückwärtsklang heraus erwächst, die schwermütigen, repetitiv kreisenden Klavierakkorde nahezu unmerklich ab, die in der vorausgegangenen Sequenz Christians Trauer um Satine unterstrichen haben. Darüber hinaus findet während eines abermaligen Abtauchens in die Stadtkulisse (Inversion der virtuellen Kamerabewegung) ein nahtloser Übergang von der Nacht zum Tage statt. Überhaupt nimmt das Tempo der Szene fortan merklich zu. Binnen kürzester Zeit wird der Zuschauer mit zahlreichen Schauplatzwechseln konfrontiert (Christians Ankunft auf dem Bahnhof, Christian betritt die Straßen Montmartres, Rückblende zum mahnenden Vater, Kamerafahrt durch die belebten Gassen in Christians Zimmer hinein). Aufgabe der Tonspur war es dabei, die äußerst knappe Zeichnung der zu evozierenden Aufbruchsstimmung akustisch zu authentisieren. Dies gelang durch die Hinzumischung stark reduzierter Geräuschkulissen, die aufgrund ihrer Kürze und stereotypen Beschaffenheit als Miniaturatmosphären bezeichnet werden können. So wird der Schauplatz Bahnhof lediglich in Form einer einfahrenden Dampflokomotive hörbar. Der Übertritt zur Montmartre-Szenerie – auf der Bildebene mit Hilfe der Bluescreen-Technik umgesetzt, die einen kontinuierlichen Bewegungsablauf des Protagonisten bei gleichzeitigem Wechsel des Hintergrundes erlaubt – weist als stabiles, zwei Miniaturatmosphären verbindendes akustisches Element eine Folge von Schrittgeräuschen auf. Das sommerliche Montmartre selbst teilt sich über Vogelgesang, Straßenmusik in klischeehafter Instrumentierung (integriertes Akkordeonspiel) sowie Kirchenglocken mit, die eine rhythmisch markante Klangkaskade hören lassen. Im Hinblick auf die räumlich-technische Abmischung fällt eine ausnehmend differenzierte Behandlung der einzelnen Kanäle auf. Die Klangereignisse der Geräuschkulissen sind zwischen dem Center, den Front- und den Surround-Lautsprechern distribuiert. Insbesondere die hinteren Lautsprecher tragen nicht nur diffuse Raumanteile, sondern werden mit distinkten Signalen beschickt.

Zum Abschluss des Analyseteils sei noch knapp auf weitere, hervorstechende akustische Gestaltungsmerkmale und audiovisuelle Beziehungen in MOULIN ROUGE! verwiesen, wobei die folgende Darstellung aus Platzgründen nur stichpunktartig, nach Szenen gegliedert erfolgen kann:

Kapitel 3	
Zeitindex	Kommentar
0.05.36	Halbnahe Christian ⇒ schneller Zoom ⇒ Close-up. Der Zoom ist mit einem Bewegungsklang unterlegt, der mangels eines adäquaten Ausdrucks als Geräusch durchschnittener Luft bezeichnet werden soll. Ähnliche Klänge begegnen dem Zuschauer in der neunten Szene im Zusammenhang mit Kameraschwenks von Satine zu Christian und vice versa. Grundsätzlich ziehen sich Luft- und Windgeräusche wie ein roter Faden durch den gesamten Film.
0.09.40	Erste Akkumulation von Bewegungsklängen: 1. Absinth wird ausgeschenkt. 2. Schwankend folgt die Kamera dem Blick Christians zum Etikett der Absinth-Flasche ⇒ akustischer Flanger-Effekt. 3. Die grüne Absinth-Fee wird lebendig, löst sich vom Etikett der Flasche und fliegt in die Raummitte hinein ⇒ begleitet durch den Klang eines anfahrenden Tonbandes, das die nachfolgende Filmmusik beinhaltet und diese somit als Play-back entlarvt (ein Pendant hierzu bildet das abrupte Herabsetzen der Bandlaufgeschwindigkeit bei Zeitindex 0.30.31 in Szene 10). In räumlicher Hinsicht vollführen die Bewegungsklänge Klangrotationen zwischen sämtlichen Lautsprechern.
0.09.48	Die Surround-Mischung der Musik zeichnet sich durch eine spatiale Distribution der beteiligten Instrumente aus. Center: Bläser, Trompetensolo, E-Piano. Front: Streicher, Bassgitarre, Powerchords der E-Gitarre. Surround: Sologitarre. Lead- und Background-Gesang wurden auf den Center sowie die Front-Kanäle gemischt. Das Rockschlagzeug ist auf sämtliche Spuren verteilt und mit Panorama-Effekten versehen. Zusätzlich findet man einzelne, cartoonartige Klangkaskaden auf dem Center, deren Klangcharakteristik durch Rotationen zwischen den vorderen und hinteren Lautsprechern stärker profiliert wurde. Der LFE-Kanal dient der Verstärkung tieffrequenter Signalanteile von Bassgitarre und Schlagzeug. Da dieser im gesamten Verlauf des Films überhaupt nur in der bezeichneten Funktion Verwendung findet, konnten die auf den Subwoofer gemischten Klangereignisse im Kontext der auditiven Analyse nahezu vollständig vernachlässigt werden.
0.10.18	Entsprechung zwischen Musik und Bild: Die optische, mehrfache Reproduktion der grünen Fee deckt sich mit der Vervielfältigung ihrer Singstimme unter Ausnutzung des Multitrack-Verfahrens.

Kapitel 4	
Zeitindex	Kommentar
0.10.25	Zweite Akkumulation von Bewegungsklängen: Die sich drehenden Windmühlenflügel verwandeln sich in einen optischen Strudel, in den die Filmfiguren hineingezogen werden. Es folgt eine atemberaubend schnelle Kamerafahrt bis vor die Türen des Moulin Rouge. Dabei ergeben vielfältige, dynamisch sowie räumlich bewegte Klangeffekte in ihrer Überlagerung eine komplexe auditive Struktur.

Kapitel 5	
Zeitindex	Kommentar
0.12.40	Sampling im Sinne direkter musikalischer Zitation in Fatboy Slims Cancan-Mixtur: Sowohl das Gitarren-Riff aus Nirvanas «Smells Like Teen Spirit» (ab 0.13.13) als auch die Singstimmen Christina Aguileras, Myas und Pinks, die der Vokalspur des Songs «Lady Marmalade» entnommen wurden, sind in beschleunigter Form einem Techno-Beat überlagert. Es ist interessant zu beobachten, wie sich die genannten Popsongs in unterschiedlichen Bearbeitungsstufen über die gesamte Folge der Szenen 4, 5 und 6 entfalten. So werden im Verlauf der vierten Szene die Musiken zunächst separat und in weitgehend ursprünglicher Instrumentierung als Begleitung zu «Zidler's Rap» eingeführt, wobei erste stimmliche Einwürfe aus «Lady Marmalade» im Zusammenhang mit «Smells Like Teen Spirit» hörbar werden. Zur Mitte des Nirvana-Titels hin ist der Klangapparat um ein üppiges Bläserarrangement erweitert. Darüber hinaus wird der Refrain durch das Publikum des Moulin Rouge stets chorisch vorgetragen, was im direkten Vergleich mit der originalen Fassung sowie im spezifischen Kontext des Films zu einer Intensivierung der Textaussage führt («Here we are now/ Entertain us/ *We* feel stupid and contagious»). Ab Zeitindex 0.19.31 der sechsten Szene erscheinen die ersten beiden Zeilen des Refrains erneut, nunmehr übertragen ins klangliche Aggregat von Valerias «Rhythm of the Night» und entsprechend transponiert. Neben solchen stilistischen Verschiebungen innerhalb des Genres Popmusik begegnen dem Zuschauer musikalische Kreuzungen, die ihre Spannung aus der Kombination orchestraler Klangstrukturen mit aktuellen popmusikalischen Produktionstechniken beziehen. Man beachte etwa die klangliche Verdichtung, die sich infolge der Integration eines gesampleten Breakbeats aus Led Zeppelins «When the Levee Breaks» in das Orchesterarrangement einstellt (Szene 27, 1.30.45).

Kapitel 18	
Zeitindex	Kommentar
0.57.15	Transkription einer Transkription: Satine interpretiert das Lied «Gorecki», dessen ursprüngliche Fassung von der Dancefloor-Formation Lamb stammt und als Hommage an den polnischen Komponisten Henryk Mikolaj Górecki verstanden werden darf. Lamb entnahmen dem ersten Satz seiner dritten Sinfonie – der *Sinfonie der Klagelieder* op. 36 (1976) – vereinzelte Klavier- und Streichersamples, die sie zur klanglichen Basis des eigenen Tracks machten und um synthetische Klänge sowie Schlagzeug- und Percussion-Loops ergänzten. Während das Filmmusikorchester den Anfang der durch Lamb bearbeiteten Musik Góreckis nachspielt, singt Satine die ersten, leicht abgewandelten Zeilen des Songs, die ebenso wie die textlichen Vorlagen der Sopranpartien in Góreckis Komposition menschliches Leiden und Sterben zum Gegenstand haben und aus dem Munde Satines als Reflexion ihres bevorstehenden Todes gelesen werden können.

Kapitel 23	
Zeitindex	Kommentar
1.16.50	Extension des Klangraums während der Vorrede des Argentiniers zu «Le Tango de Roxanne». Diese kulminiert im Wort «mad» («Jealousy, yes, jealousy will drive you mad!»), das eine räumliche Ausweitung mit Hilfe hinzugemischter Echos auf den Front- sowie den Surround-Lautsprechern erfährt. Eine Schnittfolge fängt die Repetition der Echos optisch auf (Nahaufnahme Christian ⇒ Close-up des Argentiniers in Zeitlupe ⇒ Close-up Christian ⇒ «extreme close up» Argentinier). Vgl. auch Christians musikalischen Ausbruch in der neunten Szene.
1.17.55	Räumliche Staffelung der Gesangsstimmen im Rahmen des ersten Duetts zwischen Christian und dem Argentinier: Die Stimme des Argentiniers ist sehr präsent (Center plus Hallanteil auf den Front-Kanälen), während Christians Gesang zunächst nur hintergründig wahrgenommen wird. Dessen Auffächerung ereignet sich erst mit der Hinzufügung vokaler Panorama-Effekte zwischen den hinteren Lautsprechern (ab 1.18.13) und geht mit einer stärkeren leiblichen Präsenz Christians einher. Weitaus häufiger visualisiert wird der Protagonist im Laufe des zweiten Duettparts (ab 1.19.14). In Entsprechung hierzu erklingt sein Gesang aus allen Lautsprechern (trockenes Signal auf dem Dialogkanal, stereophone Hallanteile hinten und vorne).
1.21.31	Korrespondenz zwischen Klang und Bild: Integriert in eine komplexe Schnittfolge sind mehrere Close-ups des singenden Argentiniers. Immer dann, wenn das Gesicht der Figur sichtbar wird, findet eine Anhebung der Lautstärke ihrer Stimme statt (visuelle und auditive Perspektivierung).

Kapitel 28	
Zeitindex	Kommentar
1.31.03	Klangliche Übereinstimmungen: Die Geräuschkulisse «Gewitter» stellt einen akustischen Bezugsrahmen für weitere Klangereignisse innerhalb der Szene dar. Im Übergang der 27. zur 28. Szene betritt Satine Christians Hotelzimmer, um ihrer gemeinsamen Liebe abzuschwören. Das Öffnen der Zimmertür wurde mit einem deutlich überzeichneten Geräusch unterlegt, das klangfarblich an einen Donnerschlag erinnert und somit das sich ab 1.31.47 zusammenbrauende, Unheil verheißende Unwetter akustisch vorwegnimmt. Der sich bei Zeitindex 1.32.22 steigernde Donnerlärm findet seine Fortsetzung in einem Paukenmotiv auf der Ebene der Filmmusik.

Kapitel 30	
Zeitindex	Kommentar
1.35.02	Stetige Variation der Hörperspektive in Abhängigkeit vom Blickpunkt der Kamera, realisiert mittels der Beschneidung hoher Frequenzen sowie klangräumlicher Umschichtungen: Bühnentotale, Backstage-Bereich, Blick ins Publikum. Bei 1.38.13 vollzieht sich eine Verengung des Klangraums. Der frenetische Beifall der Zuschauer, der gegen Ende der Szene über sämtliche Kanäle in großer Lautstärke zu hören war und auf die räumliche Einbettung des Rezipienten zielte, fällt um zirka 20 dB ab und schafft Platz für den kurzen Dialog zwischen Toulouse und dem Argentinier.
1.35.13	Dreikanalige Klangrotation einer Synthesizer-Sequenz aus «Hindi Sad Diamonds»: deutlich profilierte Bewegungsfiguren zwischen Center, Surround-Links und Surround-Rechts.

Hinweise zu den Autorinnen und Autoren

Gereon Blaseio
Studium der Theater-, Film- und Fernsehwissenschaft, Germanistik und Philosophie. Mitarbeiter am Kulturwissenschaftlichen Forschungskolleg *Medien und Kulturelle Kommunikation* an der Universität zu Köln mit einem Forschungsprojekt zur «Synchronisation in gender-spezifizierter Perspektive». Jüngste Publikation: «Gendered voices in der Filmsynchronisation» im von Cornelia Epping-Jäger und Erika Linz herausgegebenen Sammelband MedienStimmen (2003). Arbeitsschwerpunkte: Kriegs- und Sportfilm, Synchronisation, Repräsentation von Männlichkeit im Film.

Andrea B. Braidt
Studium der Amerikanistik und Medienkunde/Gender Studies in Innsbruck und Lancaster (GB) und der Filmwissenschaften an der University of Newcastle (GB). Seit 1997 ist sie externe Universitätslektorin an den Universitäten Wien, Innsbruck und Graz, und war 2001-2002 Junior Fellow am Internationalen Forschungszentrum Kulturwissenschaften, Wien. Sie ist derzeit im Rahmen eines Auslandsstipendiums des IFK mit ihrem Dissertationsprojekt «Filmgenus. Über die Grenzen von Gender und Genre im narrativen Film» dem Kulturwissenschaftlichen Forschungskolleg *Medien und kulturelle Kommunikation* der Universität zu Köln assoziiert.

Christoph Brecht
Studium der Germanistik, Theologie und Philosophie in Münster und Tübingen. Promotion zum Dr. phil., Lehre an den Universitäten Tübingen, Göttingen, Frankfurt am Main, NYU. Forschungsschwerpunkte: Literatur und Theorie der Moderne, narratologische Probleme in Literatur und Film. Monographien: *Die gefährliche Rede. Sprachreflexion und Erzählstruktur in der Prosa Ludwig Tiecks* (1993); *Historismus und literarische Moderne* (1996) (mit anderen); demnächst: *Die wiederholte Moderne. Studien zum deutschsprachigen Roman zwischen 1950 und 1968*, sowie: *Bücher unter Büchern. Strategien enzyklopädistischen Erzählens in der literarischen Moderne*.

Elisabeth Bronfen
Professorin für Anglistik und Amerikanistik an der Universität Zürich, Gastprofessuren an den Universitäten Columbia, Princeton, Sheffield Hallam, Kopenhagen und Aarhus. Spezialisiert auf die Literatur des 19. und 20. Jahrhunderts, hat Elisabeth Bronfen zahlreiche Publikationen in den Gebieten Gender Studies, Psychoanalyse, Film und Cultural Theory und Kunst veröffentlicht. Monographien u.a. *Over Her Dead Body. Death, Femininity and the Aesthetic* (1992); *The Knotted Subject. Hysteria and its Discontents* (1998) und *Heimweh. Illusionsspiel in Hollywood* (1999).

Marcus Erbe
Studium der Musikwissenschaft, Germanistik sowie Pädagogik. Seit 2002 Mitarbeiter am Kulturwissenschaftlichen Forschungskolleg *Medien und Kulturelle Kommunikation* an der Universität zu Köln, wo er für die Bearbeitung des musikwissenschaftlichen Einzelprojekts «Graphische Transkriptionen Elektronischer Musik» verantwortlich zeichnet. Seinen Arbeitsschwerpunkt bildet die Musik der Gegenwart unter besonderer Berücksichtigung elektroakustischer Kompositionen. In Kürze erscheinende Aufsätze umfassen unter anderem eine analytische Betrachtung der *Telemusik* Karlheinz Stockhausens, eine Untersuchung zur Stellung Elektronischer Musik im Werk Thomas Pynchons sowie einen Beitrag über vokale Performanzen in elektroakustischen Werken.

Andreas Gernemann
Studium der Ton- und Bildtechnik an der Robert-Schumann-Hochschule und Fachhochschule Düsseldorf sowie der Musikwissenschaft, Theater-, Film- und Fernsehwissenschaft und Phonetik an der Universität zu Köln. Er arbeitet als Tonmeister an der Universität zu Köln und für verschiedene Labels und Rundfunkanstalten sowie als Referent bei verschiedenen Seminaren im In- und Ausland. Sein Schwerpunkt liegt sowohl in der Forschung als auch in der Aufnahmepraxis im Bereich von Surround-Musik. Internationale Anerkennung hat Andreas Gernemann besonders durch die Entwicklung verschiedener Mikrophonverfahren für und durch seine zahlreichen Publikationen über den Surroundton erfahren.

Claudia Liebrand
Professorin für Allgemeine Literaturwissenschaft/Medientheorie am Institut für deutsche Sprache und Literatur an der Universität zu Köln. Teilprojektleiterin am Kulturwissenschaftlichen Forschungskolleg *Medien und kulturelle Kommunikation*, Köln. Ihre Arbeitsschwerpunkte liegen auf den Gebieten Gender Studies, Literatur des 19. Jahrhunderts und der Klassischen Moderne, Kulturtheorie und Mainstream-Film. Monographien u.a. *Gender-Topographien. Kulturwissenschaftliche Lektüren von Hollywoodfilmen der Jahrhundertwende* (2003); *Aporie des Kunstmythos. Die Texte E. T. A. Hoffmanns* (1996); Herausgeberschaften u.a. *Medien in Medien* (mit Irmela Schneider).

Katrin Oltmann
Studium der Germanistik, Amerikanistik/Anglistik und der Angloamerikanischen Geschichte an den Universitäten Göttingen, Galway und Köln, zur Zeit Promotion zur Gender-Repräsentation in Hollywood-Remakes. Arbeitsschwerpunkte: kultureller Transfer, Repräsentation von Gender und Race im Film, Performanz und Performativität. Aufsätze zur medialen Konstruktion von Geschlecht, zum Historienfilm, zum Genre-Crossing.

Sandra Rausch

Studium der Theater-, Film- und Fernsehwissenschaft, Germanistik und Philosophie, zur Zeit im Teilprojekt «Gender-Repräsentationen im Film» am Kulturwissenschaftlichen Forschungskolleg *Medien und kulturelle Kommunikation* an der Universität zu Köln beschäftigt, freie Producerin im Bereich Film- und Fernsehproduktion. Arbeitsschwerpunkte: Film- und Medienwissenschaft, Gender-Repräsentation im Action- und Science-Fiction-Film, Körpertheorie.

Irmela Schneider

Irmela Schneider ist Professorin am Institut für Theater-, Film- und Fernsehwissenschaft und Teilprojektleiterin am Kulturwissenschaftlichen Forschungskolleg *Medien und kulturelle Kommunikation* an der Universität zu Köln. Ihre Arbeitsschwerpunkte sind Medientheorie und Mediengeschichte. Neuere Publikationen u.a.: *Medienkultur der 60er Jahre. Diskursgeschichte der Medien nach 1945* (hrsg. mit Christina Bartz, Torsten Hahn, 2003), *Formen interaktiver Medienkunst* (hrsg. mit Peter Spangenberg u.a., 2001).

Franziska Schößler

Studium der Germanistik, Philosophie, Linguistik und Kunstgeschichte in Bonn und Freiburg. Studienaufenthalte in Paris, London und Brisbane (AUS). 1994 Dissertation über Adalbert Stifter an der Universität Freiburg. Dramaturgieassistentin an Theatern in Freiburg und Berlin. 2001 Habilitation über Goethe an der Universität Freiburg. Seit 2001 Hochschuldozentin an der Universität Bielefeld. Forschungsschwerpunkte: Die Genese des bürgerlichen Subjekts (in kulturwissenschaftlicher Perspektive), Gender Studies, Gegenwartsdramatik. Neueste Publikationen: *Politik und Medien bei Thomas Bernhard* (hrsg. mit Ingeborg Villinger, 2002), *Goethes «Lehr»- und «Wanderjahre». Eine Kulturgeschichte der Moderne* (2002).

Ines Steiner

Studium der Empirischen Kulturwissenschaften, Allgemeinen Rhetorik, Germanistik in Tübingen, danach Mitarbeiterin bei ARD-Aktuell/Stuttgart, am Deutschen Filminstitut (DIF) und Deutschen Filmmuseum (DFM) in Frankfurt sowie am Internationalen Forschungszentrum Kulturwissenschaften (IFK), Wien. Derzeit wiss. Mitarbeiterin am Kulturwissenschaftlichen Forschungskolleg *Medien und Kulturelle Kommunikation* der Universität zu Köln mit dem Projekt: «Zum Verhältnis von Gender und Genre in Slapstick-, Romantic-, Screwball- und Musical Comedy». Dissertation zum Thema: *Die Antike als vertrautes Fremdbild der Moderne. Konfigurationen des Historismus im Film 1914-29*. Zahlreiche Aufsätze (sowie auch Ausstellungen) zu filmwissenschaftlichen Themen.

Bildnachweis

GLADIATOR
Abb. 1: Jean Léon Gérôme: *Pollice Verso* (1872), Katalog Nr. 219, hier schwarz-weiß reproduziertes Gemälde 96,5 x 149,2 cm, Original im Phoenix Art Museum, Phoenix (Quelle der Reproduktion: Kunsthistorisches Seminar der Universität Bonn).

Abb. 2: Szenenfoto (Dreamworks/Universal Studios [Hg.]: *Gladiator. Die Entstehung des Epos von Ridley Scott*, Nürnberg 2001, S. 30).

Abb. 3: Eleanor Antin: *The Banquet*, Californien 2001, hier schwarz-weiß reproduzierte Farbfotografie auf Untersatzkarton 89,2 x 148,9 cm aus der Serie *The Last Days of Pompeii* (Sabine Folie/Michael Glasmeier: *Tableaux Vivants. Lebende Bilder und Attitüden in Fotografie, Film und Video*, Wien 2002, S. 118-119).

PHILADELPHIA
US-amerik. DVD
Erscheinungsdatum: 03.09.2002
Columbia/Tristar

ROMEO MUST DIE
US-amerik. DVD
Erscheinungsdatum: 16.07.2003
Warner

ROYAL WEDDING
brit. DVD
Erscheinungsdatum: 29.05.2003
Oracle Home Entertainment

TERMINATOR 2: TAG DER ABRECHNUNG
dt. DVD
Erscheinungsdatum: 01.07.2003
Kinowelt

WEST SIDE STORY
US-amerik. DVD
Erscheinungsdatum: 20.10.2003
MGM/UA

WILLIAM SHAKESPEARE'S ROMEO + JULIET
US-amerik. DVD
Erscheinungsdatum: 08.01.2003
20th Century Fox